新坐标金融系列精品教材

风险投资与私募股权教程

李 曜 主编
张子炜 副主编

Venture capital and private equity

清华大学出版社
北 京

内 容 简 介

本书是上海财经大学金融学院"公司金融系列"教材之一。它以西方发达国家的风险投资和私募股权（VC/PE）的长期理论积淀为基础，结合中国近年来迅速发展的实践经验（如创业板开市、众多 VC/PE 基金成立、投资及退出的成功案例等），界定了私募股权的概念和范围、风险投资与私募股权的关系、私募股权机构和基金的关系等。在具体内容上，包含了风险投资基金的运作机制、资金来源、组织形式、被投资企业选择与投资条款、退出机制等；私募股权基金的运作机制、价值增值方式、基金收益等。本书还介绍了西方 VC/PE 领域的重要研究问题、经典文献及前沿进展。

本书体系完善，结构合理，具有鲜明的时代特征，是国内创业金融和私募股权领域较为领先的教材。在当前国内风险投资和私募股权如火如荼发展的时期，它既适合高等院校学生用作教材，学习掌握这一新事物，也适合创业投资企业、私募股权机构等 VC/PE 管理人和保险公司、工商企业等 VC/PE 出资人用作参考书。

本书封面贴有清华大学出版社防伪标签，无标签者不得销售。
版权所有，侵权必究。举报：010-62782989，beiqinquan@tup.tsinghua.edu.cn。

图书在版编目（CIP）数据

风险投资与私募股权教程/李曜主编． —北京：清华大学出版社，2013.1（2025.2 重印）
（新坐标金融系列精品教材）
ISBN 978-7-302-30116-5

Ⅰ．①风… Ⅱ．①李… Ⅲ．①风险投资—高等学校—教材 Ⅳ．①F830.59

中国版本图书馆 CIP 数据核字（2012）第 217783 号

责任编辑：刘志彬
封面设计：汉风唐韵
责任校对：王荣静
责任印制：沈　露

出版发行：清华大学出版社
网　　址：https://www.tup.com.cn，https://www.wqxuetang.com
地　　址：北京清华大学学研大厦 A 座　　邮　编：100084
社 总 机：010-83470000　　邮　购：010-62786544
投稿与读者服务：010-62776969，c-service@tup.tsinghua.edu.cn
质 量 反 馈：010-62772015，zhiliang@tup.tsinghua.edu.cn

印 装 者：三河市龙大印装有限公司
经　　销：全国新华书店
开　　本：185mm×260mm　　印　张：18.5　　插　页：1　　字　数：432 千字
版　　次：2013 年 1 月第 1 版　　印　次：2025 年 2 月第 12 次印刷
定　　价：45.00 元

产品编号：045801-02

前　言

"风险投资与私募股权"属于创业金融(entreprenuerial finance)的范畴,是公司金融学科的重要分支,也和管理学中创业学等学科有密切关联。这门课程是金融学的一个分支,是因为VC/PE在金融市场上发挥了金融中介的作用,沟通了特定的资金供给者和特定的资金需求者,完成了金融配置功能,提高了社会资源的配置效率。

风险投资侧重于对科技创新型中小企业的投资,狭义的私募股权主要从事传统行业、成熟企业的买断并购投资,这两类投资的共同特征是:投资的资金是面向少数特定投资者私募形成的;投资的对象是非上市公司的股权(或者将上市公司买断后成为下市的企业);在投资过程中给予价值增值,基金管理人并非仅仅提供资金,而是一种积极主动参与被投资企业的治理和管理;在一段持有期后(一般5年以内),基金必须退出企业。正是由于存在这些共性,从广义上说,私募股权是涵盖风险投资的。在金融投资产品的分类中,与上市股票、债券、衍生工具等相对应,风险投资和私募股权被划入"另类投资"(alternative investment)类型中。

作为一门古老而年轻的课程,"风险投资与私募股权"在西方发达国家的商学院中占据着重要的地位。

追溯其历史,十分悠久。当今世界商学院中开设"风险投资与私募股权"这门课程的,最著名、最成功的要数美国哈佛大学商学院,哈佛商学院甚至将此课程作为奠定学院基石的课程之一(参见《完美的竞赛——乔治·多里奥特传记》)。自20世纪四五十年代被誉为"风险投资之父"的乔治·多里奥特(Georges Doriot)将军执教于哈佛商学院,开设了这门课程之后,随着实践的发展该课程不断演变,在乔希·勒拿(Josh Lerner)教授手中正式变成了"风险投资与私募股权",如今它已成为最受哈佛学生欢迎的课程之一。其他诸如美国的芝加哥大学、宾夕法尼亚大学、耶鲁大学、新罕布什尔大学,加拿大约克大学,英国的伦敦帝国理工学院、牛津大学以及欧洲的很多著名大学中,均开设了这门课程,并各自拥有着或多或少的该领域内的国际大牌学者。同时,开设这门课程的院校还在不断增多。

另外,西方风险投资与私募股权领域的学术文献十分丰富,高质量的论文层出不穷。在JF、JFE、RFS、JEP、JBV、JCF等著名刊物上,风险投资和私募股权领域的论文近年来不断涌现。之所以出现这种教学和科研的繁荣鼎盛之景象,最主要的原因还是西方该领域的实践发展很快,风险投资和私募股权在金融体系中的地位越来越重要,理论的发展终究源自于现实的需要。

反观国内,目前我国大学的商学院/金融学院中开设这门课程的并不多见(特别是从金融学角度),仅有清华大学、上海交通大学、中国人民大学、南开大学、中欧工商管理学院、长江商学院等院校近年来有师资从事相关课程教学,不过主要是偏向风险投资(VC)的教学。在教学资料方面,国内称为"风险投资学"或"创业投资学"的教材相对比较多,主要有刘曼红(中国人民大学,2011)、司春林(复旦大学,2004)等主编的该类教材。称为"私募股权"的教材尚无,不过相关著述开始逐渐增长,如凌涛(2009)、周炜(2009)等编写的相关教材。另外就是国内近年开始出现风险投资和私募股权领域的一些高质量文献。

从2009年开始,我们进入了该领域。2009年8月到2010年1月,我作为国家留学基

I

风险投资与私募股权教程

金访问学者,在英国诺丁汉大学商学院"管理层收购与私募股权研究中心"(CMBOR)(现该研究中心已经整体迁入伦敦帝国理工学院)进行访问研究,潜心研读了英国和西方对管理层收购和私募股权的经典文献,并指导博士生张子炜进入该领域的研究,子炜同学后来选择了私募股权作为博士论文选题,他的博士论文《私募股权资本对创业板企业的投资行为分析:逆向选择、价值增值、策略性盈余管理》于2012年6月通过,并入选学校优秀博士论文。

在2009—2012年期间,我和子炜一起完成了私募股权与风险投资领域的一系列论文,参加了国内外的一些学术会议并获得了一些奖项。在这些知识积累的基础上,我们开始准备这本书。编写本书的目的是让该书成为一本学习、研究VC/PE领域的权威入门教材,同时又具备一定的理论衍生性。站在本书的基础上,学习者可以登堂入室,为进一步深入研究该学科的具体领域做好准备。

在书中,我们以西方发达国家的风险投资和私募股权(VC/PE)的长期理论积淀为基础,结合国内近年来迅速发展的实践(如创业板开市、众多VC/PE基金成立、投资及退出的成功案例等),界定了私募股权的概念和范围、风险投资与私募股权的关系、私募股权机构和私募股权基金的关系等。在具体内容上,包含了风险投资基金的运作机制、资金来源、组织形式、目标企业选择与投资条款设计、退出机制等;私募股权基金的运作机制、价值增值方式、基金收益等。本书还介绍了西方VC/PE领域的重要研究问题、经典文献及前沿研究进展。

另外,本书设有案例19个、专栏28个,每章附有"复习思考题"。特别是每章末附"扩展阅读文献",对每一章内容所涉及重要的国内外经典文献做了提纲挈领式的总结和介绍,以便读者进一步提高。

我们认为,本书的主要贡献是:

(1) 体系完整、资料比较新颖,对经典文献做了概要介绍;

(2) 对于当前国内经济热点的创业投资、创业板、私募股权等领域的研究做了比较完善的总结,致力于教会学生风险投资和私募股权运作的主要知识;

(3) 完善公司金融学科体系,填补国内金融学教材在这一领域的空白。

全书由李曜担任主编,负责牵头并对全书进行总增补和修订;张子炜任副主编,负责起草提纲和后续的修订工作,并进行了第一章和第十章的初稿写作;其他参加编写人员负责了各章节的初稿写作,具体分工如下:刘长俊(第二章)、朱哲(第三章、第四章)、徐莉(第五章)、彭耀民(第六章)、吴文斌(第七章、第八章)、石阳(第九章)。

我们感谢伦敦帝国理工学院的Mike Wright、英国诺丁汉大学的Louise Scholes、中国香港科技大学的刘晓蕾、美国波士顿学院的钱军、清华大学的杨之曙等。感谢上海财经大学金融学院、商学院的领导和有关同事。感谢所有对本书写作给予各种帮助和支持的人员。真诚地感谢你们!

当前国内VC/PE的发展一日千里。据投中集团提供的2002—2011年我国创业投资市场的募资情况数据,除2009年外,新募基金数和募资总额整体上一路攀升。尤其是近两年,增长幅度呈跃进式上升。2011年中外创投机构在中国内地市场共新募基金382只,募集规模282.02亿美元,均为2010年的两倍以上。另据清科研究中心统计显示,2011年完成募集的可投资于中国内地的私募股权投资基金共有235只,披露募集金额达到388.58

亿美元,刷新了历史最高纪录。

2012年以来,欧债危机悬而未决,发达国家经济停滞不前,众多中小企业面临资金链趋紧和业绩增长乏力的困境,中国企业出境并购迎来新契机。未来数年中,国内企业将增加海外并购,从资源导向型逐渐向技术、渠道、品牌导向型延伸,民营企业在其中将逐渐占据重要地位。各行业的"十二五"规划出台后,国内钢铁、水泥、煤炭、运输等行业的产业集中度也将通过更为活跃的并购活动实现提升。

因此,展望未来中国的风险投资与私募股权行业,将迎来重要的发展机遇,同时也将步入转型期——暴利时代结束、行业回归理性发展。VC/PE的投资策略、竞争格局都将面临改变,私募股权市场自身的重组将加速。

我们深信,在未来的这一过程中,社会各界(不限于高等院校师生)将有大量对风险投资和私募股权运作机制和知识的需求,本书的出版正合时宜。当然我们欢迎读者在阅读、教学使用中将关于对本书的任何疑问、批评、指正意见发送给我,邮箱为:liyao@shufe.edu.cn,以为再版做准备。

李 曜

2012年8月1日

目 录

第一章 私募股权基金概述 1
第一节 私募股权基金的定义 ·· 1
第二节 私募股权基金的分类 ·· 4
第三节 私募股权基金与证券投资基金、对冲基金 ························· 32
  本章小结 ·· 37
  基本概念 ·· 38
  复习思考题 ··· 38
  扩展阅读文献 ·· 38

第二章 风险投资概述 40
第一节 风险投资的含义 ·· 40
第二节 风险投资的特征 ·· 45
第三节 风险投资的产生与发展 ·· 49
  本章小结 ·· 59
  基本概念 ·· 60
  复习思考题 ··· 60
  扩展阅读文献 ·· 60

第三章 风险投资机构及其组织形式 62
第一节 风险投资机构在VC体系中的重要性 ······························· 62
第二节 风险投资机构的主要类型 ·· 64
第三节 风险投资机构的组织形式 ·· 71
第四节 有限合伙协议的主要特征 ·· 77
第五节 有限合伙制在我国风险投资业中的发展 ··························· 84
  本章小结 ·· 86
  基本概念 ·· 86
  复习思考题 ··· 86
  扩展阅读文献 ·· 87

第四章 风险投资的资金来源及其影响因素 88
第一节 风险投资的主要资金来源 ·· 88
第二节 影响风险资本供给的因素 ·· 98
  本章小结 ··· 105
  基本概念 ··· 105

V

	复习思考题	105
	扩展阅读文献	105

第五章 风险投资的项目选择、交易设计和管理监控　107
- 第一节　商业计划书　107
- 第二节　企业估值　114
- 第三节　双向选择标准　120
- 第四节　风险投资交易合同的主要条款内容　127
- 第五节　管理监控　137
  - **本章小结**　141
  - **基本概念**　141
  - **复习思考题**　141
  - **扩展阅读文献**　141

第六章 风险投资的退出　143
- 第一节　风险投资退出机制　143
- 第二节　创业板市场　154
  - **本章小结**　163
  - **基本概念**　163
  - **复习思考题**　163
  - **扩展阅读文献**　164

第七章 私募股权基金　166
- 第一节　私募股权基金的概念与业务特征　166
- 第二节　私募股权基金的组织结构　171
- 第三节　西方私募股权基金的历史　175
  - **本章小结**　191
  - **基本概念**　192
  - **复习思考题**　192
  - **扩展阅读文献**　192

第八章 私募股权基金的运作机制　194
- 第一节　PE基金的资金来源　194
- 第二节　PE基金的组织形式　194
- 第三节　PE基金的投资决策和交易安排　196
- 第四节　PE基金的退出　212
  - **本章小结**　217
  - **基本概念**　217

复习思考题		218
扩展阅读文献		218

第九章　私募股权基金的价值增值方法与基金业绩　220

第一节　PE 对企业价值的影响　220
第二节　PE 基金的业绩　230
　　本章小结　244
　　基本概念　244
　　复习思考题　244
　　扩展阅读文献　245

第十章　中国风险投资与私募股权的现状与未来　247

第一节　中国风险投资与私募股权的发展历史　247
第二节　当前我国风险投资与私募股权的特征　253
第三节　我国关于风险投资与私募股权的法律政策　261
第四节　中国风险投资与私募股权经典投资案例　269
　　本章小结　282
　　基本概念　283
　　复习思考题　283
　　扩展阅读文献　283

第一章 私募股权基金概述

第一节 私募股权基金的定义

目前,国内学术界对于私募股权基金(private equity fund,PE)的定义甚至翻译①存在着争议,这主要是由于国内外理论文献存在着模糊交叉的地方。为了明晰概念,本书首先对私募股权(private equity,PE)的概念和含义进行剖析。

一、私募股权

由于私募股权、私募股权资本、私募股权投资是一个过程的三个方面,三者常常均被简称为"PE",对于"PE"的定义,国内理论界和实务界并没有给出一个统一的界定。

维基百科(Wikipedia)的定义是:"私募股权"指由未上市公司的权益证券组成的一类资产。"私募股权投资"指私募股权机构、风险投资机构、天使投资者等根据各自不同的战略定位、偏好及投资策略投资于特定的目标公司,进行开发新产品、促进公司扩张成长或者重组业务、调整管理层或资本结构等。私募股权最常见的类型包括:杠杆收购资本、风险投资、成长资本、天使投资以及夹层投资等。在典型的杠杆收购交易中,私募股权机构买断一个已存在多年的成熟公司的控制权,这不同于风险资本或成长资本的投资。风险资本往往投资于年轻的新兴公司,并且很少会取得公司控制权。

英国私募股权和风险资本协会(british private equity and venture capital association,BVCA②)的定义是:私募股权指为换取在具有高增长潜力的非挂牌交易公司的股权权益而提供的中期到长期的融资。并进一步解释为:在欧洲,有人用风险资本涵盖所有未上市股权阶段的投资,即风险资本等同于私募股权;而在美国,风险资本仅指处在早期和扩张期企业的投资。

欧洲私募股权和风险资本协会(european private equity and venture capital associa-

---

① 目前为止,国内学者对于"Private Equity"的翻译仍存在争议:如盛立军(2003)从创业企业家选择战略投资者的角度看待 Private Equity,认为私募(private placement)是相对于公募(public offering)而言的,私募的对象是机构投资者(主要包括保险公司、资产管理公司等财务投资者),因而应当翻译为"私募股权"。但王燕辉(2009)认为这实际上混淆了看问题的角度,国外机构和学者是从投资者的角度来定义,Private Equity 对应的应该是 Public Equity,因此翻译成"私人股权"从意思上更加准确。然而随着 Private Equity 的发展,Private Equity Fund 越来越多地投资于公众公司股权,甚至出现了专门投资上市公司股权的 PIPE 投资(Private Investment in Public Equity)。所以,无论哪种翻译,都未能仅从字面上涵盖 Private Equity 的实际内容。本书按照国内目前采用较为广泛的"私募股权"来指称 Private Equity(如吴晓灵,2007;黄亚玲,2009;李曜,2010 等)。

② BVCA 以及下文中提到的 EVCA 及 NVCA 均为世界著名的风险投资协会组织,详细介绍请参见本书第三章专栏内容。关于这里提到的各组织的定义,读者可以参阅各组织网站。

tion,EVCA)的定义是：私募股权包括所有非上市交易的权益资本，它可以用于研发新产品和新科技、增加运营资本、进行收购或是改善企业的财务状况，它还能够解决所有权继承与管理层激励等方面的问题，如家族企业的股权传承、管理层收购。

美国风险投资协会（national venture capital association，NVCA）并未给出私募股权的定义，但明确指出，私募股权资本划分为风险资本、收购基金和夹层投资三种，风险资本是广义私募股权概念的一个子类。风险投资专注于投资年轻的、快速成长的私人企业，收购基金和夹层投资则投资于更加成熟的企业。作为该领域的权威学者之一，美国哈佛大学商学院教授Lerner(2002)[①]认为：如果将经济系统中投资于企业的权益资本按是否可以在公开市场上自由交易这个标准来划分，存在可公开交易和不可公开交易的权益资本两种类型，后者就是私募股权。它是指不必经过证券交易监管机构审批登记的、在私人及各金融或非金融机构之间交易的权益资本。这部分权益资本包括非上市公司的权益资本、上市公司非公开交易的权益资本、未在证券交易所登记或因其他规定不能公开上市交易的股票等。

本书试图从适合教学的角度给出若干相对明确的定义，但正如著名的风险投资与私募股权研究领域专家、瑞典隆德大学教授Landstrom(2009)在其《风险投资研究工具书》一书中所称，"这个领域如此贴近现实并如此迅速发展，以至于'风险投资（私募股权）'领域的特征就是定义不明确以及围绕核心概念的混淆"。因此，我们的定义只是一种努力尝试。本书的具体定义如下：

私募股权（private equity）指不在公开证券市场发行或交易的公司股权，对应于公众股权（public equity）。

私募股权投资（private equity investments）指对不在公开市场发行交易的股权或其他资产进行投资。由于私募股权通常没有交易市场，投资者需要私下寻找买家和卖家，而且法律上还存在诸多关于私募股权交易的限制，从投资私募股权到变现退出、获得回报需要更长的时间，也意味着更大的不确定性。因此私募股权投资者通常期望获得比公募股权（股票）或其他公开交易证券等更高的回报。私募股权投资形式包括风险资本（venture capital，VC）、杠杆收购（leveraged buyout，LBO）等。

二、私募股权基金

维基百科对"私募股权基金"的定义为：是一种集合投资计划，根据私募股权的投资策略投资于各种股权（和少许债权）的有价证券。私募股权基金通常采用有限合伙制，有固定期限，一般为10年（通常可以延展）。基金由专门的私募股权公司的投资专家筹集并管理。通常情况下，一个私募股权公司将管理一系列不同的私募股权投资基金，并且会每隔3~5年（当前期基金投资完毕后）尝试募集新基金。

欧洲私募股权和风险资本协会的定义是："私募股权基金"是投资者投资于未上市公司股权或与股权相关证券的集合投资工具，基金的组织形式可以是公司，也可以是非法人的有限合作制企业。

[①] Lerner,J.,"When bureaucrats meet entrepreneurs: the design of effective 'public venture capital' programmes", The Economic Journal, 2002, pp. 112, 73~84.

作为金融监管机构的代表性观点，美国《联邦银行监管条例》对私募股权基金是这样界定的：业务方向限于投资金融或非金融公司的股权、资产或者其他所有者权益，并确定将在未来出售或以其他方式处置；不直接经营任何工业或商业业务；任何一位股东（金融控股公司、董事、经理、雇员或者其他股东）所持有的股份都不超过25%；最长持续期限不超过15年；并非出于规避金融控股监管条例或其他商业银行投资条例目的而设立。

作为学者和实务界人士的观点，我们罗列了部分定义如下：

托马斯·梅耶尔（2005）强调了私募股权基金的中介作用，认为私募股权基金是未注册的投资中介，通过该投资中介，投资者（有限合伙人）投资于非上市公司。投资专家比如风险投资家或并购投资家（作为普通合伙人或基金管理者）管理这些基金。

李斌、冯兵（2007）[①]认为，私募股权基金指成立专门的基金管理公司向具有高增长潜力的未上市企业进行股权或者准股权投资，甚至参与到被投资企业的经营活动中，待所投资企业发育成熟后通过股权转让实现资本增值。广义的PE是指涵盖企业在首次公开发行股票（IPO）前各阶段的权益投资，即对处于种子期、初创期、发展期、扩展期、成熟期和IPO前期等各个阶段的企业所进行的投资。狭义的PE主要指对已经形成一定规模的并产生稳定现金流的成熟企业的投资，该类私募股权投资主要是收购基金和夹层资本。

吴晓灵（2007）[②]把私募股权基金定义为：以非上市企业为主要投资对象的各类创业投资基金或产业投资基金。她认为，私募股权基金实际上是主要投资于未上市的企业股权，它将伴随企业成长阶段和发展过程而培育公开上市的企业资源。私募股权对企业早期、成长期和扩展期都发挥着比较大的作用。

王燕辉（2009）[6]认为，私募股权基金是指专门从事私人企业（非上市公司）或可能进行私有化的上市公司股权或与股权相关的债权投资的封闭型私募集合投资工具。这个概念实际上关注了私募股权交易结构中使用可转换债券和其他次级债、收购上市公司并将其私有化[③]等私募股权投资范畴的投资形式。

黄亚玲（2009）[④]认为，私募股权基金指对非上市企业采取权益类方式投资的私募基金，在投资决策前会谨慎筛选并在投资后通过退出实现权益价值增值。

从上述观点中可以看出PE基金至少具备以下3个特点：一是投资标的是未上市权益资本或上市公司非公开交易的权益资本；二是通过参与并影响公司的治理结构、企业战略、人力资源、经营活动、营销等诸多方面从而提升公司价值；三是最终目的是通过退出获得财务增值收益。因此，本书对PE基金的定义如下：

"私募股权基金"（private equity funds）指由专业管理者发起的、以非上市公司或上市公司的私募股权为对象进行组合投资，意图影响目标公司的治理结构和经营活动，实现目标公司价值的创造与提升，并最终通过退出实现财务增值的封闭型集合投资工具。根据投资阶段的不同，可以分为风险投资基金、收购基金等。因为风险投资在起源、运作手

[①] 李斌，冯兵. 私募股权基金：中国机会. 北京：中国经济出版社，2007.
[②] 吴晓灵. 发展私募股权基金需要研究的几个问题. 中国企业家，2007(3).
[③] 上市公司私有化（privatization）又被称为PTP交易（public to private），是将一个公众持股的上市公司经私募股权机构收购后，变为由私募股权机构一家或少数几家投资者（例如，该企业管理层）持股的私人公司。
[④] 黄亚玲. 论私募股权基金杠杆收购与债券市场的发展. 国际金融研究，2009(8).

法、投资规模等方面存在较为显著的不同，一般狭义的私募股权基金概念不包括风险投资基金。

私募股权基金的投资阶段分类如图 1-1 所示。

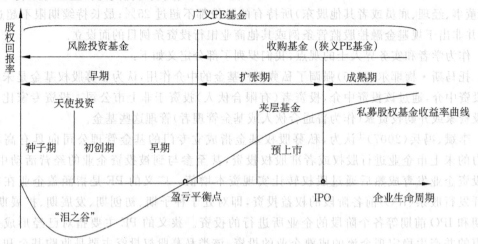

图 1-1　私募股权基金的投资阶段分类

注：该图表示私募股权基金的投资收益率随着被投资企业生命周期的变化规律。

第二节　私募股权基金的分类

广义的私募股权基金包括收购基金（buyout fund）和风险投资（venture capital）两部分，本书将从各个方面对这两种不同类型的基金进行介绍。尽管在现实中，很多机构同时涉足于这两种业务，但有必要从概念上对两者进行区分。详见表 1-1。

表 1-1　收购基金和风险投资的划分

	风 险 投 资	收 购 基 金
基金价值	低	高，有时可达数十亿美元
杠杆	从不或较少向银行举债	总是向银行举债
投资组合中的目标公司	新公司甚至是处于组建中的公司；目标公司很少盈利；处于发展成长状态；一般属于新科技行业	通常是已成立的成熟公司；目标公司的盈利水平至关重要；可以与高科技行业毫不相干
投资方式	只取得少量股权，只有在触发对赌协议或重新募集资本时才会有公司控制权问题	通常会实现控股或联合控股
估值方法	评估很大程度上取决于风险投资家的技能和经验	依据财务金融理论中的资本预算规则评估（例如，IRR）
管理人	风险投资家通常是曾经成功的企业家或者拥有特定行业技能的专家	基金管理者通常具有财务、投资银行或企业管理背景

资料来源：John Wiley & Sons Ltd.,"Private Equity as an Asset Class",Guy Fraser-Sampson,2007 C107567.

一、私募股权基金[①]

(一) 私募股权基金的组织结构

私募股权基金可以采取契约型(信托型)、公司型、合伙型等多种组织形式。

契约型基金是基于一定的契约原理、通过书面合同组织起来的基金。其缺点是契约各方的权利义务可能存在法律调整的空白之处,容易产生纠纷,并导致契约关系的不稳定。信托型基金是一种具体的契约型基金,通常引入专业的私募股权投资公司作为受托人,受投资者委托进行股权投资并行使投资者权利。投资人和受托人的权利义务关系受《信托法》和《合同法》等法律、法规约束。契约型基金的一个主要缺点是可能由于委托人和受托人之间的代理成本而产生受托人的道德风险。

公司型基金是投资人出资,按照《公司法》组成法人实体进行投资的基金。公司型基金的主要缺点有两个:一是可能产生双重税收,即在公司层面发生营业税和公司所得税以及在投资者层面发生个人所得税等双重税收;二是公司制企业的股东人数受限制。

合伙型基金是由投资人和管理人共同出资组建的基金。在私募股权投资发达的欧美国家,合伙型组织形式被大多数私募股权基金所采用,逐渐发展成目前占主导地位的"有限合伙制"。

与普通合伙制不同的是,有限合伙制运用激励约束机制,严格区分了普通合伙人(General Partner, GP)与有限合伙人(Limited Partner, LP)的权利和义务。有限合伙人(投资人)包括公共和私人养老基金、捐赠基金、基金的基金、保险公司、富有的个人等,负责基金绝大部分的出资并获得大部分的投资收益,但只对自身投资负有限责任。普通合伙人(管理人)即私募股权投资机构,一般认购1%的基金份额并对合伙企业或基金的债务承担无限责任;另外,管理人负责基金投资的日常运作,在运营过程中享有充分的经营自主权,并且可以根据合伙协议获得大大超过其投资份额的投资收益。普通合伙人的收益一般分为以下三个部分:

(1) 获取年度管理费(management fee),为基金资产的一个固定百分比,如年度管理费率为2%。

(2) 获取基金利润回报的一部分,一般为20%,这被称为"分享收益"(carried Interest)。一般是按整个基金的收益来收取的,只有在基金的项目结束、实现利润时才能分享。[②]

(3) 有些普通合伙人还要求被投资企业支付监督费用(monitoring fee),一般这种费用由普通合伙人和有限合伙人对半均分。

一般情况下,有限合伙制私募股权基金的合伙合约(covenants)具有以下四个特征:

(1) 基金必须有一个明确的结束期限。也即基金有一个固定的封闭期,一般为10年,

---

① 为了使读者能够区分两组概念,同时使我们的描述符合习惯,本书除了在第一章第一节中采用私募股权基金的广义概念外,其他章节所提到私募股权(或PE)均采用狭义概念。

② 在当前私募股权行业的主流做法是按照整个基金收益来提取分享收益(carried interest),一般还会设置一个"门槛收益率"(hurdle rate),基金的收益率只有超过门槛收益率,管理人才能提取分享收益。以往私募股权行业曾按照基金的每个投资项目提取分享收益,但目前这种做法已经逐渐被替代。

风险投资与私募股权教程

但可以最多延长2~3年。基金管理人一般用5年的时间进行投资,然后用5~8年的时间进行回收投资。

(2)所有合伙人的出资份额不能转让和买卖。有限合伙人有一个承诺出资总额,按时间分段出资到位。在基金成立的时候,一般出资25%~33%,其余资金按事先约定的时间或由管理人通知逐步到位。若有限合伙人违反约定,则会遭受处罚。

(3)在基金期限到期之前,各方合伙人不得撤出。

(4)有限合伙人承诺出资后,对普通合伙人的投资管理不过问,只以出资额为限承担有限责任。普通合伙人进行基金管理,并承担无限责任。

(二)私募股权基金的操作流程

1. 基金的策划

(1)分析市场机会:主要看是否存在足够多的潜在投资对象、是否存在通畅的退出渠道。

(2)构建管理团队:PE基金是人的事业,能否充分发现和利用市场机会,关键取决于有没有能够驾驭市场机会、实现投资目标的人才。

(3)制定投资战略。

(4)储备投资项目:通常最好的做法是在基金策划时,管理团队已经有备选的投资项目。这些项目符合基金的投资战略,并且所需资金与拟设基金的规模相匹配。

(5)商业计划书:将策划的主要内容体现在商业计划书上面,这是基金募集时的主要法律文件——基金私募合同或有限合伙协议的基础,因此要能体现团队最大的优势和亮点。

2. 资金的募集和设立

(1)基金私募备忘录:基金私募备忘录是为向潜在投资者介绍拟成立的有限合伙制基金的具体细节而准备的正式文件。备忘录一般会包括一个条款执行摘要,便于潜在投资者了解基金的拟投资情况,同时亦提供了对该基金主要条款的介绍。当然备忘录将进一步受到基金合伙协议条款的约束。

备忘录的主要条款摘要一般会包括:基金的目的、基金的存续时间和规模、每个投资者最低出资承诺和出资期限、普通合伙人的出资承诺、投资理念和投资战略、管理费、税负分配、利润和损益分配、潜在风险、适用的法律、法规等。

(2)市场环境与择时:市场环境好时,即使不具备投资经验和管理能力的基金也能得到融资;而市场环境变差时,即使拥有优良历史业绩的团队募集资金也不容易。

(3)营销途径:主要是机构投资者,包括公共和私人养老基金、捐赠基金、基金的基金、保险公司等,当然也包括富有的个人。

(4)基金合同或有限合伙协议或公司章程:主要是安排管理者和投资者签订基金成立的正式法律文件。基金合同(信托模式下)、有限合伙协议(合伙模式下)、公司章程(公司制模式下)由基金参与各方——基金投资者、管理人、托管机构等签订,成为正式的法律文件,其主要内容为基金私募备忘录的正式版本。

3. 项目筛选

由于私募股权投资期限长、流动性低,投资者为了控制风险通常对投资对象设定以下要求：

(1) 优质的管理。优质的管理对不参与企业管理的私募股权投资者来说尤其重要。

(2) 至少有2～3年良好的经营记录、有潜在的成长性和巨大的潜在市场、有令人信服的发展战略规划，核心是能提供稳定的现金流。

(3) 行业和企业规模的要求。不同的私募股权投资者对行业和规模的侧重各有不同，一般会从投资组合分散风险的角度来考察某项投资对其投资组合的意义。

(4) 估值和预期投资回报的要求。由于投资标的股权不像在公开市场那么容易退出，私募股权投资者对预期投资回报的要求比较高，至少要高于投资同行业上市公司的回报率。

(5) 若干年后上市的可能性，一般私募股权投资者在进入之时就必须考虑退出，而上市是首先考虑的退出形式。

4. 尽职调查

尽职调查(due diligence)，也称谨慎性调查，是指私募股权投资者在与目标企业达成初步合作意向后，经协商一致，投资者对目标企业一切与本次投资有关的事项进行现场调查、资料分析的一系列活动，主要包括财务尽职调查和法律尽职调查。

(1) 财务尽职调查

财务尽职调查指由财务专业人员针对目标企业中与投资有关的财务状况的审阅及分析等，具体而言包括被投资企业会计主体的基本情况、财务组织、薪酬制度、会计政策以及税费政策等方面。在调查过程中，财务专业人员一般会用到以下一些基本方法：

① 审阅。通过对财务报表及其他财务资料审阅，发现关键及重大财务因素。

② 分析性程序。通过对各种渠道获得的资料进行趋势分析、结构分析等，发现异常及重大问题。

③ 访谈。与企业内部各层级管理人员和各职能人员以及中介机构(会计师事务所等)进行充分沟通。

④ 小组内部沟通。私募股权的调查小组成员来自不同背景及专业，其相互沟通也是达成调查目的的方法。

由于财务尽职调查与一般审计的目的不同，因此财务尽职调查一般不采用函证、实物盘点、数据复算等财务审计方法，而更多使用趋势分析、结构分析等分析工具。财务尽职调查可以充分揭示企业的财务风险或危机；分析企业盈利能力、现金流量，预测企业的未来前景。私募股权机构了解预备投资企业的资产负债、内部控制、经营管理的真实情况，是下一步投资及整合方案设计、交易谈判、投资决策不可或缺的基础。

(2) 法律尽职调查

法律尽职调查主要包括下列几点：

① 被投资企业章程中的各项条款。尤其对重要的决定(如增资、合并或资产出售须经持有多少比例以上股权的股东同意才能进行的规定)要予以充分的注意，以避免收购过程中受到阻碍；应注意章程中是否有特别投票权的规定和限制(如规定了某位股东在某项事项上的一票否决权等)；应对股东大会及董事会的会议记录加以审查。

② 被投资企业主要财产情况。了解其所有权归属、对外投资情况及公司财产投保范围。该公司若有租赁资产则应注意租赁对收购后的运营是否有利。

③ 被投资企业全部的对外书面合同。包括知识产权许可或转让、租赁、代理、借贷、技术授权等重要合同。特别注意在控制权改变后合同是否能够继续有效。在债务方面,审查被投资企业的一切债务关系,注意其偿还期限、利率及债权人对收购行为是否有限制。其他问题如公司与供应商或代理销售商之间的权利义务、公司与员工之间的雇佣合同及有关工资福利待遇的规定等也须予以注意。

④ 被投资企业过去所涉及的以及将来可能涉及的诉讼案件。弄清这些诉讼案件是否会影响到目前和将来的利益。

在收购前,私募股权基金通过商业计划书及项目初审可以获得一些信息,但缺少被投资企业的详细资料。通过实施尽职调查可以弥补私募股权基金与企业家在信息上的不对称,并使得私募股权机构了解拟投资企业存在哪些风险,承担这些风险将成为未来双方在谈判收购价格时的重要内容。若发现企业的风险难以承担时,私募股权基金可能会主动放弃投资行为。

5. 目标企业价值评估

企业价值评估的目标是通过合理的评估方法确定企业的内在价值(intrinsic value)或称公允价值(fair market value)①。这是基金投资中最重要的环节之一,企业估值是决定交易价格的基础,并对投资收益有着决定性的影响。估值的一般方法有:

(1) 收益法(income approach)

收益法是通过将企业预期收益资本化或折现以确定企业价值的估值方法,也是最常使用的资产定价方法之一。

(2) 市场法(market approach)

市场法是将估值对象与可作参考的同类企业在市场上已有的相似交易案例等进行比较,以确定估值对象价值的方法。

(3) 资产基础法或成本法(asset-based approach or cost approach)

资产基础法或成本法是指在合理评估企业各项资产价值和负债的基础上,将企业的全部资产和负债进行加总,从而确定估值对象价值的方法。

(4) 实物期权法(real options approach)

实物期权是指以金融期权为参照,为企业管理者提供了如何在不确定性环境下进行战略投资决策的思路和方法。企业投资项目的价值来自于目前企业所拥有资产的使用,再加上一个对未来投资机会的选择权价值。

6. 交易设计

经过投资决策确定要对目标企业投资之后,即着手安排投资方案。方案设计包括估值定价、确定合同条款清单、进入企业后的董事会席位、否决权和其他公司治理问题、税收安排、退出策略、提交投资委员会审批等步骤。由于投资方和引资方的出发点和利益不同,双方经常在估值和合同条款清单的谈判中产生分歧。解决这些分歧的技术要求高,所以不仅需要谈判技巧,还需要会计师和律师等中介机构的协助。另外,PE 投资者一般不会一次性注入所有投资,而是采取分期投入的方式,每次投资以企业达到事先设定的目标(如财务指

---

① 内在价值与公允价值这两个概念并无实质区别,前者主要是从经济学意义上所指,后者主要是会计学上的一个概念。

标等)为前提。

7. 投资经营管理

私募股权基金有别于传统金融机构的最重要特征之一,是往往具有在投资之后介入企业经营管理的意愿和能力。实施积极有效的监管是降低投资风险的必要手段,但有效的监管需要人力和财力的投入,会增加投资者的成本,因此不同的基金会有不同的监管程度,包括采取有效的报告制度和监控制度、参与重大决策、进行战略指导等。PE 投资者还会利用其关系网络和渠道帮助被投资公司进入新市场、寻找战略伙伴以发挥协同效应、降低成本等方式来提高目标企业的收益。另外,为满足目标企业未来公开发行证券或国际并购的要求,PE 投资者往往会帮其建立合适的法律构架和管理体系。

8. 退出

经过一段时间的运作,基金可以在合适的时刻选择将自己持有的股份转让,使投资获得最大限度的回报。主要退出形式有:

(1) 公开上市(IPO)

一般来说,IPO 是私募股权基金最理想的退出方式。因为与其他退出方式相比较,IPO 方式具有以下优势:第一,提高公司的市场价值,为企业发展筹集更多资金,并极大增强了原有股份的流动性;第二,提高了企业的信誉和知名度,有利于企业进一步发展,PE 机构本身的声誉也可以获得很大提升;第三,企业成功上市使企业管理层、核心骨干等获得了可观的资本收益,并可以建立以上市公司股权为基础的持续激励机制。

(2) 并购

与 IPO 相比,持股企业被并购的最大优势就是私募股权基金可以迅速地拿到现金或可流通证券,实现一次性完全退出,剩余风险很小或几乎没有。由于收购方可通过兼并获取协同效应,PE 投资者通常要求在收购价格上支付溢价。同时,通过并购退出的交易费用等成本也大大低于 IPO 方式,适用于各种类型和规模的公司,较少受资产规模、经营年限、连续盈利等方面的约束,因而比 IPO 简便快捷。当然,私募股权基金的退出收益率明显小于 IPO。

(3) 回购

回购是指被投资企业出资购买私募股权基金所持有的股权。主要包括管理层收购、员工收购等。由于以被并购方式退出很可能会影响企业的经营独立性,使得管理层丧失对企业的控制权,因此股份回购方式较好地克服了并购方式所存在的缺陷,对于被投资企业的管理层和骨干员工来说比较有利。

(4) 产权出售

产权出售[①]也可称为产权交易退出,是指私募股权基金通过产权交易市场或产权交易机构将所投资企业的股权转让出去的过程。产权交易市场是未上市企业进行股权转让的场所,因其产权交易的门槛比 IPO 低得多,限制条件少,交易灵活,资金退出方便,所以成为私募股权的重要退出方式之一。

(5) 清算退出

作为私募股权的最后选择,以清算方式退出是痛苦的,相对于其他的退出方式,它通常

---

① 产权出售(trade sale),是西方私募股权或风险投资的重要退出方式,可以卖给产业投资者,也可以卖给金融财务投资者。而并购(merger & acquisition)主要是指上市公司收购了目标企业。

会给私募股权基金带来损失。但在很多情况下这是必须断然采取的方案,因为如果私募股权基金不能及时抽身退出,只能带来更大的损失。对于 PE 基金来说,一旦发现所投资企业成长太慢、不能给予预期的回报,就要果断撤出、确认投资失败。其过程需要按照有关法律规定,组织股东、有关专业人员和单位成立清算组,对企业进行破产清算。

(三) 私募股权基金的业绩

1. "J 曲线"效应

一般情况下,内部报酬率(internal rate of return,IRR,也可称为内部回报率)被作为衡量私募股权基金业绩表现的最重要指标之一。PE 基金的内部报酬率指基金从开始设立到结束之间的年复合回报率,通常呈现所谓"J 曲线"模式——即 PE 基金的内部报酬率随着时间呈现先下降后上升、先负后正的走势(参见图 1-1)。正回报通常出现在基金成立以后几年,在此之前的早期阶段,基金回报率为负,并呈现逐步下跌的趋势,在基金早期负回报的这个阶段被业内称为私募股权投资的"泪之谷"(valley of tears)。这种现象可以用 PE 基金的创设成本和管理费用以及管理者所采用的估值策略来解释。

(1) 创设成本和管理费用

一般情况下,基金管理者要从初次募集资金中扣除创设成本和管理费用,而且其计算基础往往是整个基金的规模。因此在早期几年内,这些创设成本和管理费用相对于实际投入资本来说就显得特别高。

(2) 评估策略

在基金处于存续期时(即尚未从目标企业中全部退出),IRR 的计算要估算基金资产的合理价值。因此,IRR 的值就取决于资产的价值评估策略和投资组合价值本身的不确定性。一般情况下,在基金存续的早期,最可能发生的就是低估资产的账面价值而非高估资产的账面价值。这种出于谨慎保守的评估方法一般被明智的基金管理者所采用。所以,私募股权基金在成立早期往往会表现出负的 IRR。

2. PE 基金的"业绩之谜"

一般认为,PE 机构进行的杠杆收购能够提升企业价值,但并不一定表示 PE 基金的投资者(有限合伙人)就能获取高额回报。原因是:

(1) "赢者的诅咒"[①]。PE 基金常常是在竞争性拍卖中进行购买企业,支付了较高溢价,结果是目标公司的现有股东收获了大部分价值。

(2) 高昂的管理费。PE 基金的有限合伙人需要支付大量费用。Metrick 和 Yasuda (2009)[②]估算 PE 机构每管理 100 美元的基金资金,有限合伙人支付的各项费用折现到当前就有 19 美元。因此,在扣除费用后有限合伙人的净收益大大小于 PE 基金本身的项目投资收益。

[①] 赢者的诅咒(winner's curse),来自行为金融学派常使用的一个术语,指由于信息不对称,在拍卖、股权出售等活动中,最后获胜者往往是处于信息劣势的一方,由于报价过高、显著超越标的物的合理价值而获胜。可参见 R. Thaler,"Anomalies:the winner's curse",*The Journal of Economic Perspectives*,Vol. 2,No. 1,1988,pp. 191~202.

[②] Andrew Metrick & Ayako Yasuda,"Venture Capital and Other Private Equity:A Survey",*NBER Working Papers* 16652,*National Bureau of Economic Research*,Inc. 2010.

对这一问题进行实证研究最早并且最为权威的是 Kaplan 和 Schoar(2005)[1]，他们研究了 1980—2001 年这一期间的 746 个 PE 基金（包括 Buyout 基金和 VC 基金）。研究发现，PE 基金的有限合伙人的净收益略低于标准普尔 500 指数收益率（但是若将费用加回，则包含费用的总收益超过了标准普尔 500 指数收益）。详见表 1-2 和表 1-3。

表 1-2 欧洲私募股权基金的投资回报（按年度比率计算，截至 2005 年）

类型	1 年期 IRR/%	3 年期 IRR/%	5 年期 IRR/%	10 年期 IRR/%
风险投资	25.4	0.6	−4.0	5.3
早期阶段	4.9	−2.3	−7.5	−0.1
发展阶段	12.2	0.9	−1.6	8.8
平衡阶段	32.7	2.8	−2.7	7.6
收购基金	20.9	7.9	5.0	12.6
混合型	51.2	1.2	−4.8	9.7
全部	24.1	5.2	1.2	10.2

资料来源：EVCA，转引自 Landstrom(2009)。

表 1-3 美国私募股权基金的投资回报（按年度比率计算，截至 2004 年）

类型	1 年 IRR/%	3 年 IRR/%	5 年 IRR/%	10 年 IRR/%	20 年 IRR/%
风险投资	3.6	−1.4	−6.3	25.4	15.6
早期	1.4	−5.5	−8.6	45.8	19.8
平衡期	5.8	1.2	−4.2	17.0	13.0
后期	−0.4	0.6	−6.6	15.2	13.7
收购基金	19.8	8.5	1.8	8.7	13.0
小型	24.1	5.4	1.6	8.7	26.7
中型	17.8	4.3	0.9	10.6	14.5
大型	16.8	9.6	0.9	10.9	14.5
巨型	20.6	9.0	2.7	7.7	9.7
夹层基金	8.5	3.7	1.8	6.9	9.2
全部	14.0	5.3	−0.5	12.5	13.8
NASDQ	0.3	2.7	−15.3	9.4	11.4
S&P500	4.8	1.0	−4.7	12.0	10.8

资料来源：Thomson Venture Capital Economics。该数据库分析了超过 1 750 家资本额总计达到 5 850 亿美元的私募股权基金的现金流和回报情况。数据来源于有限合伙人和普通合伙人的财务报表数据，回报是扣除管理费用和附股权益后给予投资者的净值。收购基金的分类标准如下：小型：0 亿～2.5 亿美元；中型：2.5 亿～5 亿美元；大型：5 亿～10 亿美元；巨型：10 亿美元以上。以上数据转引自 Landstrom(2007)。

根据英国诺丁汉大学 CMBOR 研究中心和瑞士苏黎世的 Adveq 私募股权机构在 2005 年对英国私募股权基金的机构投资者联合进行的调查发现[2]，英国的企业养老基金、职业养老基金是 PE 的投资主力。在 239 个被调查机构中，41% 的机构已经投资了 PE 基金。既

---

[1] Kaplan, S. N. and A. Schoar, "Private equity performance: returns, persistence and capital flows", *Journal of Finance*, 2005, pp. 60, 1791～1823.

[2] 现该研究组织 CMBOR 已经整体搬迁到英国伦敦帝国理工学院，网址：http://www3.imperial.ac.uk/business-school/research/innovationandentrepreneurship/cmbor/publications.

然平均来讲,投资 PE 基金既要损失流动性,又不能获得超额收益,那么养老基金等机构投资者投资 PE 基金,看上去也是不理性的行为。目前的学术文献还不能给予充分合理的解释。

3. PE 基金业绩的可持续性

Kaplan 和 Schoar(2005)文章的另外一个贡献是:提出并论证了 PE 基金具有业绩可持续性。业绩持续性是一个有趣的问题,共同基金(证券投资基金)很少有业绩持续性,最多只是绩差基金体现出一定的业绩持续性。对冲基金也没有业绩持续性。PE 基金却具有显著的业绩持续性,说明 PE 基金的普通合伙人拥有特殊的技能,确实能够提高企业价值。PE 基金的业绩持续性可以解释这样一个现象,即有限合伙人总是努力投资于过去业绩表现好的 PE 机构管理的基金。

由于 PE 基金业绩持续性的特点,而且最优业绩和最差业绩通常差异很大,所以有着良好历史记录的基金管理公司成立新基金时,先前基金的投资者会很快超额认购。另外,普通合伙人也愿意与现有的有限合伙人保持这种关系。这样一来,PE 投资倾向于形成一个封闭的团体,过去形成的关系使得优秀基金的进入门槛较高,会把新投资者拒之门外。而首次成立的管理团队由于缺少成功的业绩表现,不得不花费高昂的成本寻找投资者。

4. PE 基金市场的动态循环周期

PE 市场是动态发展演变的,存在着繁荣——萧条的周期循环,市场规模通常和期望收益保持一种此消彼长的均衡关系。即基金的收益越高,随后基金的融资规模越大。而基金的融资规模越大,其后的收益越低。如此的因果关系可以构建一个 PE 基金融资规模与收益之间的系统动态学上的正反馈环路:PE 基金某年很好的收益——更多的 PE 融资——基金收益变差——PE 基金融资减少——基金的收益变好,这个过程可以自我循环,周而复始。这样的循环过程可以解释私募股权投资领域繁荣与衰退的周期性特征。

(四)私募股权基金按投资策略分类

1. 杠杆收购(leveraged buy-out,LBO)

杠杆收购是私募股权基金收购操作的一种典型方式,其本质是举债收购,即收购方仅用少量自有资金,以债务资本为主要融资工具来收购其他公司,这些债务资本多以目标公司资产为抵押担保而进行筹集。

杠杆收购的主体一般是专业的私募股权基金,收购目标企业的目的是以合适的价格买下公司,通过重组经营使公司增值后变现退出,其中收购时的财务杠杆可以增加私募股权投资者的投资收益。负债资金大部分来自银行抵押借款、机构借款和发行垃圾债券,银行抵押贷款等高级别的债务融资由被收购公司的资产和未来现金流量及收益作担保并用来还本付息。其他融资方式往往并无抵押担保,风险较高,期望收益也较高,贷款者往往能够分享公司的股权收益。杠杆收购过程中,私募股权基金会主导成立一个股权高度集中、财务结构高杠杆性的新公司,然后由新公司收购目标企业,收购成功后实现和目标企业的合并。

2. 夹层基金(mezzanine fund)

夹层基金是指一种介于股权投资和债权投资之间灵活地融合二者各自优势的投资基金,一般投资于成长型公司在两轮融资之间或者在上市之前的阶段。夹层基金的投资工具通常为次级债、可转换债权和可转换优先股等金融工具的组合。夹层基金投资者既受益于债权收益,同时也兼顾了公司增长所带来的股权收益。在杠杆收购(特别是管理层收购)中,夹层基金往往是一种重要的融资来源,其作用是填补杠杆收购在考虑了股权资金、普通债权资金之后仍然不足的收购资金缺口。

夹层基金的本质是提供借贷资金,但在企业清偿顺序中位于银行贷款之后,因此相对于银行贷款等有抵押的高级债权融资方式,夹层基金属于次级债权。在杠杆收购中著名的垃圾债券融资方式,也属于一种次级债权,和夹层基金的作用是一样的。不过由于20世纪90年代初期垃圾债券市场因信用危机而崩溃,目前西方杠杆收购中次级债权资金主要来自于夹层基金。

夹层基金的组织结构一般采用有限合伙制,和一般的私募股权基金并无不同。夹层基金的经理人,也被称为杠杆收购专家,他们充当融资顾问,负责组织整个杠杆收购的交易结构特别是融资结构,并提供夹层基金融资。西方著名的夹层基金经理人有 KKR 公司、ONEX 公司等。

3. 成长资本(growth capital)

成长资本是私募股权投资的一种,是一种少数股份的投资,常常投资于正在寻找资金但是又不想对现有股权结构进行较大稀释的相对成熟的公司。

寻求成长资本的公司通常是为了寻求资本以帮助企业完成生命周期中一个变革性的事件,如进行资本扩张、重组业务、进入新市场或为并购交易融资。这些公司比风险资本的目标企业更成熟,能够创造收入和利润,但缺乏足够的现金、渠道、管理或战略支持。成长资本对目标企业的战略调整、生产扩张、销售和营销拓展、设备采购和新产品开发等均非常重要。当然,成长资本也可以被用来改善公司的资产负债表,尤其可以大幅度降低财务杠杆率。

成长资本常常由普通股或优先股构成,尽管某些投资者使用各种混合证券,但一般情况下,寻求成长资本的公司并没有能力借更多的外债,可能是因其已经存在的债务水平。

4. 上市后私募投资(private investment in public equity,PIPE)

上市后私募投资是指私募股权基金通过定向增发方式以低于当时市场价值的价格买入一家上市公司的普通股。它为上市公司提供了一种全新的成长型资本融资方式。根据交易结构,投资者从 PIPE 的交易中可以得到比当前市面上具有折扣价格的股票。因为 PIPE 方式出售的股票没有预先在证监会登记,所以此部分股票是受限制的并且不能立即上市出售。通常情况下,上市公司会把 PIPE 交易中发行的股票在证监会登记为受限制股票。

公司在上市以后需要不断补充资金以满足企业扩张发展的需求,而传统的银行贷款或者资本市场上的普通融资渠道(公募增发、配股等)并不能以经济便捷的方式来满足企业的资金需求,与此同时机构投资者有闲置资金可在短期内提供迅速快捷的融资,PIPE 从而应运诞生,并在近年里获得飞速发展。私募股权基金就成为参与上市企业 PIPE 融资的一种特殊机构投资者,它为企业提供了一种新型的、可预见获取的、具有更高效率的融资方式。

在 2008 年全球金融危机期间,当上市公司无法在公开市场融资时,PIPE 交易以合理的成本、快捷的效率为企业提供了资金来源。包括对冲基金在内的很多私募股权基金发现通过这种交易可以比在公开市场折价的情况下购买到大量股份,即使有短期流动性的限制也并不妨碍获利性,纷纷转向 PIPE。因此从投资者角度来说,PIPE 提供给投资者一个机会在固定价位上买到大量的股票,而又避免在二级市场上推高股价。[1]

专栏 1-1　Jensen 教授与私募股权[2]

Michael C. Jensen(1939—　)是当代最著名的金融经济学家之一,除了在资产定价理论中占有举足轻重的地位外,他还在公司治理理论、私募股权等研究方面做出了开创性工作。

从 20 世纪 80 年代起,Jensen 教授就开始从事私募股权基金领域的研究工作。1989 年,他在《哈佛商业评论》上发表的著名文章"公众公司的垮台"(The Eclipse of the Public Corporation),把私募股权看成是一种新的强大的综合管理模式。在 2007 年 11 月于美国首都华盛顿的演讲中,Jensen 教授总结了一些私募股权有助于价值创造的重要特征,包括私募股权如何比公众公司更好地贯彻"战略价值问责"(strategic value accountability)机制,以及私募股权如何避免横亘于公众公司和资本市场之间的许多欺骗和不诚实,最后总结了私募股权行业的一些正在增长的危险趋势,这些趋势正在威胁着这个新的商业模式和它的未来。

1. 作为一种新综合管理模式的私募股权

Jensen 认为,自 20 世纪 80 年代起,PE 就成为一种新型的综合管理模式,适用于许多公司和组织。PE 致力于捕获那些被代理问题毁掉价值的公众公司——尤其是当公司治理失效的时候。给目标公司带来增长的证据和 PE 行业的发展与成功是一致的,到 2007 年,PE 资本已经至少有超过 1 万亿美元的规模。

PE 已经在那些具有高度自由现金流量的成熟部门(如 LBOs/MBOs 的投资对象)和那些高速增长部门(如风险资本的投资对象)获得成功,现在似乎无限制地应用在所有领域并扩散到全球。根据摩根斯坦利的估计,在 2006 年存在着 2 700 只私募股权投资基金,它们的业务涵盖了全球 25% 的并购活动、50% 的杠杆贷款项目、33% 的高收益证券市场、33% 的 IPO 市场,创造了 400 亿美元的收购规模新纪录。

Jensen 认为,PE 所使用的实现价值创造的技术,大多也适用于公众公司。但这些技术之所以并没在公众公司发生,可能是由于公众公司的管理层和董事会难以改变他们的心态。这种状况只能解释为公众持股公司因为代理成本而失败的一个证据。

在缓慢生长的企业中,高杠杆操作是合适的。企业管理的重点在于对债务的偿付,这是非常有效率的。在快速成长的企业,高杠杆操作是不适当的,而风险投资负责这个阶段的投资。

2. PE 的重要特征

所有导致高业绩的因素都存在相互的某些关联,这些因素是相互依赖的:

(1) 与典型的公司相比,PE 公司的首脑是合伙人。PE 公司拥有很少员工(但随着时间推移,PE 公司的员工也在增加);PE 基金的有限合伙制度有明确有限的生命期;PE 作为临时主体存在的期限对持股公司的董事会及管理层产生了一种天然的督促。

---

[1] PIPE 在我国目前称为上市公司定向增发,自 2006 年以来成为上市公司最主流的再融资方式,取代了配股和公募增发的地位。定向增发的价格不低于预案公告前 20 个交易日股票价格的 90%,定向增发的股票需要持有至少 1 年方能上市。由于定向增发的高收益,吸引了包括私募股权基金在内的大量机构投资者参与。

[2] 本专栏主要内容来自 2007 年 11 月 27 日 Michael C. Jensen 教授在华盛顿的演讲"私募股权的历史、影响和未来——所有权、公司治理和业绩"(The History, Impact, and Future of Private Equity: Ownership, Governance, and Firm Performance)。

(2) PE 合伙人的声誉是非常重要的,对那些新募集的基金来说,平庸的回报是一场灾难——假如你管理的两只基金出现低回报,那么你就出局了。

(3) PE 合伙人会努力成为一个优秀的董事会成员,会创造一个和传统上市公司相比很不一样的董事会和治理制度。和几乎所有的公众公司不同的是,PE 持股公司的企业管理层面临着董事的直接压力,而普通上市公司的董事一般认为自己只是 CEO 的员工。PE 持股公司的董事会规模较小;一般来讲,CEO 仅仅是董事会的一个董事,而不是主席,其他董事(往往是由 PE 合伙人担任)则很主动;PE 合伙人作为积极投资者拥有大量股权(或债权),积极参与公司战略方向的制订,而且 PE 董事的行为通常受内幕交易限制等其他法律规定规范,PE 董事也不交叉领取津贴。

(4) 在财务战略上,比起大型企业集团,PE 持股公司的资产负债率很高;债务的控制功能扮演了一个非常重要但往往未被充分认知的角色。PE 往往可以大量使用杠杆操作,不过在高度负债操作时,关注当地的税法和破产法是很重要的。

3. 战略价值责任

PE 的任务是弥补市场与企业之间的鸿沟。经理们想要的是可以用他们控制的结果衡量经营业绩上的成功,比如说一些新产品或销售额、成本等,几乎没有经理希望由资本市场对公司价值的评价来衡量是否成功。但是实际上,股东的价值偏偏在于资本市场。

在公司治理中,需要非常特殊的人才填补在企业经理的心态和市场认可的价值之间的鸿沟,然而这种人才在公众公司很少见到。从这个角度不难看出为什么 PE 机构经常是由那些在资本市场中有深厚的知识与经验,并愿意和实际企业管理结合起来的专业人士来发起设立。雇佣和留住这些有天赋的管理者对上市公司是极其困难的,因为他们的机会成本太高了。

4. 公众公司和资本市场之间的欺骗和不诚实

管理者和资本市场之间是一种高度紧张的具有作用力和反作用力的不诚实的关系。博弈与欺骗主导了企业经理和资本市场之间的关系,例如平滑企业盈余、管理投资者的期望、迎合华尔街的预测等。当企业经理的决定被创造长期价值以外的其他事情驱使的时候,经理们就是在撒谎,这个被反复证明的过程摧毁了企业的价值。对这种不诚实行为的规范给 PE 机构提供了价值创造的机会。

5. 一些危险趋势

PE 机构收费的泛滥制造了普通合伙人与有限合伙人之间的利益冲突,这将导致价值损失。另外 PE 机构的公开上市存在着天生的矛盾之处:公众持股的私募股权公司在语言学和经济学上都不合逻辑。当公众持股的永久资本取代有限合伙人的临时资本时,可能将制造更多的代理成本,就像封闭式基金的折价一样。另外,对冲基金进入私募股权行业的趋势,也不符合对冲基金交易性的本质特征。

案例 1-1 杠杆收购的典型——KKR[①]

杠杆收购是最典型的私募股权基金业务,杠杆收购的演变历程也最能体现私募股权基

[①] 关于 KKR 的创业历史和经典案例,可参见本书第七章案例 7-1:"门口的野蛮人——第一次私募股权浪潮中的经典收购"。另外可参考:George Baker & George Smith 著. 张爱玲, 等译. 新金融资本家. 上海:上海财经大学出版社, 2010.

金的发展历史。杠杆收购的基本手法是：通过高负债融资收购那些基本业务稳定、经过整合能够产生一定现金流的企业，然后以被收购企业的现金流偿还债务，最后待企业业绩提升、市场好转时以比收购时更高的价格卖出，从而获得可观的投资回报。

第一个系统和成功地从事杠杆收购业务的私募股权公司是 KKR(Kohlberg Kravis Roberts & Co.)。1964 年，当时还在贝尔斯登(Bear Stearns & Co.)工作的 Herry Kravis 和 Jerome Kohlberg 运用杠杆收购手法购买了 Orkin 公司。此后，他们通过一系列杠杆收购案例，创造了一套完整的杠杆收购程序和成熟的杠杆收购技术，形成了杠杆收购的基本模式。但由于并不为贝尔斯登高层所赏识，加上 1974 年股灾之后，投资者厌恶任何新的不确定性投资。1974 年颁布的美国《雇员退休收入保障法案》禁止退休基金参与任何有风险的投资，市场无法募集资金投资杠杆收购。因此，1976 年 Kohlberg、Kravis 以及其堂弟 Roberts 3 个人离开贝尔斯登，创建了 KKR 公司（公司以 3 人姓氏的首字母命名）。

全新的 KKR 在 1977 年完成了它的首笔收购，对象是制造企业 A.J. Industries。到 20 世纪 80 年代初期，KKR 成为了具有统治地位的杠杆收购实践者之一，实际上也是 20 世纪 80 年代最多产的一家 PE 投资公司。在杠杆收购浪潮狂热的 1987 年，KKR 开始运用一切方法募集资金，为了刺激更多的投资者加盟，公司甚至提出所有在 1990 年之前完成的交易的管理费都可以减免，到募集结束时，资金已经达到 56 亿美元。

大量使用债券等杠杆工具是 KKR 主导的并购与以往操作的最大不同之处。例如，1989 年在对当时美国最大的食品和烟草生产商 RJR Nabisco 公司收购中，最终达成协议的 248 亿美元的交易额中，KKR 基金本身的股权资本只有 15 亿美元，其他 233 亿美元全部为债务融资。给 KKR 提供并购融资支持的既有摩根斯坦利、美林这样的投行，也有垃圾债券大王迈克尔·米尔肯的德崇证券，另外还包括来自美国、日本、加拿大以及欧洲的银行。这其中除 52 亿美元可转换债券、8 亿美元新发行债券外，其余 120 多亿美元全部为各种金融机构提供的过桥贷款，其中很大一部分需要在 1990 年前全部还清。

收购成功后，KKR 首先是让收购壳公司与目标公司 RJR Nabisco 合并，然后利用后者的真实融资能力以现金和债券的方式融资 248 亿美元。然后陆续通过出售部分资产、债务重组等手段偿还过桥贷款和债务，降低融资成本。最终，KKR 通过分拆 RJR Nabisco 等重组方法，实现了成功退出。

案例 1-2　国内 PE 的典型案例——弘毅投资①

北京弘毅远方投资顾问有限公司（以下简称弘毅投资）成立于 2003 年 1 月，是联想控股集团系列成员中专门从事股权投资管理业务的公司。弘毅投资是中国起步较早、参照国际 PE 公司惯例设立的、业务聚焦在中国本土规范运作的专业投资公司，弘毅投资团队对中国本土化的基金投资业务有深刻理解和成功实践。

截至 2011 年年底，弘毅投资管理着 1 只人民币基金和 4 只美元基金，总规模超过 300 亿元人民币。弘毅投资的人民币基金由联想控股作为发起人，全国社保基金作为主要投资人（全国社保基金在弘毅的第一只人民币基金中投资 20 亿元）。另外，弘毅的美元基金由

---

① 关于弘毅投资，可参考公司网站 http://www.honycapital.com/hony/index.html。

来自美国、欧洲、亚洲、日本等全球著名投资机构共同投资组成。成立至今，弘毅投资已先后在金融、建材、医药、装备机械、消费品、连锁服务等多个行业进行了投资。2010年，被投资企业资产总额约为5 300亿元，整体销售额约为1 220亿元，利税总额约为180亿元，这些企业为社会提供了超过16万个就业岗位。

投资先声药业（以下简称先声）堪称弘毅投资的一个经典案例，也是国内PE市场上颇为引人关注的案例之一。

2005年9月，弘毅投资在考察了国内100多家医药企业之后，选择参股先声药业，投资2.1亿元，持有先声31%的股份。从入股之初，弘毅投资公司高层就明确表示，未来一段时间内会把先声尽快推向资本市场。果然仅仅1年半以后，弘毅投资就将这家在中国内地仅居二线地位的制药企业推上了华尔街。2007年4月20日，先声药业成为第一个在纽约证券交易所上市的中国化学生物医药公司，成功募集资金2.26亿美元，创下了截至当时亚洲最大规模的医药公司IPO纪录。

弘毅投资选择入股先声是循于这样一种思路：先声药业作为优质民营企业质量很好，弱点是不会借助资本市场，扩大再生产缺乏资金，而这一切弘毅投资驾轻就熟。参股这样的企业，给予它所需要的，公司价值自然可以得到高速增长，不需要对管理层进行过度鞭策就能获得财务收益。弘毅投资总裁赵令欢曾表示，之所以选择先声药业，首先是看中了其团队，有雄心壮志，不甘平庸，正符合弘毅投资选择的目标。而且，先声当时年销售额达到8亿元，规模已经不小，潜力也大。同时公司很注重基础管理，像这样既有远大目标，又懂得要在管理上下苦功的医药企业不多。

弘毅投资究竟给先声药业带来了什么？最重要的就是促进了企业的规范化运作。弘毅投资参与董事会管理，帮助企业改善治理结构、组织设计、财务管理等多方面，使得企业有了较大的提升，最后在短短1年半时间里成功在美国上市。一个5万元起步的民营医药企业，历经12年的磨砺，最终成为一个市值超过10亿美元的纽交所上市公司。

先声药业通过IPO募集到的资金主要用于支持新药的研究开发、拓展营销队伍和收购兼并。上市后，先声宣布将投入4亿元作为创新药物与市场非专利药物研究开发的专项资金，这可能是中国民营医药企业投入的最大一笔研发资金。上市后的先声获得了一个更大的发展平台，而企业持续的增值是股东和投资者的最大愿望。

作为其第二大股东，弘毅投资在先声上市当天出售部分先声股票套现3 300万美元，完全收回了此前投入的资金，其所持股份从原来的31%稀释到21%。但直到现在，弘毅投资仍然持有先声的股权。投资先声积累了对医药行业的投资经验，正是在此基础上，弘毅投资后来又进一步全资收购了国内原料药厂商石药集团和康臣药业。

二、风险投资基金

作为企业融资的一种形式，风险投资（Venture Capital，VC）和风险投资基金是私募股权（广义）市场的一部分。风险投资即机构、企业和富有的个人，主要针对创立不久的增长驱动型创业企业的股权以私募形式做出的投资。在其投资的企业中，风险投资者通常被认为是积极且临时（一般会持股5～10年）的合作者，多为少数股东。他们主要以退出作为实现资本回报的手段，而不是通过分红来获得收入。

新坐标金融系列精品教材

风险投资与私募股权教程

在现代经济社会中,创业企业代表了经济中的重要力量——它们创造新技术和新事物、新经济组织、新就业机会。虽然所有行业和地区都能发现成长型企业,但作为一个整体来讲,增长潜力最大的企业常常是知识型和受技术驱动的创业企业。它们立足于无形资产,在快速发展的领域运作,创立不久,也没有文献记载的历史。这些成长型企业要面对的主要问题之一就是如何募集业务增长所需的资金,同时获得它们发展所必需的能力、资源和交际网络。这个快速增长的领域需要一个高效的风险资本市场提供充足的资本和管理技能。例如,人们普遍认为,美国风险资本行业使得美国经济具有了独特的竞争能力和优势,正是风险资本将来自大学和研发实验室的创意转变成实际运营的高速增长公司,英特尔、思科、微软、甲骨文、亚马逊、雅虎等一大批高科技创业公司在创立初期都受到了风险资本的资助。

本书讲的风险投资实际上也是一个广义概念,具体由如下的细分市场组成:机构化风险投资(即普通意义上风险投资,Venture capital);非正式风险投资(主要是指天使资本,Angel capital);公司风险投资(指工商业企业投资的风险资本,Corporation Venture Capital,CVC)。

表1-4给出了这三种不同形式风险资本的关键特征。

表1-4 三类风险投资主要特征比较

	机构化风险投资	非正式风险投资	公司风险投资
资金来源	由较为广泛的有限合伙人出资	自有资金	母公司资金
法律形式	有限合伙	个人	大型公司的子公司
投资动机	高额回报	高额回报;个人价值	战略考虑;高额回报
监管方式	大额投资;详尽审查和调研;正规管理控制方式	投资额度有限;时间有限的调查;非正规的介入和管控	大额投资;详尽审查和调研;公司管控

资料来源:Mason 和 Harrison(1999)[1],Manson 和 Landstrom(2005)[2],De Clercq et al. (2006)[3]。

(一)机构化风险投资

1. 机构化风险投资(institutional venture capital)的定义

简单来讲,机构化风险投资是经典的风险投资概念,它是一种介于金融资金供给者(包括大型公司、养老基金、富裕的家庭等)和作为资金需求者的非上市企业的中介,从前者筹集资金并对后者进行投资,它侧重于对非上市并以股权方式融资的创业企业进行长期专业投资,其主要回报是最终资本收益。Mason 和 Harrison(1999)认为,"机构化风险投资行业由全职专业人才组成,他们从养老基金、保险公司、银行和其他金融机构筹集资金以投资于

---

[1] Mason, C. M. and R. T. Harrison, "Venture capital: rationale, aims and scope", *Venture Capital*, 1999, 1(1), pp. 1~46.
[2] Mansson, N. and H. Landström, "Business angels' investment preferences: early-stage investors-are they different?", paper at the RENT XVIII Conference, Copenhagen, Denmark, 2005, pp. 25~26 November.
[3] De Clercq, D., V. H. Fried, O. Lehtonen and H. J. Sapienza, "An entrepreneur's guide to venture capital galaxy", *Academy of Management Perspectives*, 2006, 20(3), pp. 90~112.

创业企业。"

机构化风险投资可以进一步细分为：

(1) 传统风险投资基金，其资金来源于有耐心的投资者，如富有的个人或家庭。基金由具有创业经验及行业知识的投资者进行管理，投资对象为早期企业，并且积极参与投资对象的运营。

(2) 商业风险投资基金，其资金来源于进行短期投资的机构。基金由具有投资银行或其他金融机构从业背景的专业人士运作，在目标企业发展比较成熟的阶段投资或进行管理层收购，他们重视技术型投资分析、金融结构设计、协议达成和交易技巧。

上述区分实际上体现了欧洲和美国风险投资业的不同。在欧洲，"风险投资"在更普遍的观念中被认为是"私募股权"的同义词，既包括早期和扩张阶段的投资，也包括诸如管理层收购、杠杆收购、重组等各阶段的投资形式。而在美国，"风险投资"术语更为狭隘，仅指针对增长驱动型企业发展早期的投资，即上述的"传统风险投资"。

2. 机构化风险投资的组织形式

机构化风险投资有多种组织形式，最主要的组织形式有以下3种：

(1) 独立的有限合伙企业，其中风险投资公司作为普通合伙人从机构投资者（如养老基金、保险公司或银行）等有限合伙人那里筹集资金。

(2) 附属某银行（财团）的风险投资基金，其资金来源主要是母公司。上层组织通常是金融机构，如银行或保险公司。有时也可能是大型非金融类公司（即属于下面的"公司风险投资"）。

(3) 政府风险投资组织，由政府机构资助并控制。

20世纪80年代以来，有限合伙企业已经成为西方占主导地位的风险投资组织形式。在企业中，风险资本家是普通合伙人并控制该基金的活动，投资人一般不参与基金的日常管理。

3. 风险投资的操作流程

Tyebjee 和 Bruno(1984)[①]构建了一个风险投资过程的5阶段模型：

(1) 起始——寻找潜在的投资；

(2) 筛选——迅速浏览商业计划书（无论是主动获取还是被动获取）；

(3) 评估——对通过筛选的商业机会，更加深入细致了解商业模型和前景的可行性；

(4) 确定投资——确定和谈判投资的条款；

(5) 投资后——增值活动，例如为被投资企业服务，为投资退出做准备和协助下一次的投资事宜。

基本上，风险投资的操作过程和私募股权类似，但也有一些突出的特点不同于一般的私募股权投资：

(1) 风险投资家在挑选目标企业时，所使用的筛选规则与一般私募股权不尽相同。例如，风险投资家通常会按行业不同而有不同的筛选原则，钟情于科技业和钟情于零售业的风险投资家的筛选规则存在很大区别，对专利保护的看重程度也不同。又比如，关注于创

---

① Tyebjee, T. T. and A. V. Bruno(1984), "A model of venture capitalist investment activity", *Management Science*, 30(9), pp. 1051~1066.

业初期的风险投资家可能将关注重点放在企业管理团队,也即看重创业企业家实现机会的执行能力。而对企业发展末期阶段进行投资的风险投资家,则可以在早期阶段成绩的基础上对管理团队能力进行评估。

(2) 根据 Muzyka 等(1996)[①]的统计,风险投资家在进行决策时考虑最多的是管理团队因素,"风险投资家看起来更倾向于选择具有良好管理团队、合理的财务以及产品—市场特性这样的组合,即便这样的机会并不完全满足资金和交易方面的要求。他们认为,缺乏正确的管理团队和合理的创意,良好的财务指标通常来说毫无意义。"

(3) 风险投资家最宝贵的资产是他的时间,Gorman 和 Sahlman(1989)[②]发现,风险投资家要花费 60% 的时间处理投资后的事情。平均来讲,风险投资家一年要花费 110 个小时去协助和处理投资后的项目(包括发展战略等企业经营管理方面的事务)。这点和主流的金融中介机构(如投资银行、投资基金等机构投资者)完全不同,后者会关注企业的业绩表现,但很少直接介入公司决策。

(4) 风险投资家和创业企业家的关系不同于一般的股东和经理的关系。风险投资家有强烈的动机去了解创业企业家的投资和行为,并预先作出风险控制。风险投资家与创业企业家的目标并不总会完全一致,并存在着信息不对称。很多风险投资家会获得强有力的控制权,有时候和他们的投资资产规模并不完全匹配。例如,风险投资家经常会获得可转换债券或可转换优先股,以便于在必要的时候获取相对多数的表决权和董事席位,甚至可以将表现不佳的创业企业家替换掉(Lerner,1995)[③]。掌握可转换证券的另一个原因是,风险投资家有机会撤出投资,以避免创业企业家可能的道德风险行为。

(5) 风险投资家倾向于对目标企业进行"分段投资",这样可以在企业发展早期风险最高的时候减少投入资本的数量。也有人认为,这样做的后果是迫使创业企业家花光所有的钱,在下一轮募集资本的时候处于弱势的谈判地位,被迫接受较高的股权稀释状况。

(6) 一些年轻的、缺乏成功经验的风险投资家可能在其投资组合的企业中寻找"早熟"的 IPO 机会,以便积累和建立行业内的"声誉",方便未来募集新资金,这种风险投资行业内被称为"逐名"(grandstanding)的行为对于创业企业的发展来讲,显然并不是最优的(Gompers,1996)[④]。

(7) 为投资组合企业提供各类非财务类支持,并就此改善基金的风险收益,是风险投资家作为金融中介的最主要任务。这里风险投资家扮演三种关键角色:战略角色——作为首先提出战略的股东以及为战略而建立合适的董事会;运营角色——帮助聘任核心管理层、提供专业服务、开发关键顾客、联系额外融资等;个人角色——作为朋友、导师和知己为

[①] 参见 Muzyka,D.,S. Birley and B. Leleux,"Trade-offs in the investment decisions of European venture capitalists",*Journal of Business Venturing*,1996,pp. 11,273~287. 文中,他们罗列了 35 项投资标准(每 5 项标准分为 1 组,共 7 组;分别是财务状况、产品市场、竞争策略、资金、管理团队、管理适应性、交易)对 73 位风险投资家进行调查,结果发现所有的风险投资家都把 5 项管理团队标准作为首选标准,其次是财务、产品市场、资金和交易标准。

[②] Gorman,M. and W. Sahlman,"What do venture capitalists do?",*Journal of Business Venturing*,4(4),1989,pp. 231~248.

[③] Lerner,J.,"Venture capitalists and the oversight of private firms",*Journal of Finance*,50(1),1995,pp. 293~361.

[④] Gompers,P. A.,"Grandstanding in the venture capital industry",*Journal of Financial Economics*,pp. 42,133~156.

创业企业家提供支持。

（8）风险投资家倾向于联合其他风险投资家一起进行投资，而不是单独投资。这种联合投资对于风险投资的两个主要驱动力（寻找高质量的交易和培育投资能力）都有正面的影响。风险投资家通过业内的联合投资建立和巩固了他们的关系网络，有利于提高风险投资家对企业的增值能力。

4. 风险投资对创业企业的影响

已有的研究认为，风险投资可以在以下诸多方面深刻影响被投资的企业，包括公司治理结构、创业团队的薪酬、目标公司的声誉、研发创新等，具体来讲有以下几方面。

（1）由于风险投资家在监控创业企业方面具有可供仿效的样本和技能，VC 持股企业更可能具有合适的治理机制；

（2）具有强有力治理机制的创业企业通常会有更好的业绩表现；

（3）实践表明，VC 会更好地运用各种形式的管理层报酬和激励机制（包括综合运用或有薪酬支付和股权支付等），VC 持股企业可以更好地保护不受管理层机会主义的影响，有利于增强企业的长期表现等；

（4）VC 持股企业将会有更好的"声誉"，这对于企业的客户和供应商等交易方来说，具有更高水平的信用承诺；该企业在未来获得次轮融资方面可以花费较少的时间；该企业将会有更优秀的业绩表现；

（5）VC 资本倾向于投资一家已经完成或准备好进行战略开发的科技企业；接受 VC 资本的企业能够更为迅速实现转型并进入实际开发阶段；

（6）接受 VC 资本的创业企业能够更为快速地实现盈利，并且更早实现成功退出；

（7）风险投资家并不倾向于投资那些未经证明的行业。当他们投资于新兴行业时，很可能是因为创业团队的力量，以及这些团队成员之前在相关企业的经验发挥了作用；

（8）通常当一个行业已经出现并且处于增长领域后，风险投资家才会进行投资；而且当且仅当顶级的风险投资家决定率先投资于一个新兴行业后，大多数风险投资家才会跟进投资；

（9）风险投资家对新兴行业的投资与其业绩表现并没有正相关关系。

专栏 1-2　Sahlman 教授谈风险投资[①]

William Sahlman 是哈佛商学院创业管理系的教授，也是最早在风险投资领域进行深度学术研究的学者之一。时至今日，他早期的研究成果在这个领域里仍然被广泛引用。

1990 年，Sahlman 在其著名文章《风险投资组织的结构和管理》[②]中对风投机构的组织结构进行了首次探索。他分析了风投机构与其资金提供者以及目标公司之间的关系，深入阐释了风投机构是如何管理和运作的。

对风投机构与其资金提供者之间的关系，Sahlman 强调了主导这一关系的金融合约的代理问题。他认为，风险投资的管理人即普通合伙人有太多机会来利用资金提供者，而存

[①] 转引自 Landstrom(2009)。

[②] 参见 William A. Sahlman, "The structure and governance of venture-capital organizations", *Journal of Financial Economics*, 1990, pp. 27, 473～521。

在的代理问题被"有限责任合伙制"的法律结构所恶化。在有限责任合伙中,有限合伙人被禁止在风投机构的管理中发挥作用。为保护有限合伙人,合约需要以"风投机构作出的决定不能有悖于有限合伙人利益"的方式来设计。比如包括对基金有效期限的限制、给予风投机构适度激励的补偿制度,以及在 LP 和 GP 之间冲突解决机制的合约。

对风投机构与所投资目标公司的关系,Sahlman 关注了风险投资家与企业家之间的信息不对称,这种不对称导致的风险投资对目标企业进行监管方面的问题。Sahlman 提出了一个基本理论,即风险投资家需要对资本承担义务,设计旨在"通过对目标公司的积极管理来给企业家以适度激励"的补偿计划,还要建立保持投资流动性的种种机制。

在 Sahlman 看来,有限合伙关系并没有特别的优势或劣势,风投基金的分阶段资金承诺结构和基金有限期限是极其重要的,它使得再投入更多资金之前必须对以前投入资金情况进行审查,这是一项强有力的控制机制,使得风投机构可以运作得更健康。

1989 年,Sahlman 与其学生 Gorman 合作的《风险投资家是做什么的?》这篇颇具影响力的文章①中通过问卷调查阐明了风险投资家如何安排他们的工作(该问卷是在 1984 年 12 月做出的,调查范围是 100 名风险投资家,最后得到了 49 名风险投资家的有效回复),得出了一些非常有趣的结论:

(1) 每一名风险投资家平均管理 9 家被投资公司,花费他们 60% 的时间用于监督管理企业,在其中 5 家公司里他们是主导投资者(lead investor,即在所有外部股东中所占份额最大)。

(2) 作为主导投资者,风险投资家每年会在每一家目标公司投入 80 个小时的现场时间,以及 30 个小时的电话时间。

(3) 针对投资组合中的公司,风险投资家提供的主要服务按照重要程度依次是:筹集额外资金、战略规划、管理层的选聘、运营规划、介绍潜在的客户和供应商、解决人员的薪酬和激励计划等。

Sahlman 认为,风险投资家参与所投资目标公司的管理活动是非常重要的,他们可以通过介绍被投资企业进入他们培育已久的网络组织,使得未来融资渠道更加顺畅,而且还有一个认证(certification)的过程使得被投资企业的市场地位得到更多投资者的认同。在 Sahlman 看来,今天的风险投资者拥有更多的资本去配置给每一个企业,但在每个所投资的目标公司上花费的时间却少了,相应地,他们的帮助就不如以前那么大了。

关于政府鼓励风险投资所做的政策影响,Sahlman 认为是十分有限的。他的观点是:与其用钱(如政府引导基金、税收鼓励等)来吸引创业者,不如鼓励创业精神。因为创业和失败破产紧密相关,而在许多国家,失败是不光彩的事,如果你破产了,将会面临大量的个人法律问题以及高额的费用——这样的环境伤害创业精神。

(二) 非正式风险投资——商业天使

和其他风险投资形式不同,非正式风险投资(Informal venture capital)并不是什么新

---

① Gorman, M. and W. Sahlman, "What do venture capitalists do?", *Journal of Business Venturing*, 4(4), 1989, pp. 231~248.

生事物,实际上,亨利·福特的汽车帝国能够起步,就要感谢五位"商业天使"①在1903年资助他的4万美元。然而,由于商业天使通常喜欢悄无声息地进行交易,并且热衷于在本地投资,高度依赖自有的人际网络来发掘投资机会,因此很难被识别,关于天使投资的研究历史也较短。

1. 非正式风险投资的定义与分类

美国新罕布什尔大学教授 William Wetzel 于1983年在《斯隆管理评论》上发表了一篇名为《"商业天使"和非正式风险资本》的文章②,首次使用"天使投资者"称谓那些为初创的创业企业提供类似于风险投资的个人。Lerner(2000)③将天使投资者定义为"向创业企业投资的富有的个人";Sohl(2003)④认为天使投资者指那些将自己资产的一部分投资于私人公司的个人,尤其是投资于公司的种子阶段和发展阶段。尽管天使投资者的一些活动与风险投资家类似,但是他们投入的钱来自自己的积蓄,而不是机构或其他投资者。

随着近年来学术的发展,研究的注意力从上述"狭义的"天使投资者扩展到对创业企业进行股权投资的私人投资者,并且包含越来越多的"非正式投资者"。Mason 和 Harrison (2000)⑤认为非正式投资者是指"向未上市企业直接投资的个人,且作为投资对象的企业中没有其家庭成员的参与"。这一定义的核心意义是,家人或朋友之间相关的投资应该排除在天使投资者的定义之外。

但也有研究将家庭或朋友的投资列入了非正式投资的范畴,例如 Reynold 等(2003)⑥主持的大型国际项目"全球创业观察"(global entrepreneurship monitor)就将除创业者之外的任何向新创企业投入的个人资本都包括在非正式投资之内。他们研究了18个国家非正式投资者的样本,估计在1997—2001年间,每年的非正式投资大概有2 000亿美元,其中2/3发生在美国。88%的非正式投资资金来源于家庭、朋友和邻居等关系,即所谓的3Fs (family, friends and fools)。

总之,在研究中,学者们有时会将"天使投资者"和"非正式投资者"加以区分,但更多的时候则是将两者混用。

2. 非正式风险投资的基本特征

已有的关于"天使投资者"或"商业天使"(business angel)的研究发现,尽管非正式风险投资市场规模庞大、高度活跃,但世界各地的商业天使带有一些共同的特点,即所谓商业天

---

① "天使"(angel)这一称谓最初用来形容在美国纽约百老汇资助戏剧排演的人(戏剧天使),这些"天使"为了能与他们喜欢的演员并肩工作而资助戏剧创作,这是一种风险极高的投资——如果戏剧失败了,"天使"就血本无归;当然如果戏剧大获成功,"天使"也可以获得收益分成(Mason, C., "Informal sources of venture finance", in S. Parker(ed.), *The Life Cycle of Entrepreneurial Ventures*, Volume 3, New York: Springer. 2007)。

② William Wetzel, "Angels and Informal Risk Capital", *Sloan Management Review*, 1983, 24:4, 23~34.

③ Lerner, J., *A Brief Review of Venture Capital and Private Equity: A Casebook*, Toronto: John Wiley & Sons.

④ Sohl, J., "The private equity market in the USA: Lessons from volatility", *Venture Capital*, 2003, 5(1), pp. 29~46.

⑤ Mason, C. M. and R. T. Harrison, "Informal venture capital and the financing of emergent growth businesses", in D. L. Sexton and H. Landström(eds), *The Blackwell Handbook of Entrepreneurship*, Oxford: Blackwell, 2000.

⑥ Reynolds, P. D., W. D. Bygrave and E. Autio, Global Entrepreneurship Monitor: Executive Report, Wellesley and London: Babson College and London Business School, 2003.

使的 ABCs(attitude——态度；behavior——行为；character——性格)。①

(1) 典型的商业天使是 40 岁以上的中年男性，带有街头摊贩式的精明；

(2) 投资决策的促成因素是金钱回报的前景，以及重大的非金钱因素的动机；

(3) 依赖封闭的商业合作者以及朋友圈子来获得投资机会的信息；

(4) 一笔交易可能牵涉多个商业天使，且接受投资的企业通常离投资人的地理位置较近；

(5) 商业天使对于可以发挥自己的知识、能力和经验的投资项目更感兴趣，可以以天使自身的价值给目标企业提供增值；

(6) 有相当部分的商业天使尚未进行首次投资，他们被描述为"潜在天使"或"处女天使"。

3. 非正式风险投资的运作方式

表 1-5 给出了商业天使投资各个阶段的典型特征，以及和机构化风险投资的比较。

表 1-5　投资运作的主要特征：商业天使(BA)与风险资本(VC)的比较

阶段	活动	决策	BA 和 VC 的差别
交易机会来源	接触、参与到可能投资的企业，产生非正式的第一印象评估	决定立即放弃投资机会，还是投入更多时间审查计划；决策时间较快	VC 会产生和接触比 BA 更多的交易机会，在初始筛选阶段更为挑剔
商业计划评估	包括检视商业计划书并进行调查。BA 与企业创始人见面，与可能投资的其他 BA 沟通，对投资机会和创业团队进行内部和外部评估	决定是否进入谈判回合	VC 进行更多的尽职调查，更注重那些可观测的评判指标；BA 则更重视那些与投资后财务困难相关的指标
谈判及达成交易	与企业家商议交易条款	根据谈判结果，或者达成协议，或者终止双方的关系	VC 的入股合同比 BA 的入股合同往往要求更多的控制权
投资后参与企业经营	在各方面和不同程度上参与企业工作以促进企业发展		BA 比 VC 更多监管投资后的企业状况，因为 BA 投资具有"手把手"参与企业管理的性质
退出	出售在企业内的投资份额		VC 比 BA 更注重投资退出

资料来源：Van Osnabrugge, M. "A comparison of business angel and venture capitalist investment procedures: an agency theory-based analysis", *Venture Capital*, 2000, pp. 2, 91~109.

实际上，商业天使和机构化 VC 之所以表现出上述不同，有以下原因：

(1) 商业天使投资目标是金钱回报，但也包含了许多非金钱因素的动机，比如实现自身价值等。所以他们对于可以发挥自身长处、应用自己的知识能力和经验的交易更感兴趣，有时甚至可以接受投资在 VC 看来风险很大的企业。

例如，出于某种非金钱价值的原因，商业天使可能采取非正式的投资评估方式，接受投资的企业家和商业天使个人是否意气相投就成了协议达成与否的重要因素。有时，商业天使在极短时间内就可以对企业家的可信度形成判断，即所谓"瞬间信任"(swift trust)。与

---

① 可参见对薛蛮子的报道。他有国内"天使投资第一人"称谓，投资过 UT 斯康达、8848 网站、汽车之家等企业，如"薛蛮子：我为什么投资蔡文胜和李想"，《创业邦》杂志 2010 年 09 月刊。

风险投资家相比,商业天使在目标企业尽职调查方面花费较少时间,也更少依赖第三方来评估投资机会。

(2) 商业天使投资决策往往是个人做出,决定是否将个人财富的大部分投入到一家充满风险的企业,缺少VC机构中分工明确的经理人团队共同决策机制。

(3) 与VC机构不同,商业天使不存在委托代理问题,也不会有筹集后续基金的压力。商业天使考虑的是投资收益最大化,而不是管理费用最大化。

4. 非正式风险投资市场——商业天使门户

商业天使群体构成了非正式风险投资市场,他们是初创的创业企业长期股权投资的主要提供者,这一市场的效率提升会扩大市场规模并降低企业获得初期股权资金的难度。但是,现实中有3个因素导致了非正式风险投资市场的低效率:

(1) 商业天使难以识别;

(2) 商业天使和企业家之间互相寻找的成本很高;

(3) 资金供给不足。

市场系统性低效以及持续存在的资金缺口促使"商业天使门户"(angel portal)的产生和发展。简单来说,商业天使门户是提供给商业天使和创业企业家的一个交流平台,在这里面,企业家寻找潜在投资人,商业天使寻找和筛选交易项目、聚合成小团体共同投资等。总体来讲,商业天使门户构成了今天的商业天使市场。

世界上最早的商业天使门户是"风险投资网络"(venture capital network,VCN),它诞生于1984年,隶属于美国新罕布什尔大学的风险投资研究中心。随后,类似的商业天使门户在许多国家以不同的名称或形式出现,例如,加拿大机会投资网络(Canada Opportunities Investment Network,COIN)、英国的本地投资网络公司(Local Investment Network Company,LINC)、瑞典的查尔姆风险投资网络(Chalmers Venture Capital Network,CVCN)、丹麦的商业创新中心(Business Innovation Center)、新加坡的东南亚商业天使网络(Business Angel Network Southeast Asia,BANSA)、德国的德意志商业天使网络(Business Angel Network Deutschland,BAND)等。

这些商业天使门户网络的主要经验有以下4点:

(1) 投资者会员制。大多数门户要求它们的会员符合最低"净资产/收入"的要求,该机制确保商业天使能够充分了解天使投资的风险并保持足够的流动性以应付投资需要。

(2) 高质量的交易机会。如果企业家提交商业计划书的门槛太低,会增加投资者的机会成本,因此商业天使门户网络会对商业计划书进行预评估后再交给天使投资人过目。

(3) 需要资金维持。因为商业天使门户网络维护运营需要资金,自身的营销收入有限,因此需要一定资金的维持。

(4) 提升知名度。商业天使门户必须提高自身存在价值的认可度,以吸引到天使投资人和企业资源。

专栏1-3　Wetzel教授对商业天使的研究[①]

直到20世纪70年代,对非正式风险资本市场的研究仍然少之又少。20世纪80年代

[①] 转引自 Landstrom(2009)。

初，美国新罕布什尔大学的 William Wetzel 教授进行了开拓性研究，他发现，商业天使可能代表了创业企业募资来源中最大的一个部分，并且非正式风险资本市场在高科技领域的发展中扮演了重要角色。这一研究缘起于 1979 年秋，美国中小企业管理局下属的经济研究办公室在美国新英格兰地区资助进行了一项针对非正式风险资本的扩大化研究。Wetzel 及其同事对商业天使进行了为期 9 个月的寻访，最后得到了由 133 名天使投资者组成的样本。Wetzel 发表了名为《"商业天使"和非正式风险资本》的论文，刊登在 1983 年《斯隆管理评论》杂志上，该篇论文后来被商业天使的相关研究广泛引用。文章的主要发现如下：

(1) "商业天使"习惯与朋友和生意合伙人一起分享投资机会，并与他人合伙投资。

(2) 非正式风险资本是创业企业外部原始资本的重要来源。44％的"商业天使"资金投给了创业公司，接受投资的企业中有 80％成立不超过 5 年。

(3) "商业天使"积极参与所投资对象的运营，通常担任公司董事会成员，提供着咨询服务。

(4) "商业天使"往往在离家不远的地方进行投资——58％的受资助企业与"商业天使"住所的距离不超过 50 英里。

(5) 天使资本是"耐心的钱"，受访者预期持有时间在 5～7 年之间。

(6) "商业天使"往往会受到"非金钱奖励"的高度影响，这包括"精神享受"和"社会责任感"等（比如在高失业率的地区创造出就业机会、发明对社会有益的技术等）。35％～45％的受访者表示，如果将"非金钱奖励"包括在内，那么投资项目较低的财务回报也会为他们所接受。

Wetzel 的研究结论是，"商业天使"在创业风险融资中占有相当大的比例，具有自己独特的特征。但包括商业天使在内的非正式风险市场相对低效，无法将投资者和创业企业家联系到一起。

1984 年，Wetzel 和同事成立了风险投资网络(Venture Capital Network，VCN)，目的是为天使融资提供一个更有效的市场。VCN 的目标是将企业家与潜在的投资者相匹配，并组织了定价、结构和投资退出等方面的研讨会。1990 年，VCN 与麻省理工学院合作，更名为科技资本网络(Technology Capital Network，TCN)。VCN 被美国和加拿大的二十几家商业天使网络视为榜样和模仿对象。

对于政府公共政策在非正式风险投资领域的作用，Wetzel 并不看好。他认为非正式风险市场非常独立和个人化，政府政策难以有效，或许只有税收激励能提供一些正面影响。另外，商业天使的投资范围在其居住地附近，因此政府政策应该具有地方化或区域化特性。

2008 年，Wetzel 教授在接受采访时总结了自己研究的体会，他认为：

(1) 商业天使确实存在——有很多拥有知识和资金的个人，他们对于支持有潜力的创新企业热情很高。

(2) 商业天使投资的运作非常个性化，而且非常依赖于投资者之间以及投资者与企业家之间的人际互动，"天使"市场不适合机构化。

(3) 商业天使市场在地区经济发展层面具有巨大的经济价值——商业天使分布在各地，并在离家不远的地方投资，并且各地商业天使的投资偏好各有不同，有利于基层地方经济的发展。

(4) 这个市场潜力巨大。存在一个巨大的"潜在天使"的隐性市场。"潜在天使"与"商业天使"的比例可能高达 10∶1。因此在将潜在天使转化为活跃的商业天使方面大有可为。[①]

(三) 公司风险投资

公司风险投资(CVC)是指工商业企业(包括金融机构)直接或者成立专门的投资子公司向初创企业进行股权投资。公司风险投资是风险投资领域的一个重要形式。西方很多公司在 2000 年互联网泡沫破灭后开始缩减公司风险投资的规模,但公司风险投资仍然是许多大型公司的重要投资工具之一。特别是在 2005 年之后,许多公司开始重新设立新的公司风险投资基金,例如英特尔投资事业部 2005—2006 年间设立了针对中国、印度、中东和巴西的四只风险投资基金。

1. 公司风险投资的定义

公司投资可以区分为内部投资和外部投资,公司内部投资一般针对存在于公司内部各种层面的创新和发展,可以带来组织实体内部的创新成果。公司外部投资是可以带来部分或完全独立于组织实体的外部创新成果。公司风险投资(CVC)是公司进行的外部投资活动的一种。

在投资过程中,公司的资金是以直接风险投资、通过专门的风险投资基金或由外部风险投资公司管理的基金来投入被投资企业的。

总体看,公司风险投资被认为是公司外部投资组合中的一种特殊工具,是公司立足于长期进行的一种外部投资模式。企业进行风险投资的动机可能是战略目的,也可能是财务目的。公司风险资本被认为是创业公司的融资来源之一。

2. 企业为何进行公司风险投资

Keil(2000)[②]认为企业进行风险投资通常考虑的是战略目标,但投资往往又是以财务标准来衡量的。具体来讲,公司风险资本的战略目标分为以下 3 个主要的类别:

(1) 学习动机

学习动机可以分为以下 3 种类型:

市场层面的学习是指企业通过不断观察被投资公司来学习市场运作、技术和商业模式,通过这种学习来推进其战略进程。例如,通过观察被投资公司的订单减少就可以得到市场弱化的信号。

特定风险学习是指企业从与被投资公司的关系中学习,企业将公司风险投资作为研发外包的方式来提高它们的知识储备、竞争力、技术、产品性能和战略进程等。许多有特定风险学习和研发外包目的的风险投资发生在同行业或相关行业中。

间接学习是指从公司风险投资的过程中学习。公司风险投资可以用来改善企业文化、训练管理人员、学习风险投资、促进内部风险管理能力的提高,同时获得投资银行和其他风

[①] 关于天使资本,可参见 Freear, J., J. E. Sohl and W. E. Wetzel,"Angels and non angels:are there differences?",*Journal of Business Venturing*,1994,pp. 9,109~123。还可参考美国新罕布什尔大学商学院创新研究中心的网址 www.unh.edu/cvr。

[②] Keil,T.,"External corporate venturing:Cognition,speed,and capability development",doctoral dissertation,Espoo,Finland:Helsinki University of Technology,2000.

投机构的关注。

（2）获取潜在回报的动机

获取潜在回报的动机可以分为以下两种类型：

购买公司的动机是指如果被投资公司被证明具有战略价值，公司风险投资可扩大对其持股、将其纳入母公司的资产组合。但在实践中，这个目标往往由于创业者和其他财务投资者的反对而无法实现。一般合理的解决方式是将公司风险投资作为收购中的辅助工具，依靠母公司的企业并购部门来完成对潜在收购对象的并购。

进入新市场的动机是指通过投资来开展新的业务，将投资行为作为尝试新市场的方法，学习必要的技巧和选择进入时机。

（3）资源杠杆动机

资源杠杆动机可以分为以下两种类型：

利用自有技术和平台的动机是指企业利用公司风险投资来支持自己的客户，并以此来刺激对自有技术和产品的需求。企业可以利用公司风险投资来引导和推动围绕自身技术发展良好的其他公司，并发展新的行业标准。例如，英特尔（Intel）公司的发展非常依赖于微软的操作系统，当意识到 Linux 操作系统可能成为微软产品的替代品时，英特尔在非常早期的时候就投资了 Linux 供应商 Red Hat Linux 公司。接着，英特尔还与 IBM、康柏、戴尔、甲骨文等公司一起通过公司风险投资向多家 Linux 厂商进行投资，它们都希望通过这些投资行为来减少对微软操作系统的依赖性。最终，Linux 成为企业用户市场上表现良好的操作系统。

利用自有互补资源的动机是指企业将自己的分销渠道、生产能力等资源作为杠杆，通过 CVC 投资于其他企业，将更多的产品融入自己的分销渠道中，并为过剩的生产能力和资源等寻找新的增长点。例如，创业企业在吸收新技术和将新技术商业化方面通常比大公司做得好，这意味着它们能够更好地把握发展新产品、新市场等的机会。但它们的分销网络通常有限，无法与大公司相抗衡，这时候大公司的公司风险投资就有了用武之地，尤其是母公司是一家国外公司或跨国公司的时候。公司风险投资可以对创业企业进行投资，将其产品和技术纳入母公司的全球分销网络中。

总体来看，公司风险投资的目标通常是多元的，公司风险投资是母公司的战略组成部分。

3. 公司风险投资发展的三次浪潮

历史上公司风险投资曾经出现过三次"浪潮"（Dushnitsky 和 Lenox，2006）[①]。

第一次浪潮是从 20 世纪 60 年代晚期到 70 年代早期，企业利用公司风险投资来突破技术瓶颈。当时《财富》500 强的企业中，超过 25% 的企业都在进行公司风险投资行为。1973 年股市暴跌之后，公司风险投资的收益迅速萎缩，大量公司风险投资公司被关闭。

第二次浪潮出现在 20 世纪 80 年代，公司风险投资作为企业多元化的工具。这一波浪潮在 1986 年达到顶峰，当年公司风险投资在所有的风险投资基金中占到了 12% 的比重。但随着 20 世纪 80 年代末股市泡沫破灭，很多公司风险投资破产倒闭。

---

① Dushnitsky, G. and M. J. Lenox, "When does corporate venture capital investment create firm value?", *Journal of Business Venturing*, 2006, 21(6), pp. 753~772.

第三次浪潮出现在20世纪90年代末期,这次浪潮规模远超过前两次。浪潮在2000年达到顶峰,2001年后伴随着科技股泡沫破灭而迅速退潮。但从那时起,公司风险投资的数量和年投资额一直稳定在超过1998年前的水平。这说明对许多企业来讲,公司风险投资已经成为一种战略工具,其活跃性独立于经济周期之外。

除了经济周期对公司风险投资有显著影响之外,行业和企业因素对公司风险投资作用和效率的影响也是非常重要的。例如行业的知识产权体系、行业对创新的要求、行业格局,以及企业现金流状况、企业内部研发或专利储备情况和企业规模等都会显著影响公司风险投资的作用。

4. 企业设立公司风险投资的方式

从企业角度来看,公司风险投资是一个用来发展新业务的重要工具,其他的工具包括内部创业、外部收购、设立联合企业、战略结盟、合作研发和资产剥离等。

在实践中,许多企业都选择在可控的范围内设立独立的风险投资基金来尝试公司风险投资;或者先与其他企业联合投资,等有了一定经验后再设立公司风险投资基金。CVC往往由独立的投资人管理,这些独立的投资人赋予了基金独立自主性,使得公司风险投资基金避免受到母公司财务状况变化的影响。外部投资管理人或合伙人会要求CVC降低成本并追求财务收益,使得CVC可以持续经营。最重要的是,这种结构使得公司风险投资可以支付具有竞争力的薪酬,进而维系一个成功的投资团队。

管理层委员会组织(Corporate Executive Board)[①]在2000年报告了一些著名的外国企业如何设立公司风险投资的案例。例如,英特尔聘请战略发展领域的投资专家来帮助他们识别战略投资目标;Novell通过被投资企业的高级管理人员来平衡投资和战略目标;UPS赋予高级管理人员监察权;摩托罗拉通过聘请知识传播团队来负责在投资方和被投资公司之间进行知识共享和传播;惠普通过跟踪投资中的战略目标来做出投资组合管理决策。

Birkinshaw等(2002)[②]针对企业如何组织公司风险投资做了一个很有价值的调查报告。根据报告,公司风险投资基金的大部分员工和资金都来自母公司,交易分别来自于内部和外部,尽管某些基金提供了业绩报酬等其他激励方式,但基金管理者的主要收入还是直接薪酬。

EVCA的研究表明,3/4的公司风险投资都是以子公司的形式组织的,公司风险投资进行的超过1/3的交易都是合并。每一个公司风险基金中平均有7名员工管理着5 000万欧元的资金。超过1/3的公司风险投资将业绩报酬作为激励措施,并且这样的基金数目呈增长趋势。

总之,公司风险投资的组织形式不同于普通的风险投资机构,母公司可以对其进行监督并从投资活动中获利。但这同时也会导致母子公司之间的关联关系问题。

---

① Corporate Executive Board,"Corporate venture capital: managing for strategic and financial returns", Working Council for Chief Financial Officers, Executive Inquiry Brief, Washington, DC: Corporate Executive Board, 2000. 位于美国华盛顿的公司董事会组织(Corporate Executive Board, CEB)提供一流的实践研究、高管培训以及会员公司或机构的决策支持工具。CEB的会员包括70%的《财富》500强企业,它们每年支付会费,以便得到CEB的报告、申请新课题的研究以及参加它的会议和同行交流。

② Birkinshaw, J., R. van Basten Batenburg and G. Murray, "Corporate venturing: the state of the art and prospects for the future", *Working Paper*, London Business School, 2002.

5. 公司风险投资基金的表现

20世纪90年代前的研究一般把公司风险投资称为"死钱"(dead money),意思是它们肩负了太多其他的目标责任,因此不会有什么"产出"。但近些年的研究分析了CVC相对于普通VC的表现,倾向于认为在多种因素影响下,公司风险投资更有可能得到丰厚回报,或所投资的企业更有可能会公开上市。表1-6列举了这方面的一些研究结果。

表1-6 公司风险投资的业绩表现

研 究	样 本	结 论
Gompers和Lerner(1998)	32 264家在美国开展业务的VC和CVC	CVC所选择的企业更容易上市
Maula等(2003)	1990—2000年间110家美国最大的通信企业	在识别技术机会等方面有正面影响
Keil等(2003)	1990—2000年间110家美国最大的通信企业	在专利申请等方面有正面影响
Wadhwa和Kotha(2006)	1989—1999年间的36家通信设备制造商	CVC和专利申请之间存在倒U形曲线关系
Dushnitsky和Lenox(2006)	1969—1999年间的美国企业	对托宾Q存在正面影响
Dushnitsky和Lenox(2005)	1969—1999年间的美国企业	在专利申请等方面有正面影响
Schildt(2005)	1990—2000年间110家美国最大的通信企业	在向目标公司学习方面有正面影响

资料来源:转引自Landstrom(2009)。

可以看出,在对CVC的投资表现进行评价的时候,并不能仅以财务收益作为评价标准。因为CVC实践中不能完全独立于母公司而存在,基金追求的最大化效用目标往往不同于单纯作为财务投资者的普通VC机构,如果只从投资—退出获得收益角度来评价CVC机构是偏颇的。

6. 创业企业是否能从与公司风险投资的合作中获益

从目前的研究来看,创业企业从与CVC的投资关系中可获取的战略收益是多种多样的,并且因为行业不同而存在较大差异。例如对于信息技术和通信行业,CVC投资的公司在上市时的市盈率往往较高,在销售和专利方面的表现都较好。但对生物科技行业来讲,CVC持股会影响到创业企业的长期表现,尤其是当CVC在企业内部掌握控制权的时候。所以在创业企业融资时,是否选择引入CVC是需要认真斟酌的。

创业企业的所有权、战略、资源、技术和经验往往都是不稳定的,公司所有者和管理者在目标上可能存在很大的分歧,所有者之间也存在不同目标取向,如有些所有者经营公司可能是为了出售,有些所有者可能是为了成为行业领导者。这些目标上的分歧可能会影响到创业企业寻找CVC时的决策。

当评估一个潜在的CVC投资者时,创业企业的有效尽职调查需要真正落到实处。创业企业需要详细调查CVC的投资记录,它们向目标公司输送的知识和技能、为目标公司带来的潜在供应商和客户、对目标公司管理能力的提升等。

专栏 1-4　Rind 与公司风险投资[①]

Henneth Rind 1961 年毕业于哥伦比亚大学,获得核化学博士学位,但他一生的主要精力却放在了风险投资的实践和研究方面。他是量子科学(Quantum Science)基金的创始人、风险投资公司 Oxford Partners、Nitzanim-AVX 和 Infinity 的联合创始人,还做过洛克菲勒家族事务所助理(1968—1969,期间作为最初投资人投资了英特尔公司)、奥本海姆公司负责财务的副总裁(1970—1976)、施乐公司风险投资部门投资主管(1976—1981),也是美国国家风险投资协会(NVCA)的创始主管(期间成功地推动了允许养老基金以"谨慎人规则"(prudent man rule)进入风投领域投资的政策变革)。

Rind 是风险投资的积极倡导者,也是最早主张将公司风险投资作为企业发展手段的学者之一。他 1981 年在《战略管理期刊》上发表的《风险投资在企业发展中的作用》是一篇颇具影响力的文章[②]。这篇文章的酝酿和 Rind 在施乐公司的工作经历有关。1976 年,Rind 进入施乐公司并负责该公司的风险投资和收购项目,他发现个人电脑制造商苹果公司可能是施乐公司的理想供应商,于是建议向苹果电脑投资 100 万美元,这样苹果公司就会开发施乐公司拥有独家所有权的电脑,但是施乐拒绝了这个建议。Rind 认识到公司风险投资存在着重重困难,于是离开施乐,作为独立风险投资人建立了自己的风险投资公司 Oxford Partners。

在文章中,Rind 认为存在若干因素的共同作用导致人们对公司风险投资的兴趣日益增长。例如,企业有多余的现金流、收购会遇到严厉的反垄断审查、外国公司进入等。Rind 对公司风险投资和传统的机构化风险投资进行了比较,并且把公司风险投资放在企业战略背景下进行了考察。他回顾了第二次企业风投浪潮中美国企业的风险投资活动,讨论了公司可以从风险投资活动中获得的好处及其遇到的问题和困难。

关于 CVC 在策略方面的优势,Rind 总结如下:

(1) 快速地拥有一些技术或产品可能在将来起到重要作用的公司;

(2) 更好地理解收购交易在管理上的优势和劣势;

(3) 以较低的代价获得产品并且效率比自己生产高得多;

(4) 早日洞悉有潜力的新技术和新市场。

然而,不是所有的公司风险投资项目都能成功。事实上只有 7% 的活跃的公司风险投资机构认为自己非常成功,而超过 50% 的机构认为自己在边际收益的角度来看是失败的。关于公司风险投资不成功的原因,Rind 认为通常有以下因素:

(1) 缺乏能力胜任的员工;

(2) 接受投资的公司与母公司的原则发生冲突;

(3) 法律问题;

(4) 时间跨度不够(初创期的风险投资需要 7~10 年才能成功,但公司风险投资基金通常在那之前就必须结束清盘)。

[①] 转引自 Hans Landstrom, Handbook of Research on Venture Capital[M], 2009: 375~422。

[②] Rind, K. W., "The role of venture capital in corporate development", *Strategic Management Journal*, 1981, 2(2), pp. 169~180。

随着 CVC 的发展，许多公司风险投资机构改变了投资方式并开始和外部独立投资者或合伙人联合以有限合伙的方式进行投资。风投合伙企业可以提供吸引优秀人才的机会、减少问题投资出现的概率、节约管理时间、确保长期承诺。

Rind 最后总结："对于企业发展来说，风险投资是有用的工具。在内部进行风险投资困难很大，但也是可行的。外部合伙投资可以作为迈出第一步的替代方案，可以作为公司直接风险投资项目的有益补充。"

Rind 被认为是将风险投资引入日本、新加坡、以色列和俄罗斯的先驱人物之一，所以在国际上公认他为新兴风险投资业的导师。对于那些旨在本国内鼓励风险投资活动的政策制定者，他给出了相当详细的建议，如表 1-7。

表 1-7 Rind 关于如何培育风险投资市场给政府的建议

税 收	其他金融方案	非金融方案
1. 减少资本利得税（包括减少长期资本利得税率，对基金的再次投资延迟征税）； 2. 对于向合格的小型企业、风投基金、研发活动投资的个人或企业减免税收； 3. 对合格的初创企业免征收入税、销售税和财产税； 4. 允许投资者的损失与其他正常收入进行冲抵后纳税； 5. 降低对基金管理人的管理费用或红利的税率； 6. 允许期权在授予或行权时免税，仅在获得现金收入时征税； 7. 对国外投资者免税。	1. 鼓励非纳税实体进行风险投资（即采取"谨慎人规则"）； 2. 通过股权/贷款/补助等方式提供资金的杠杆作用； 3. 确保投资者不会损失本金； 4. 按照研发/新设备开销/劳动力培训投入的一定百分比进行补偿； 5. 对孵化期内的企业提供资金； 6. 对基础性研发项目提供补助； 7. 建立类似于 Bird-F* 基金会那种类型的组织； 8. 在国外为风险投资者举办金融培训； 9. 建立代理机构提供咨询/协助； 10. 适当放宽银行参与风险投资的贷款标准； 11. 吸引移民回归； 12. 创立工业园区； 13. 以政府管理的养老基金对风险投资进行引导性投资。	1. 鼓励军队/政府实验室/大学把项目剥离，风险投资给予这些剥离项目以融资； 2. 提高资金流动性/促进资本募集（创建多层次资本市场，降低上市要求）； 3. 允许投资者控股所投资的公司，取消对所有权的上限限制； 4. 要求提供符合美国规定的财务报告（这样企业可以在纳斯达克上市）； 5. 允许设立有限公司； 6. 鼓励国外企业建立研发中心、进行投资和收购； 7. 培育成功企业家的英雄文化氛围，鼓励交际网络的建立； 8. 不要排斥失败。

资料来源：以上由媒体对 Rind 的采访整理，转引自 Landstrom(2009)。

* Bird-F 基金会成立于 1977 年，是由美国政府和以色列政府发起的，目的是促进两国的高科技产业（包括创业企业和成熟企业）的互利合作。Bird-F 提供两国公司间的合作配对服务，其资金资助了 50% 的项目开发及产品商品化的成本。它每年支持大约 20 个项目。截至 2011 年，累计资助的产品开发项目开销已经超过了 80 亿美元。Bird-F 的项目范围包括通信、生命科学、电子、软件、国土安全、可再生能源和替代能源等高新技术产业。详情请见 http://www.birdf.com/。

第三节 私募股权基金与证券投资基金、对冲基金

一、证券投资基金

证券投资基金按是依照利益共享、风险共担的原则，将分散在投资者手中的资金集中起来委托专业投资机构进行管理和运用的投资工具。基金所投资的有价证券主要都是上

市证券(在有组织的证券交易所交易的证券),包括股票、债券、外汇、货币、金融衍生工具等。按照募集方式,可以分为公募证券投资基金和私募证券投资基金两类。

(一)公募证券投资基金

在国内,公募证券投资基金一般简称为"公募基金",有时也直接简称为"投资基金",其含义等同于美国市场上的"共同基金"(mutual fund)。共同基金是资本市场上最为重要的一类机构投资者。

1. 公募基金的参与各方

投资者是购买基金份额的法人或个人;基金管理公司负责基金的具体运作,收取一定的管理费,但不承担基金运作的风险;托管银行负责对基金资产进行托管,执行基金管理公司的投资指令并对基金管理人实行监督工作;基金市场的其他服务组织包括基金业自律组织、会计师事务所、律师事务所、第三方销售组织和基金评级机构等。

2. 公募基金的特点

组合投资、分散风险:由于投资基金的规模较大,可以对股票进行组合投资,从而降低个人投资较少或单一股票的风险,获得较为稳定回报。

专家理财:投资基金由专业的基金管理公司运作,汇集了熟悉资本市场的人员,能够弥补个人投资知识和精力的缺陷;

法律保障:由于公募基金面对普通投资者,各国均建立了完善的证券投资基金的法律,如我国在2004年6月颁布实施了《证券投资基金法》,以保障基金投资者的合法权益。

3. 主要组织形式

根据基金组织建立依据的法律不同,公募证券投资基金分为契约型基金和公司型基金。

契约型基金依据信托合同原理成立,体现为投资者和基金管理人、托管人之间的信托关系。在英国、日本、中国香港和内地契约型基金是主流。公司型基金依托公司法成立,投资者是投资公司(即基金)的股东,美国主要采用这种形式。

契约型和公司型各有利弊,契约型基金的设立方便,并且从税收角度有一定优势,而公司型的优点是投资者对基金运作具有更大的监督权力。目前两种模式在一些国家和地区(如英国、日本和中国香港地区等)得到同时发展。

4. 按交易机制分类

根据交易机制的不同,基金分为封闭式和开放式两种。

封闭式基金的单位总数是确定的,一旦发行完成,就不再接受新的申购,投资者也不能要求赎回投资。但是,投资者可以在证券交易所买卖封闭式基金,其价格完全由供求双方决定,可能与基金净值偏离,出现折价或溢价。

开放式基金可以根据投资者需要申购或赎回基金单位,因而开放式基金的总份额是不稳定的。基金经理必须考虑投资者的申购或赎回,进行基金资产的流动性管理。

5. 按投资标的分类

根据基金投资标的的不同,分为股票型、债券型、平衡性、配置型、货币型、指数型等。

股票型基金:投资标的主要为上市公司股票。债券型基金:投资标的为债券或主要为债券。平衡型基金:均衡投资于股票和债券的基金。配置型基金:可以根据市场情况显著大幅度改变股票和债券等的资产配置比例。货币市场基金:投资标的为流动性极佳的货币市场商品,如短期银行存款、国债、回购等。另外还有指数型基金(包括著名的ETF基金)、房地产信托基金(REITs)、中短期债券基金、投资基金的基金(FOF)、主题投资基金、行业基金、社会责任投资基金等[1]。

(二) 私募证券投资基金[2]

在国内通常所称"私募基金"其实是指"私募证券投资基金",这是一种针对少数投资者的非公开募集资金投资于上市交易证券的投资基金。私募基金与公募基金最大的不同在于募集方式的区别。私募基金因其私人合伙投资的性质,不受政府管制,主要承受的是市场业绩压力。私募基金发展的数量与规模比不上公募的共同基金,但私募基金的发展势头强劲,著名的如巴菲特掌管的基金、索罗斯的量子基金和长期资本公司(LTCM)都属于私募基金。与公募基金相比,私募基金有以下优势:

首先,私募基金通过非公开方式募集资金。公募基金一般通过公开媒体做广告来招徕客户,而私募基金则不得利用任何传播媒体做广告宣传,其参加者主要通过私下获得的个人信息或者直接认识基金管理者的形式加入。

其次,在募集对象上,私募基金的对象只是少数特定的投资者,圈子小、进入门槛颇高。如在美国,以对冲基金这种著名的私募基金为例,对冲基金对参与者有非常严格的规定:若以个人名义参加的,最近两年内个人年收入至少在20万美元以上;若以家庭名义参加的,家庭近两年的年收入至少在30万美元以上;若以机构名义参加的,其净资产至少在100万美元以上,而且一个对冲基金对参与总人数也有相应的限制。因此,私募基金具有针对性较强的投资目标,它更像为中产阶级投资者量身定做的投资服务产品(而共同基金则是面向普通大众的标准化产品)。

再次,和公募基金严格的信息披露要求不同,私募基金没有信息披露的强制性要求(根据各个私募基金的合约自行规定),加之政府对私募基金的监管相应比较宽松,因此私募基金的投资更具隐蔽性,运作更为灵活。

最后,私募基金一个显著的特点就是激励约束机制较完备。具体来讲:第一,一般基金发起人、管理人会以自有资产投入基金,并作为劣后份额(投资者的份额作为优先份额),即在优先偿还投资者本金和约定收益之后,再参与分配,而一旦发生亏损,管理者拥有的份额将被用来赔偿投资者;第二,管理人可以获得业绩报酬奖励,一旦基金收益率超过约定的门槛收益率,基金管理人可以按照约定的公式计算并提取业绩报酬。因此,私募基金通过基金管理人的共同参与和绩效报酬机制在一定程度上较好地解决了公募基金经理人所存在的激励机制缺乏等弊端。[3]

---

[1] 关于公募证券投资基金,可参考中国证券业协会每年编写的《证券从业人员资格考试教材——证券投资基金》,也可参考:李曜、游挪嘉编著.证券投资基金学(第4版).北京:清华大学出版社,2012。

[2] 因为历史和翻译原因,造成了目前中美基金市场上关于该词条的表述和内涵差异,实际上,美国市场的"私募基金"(privately offered fund)主要是指对冲基金(hedge fund)。

[3] 目前国内的私募证券投资基金的主流是被称为"阳光私募"的理财产品,是指通过信托公司发行的私募证券投资产品,阳光私募由专业的基金管理人进行管理(往往是很多公募基金经理跳槽后自己成立的公司)。比如可参见好买基金网(www.howbuy.com)等。

二、对冲基金

(一) 对冲基金的定义

对冲基金(hedge fund),意为"风险对冲过的基金",它是基于投资理论和极其复杂的金融市场操作技巧,充分利用各种金融衍生产品的杠杆效用,承担高风险、追求高收益的投资模式。

对冲基金起源于20世纪50年代初的美国。当时的宗旨在于利用期货、期权等金融衍生产品以及对相关联的股票进行买空卖空、风险对冲的操作技巧,在一定程度上可规避和化解投资风险。然而,它在诞生后的30年间并未引起人们太多的关注,直到20世纪80年代,随着金融自由化的发展,对冲基金才有了更广阔的投资机会,进入了快速发展阶段。20世纪90年代,金融工具日趋成熟和多样化,对冲基金进入了蓬勃发展阶段。据英国《经济学人》的统计,从1990年到2000年,3 000多只新的对冲基金在美国和英国出现。2002年后,对冲基金的收益率有所下降,但对冲基金的规模依然不小,据英国《金融时报》2005年10月22日报道,截至当时全球对冲基金总资产额已经达到1.1万亿美元。

经过几十年的演变,对冲基金的操作策略要比最初诞生时利用空头对冲多头风险的方法复杂很多倍。虽然"对冲"(hedge)一词已经远远无法涵盖这些投资策略和方法,但人们还都习惯于称这类私募基金为"对冲基金"。

(二) 对冲基金的分类

由于采取的投资策略、流动性、风险暴露程度等的不同,对冲基金可以划分为三类,即市场中性型或相对价值型(market neutral/relative value)、事件驱动型(event driven)和市场导向型或机会型(directional/opportunistic)。

市场中性型(相对价值型)基金的目标年收益率一般在10%左右,波动率低。这种基金强调通过完全对冲(即采用相等的多头和空头)来产生市场中性收益。当然,在实际运作中,这些策略常常不完全是市场中性的。具体包括股票市场中性对冲、固定收益套利、可转债套利等。在股票中性基金中,基金经理的主观判断被大大弱化,金融工程师根据历史数据建立数学模型,并据此来选择股票。在这里,"套利"并不是无风险的,这些基金往往承担了一定的市场波动风险,并通过杠杆借贷放大损益。如果采取较大的杠杆倍数的话,对冲基金的市场风险暴露程度可能不亚于市场导向型基金。

事件驱动型基金的目标收益率比市场中性型基金略高,波动率也略高,包括财务困境基金(distressed fund,投资于处于财务困境中,但有可能绩效反转的公司证券)、并购套利基金(merger arbitrage fund,投资于因并购、敌意收购或重组等机会带来价格出现可预期套利机会的股票)等。

市场导向型基金的目标收益率是20%~30%,但是风险和波动性较大(一般用收益的标准差来衡量),而且难以预测。它们强调更富于进攻性的策略,预测市场的变动方向,头寸未被对冲的部分很大,甚至根本不采用对冲策略,因此市场暴露程度很高。具体包括积极操作型(activist or aggressive growth)、新兴市场型(emerging markets)、全球宏观型(global macro)等。积极操作型主要投资于一些预期加速成长的中小型公司证券,如高科技、生物板块,通常还会卖空看跌的股票。新兴市场型投资于发展中国家或新兴国家的公司证券或国家债券,主要是做多头。全球宏观型在宏观和金融环境分析的基础上对股市、利率、外汇等预期价格变动进行大笔单方向性的非对冲买卖,如索罗斯旗下的量子基金。

目前,全球的对冲基金在总体规模继续扩大的同时,也出现了结构性调整的趋势。其一,回归对冲基金的传统操作策略,以恢复对冲基金对风险开展灵活对冲的传统风格和优势;其二,采用各种类型策略相结合的多策略对冲基金和组合对冲基金得到迅速发展。

(三)对冲基金和私募股权基金

对冲基金和PE基金都是私募基金,适应基本相同的法律结构。不过,对冲基金的资金锁定时间一般比较短,业绩优秀的对冲基金的资金锁定时间也只有两年左右,而PE基金的投资时间和资金锁定时间都比较长,基金合约一般在5~10年之间,因而PE基金可以对所投资的企业实施较深的参与和管理。

近年来,对冲基金发展的一个新趋势便是与PE基金的融合。随着越来越多的资金流入对冲基金,融资成本也逐渐降低。对冲基金规模的扩大使它在收购资产方面也有了更强的谈判能力,对冲基金开始在以往只属于PE的领域寻找投资机会。

对冲基金要和PE在相同的领域(如杠杆收购等)展开合作或竞争,最重要的是其投资时能否得到足够多的资金支持,以及是否会有一部分资金可以锁定更长的时间,即对冲基金拥有所谓的"侧兜"(side pocket)。"侧兜"的意思是,如果增加特殊的私募股权等投资,资金必须拥有较长的期限,可以进行长期投资。这部分流动性较差的资产进入"侧兜"单独核算和保管。"侧兜"已经成为对冲基金普遍的做法。

目前,对冲基金介入PE业务的发展态势已经非常明显。传统的对冲基金诸如管理180亿美元的Tudor对冲基金、摩根大通的Highbridge Capital对冲基金、DE Shaw对冲基金等都已经设立了PE投资部门,并正在致力于向其发展。对冲基金正参与到收购高质量的资产中,和传统PE公司展开竞争。①

三、证券投资基金、对冲基金和私募股权基金的区别

以下我们以表1-8比较四类基金的区别。

表1-8 证券投资基金、对冲基金和私募股权基金主要特征比较

项目	公募证券投资基金	私募证券投资基金	对冲基金	私募股权基金
募集方式	公开募集	特定对象募集	特定对象募集	特定对象募集
投资方向	公开交易的证券	公开交易的证券	公开交易的证券或衍生品,以及非公开交易的证券	非公开交易的权益类证券
投资风格	财务投资,较少参与公司治理,较少使用杠杆	财务投资,较少参与公司治理,较少使用杠杆	财务投资,有时会争取控制权,大量使用杠杆	财务投资,并购基金倾向于争取控制权,大量使用杠杆;风险投资较少争取控制权,较少使用杠杆

---

① 关于对冲基金与私募股权基金的融合趋势以及二者的区别,可参见Jonathan Bevilacqua, "Convergence and Divergence: Blurring the Lines Between Hedge Funds and Private Equity Funds", *Buffalo Law Review*, Vol. 54, 2006, pp. 101~127。也可下载于 http://papers.ssrn.com/sol3/papers.cfm? abstract_id=912964。

续表

项目	公募证券投资基金	私募证券投资基金	对冲基金	私募股权基金
监管方式	向社会公开披露每日净值,定期披露资产组合情况	仅向投资者定期披露净值及资产组合情况	没有披露义务	没有披露义务

本章小结

  私募股权是指不在公开交易市场发行的公司股权,学术上对应于公众股权。私募股权投资是指对不在公开市场交易的资产进行股权投资,投资形式包括风险资本、杠杆收购等。私募股权基金是指由专业管理者发起的,以上市公司或非上市公司的私募股权为对象进行组合投资,意图影响目标公司的治理结构,实现目标公司价值的创造与提升,并最终通过退出实现财务增值的封闭型集合投资工具。根据投资阶段的不同,可以分为风险投资基金、收购基金等。因为风险投资在起源、动机、运作手法、投资规模等方面的显著不同,有时认为狭义的PE基金不包括风险投资基金。

  私募股权基金可以采取契约型、信托型、公司型、合伙型等多种组织形式。PE机构给被投资企业带来了财务结构、公司治理和组织运营3个方面的变化,所采取的手段主要是4个措施:财务杠杆、股权激励、董事会变革、运营变革。私募股权基金的操作流程包括:基金的策划、资金的募集和设立、项目筛选、尽职调查、目标企业价值评估、交易设计、投资经营管理、退出等。PE机构进行的杠杆收购能够提升企业价值,但并不一定表示PE基金的投资者(有限合伙人)就能获取高额回报。

  风险投资是机构、企业和富有的个人主要针对创立不久的增长驱动型风险企业的股权,以私募形式做出的投资。在其投资的企业中,风险投资者通常被认为是积极且临时(5~10年)的合作者,多为少数股东。他们主要以退出作为实现资本回报的手段,而不是通过分红来获得收入。机构化风险投资是金融财团(包括大型公司、养老基金、富裕的家庭等)和非上市公司之间的投融资中介,从前者筹集资金并对后者进行投资。他们对非上市并以股权方式融资的创新企业进行专业投资,最主要的回报是资本收益以及作为补充的分红。"广义的"非正式风险投资包括参与公司管理的狭义的天使投资者,并未参与公司管理的"非正式投资者"、由家庭和朋友提供的投资。公司风险投资是指金融机构或非金融机构的企业向初期的私人公司进行股权投资。

  证券投资基金是按照利益共享、风险共担的原则,将分散在投资者手中的资金集中起来委托专业投资机构进行管理和运用的投资工具。基金所操作的有价证券包括股票、债券、外汇、货币、金融衍生工具等。在金融市场上,部分基金组织利用金融衍生工具采取多种以盈利为目的投资策略,这些基金组织便被称为对冲基金。私募股权基金与前两者的区别主要在投资对象以及投资策略上。

风险投资与私募股权教程

基本概念

私募股权 私募股权投资 私募股权基金 收购基金/并购基金 风险投资 有限合伙制 "J曲线"效应 杠杆收购 夹层基金 成长资本 上市后私募投资 机构化风险投资 非正式风险投资 天使资本 天使门户 公司风险投资 证券投资基金 私募基金 对冲基金

复习思考题

1. 有限合伙制是如何解决私募股权基金组织结构中的激励约束问题的?
2. 私募股权基金如何为被投资企业提供增值服务并最终提升企业的价值?
3. 简要说明私募股权基金投资的操作流程。
4. 什么是私募股权基金的"业绩之谜"? 你认为机构投资者(养老基金、保险公司等)投资 PE 基金是理性行为吗,为什么?
5. 简述私募股权投资与风险投资的异同。
6. 列举你所知道的机构化风险投资、商业天使和公司风险投资的案例,并比较它们的异同。
7. 如果让你在证券投资基金、对冲基金或私募股权基金中选择一个作为职业,你会选哪个? 为什么?
8. 假设一家 PE 公司做一桩 LBO 交易,按照协定它的管理费用为持股公司 B 总资产的 2% 和总收入(税后、资本支出前)的 20%;公司 B 的资本结构如下:债务(利率 14%)40 亿美元、优先股(回报率 12%)30 亿美元、可转换优先股(回报率 6%)20 亿美元、普通股 10 亿美元;公司 B 的税率为 35%。

    (1) 如果公司 B 的息税前利润为 90 亿美元,请你对这 90 亿美元进行配置。
    (2) 如果公司 B 的息税前利润为 45 亿美元,请你再次进行配置;比较两次结果,你能发现什么呢?

扩展阅读文献

1. **John Gilligan & Mike Wright**, *Private Equity Demystified——An Explanatory Guide*, https://workspace.imperial.ac.uk/entrepreneurship/Public/Privateequity2[1].pdf.

    本书用相当简洁的笔触阐述了私募股权的主要内容。一般情况下,媒体报道与公开评论经常显示出对私募股权投资运作的误解,本书则给出了关于这些问题的客观解释。难能可贵的是,本书在前一版(2008 年版)的基础上进行了修订,以反映英国、欧洲以及美国等西方世界金融最近的动荡以及私募股权投资市场的变化。总而言之,本书是初学者迅速、全面、正确理解西方私募股权基金问题的很好的入门教材。

2. **Landström Hans**, 2009, *Handbook of Research on Venture Capital*, Edward Elgar

Publishing.

本书收录了来自各国的风险投资领域的著名学者对该领域研究的最新发展的述评,该书首先着重介绍了机构风险投资市场,包括风险投资基金的结构、投资的流程、风险投资者的价值增加作用、风险投资对经济发展的影响、管理层回购等,然后介绍了作为非正式风险投资的商业天使、天使网络、初始阶段融资等内容。初始读者也可参考该书第一版的中译本:汉斯·兰德斯顿著. 李超,等译. 全球风险投资研究. 长沙:湖南科学技术出版社,2007.

3. 李曜. 私募股权投资浪潮及其前沿研究问题. 证券市场导报,2010(6).

私募股权投资是历史上第一次杠杆收购浪潮后的延续,在2003—2007年期间兴起为世界范围内的第二次杠杆收购浪潮,其对社会经济的影响非常深远。金融危机之后西方出现大量研究私募股权机构及其基金的文献。本文描述了当前西方经济社会中的私募股权投资现象,并对当前学术界讨论的前沿问题及其主要结论进行了总结。通过阅读本文,读者可以迅速掌握目前国际学术界对于私募股权基金研究的脉络与进展。

第二章 风险投资概述

第一节 风险投资的含义

风险投资是发展高新技术产业的孵化器和助推器。作为一种资本形态,风险投资在现代金融投资体系中占有重要地位。在高新技术产业化过程中,风险投资实现了技术和金融的有机结合,不仅能取得项目本身的投资收益,更重要的是能够促进产业升级和经济增长方式的改变,影响一个行业甚至国民经济的发展。

一、风险投资的概念

关于风险投资的概念,理论和实务界有很多种表述。经济合作与发展组织(OECD)对风险投资的定义是:凡是对以高科技与知识为基础,进行生产、经营技术密集型创新产品或服务的投资,都称之为风险投资。美国风险投资协会(NVCA)强调风险投资是一种权益资本,根据NVCA的定义,"风险投资是由职业金融家投入到新兴的、迅速发展的、有巨大竞争力的企业中的权益资本"。欧洲风险投资协会(EVCA)则强调其投资行为,指出"风险投资是一种由专门的投资公司向具有巨大潜力的成长型、扩张型或重组型的未上市公司提供资金并辅之以管理参与的投资行为"。

我国对风险投资比较权威的定义出自1999年11月16日国务院转发科技部等部委文件《关于建立风险投资的若干意见》:"风险投资是指向主要属于科技型的高成长性创业企业提供股权资本,并为其提供经营管理和咨询服务,以期在被投资企业发展成熟后,通过股权转让、获取中长期资本增值收益的投资行为。"不论哪种定义,都体现出风险投资的本质内涵是一种针对新兴创业企业的专家管理型资本的投资活动。

综上所述,本书对风险投资的概念可以定义为:风险投资是对新兴的创业企业,尤其是高科技创业企业提供资本支持,并对所投资的企业进行培育和辅导,在企业成长到相对成熟阶段后退出投资以实现资本增值的一种特定形态金融资本的投资活动。

这一定义包含了3层意思:(1)从投资的对象来看,风险投资主要是投资于未上市的新兴创业企业尤其是高科技创业企业,而不是投资于相对成熟的企业;(2)风险投资不同于单纯的投资行为,它不仅为创业企业提供资金支持,而且提供特有的对企业经营管理等方面的支持服务;(3)与长期持有所投资企业股权、以获取股息为目的的普通股权投资者不同,风险投资在创业企业发育成长到相对成熟阶段后就一定要退出投资,以实现资本增值为目的。

二、对狭义与广义风险投资的理解

在美国风险投资界,有所谓的"广义风险投资"和"狭义风险投资"之称。这一划分主要是与风险投资的实践发展有关。从狭义上讲,风险投资主要是对处于种子期和成长期的、与现代高技术产业有关的创业企业的投资活动。狭义的风险投资通常投资高科技创业企业的早期发展阶段。从美国硅谷热导致全球兴起的高技术产业开发区热、科技园区热,风险投资在世界各国的高科技产业发展中扮演着越来越重要的角色。

但是风险投资并非一定与高科技产业相联系,也并不一定是投资在创业企业的早期阶段。从近期的发展来看,风险投资已走出狭义的范畴,尤其是20世纪80年代末以来,大量的风险投资基金投资组合中包括了种子期、成长期、扩张期和上市前等企业发展的几乎各个阶段,并越来越多地投资于创业企业的晚期和向过去所谓的传统产业领域扩张。

从广义上说,风险投资包括对一切开拓性、创新性风险项目的投资。从这个意义上说,诸如对开辟欧洲与印度贸易的新航线进行投资、为瓦特发明蒸汽器提供资金以及19世纪末20世纪初对美国铁路、钢铁等新工业的投资活动等,都属于风险投资。

近些年来,风险投资从传统的投资范围向私人权益资本的其他领域扩张,风险投资几乎囊括了私人权益资本的全部投资项目。广义上风险投资的概念正逐渐被一个更广泛意义上的概念——"私募股权投资"所取代。欧洲和亚洲的不少国家对风险投资都采纳广义风险投资的概念。如英国创业投资协会(BVCA)并没有对风险投资给出一个明确的定义,BVCA将对英国未上市公司进行的长期股权投资都统称为风险投资。

尽管风险投资和私募股权在投资理念、投资规模、投资特点和投资阶段等方面均有所不同,但它们都是以私人股权方式从事资本经营,都是追求长期的资本增值。因此,二者只是概念上的一个区分,在实际业务中二者之间的界限越来越模糊。当前一些被认为专做私募股权投资业务的机构也参与风险投资项目,而很多传统的风险投资机构现在也介入私募股权投资业务。

三、风险投资的主体和客体

从世界各国风险投资的产生和发展的实践以及投融资角度来看,风险投资的基本要素可以按照投资主体和投资客体来划分。

风险投资运行的主体由在风险投资中提供资金的投资者和风险投资机构组成。从各国情况来看,风险投资的出资者多种多样,可以是政府、工商企业、机构投资者和个人。其中包括富裕的家庭和个人、养老基金、保险公司、证券公司、商业银行、大公司和政府等。

风险投资机构是联系投资者与风险企业,负责具体运作风险资金的组织。风险投资机构往往由精通金融、证券、投资、会计、保险、法律和科技的专家组成,这些从事风险投资活动的职业金融家在国外一般被称为"风险资本家"(venture capitalist)。风险资本家很多都是由工程技术人员转型而来的。在西方发达国家,虽然风险投资机构的名称、组织形式各异,但都具备风险投资的共同特征:即对风险企业投资,并参与管理、辅助经营,将风险企业培育到相对成熟后退出,并实现较高的资本增值收益。

风险投资的客体是指风险资本的需求方,即从事创业活动的中小企业。国外一般将接受风险投资的企业称为"风险企业"(venture firm)或者"创业企业"(entrepreneurial firm)。风险企业一般指的是未上市的企业,当然也包括一些虽然已经上市但后来在经营上遇到重大问题又通过风险资本进行重组而"二次创业"的公司。能够进入风险资本家视野的往往是技术含量高、成长性强、市场前景好的项目或者企业。风险企业的创建者被称为"创业企业家"(entrepreneur)或者"创业者"。这些创业者通常是某项技术的持有者和风险企业的创始人(founder)。风险投资与风险企业的发展是相辅相成的,没有大量可供选择的风险企业的创建和可供转化的好项目,就没有对风险投资的需求,也就谈不上风险投资的发展。当然,如果没有风险投资为风险企业提供资金、技术和管理支持,也就不会有大量中小型风险企业的发展和壮大。

专栏 2-1　世界著名的风险投资公司

就像华尔街已经等同美国金融业一样,在西方创业者眼里,美国的"沙丘路"(Sand Hill Road)便是风险投资公司的代名词。沙丘路位于美国加州硅谷北部的门罗公园(Menlo Park)——斯坦福大学向北一个高速路的出口处。它只有两三千米长,却是十几家大型风险投资公司的总部所在地。在纳斯达克上市的科技公司中至少有一半是由这条街上的风险投资公司投资的。其中最著名的包括红杉资本(Sequoia Capital)、凯鹏华盈(Kleiner,Perkins,Caufield & Byers,KPCB)、NEA(New Enterprise Associates)、梅菲尔德风险投资公司(Mayfield)等。上述 4 家公司中,NEA 虽然诞生于美国东部的文化古城巴尔的摩,但主要经营活动在硅谷,它投资了 500 家左右的公司,其中 1/3 的公司上市,1/3 的公司被收购,投资准确性远远高于同行。它同时是中国的创投公司——北极光创投的背后支持公司(backing company)。Mayfield 是美国最早的风险投资公司之一,它的传奇之处在于成功投资了世界上最大的两家生物公司——基因科技公司(Genentech)和 Amgen 公司,这两家公司占全世界生物公司总市值的一半左右。除此之外,它还成功投资了康柏、3COM、SGI 和 SanDisk 等科技公司。不过,在上述所有风投公司中,特别值得关注的还是红杉资本和 KPCB。

一、红杉资本

Sequoia 是加州的一种红杉树,它是地球上最大的,可能也是最长寿的生物。这种红杉树可以高达 100 米,直径 8 米,寿命长达 2 200 年。1972 年,投资家唐纳德·凡伦汀(Don Valentine)在硅谷创立了一家风险投资公司,以加州特有的红杉树命名,即 Sequoia Capital。该公司进入中国后,取名红杉资本。

红杉资本是迄今为止世界上最大、最成功的风险投资公司之一。它投资成功的公司占整个纳斯达克上市公司市值的 1/10 以上,包括苹果公司、Google 公司、思科公司、甲骨文公司、Yahoo 公司、网景公司和 YouTube、Facebook 以及中国的新浪网、携程网、阿里巴巴集团、京东商城等 IT 巨头和知名公司。它在美国、中国、印度和以色列有大约 50 名合伙人,包括公司的创始人凡伦汀和因为成功投资 Google 而被称为"风投之王"的迈克尔·莫瑞茨(Michael Moritz)。

红杉资本的投资对象覆盖各个发展阶段的未上市公司,从最早期到即将上市的公司。红杉资本内部将这些公司分成以下 3 类:

种子孵化阶段(Seed Stage)。这种公司通常只有几个创始人和一些发明,要做的东西还没有做出来,有时公司还没有成立,处于天使投资人投资的阶段。红杉资本投资思科时,思科就处于这个阶段,产品还没生产出来。

早期阶段(Early Stage)。这种公司通常已经证明了自己的概念和技术,已经做出了产品,但是在商业上还没有成功,当初红杉资本投资 Google 时,Google 就处于这个阶段。当时 Google 网站已经有不少流量了,但是还没有挣钱。

发展阶段(Growth Stage)。这时公司已经有了营业额,甚至有了利润,但是为了发展,还需要更多的资金。这个阶段的投资属于锦上添花,而非雪中送炭。

红杉设立的风险投资基金以 8 年为周期。1992 年设立的 6 号基金的年化内部回报率为 110%,1995 年设立的 7 号基金的年化内部回报率为 174.5%。这是一系列足以令风险投资业任何人仰视的数字:风险投资行业内部回报率的平均水平在 15% 至 40% 之间。红杉的传奇还在继续:业内推算,2004 年 Google 上市后,红杉将其 1 250 万美元投资变为 50 亿美元以上的回报。而它在 YouTube 上的 1 150 万美元投资也随着 Google 的收购,变成了 4.95 亿美元。红杉资本在每个阶段的投资额差一个数量级,分别为 10 万~100 万美元、100 万~1 000 万美元和 1 000 万~5 000 万美元。相比其他的风投,红杉资本更喜欢投快速发展的公司(而不是快速盈利的),即使它的风险较大。苹果、Google、Yahoo 等公司都具备这个特点。

那么如何判定一个公司是否有发展潜力呢?红杉资本大致有两个标准:

第一,被投公司的技术必须有跳变(用红杉资本自己的话讲叫做 Sudden Change),就是质变或者革命。当然,如何判断一个技术是真的革命性进步还只是一般的革新,需要有专业人士帮助把关。由于红杉资本名气大,联系广,很容易找到很好的专家。

第二,被投公司最好处在一个别人没有尝试过的行业,即是第一个吃螃蟹的人。比如,在苹果以前,个人电脑行业是一片空白;在 Yahoo 以前,互联网还没有门户网站。这样的投资方式风险很大,因为之前无人能证明新的领域有商业潜力,当然回报也高。这种投资要求普通合伙人的眼光要很准。

对于想引进投资的新创业的公司,红杉资本有一些基本要求:(1)公司的业务可以用几句话就讲得清楚。红杉资本的投资人会给你一张名片,看你能不能在名片背面很小的地方写清楚。显然,一个连创始人自己也说不清楚的业务将来很难向别人推销。(2)该公司的业务规模必须有巨大的潜力。(3)公司的项目(发明、产品)带给客户的好处必须一目了然。(4)公司要有核心竞争力。(5)公司的业务是花小钱就能做成大生意的。比如,当初投资思科,是因为它不需要雇几个人就能进行路由器的设计。比如,红杉资本绝对不会投资钢铁厂。

对于创始人,红杉资本也有一些基本要求:(1)思路开阔,头脑灵活,能证明自己比对手强。(2)公司和创始人的"基因"要好。当然这里不是指生物基因。红杉资本认为,一个公司的基因在成立的 3 个月中形成,优秀创始人才能吸引优秀的团队,优秀的团队才能奠定好公司的基础。(3)动作快,因为只有这样才有可能打败现有的大公司。刚刚创办的小公司和跨国公司竞争,要想赢就必须快速灵活。

创业者在找红杉资本前,需准备好一份材料,包括:(1)公司目的(一句话讲清楚)。(2)要解决的问题和解决办法,尤其要说清楚该方法对用户有什么好处。(3)要分析为什么现在创业,即证明市场已经成熟。(4)市场规模,没有 10 亿美元的市场不要找红杉。(5)对手分析,必须知己知彼。(6)产品及开发计划。(7)商业模式,其重要性就不多讲了。(8)创始人及团队介绍,如果创始人背景不够强,可以拉上一些名人做董事。(9)最后,也是最重要的:想要多少钱,为什么,怎么花。

在一个充斥着才智之士的高竞争行业取得如此与众不同的成就,红杉资本不可避免地成为业内备受瞩目的对象。其明星项目的投资者和基金经理——曾投资于雅虎、Paypal和Google的迈克尔·莫瑞茨(Michael Moritz)的总结是:"我们是一群人,非常非常勤奋地工作,试图确保我们投资的下一家小公司能够变得伟大。"

在2006年9月12日,亲临中国的莫瑞茨对着上百名创业者,阐述红杉资本如何定义一家风险投资公司的成功。他说:"衡量创业公司的成功标准只有一个——活下去。"而投资者的成功标准,就是最大程度帮助创业公司活下去。莫瑞茨认为,好的风险投资公司需要保持两种素质:一种是有说服力的投资回报记录;另一种是保持高度的竞争性。

二、凯鹏华盈

在风投行业,能和红杉资本媲美的只有同在1972年成立的凯鹏华盈(KPCB)了。凯鹏华盈是它的4个创始人Kleiner,Perkins,Caufield和Byers姓氏的首字母。近年来,它甚至有超过红杉资本之势。凯鹏华盈成功投资了太阳公司、美国在线、康柏电脑、基因科技、谷歌、电子湾、亚马逊和网景等著名公司。它投资的科技公司占纳斯达克市场市值前100家的1/10。凯鹏华盈投资效率很高,它最成功的投资包括:

1994年,投资网景400万美元获得其25%的股权,回报250倍(以网景公司卖给美国在线的价格计算);1996年投资亚马逊800万美元,获得后者12%的股权,这笔投资的回报也超过200倍;1997年投资Cerent 800万美元,仅两年后当思科收购Cerent时,这笔投资获利20亿美元,收益率达到250倍;1999年以每股大约0.5美元的价格投资谷歌1 250万美元,这笔投资的回报今天看来近千倍。它早期成功的投资,包括对太阳公司和康柏电脑等公司的投资回报率并不低于上述案例,只是美国证监会没有提供公开记录,无法计算那些投资准确的回报。

凯鹏华盈的一个特点就是合伙人知名度极高、联系极广,除了活跃的投资人约翰·多尔和布鲁克·贝叶斯,还包括美国前副总统戈尔、前国务卿鲍威尔和太阳公司的共同创始人Bill Joy等人。凯鹏华盈利用他们在政府和工业界的影响,培养新的产业。比如,鉴于戈尔同时担任了苹果公司的董事,凯鹏华盈专门设立了一项培养苹果iPhone软件开发公司的1亿美元的基金。考虑到今后全球对绿色能源的需求,凯鹏华盈又支持戈尔担任投资绿色能源的基金的主席,并且专门集资4亿美元建立了专门的基金。凯鹏华盈通过这种方式,在美国政府制定能源政策时施加影响。

除了绿色能源外,凯鹏华盈主要的投资集中在IT和生命科学领域。在IT领域,凯鹏华盈将重点放在下面6个方向:通信、消费者产品(比如网络社区)、企业数据管理、信息安全、半导体、无线通信。作为世界上最大、最成功的风险投资公司之一,凯鹏华盈依然保持着"礼贤下士"的好传统。凯鹏华盈的合伙人,包括多尔本人,经常去斯坦福大学的"投资角"参加研讨会。多尔对年轻的创业者保证,他一定会读这些创业者写给他的创业计划书和电子邮件,虽然他可能没有时间一一回复。凯鹏华盈对创业者的要求和红杉资本差不多,要找凯鹏华盈的准备工作也和红杉资本相似。中国是凯鹏华盈在美国本土外唯一有办公室的国家,它在北京和上海设有分部①。

除了红杉资本和凯鹏华盈,日本的软银集团(Soft Bank)是亚洲最著名的风投公司之

---

① 读者可以登录公司网站(www.kpcb.com/china)了解有关信息。

一,它成功地投资了雅虎和阿里巴巴,并且控股日本雅虎。IDG 资本(IDG Capital Partners)虽然在美国没有太大的名气,但是它最早进入中国市场,投资了百度、腾讯、凡客诚品、如家连锁、当当网等知名公司,在中国经营得也非常成功。

资料来源:吴军. 浪潮之巅. 北京:电子工业出版社,2011.

第二节 风险投资的特征

风险投资具有一般投资活动所具有的共性,又有一般投资所没有的特性。概括起来,风险投资主要有以下几个特征。

(一) 投资对象主要是高新技术和高成长潜力的中小企业

一般而言,风险投资就是对高风险项目或企业的投资,这些往往具有开拓性和创新性的项目或企业主要存在于高科技领域。风险投资所追求的目标就是将高科技成果产业化、商品化后所能获取的高额回报。美国风险投资主要集中在计算机软件开发、生物技术、互联网、医疗保健、通信等领域,其他国家也大致如此,只是投资侧重点不同。当然,风险投资并不只局限于高科技企业,风险投资真正寻找的是能带来较大投资回报的高成长性项目。近年来,风险投资也向过去所谓的传统领域扩张,传统产业中的一些企业由于创造出满足市场需求的升级换代产品或技术,或者新的商业模式而具有高成长的潜力,也成为风险投资关注的领域。因此,风险投资的投资对象不仅需要具有创新能力,更要有巨大的成长潜力。

(二) 具有高风险性和高收益性

风险投资是一种高风险的投资行为,其高风险性是与风险投资的投资对象相联系的。风险投资的对象主要是具有高成长潜力的中小型创业企业,尤其是刚刚起步的高新技术企业。高新技术企业是建立在创新科学研究成果和新技术应用的基础上,一项新的科技成果转化为一种新产品,中间要经过技术研究、产品研制、中间试验、扩大生产、市场销售等诸多环节,每一环节都有失败的危险,因而具有很多不确定性因素。据国外风险投资公司估计,即使在发达国家风险企业的成功率也只有20%~30%。

由于投资的高风险性,客观上使风险投资家对风险项目的选择、决策和经营非常谨慎。他们不奢望每一个风险投资项目都能成功,因而在风险投资领域中就存在所谓"大拇指定律"(rule of thumb),即如果风险投资1年投资10家企业,在5年左右的发展过程中,会有3家失败;有3家会停滞不前并最终被收购;有3家公司能够上市,并有不错的业绩;只有一家企业成长迅速并且上市后被投资者看好,成为一颗耀眼的明星企业。这家企业的市值在上市后产生数十倍甚至上百倍增长,给投资者带来巨额回报。这家明星企业就成为"大拇指定律"中的"大拇指"。

以谷歌为例,在其发展初期,世界著名的两家风险投资企业——红杉资本和KPCB都分别投资了1 250万美元,各占10%的股份。谷歌于2004年8月19日以每股85美元首次公开上市(IPO),其后股价一路飙升,红杉资本和KPCB都选择在高位售出了部分股票,这两家投资企业在售股当时分别获利大约38亿美元和35亿美元。而剩下的未抛售股票,按当时350美元的股价计算分别值13亿美元和8.8亿美元。也就是说,红杉资本投资谷歌获利至少约51亿美元,回报率高达408倍。KPCB投资谷歌至少获利44亿美元,相当于初始投资1 250万美元的354倍。谷歌就是这两家风险投资机构的"大拇指"。

(三)属于长期性的私募股权资本

风险投资属于中长期战略性投资。风险投资往往在风险企业创立之初时就开始投入,在一个成功的投资项目中,从技术开发、产品研制、试制、正式投入到扩大生产、销售并盈利、从生产销售规模进一步扩大到企业股票上市,投资者经过较长时间才能收回投资、获得收益。从投入到退出少则需要3～5年,多则需要7～10年,而且在此期间还要不断地对有成长潜力的企业进行后续的投资。风险投资是一种私募权益投资,和其他金融投资相比,风险投资流动性较差。若退出机制不畅,撤资将非常困难。

(四)具有分段投资、组合投资、联合投资的特点

风险投资具有分段投资(stage investment)的特点。一般情况下,风险资本家不会像一般投资者将资金全部一次性投入风险企业,而是严格进行预算管理,随着企业的发展不断地分期分批投入。具体做法:风险资本家每期只提供确保企业发展到下一阶段的资金,在对风险企业经营状况和发展潜力进行调查评估的基础上,再决定后期是否进一步投资及后续投资的安排。这样做既可以有效地规避风险,又有利于资金的周转。分段投资使得风险投资家可以定期对被投资企业进行阶段性再评估,形成对创业者的有效约束,减少因决策不当造成的潜在损失。

与证券投资基金一样,风险投资也是一种组合投资(portfolio investment),只不过投资对象不是有价证券,而是不同的风险企业。风险投资机构通常将资金投放在多个不同的风险企业,通过在成功的风险企业上获得高回报来补偿失败项目的损失,以分散风险。正是分段投资和组合投资的特征使得风险资本通过不断投入和不断退出,持续地寻求新的投资机会,以促进风险投资不断发展。

风险投资还施行联合投资(joint investment,也称为syndication),即对一个项目,通常是联合其他风险投资者一起来投资,而不是"一个人吃独食"。这样做的好处除了利益共享、风险共担,还可以发挥集体智慧的力量,由各个风险投资者从各自不同的角度评价风险企业,从而提高决策的准确性。在被投资企业日后发展过程中,不同的风险投资家能提供更多的资源共享。

针对风险企业的多阶段发展情况,联合投资有两种主要模式。第一种模式是由一家风险投资家在风险企业初期成长阶段或后续投资阶段注入风险资金,其他联合者同期或者稍后投资。第二种模式是由一家牵头风险投资基金在种子阶段或创建阶段开始投资,其他风险投资家在后续投资阶段跟随联合投资。

在项目的早期,牵头风险投资家已经对项目进行了调查、分析和评估,掌握了项目的基本情况,包括发展潜力、人力资本状况、技术的先进性、技术的成熟程度和技术人员的可合作程度等。而牵头风险投资家由于自身资金的限制或者因采用阶段性投资策略或者因为项目本身所存在的风险过大,便会寻找投资伙伴。作为被牵头风险投资家选中的跟随风险投资家,其对项目的了解程度要远远低于牵头风险投资家,虽然跟随风险投资家也要对所选的项目进行调查和评估,但详细程度较差。这往往是因为基于合作经历建立起的信任关

系,他相信牵头风险投资家决定投资的项目是可行的。

(五) 风险投资家一般都参与被投资企业的经营管理并提供增值服务

风险投资者与一般投资者不同,他们不仅提供资金,而且还利用其经验、知识和广泛的社会关系去帮助创业企业,花费很大精力帮助这些企业改造组织结构、制定战略和业务发展方向、加强财务管理、配备领导成员等。风险投资家们为企业出谋划策,提供多种咨询建议,调动自己有利的资源,尽可能地帮助企业管理层解决实际运营中的问题与困难。

专栏 2-2　阿里巴巴如何引进风险投资家

在风险资本投资阿里巴巴的案例中,运用了联合投资、分段投资的策略。分段投资体现在阿里巴巴上市前共进行了三轮融资。联合投资体现在阿里巴巴三轮融资中除了第二轮是软银单独进行的投资外,第一轮和第三轮融资都是由多个投资者联合完成的。如第一轮是高盛、富达投资、新加坡政府科技发展基金等 4 家投资者一起投资,第三轮是软银、富达投资、IDF、雅虎一起进行的联合投资。

一、创业伊始,第一笔风险投资救急

1999 年年初,马云和最初的创业团队开始谋划一次轰轰烈烈的创业——创办一家能为全世界中小企业服务的电子商务站点。回到杭州后,大家集资了 50 万元,在马云位于杭州湖畔花园的家里,阿里巴巴诞生了。这个创业团队里除了马云之外,还有他的妻子、他当老师时的同事、学生以及被他吸引来的精英。他们都记得,马云当时对他们所有人说:"我们要办的是一家电子商务公司,我们的目标有 3 个:第一,我们要建立一家生存 102 年的公司;第二,我们要建立一家为中国中小企业服务的电子商务公司;第三,我们要建成世界上最大的电子商务公司,要进入全球网站排名前十位。"狂言狂语在某种角度而言,只是当时阿里巴巴的生存技巧而已。

阿里巴巴成立初期,公司是小到不能再小,18 个创业者往往是身兼数职。好在网站的建立让阿里巴巴开始逐渐被很多人知道。来自美国的《商业周刊》还有英文版的《南华早报》最早主动报道了阿里巴巴,并且令这个名不见经传的小网站开始在海外有了一定的名气。有了一定名气的阿里巴巴很快也面临资金的瓶颈:公司账上没钱了。当时马云开始去见一些投资者,但是他并不是有钱就要,而是精挑细选。即使囊中羞涩,他还是拒绝了 38 家投资商。马云后来表示他希望阿里巴巴的第一笔风险投资除了带来钱以外,还能带来更多的非资金要素,例如,进一步的风险投资和其他的海外资源。而被拒绝的这些投资者并不能给他带来这些。

就在这个时候,现在担任阿里巴巴 CFO 的蔡崇信在投行高盛的旧关系为阿里巴巴解了燃眉之急。以高盛为主的一批投资银行向阿里巴巴投资了 500 万美元。这一笔"天使基金"让马云喘了口气。

二、第二轮投资帮助阿里巴巴度过互联网寒冬阶段

此时更大的投资者也注意到阿里巴巴。1999 年秋,日本软银总裁孙正义约见马云。孙正义当时是亚洲首富,他直截了当地问马云想要多少钱,而马云的回答却是他不需要钱。孙正义反问道:"不缺钱,你来找我干什么?"马云的回答却是:"又不是我要找你,是人家叫我来见你的。"这个经典的回答并没有触怒孙正义。第一次见面之后,马云和蔡崇信很快就

47

在东京又见到了孙正义。孙正义表示将给阿里巴巴投资 3 000 万美元,占 30% 的股份。但是马云认为,钱还是太多了,经过短暂思考,马云最终确定了 2 000 万美元的软银投资,阿里巴巴管理团队仍绝对控股。

从 2000 年 4 月起,纳斯达克指数开始暴跌,长达两年的熊市寒冬开始了,很多互联网公司陷入困境,甚至关门大吉。但是阿里巴巴却安然无恙,很重要的一个原因是阿里巴巴获得了 2 500 万美元的融资。那个时候,全社会对互联网产生一种不信任感,阿里巴巴尽管不缺钱,业务开展却十分艰难。于是马云提出关门把产品做好,等到春天再出去。冬天很快就过去了,互联网的春天在 2003 年开始慢慢到来。

三、第三轮融资:完成上市目标

2004 年 2 月 17 日,马云在北京宣布,阿里巴巴再获 8 200 万美元的巨额战略投资。这笔投资是当时国内互联网金额最大的一笔私募投资。2005 年 8 月,雅虎、软银再向阿里巴巴投资数亿美元。

之后阿里巴巴创办淘宝网、支付宝等,收购雅虎中国,创办阿里软件。一直到阿里巴巴上市。2007 年 11 月 6 日,全球最大的 B2B 公司阿里巴巴在香港联交所挂牌上市,正式登上全球资本市场舞台。开盘后阿里巴巴以 30 港元,较发行价 13.5 港元涨 122% 的高价拉开上市序幕,最后以 39.5 港元收盘,较发行价涨了 192.59%,为香港上市公司上市首日最高涨幅,创下香港 7 年以来科技网络股神话。按收盘价估算,阿里巴巴市值约 280 亿美元,超过百度、腾讯,成为中国市值最大的互联网公司。

在此次全球发售过程中,阿里巴巴共发行了 8.59 亿股,占已发行 50.5 亿总股数的 17%。按每股 13.5 港元计算,共计融资 116 亿港元。加上当天 1.13 亿股超额配股权获全部行使,融资额将达 131 亿港元,接近谷歌纪录(2003 年 8 月,谷歌上市融资 19 亿美元)。阿里巴巴的上市,成为当时全球互联网业第二大规模的融资。

四、案例启示

(一)不同风险投资的持有期不同、收益率不同

在阿里巴巴上市后,作为两个大股东的雅虎和软银获得了巨额的回报。阿里巴巴招股说明书显示,软银持有阿里巴巴集团 29.3% 股份,而在行使完超额配售权之后,阿里巴巴集团还拥有阿里巴巴公司 72.8% 的控股权。由此推算,软银间接持有阿里巴巴 21.33% 的股份。按收盘价计算软银间接持有的阿里巴巴股权价值 55.45 亿美元。若再加上 2005 年雅虎入股时曾套现 1.8 亿美元,软银当初投资的 8 000 万美元在阿里巴巴上市首日的回报率已高达 71 倍。另外,作为阿里巴巴集团的大股东,雅虎间接持有阿里巴巴 28.4% 的股权,其市值高达 73 亿美元;此外雅虎还以基础投资者身份,投资 7.76 亿港元购买了阿里巴巴新股,购入价格为每股 13.5 港元,占 7.1% 的股份,IPO 当天升值到 22.7 亿港元。

但另外一些风险投资商显然错过了最好的收获期。从阿里巴巴集团的第三轮融资开始,早期的一些风险投资商已经开始陆续套现。1999 年阿里巴巴创办之初的天使投资高盛集团因战略调整,退出了中国风险投资市场。其所持股份被新加坡的寰慧投资(GGV)接手。此后,包括富达等在内的风险投资商又陆续套现。到阿里巴巴上市之前,只有软银一家风险投资商还一直持有阿里巴巴的股份,其他风险投资商已经全部退出。

(二)风险投资和创业企业家相互选择的原因

软银中国风险投资公司总裁薛村禾在接受国外媒体采访时回忆,当时中国 B2B 领域共有四大公司,除阿里巴巴,还有8848,MeetChina和Sparkice,而选择阿里巴巴的重要原因是马云及其团队的坚定信念,尤其是18个创业合伙人的精神。薛村禾说:"当年我们放弃别的机会,集中精力投资马云这个团队。我们并不是神仙,一眼就能看到阿里巴巴的未来,也只能看到电子商务这个大方向,但为什么最后选择马云这个团队呢?了解他多一点的人就知道,他能把很多人聚在周围,团队非常厉害。VC很重要的是判断团队。"软银认为,马云有一种独特的分享意识以及不平凡的领导才能。薛村禾评价称,马云是性格非常饱满的人,非常有远见,如果今天还不是一个世界级的领袖人物的话,他也一定可以成为一个英雄。另外,马云是一名战略家也是一名战术家,而且他执行力也很强。

而另一方面,作为创业者的马云对风险投资也有自己独到的观点。马云是这样评价孙正义的:"他是一个非常有智慧的人。我见过很多VC,但很多VC并不明白我们要做什么,但这个人六七分钟就明白我想做什么。我跟他的区别,我是看起来很聪明,实际上不聪明。那哥们儿是看起来真不聪明,但他是很聪明的人,真正叫大智慧的人。"马云说:"跟风险投资谈判,腰挺起来。但眼睛里面是尊重。你从第一天就要理直气壮,腰板挺硬。当然,别空说。你用你自己的行动证明,你比资本家更会挣钱。我跟VC讲过很多遍,你觉得你比我有道理,那你来干,对不对?"马云认为:"创业者和风险投资商是平等的,VC问你100个问题的时候你也要问他99个。在你面对VC的时候。你要问他投资你的理念是什么?我作为一个创业者,在企业最倒霉的时候,你会怎么办?如果你是好公司,当七八个VC会追着你转的时候,你让他们把你的计划和方法写下来,同时你的承诺每年是什么都要写下来,这是互相的约束,是婚姻合同。跟VC之间的合作是点点滴滴,你告诉他我这个月会亏、下个月会亏,但是只要局势可控VC都不怕,最可怕的是局面不可控。所以跟VC之间的沟通交流非常重要,不一定要找大牌。跟VC沟通过程当中,不要觉得VC是爷,VC永远是舅舅。你是这个创业孩子的爸爸妈妈,你知道把这个孩子带到哪去。舅舅可以给你建议、给你钱,但是肩负着把孩子养大的职责是你,VC不是来替你救命的,只是把你的公司养得更大。"

改编自:邢会强,孙红伟.狂赚71倍:软银投资阿里巴巴.国际金融.2009.6.

第三节 风险投资的产生与发展

风险投资是伴随着高新技术产业的发展,在政府政策的支持鼓励下产生和发展起来的。现代意义上的风险投资产生于20世纪50年代的美国,在短短几十年的历史中,风险投资经历了兴起、低潮、衰退、发展、繁荣等阶段。欧洲、日本和其他国家的风险投资形成的时间较晚,但作为一种功能独特、灵活多样的投资形式,风险投资目前已遍及所有发达国家、新型工业国家和地区以及部分发展中国家,成为推动全球高科技产业发展的主要动力。

一、风险投资的历史渊源

现代意义上的风险投资历史很短。不过从起源来看,风险投资最早可以追溯到15世纪的欧洲,英国、荷兰等国一些商人为了到海外开拓市场和寻找新的商业机会而在印度、东南亚等国开展冒险活动。欧洲商人的这些商业冒险活动大都是以武装探险的形式开始的，他们经历了重重困难，还经常遭遇海盗的劫持。早期的冒险活动非常成功，特别是当时建立的东印度公司，完全控制了整个印度进出口贸易长达150年之久。冒险的企业家们往往就是远航的船长和大副们，而为这些冒险家提供资金的是在伦敦、巴黎、阿姆斯特丹等居住的皇室或富足的家族和个人。典型的事例就是哥伦布的新大陆探险。哥伦布从欧洲航行到印度，由于缺乏足够的资金和资源，在1491年向葡萄牙的约翰二世请求帮助，但是遭到拒绝。第二年，他来到西班牙，请西班牙女王给予帮助，最终，西班牙女王支持了哥伦布的冒险行动，这可以说是最早的风险投资。

19世纪的工业革命彻底改变了世界经济格局和生产方式，机器大工业逐步取代了手工业，科学技术在经济增长中发挥着越来越重要的作用。这期间美国一些私人银行通过对钢铁、石油和铁路等新兴行业进行投资，获得了高额回报。第二次世界大战后，现代风险投资开始在美国成型。通过建立特别的风险投资基金实现风险投资的机构化。风险投资在美国兴起后，很快在世界范围内产生了巨大影响。1945年，英国诞生了全欧洲第一家风险投资公司——工商金融公司（即现在著名的3i公司的前身）。英国风险投资业起步虽早，但发展却很缓慢，直至20世纪80年代英国政府采取了一系列鼓励风险投资业发展的政策和措施后，风险投资在英国才得以迅速发展。其他一些国家如加拿大、法国、德国的风险投资随着新技术的发展和政府管制的放松，也在20世纪80年代有了相当程度的发展。

二、美国风险投资的发展历程

美国是风险投资的发源地，也是目前风险投资发展最成熟的国家。美国风险投资经历了20世纪50年代的成型、60年代的发展、70年代的衰退和80年代的复兴、80年代末90年代初的低潮、90年代中期后的蓬勃发展以及2001年的下滑、2003年以来的回暖。在组织形式、运行机制、资金筹集、国家政策法规、资本市场等方面，对其他国家和地区风险投资业的发展都具有重要借鉴意义。

（一）现代风险投资业的诞生

现代意义上的风险投资业是在20世纪50年代在美国形成的。在40年代初期，由于当时新兴公司的规模较小，各方面不成熟，加上美国刚经历30年代的大萧条，资本市场发展很不健全，政府监管也很不完善，因此新兴的中小公司很难从银行或其他金融机构借到钱。但是很多有识之士已经认识到，具有创新精神的中小企业对美国经济的发展具有十分重大的意义。

1946年6月6日，世界上第一家正规的风险投资公司——美国研究与开发公司（American Research and Development Corporation，ARD）在马萨诸塞州正式成立，它的诞生是世界风险投资史上的里程碑，它标志着现代风险投资业的诞生[①]。ARD公司是第一家由职业金融家管理，专门投资新成立和快速增长企业的投资公司。这种公开交易的、封闭型的组织形式促进了风险投资由个人化、分散化向组织化、制度化的发展。作为一个新生事

---

① 关于ARD和美国风险投资的早期历史，可以参考乔治·多里奥特（Georges Doriot）将军的传记《完美的竞赛》，该书由中国人民大学出版社于2010年出版。

物,公司最初筹资并不顺利,机构投资者对此兴趣不大。由于缺乏经验等原因,ARD 公司早期业绩平平,甚至一度陷入困境。ARD 投资的第一个公司是特拉塞尔拉伯公司,由于缺乏风险投资经验,其投资效果并不理想。1957 年 ARD 向数字设备公司(Digital Equipment Corporation,DEC)的风险投资,后来获得了非常惊人的成功。DEC 公司是由麻省理工学院的 4 名大学生创立的高科技企业。ARD 公司最初对 DEC 公司只投入不到 7 万美元,占该公司股份的 77%。公司成立后飞速发展,1960 年雷曼兄弟公司为 DEC 公司承销股票,发行价格高达每股 74.1 美元,为公司融到 800 万美元的资金。在随后的 10 年中,由于美国经济的强劲发展和股市价格指数的上涨,数字设备公司的股票价格飞涨。到 1971 年,ARD 公司持有的 DEC 公司的股票市值 3.55 亿美元,增长了 5 000 多倍。

DEC 公司的成功不仅挽救了 ARD 公司,而且改变了人们对风险投资业的印象,为随后的风险投资公司树立了榜样。1972 年当 ARD 公司被出售时,数字设备公司原始股的价格折算为每股 813 美元,从 ARD 成立时算起,它的年投资回报率为 14.7%。继 ARD 公司之后,美国逐渐成立了一些私人风险投资公司,这些公司不像 ARD 公司成为上市公司,而是通过私下发行股票筹集资金,其中最大的几家是专门为富有个人和家庭管理风险投资项目的公司。

(二) 风险投资业的发展:小企业投资公司的阶段

在 20 世纪 50 年代,美国基本上是一些富有的家庭或个人从事风险投资,采取类似 ARD 公司组织结构的风险投资机构在美国还没有第二家,为小企业提供的资金规模也是远远不够的,这种情况在 50 年代末才得到改善。

1957 年,苏联成功地发射了人类社会有史以来的第一颗人造地球卫星,苏联的成功对美国人是一个极大刺激。同年,美联储主导的一项调查报告显示:创业融资的不足是创业企业发展的主要障碍。美国人认识到,美国需要更多的像 ARD 这样的风险投资公司来推动高新科技的发展。在这种情况下,为了加快小企业的发展,改变风险投资不足的状况,美国国会采取了一系列步骤,并且进行了立法。1958 年,美国颁布了《小企业投资公司法》(small business investment act,SBIA),它允许建立小企业投资公司(small business investment companies,SBIC)。为了促进 SBIC 的发展,政府向小企业投资公司提供低息贷款和税收优惠等支持。SBIC 一般可以获得相当于自筹资金 3 倍的政府配套资金,最高可以达到 4 倍。也就是说,SBIC 的发起人每投入 1 美元可以从小企业管理局得到 4 美元的低息贷款。当然,在政府配套资金的总量、被投资企业的规模和投资的项目方面都受到一定的投资约束。由于政府对中小企业投资公司的大力支持,1958 年《中小企业投资法》施行后的第一个 5 年间,692 家小企业投资公司如雨后春笋般地建立起来,这些公司中 4.64 万亿美元来自私人风险投资,其中 47 家小企业投资公司通过上市发行募集了 3.5 万亿美元。

与此同时,一些风险资本企业以不同于 SBIC 的形式组成私营合伙企业。这些合伙企业为风险投资家提供了 SBIC 所缺乏的灵活性,例如,可以不像 SBIC 那样受投资组合公司的规模限制。不到 10 年之后,私人的风险资本合伙企业的总资本规模便超过了小企业投资公司。

(三) 风险投资业的低谷与有限合伙制风险投资机构的出现

20 世纪 60 年代风险投资业经过快速发展后,很快就进入低谷,1970 年,风险投资额骤降至 0.97 亿美元，1975 年降至 0.1 亿美元。原因是多方面的：首先，越南战争的巨额军费开支给美国政府带来沉重的财政负担，为了增加政府财政收入，美国政府在 1969 年税制改革中将长期资本收益税的最高边际税率从 29% 提高到 49%，而且对雇员股票期权的处理也由股票出售时交税变为期权执行时就要交税。其次，石油危机及随之而来的经济危机造成美国经济萧条，风险投资公司经营困难，小企业投资公司筹集新投资资金困难重重。最后，IPO 基本停顿，企业收购和兼并数目急剧减少，也使得风险投资公司缺乏退出渠道。所有这些都导致风险投资收益大幅减少，整个风险投资业增长乏力。

在 20 世纪 50 年代末和 60 年代初，美国风险投资业出现了另一种投资组织形式——有限合伙制，它的出现使得风险投资拥有了强大的生命力，并将美国的风险投资带入一个成熟和持续发展的时期。在有限合伙制企业出现之初，由于数量少，规模不大，并没有引起风险投资家的足够重视。但到了 20 世纪 60 年代末期，风险投资界逐步认识到合伙企业在解决风险投资家的报酬问题、在突破政府对 SBIC 的投资限制这两方面所具有的独特优势。有限合伙企业突破了《1940 年投资公司法》关于公开上市的风险投资公司的经理不得接受股票期权或其他形式的以企业经营业绩为基础的股票报酬的限制，调动了风险资本家的积极性和主动性。有限合伙企业中的风险资本家不仅可以获得比公开上市的风险投资公司的经理人高得多的固定报酬，而且可以获得股票期权。这一组织制度的变革吸引了大批优秀金融家和投资者进入风险投资业。

（四）风险投资业的调整

20 世纪 70 年代末期，社会各界再次认识到对新兴创业企业资金支持不足的问题。此后进行的一系列政策调整和外部环境的改善，使美国风险投资从长达 10 年的低谷中逐渐走出。

1. 风险投资相关法律政策的调整

1979 年美国对养老基金的投资限制政策进行了调整，在不危及养老基金的投资组合安全性的前提下，允许养老基金投资新兴企业和风险投资基金所发行的证券。充裕的养老基金等长期资金的进入刺激了更多风险投资基金的成立和投资更多的新创企业。国会通过的《1980 年小企业投资促进法》重新确认了风险资本和私人权益资本合伙公司的性质是商业发展公司，使其不再受《投资顾问法》的约束（这样普通合伙人不再必须以投资顾问登记、因而不能获取同经营业绩相联系的报酬的限制得以解除）。美国还寻求通过税制改进来促进风险投资的发展。国会于 1978 年将资本利得税从 49.5% 降到 28%，1981 年又降到 20%。此外，1981 年通过的《股票期权促进法》中，允许重新采用以前那种以股票期权作为酬金的做法，并把纳税环节由行使选择权推迟到出售股票，即在股票被出售时才收税。

2. 风险投资机构组织形式和投资策略的调整

20 世纪 70 年代末以后，有限合伙企业在风险投资机构的组织形式中逐渐占据主导地位。以合伙制组织形式设立的风险投资企业既能得到政府的税收优惠，又能有效地激励风险资本家，同时为机构投资者尤其是养老基金提供了一个较为合适的长期投资渠道。

进入 20 世纪 80 年代后，风险投资机构也相应调整了投资策略和投资准则，表现出专业的投资战略。由于对处于发展早期企业的投资风险比晚期投资要大得多，很多风险投资公司改变了支持新兴企业的初衷，表现在投资阶段上就是由创业早期转向创业后期，向新兴企业的投资规模和投资数量都有所下降。风险投资机构所投资的行业也发生了调整,计算机硬件已不再是风险投资关注的重点,软件、生物技术、医疗卫生、电信行业成为后起之秀,电子和消费类行业也成为风险资本家追逐的对象。在投资战略上,各个风险投资机构出现了差异化的投资战略和投资准则:有的投资于杠杆收购类交易,有的集中于种子期投资;有的风险投资坚持组合投资分散风险,有的集中于特定的企业;有的公司青睐公开上市退出,有的更倾向于被并购的方式退出。无论什么样的投资策略,风险投资机构更专注于自己所熟悉的领域和专业投资。

3. 美国风险资本市场外部环境发生变化

20世纪70年代末80年代初的一系列政策调整为美国风险投资业的发展创造了良好的法律与政策环境,再加上一些风险投资机构在美国产业升级背景下因投资高科技公司而获得骄人的业绩,进一步加速了风险投资及私人权益资本的快速增长。随着风险投资相关立法的改变,一度在风险资本主要来源中占主要地位的富裕家庭和个人逐渐被机构投资者(主要是养老基金)所取代,机构投资者成为美国风险投资舞台上的主角。风险投资的规模逐年增长,20世纪70年代中期,每年风险资本流入量仅为5 000万美元,而1983年则超过了40亿美元。其中合伙制风险投资机构新募资金从1980年的6亿美元增长到1984年的30亿美元,在80年代后半期保持每年20亿～30亿美元的新募集规模。

(五)风险投资业的繁荣:新经济时代来临

20世纪80年代末美国经济出现衰退,受此影响,社会对风险投资的需求也开始减弱。为了促使风险投资企业尽快从经济衰退中复兴,美国又进行了一系列改革,其中最重要的改革是1994年实施的《小企业股权投资促进法》。这部法律提出了"参与证券计划",及小企业管理局为那些从事股权类投资的小企业投资公司提供公开发行长期债券的担保,长期债券的定期利息也由小企业管理局代为支付,只有当小企业投资公司实现了足够的资本增值后才一次性偿付债券本金,并一次性支付给小企业管理局。"参与证券计划"的实施使小企业投资公司获得了长期的资金,可以向小企业提供长期股本投资。美国1997年进行的税法改革,也制定了对风险投资业非常有利的税收政策。

随着20世纪90年代美国经济逐步复苏,高科技产业飞速发展,美国风险投资业真正进入了蓬勃发展阶段。这得益于全球高新技术产业的兴起和美国新经济模式的提出。20世纪90年代以来,以国际互联网、信息技术、生物技术为主要内容的高新技术产业以知识经济的形态迅速崛起,美国经济进入了一个全新的时代。高科技的发展在改变人们生活方式的同时,也给美国的风险资本家们创造了机遇。在这样的背景下,美国的风险投资开始了新一轮快速增长。1990年,美国风险资本的筹资额仅为33亿美元,投资额仅为28亿美元。但从1996年开始,新增的风险投资逐年上升。美国风险投资额由1998年213.47亿美元上升到1999年的546.04亿美元,2000年更是扶摇直上1 059亿美元,到了2005年超过了1 500亿美元。在风险投资的筹资额和投资额的两项指标上,美国都超过全世界其他国家的总和。

然而从2000年开始,以网络股为龙头的股市大跌,直接引发网络、生物工程等高科技股票泡沫的破灭,美国风险投资业的发展又跌入低谷。风险投资机构和风险投资资本大幅缩减,风险投资回报甚至创下30年来的最低水平。2001年全美风险投资额降到410.15亿美元,2002年继续保持下降趋势。2003年受到全球经济好转和IT业企业经营业绩提升等因素的影响,风险投资又呈现增长的趋势。

总的来说,风险投资对促进美国经济结构调整和推动美国高科技产业发展功不可没。20世纪50年代的半导体材料、70年代的微型计算机、80年代的生物工程技术、90年代IT产业的兴起,都是与美国风险投资的产生和发展密不可分。进入21世纪以来,美国风险投资对象集中在医疗保健、生物科技、互联网、替代能源和清洁技术等领域,风险投资业将继续推动新经济发展、继续发挥技术创新催化剂和助推器的作用。

三、其他国家和地区风险投资业的发展

国际风险投资主要集中在美国、西欧、以色列、日本等发达国家和地区。美国、英国、法国、德国、日本5国占世界风险投资市场份额的90%以上。但各国高新技术产业结构和发展水平不同,政府鼓励政策不同,风险投资的发展特点也不同。

(一)欧洲风险投资的发展概况

欧洲曾有过世界上居领先地位的科技史,然而到20世纪七八十年代,欧洲的高科技水平日渐落后,这使得欧洲的经济发展势头远远落在美国和日本的后面,产业结构也比美日落后得多。英国前首相撒切尔夫人曾经尖锐地指出,英国与美国相比,并不是落后在高科技方面,而是在风险投资上。风险投资是高科技发展的催化剂,如果一国没有发达的风险投资业,就不可能有高科技的迅速发展。

欧洲风险投资业的真正萌芽始于20世纪五六十年代,当时受到美国风险投资迅速发展的影响,欧洲的一些主要国家如英国、德国也开始出现小型风险投资公司。20世纪70年代以来,欧洲经济出现了长期的停滞,其发展速度远远落后于美国和日本,究其原因是欧洲的经济发展战略出现了失误。经济的低速发展和高失业率,迫使欧洲的企业界和政府重新评价原来的经济政策和企业发展战略。为了鼓励风险投资和创办新企业,以提高就业率,欧洲各国采取了许多重要措施。

(1)摆脱由政府技术官僚主持开发和研究的管理办法,向美国的官助民办方式转变。欧洲各国政府采取积极措施,通过减税、直接拨款补贴、提供优惠贷款和简化手续办法,积极推动和引导风险投资公司和风险企业的发展。英国在"商业发展规划"中规定,私人向符合该规则要求的风险投资公司或基金投资,每年投资额如不超过4万英镑,可申请减免个人所得税;奥地利则通过法律给风险投资以税收优惠。与此同时,其他欧洲国家也都纷纷减免投资公司和风险企业的税率。在这些法律和政策的鼓励下,欧洲许多银行、保险机构和投资公司开始逐步参与风险投资活动。

(2)政府直接参与风险投资。英国是欧洲风险投资发展最早的国家,1973年英国就成立了国家的风险投资机构——国家企业委员会,后来又与国家发展公司合并成立英国技术协会,其主要职能是为小企业提供贷款和研究分析高技术领域发展风险投资问题。20世纪80年代以来,英国金融资本在政府重点扶持高科技公司的发展战略下,活跃在高科技风险投资领域。

(3)在政府推动下建立科学园区,为风险投资提供良好的投资环境。当代的创业者大都是来自大学、科研机构或大公司的中青年科技人员。目前,欧洲很多国家都在科技研

开发实力雄厚的大学附近建立科学园区。这些大学不仅源源不断地为科学园区提供大量的人才和技术,造就一批掌握高科技的创业者,而且还在科学园区内形成理想的风险投资环境,使得高科技的风险企业如鱼得水,大展宏图。英国在剑桥大学和华威大学附近建立的科学园区,以及在爱丁堡大学附近的苏格兰硅谷,都是这方面的成功典型。德国自1983年以来也建立了多个科学园区。

为了形成统一的风险投资环境,克服各国有关的法律、税制等不同而造成的障碍,欧洲各国政府还采取了一些联合行动。不过,欧洲风险投资的发展形势与美国不完全一样,它的大部分风险投资是通过国家计划规定的各种筹资手段发展起来的,包括专门的预算措施和国家信贷机构的贷款计划,按美国方式发展的风险投资基金近年来才开始增多。不能为小公司提供一个流动的跨国股票市场同样阻碍了欧洲风险投资的发展。因此,为了支持创新型小企业和高成长型高科技企业筹资,1996年11月,欧洲的纳斯达克式二板市场开始正式运作,这宣告欧洲第一个为高成长和高科技企业融资的独立电子化股票市场正式诞生。欧洲纳斯达克市场对欧洲高成长的创新型中小企业的融资起到了积极的推动作用。欧盟各国加大力度发展风险投资,带动高科技产业和信息产业的发展,也进一步促进了欧洲纳斯达克市场的发展。

(二)日本风险投资的发展历程

1. 日本风险投资的发展概况

日本是风险投资的后起之秀。长期以来,日本的风险投资习惯从大经济财团的附属投资公司和银行中寻找资金来源。因此,日本的风险投资形成了一个以大企业和银行为投资主体的独特模式,私人风险投资大大落后于美国。

日本风险投资最早起源于20世纪60年代末,至今已经历过两次风险投资热潮。第一次风险投资热潮发生在20世纪60年代末70年代初,当时受美国影响,日本民间自行诞生了一批风险投资公司和风险企业,第一家风险投资机构设立于1972年,3年间共设立8家以大银行和证券公司为资金来源的第一代风险投资机构。后来由于受到石油危机的冲击,加上投资者对风险企业的认识不足,由风险投资机构投资的企业昙花一现,相继倒闭。

20世纪70年代后期开始,日本政府为了使高科技为主的风险企业得以生存和发展,采取了一系列保护和扶持风险企业的方针政策,直接促进了日本风险投资公司和风险企业的大规模发展。20世纪80年代初,日本制定了一系列重要法规,包括《下一代工业基础技术研究开发制度》、《推进创造性科学技术制度》和《高级技术工业密集区开发促进法》等,这些重要法规都与新技术开发有关;日本还制定了《新工业技术大纲》,明确以微电子、新材料和生物工程这三大尖端技术为主,制定研究开发课题、目标和开发方针,以促进新技术的发展;在《尖端工业技术基础整备法》中,提出了充分预算、财政投资、津贴优惠和税制等金融政策,在资金周转上为风险投资公司和风险企业提供优惠条件,以资助风险企业发展尖端技术。1982年,日本第一个有限合伙制风险投资机构成立,此后这种新的有限合伙制的风险投资机构不断涌现。从1983年开始,日本又出现了第二次风险投资热潮,风险投资东山再起。

虽然日本的风险投资业取得了较快的发展,但与美国风险企业不断涌现情形相比,日本风险投资企业较少,且在进入20世纪90年代以后,风险企业逐年下降。

2. 日本政府促进风险投资业发展的措施

日本政府出台的一些鼓励和促进风险投资发展的政策措施,这些政策主要是:

(1) 优惠的风险投资税收制度。为降低个体风险投资家的投资风险,日本从1997年6月起实施个体投资者优惠投资税收制度。该制度规定,风险投资家向处于创业期的风险企业投资时发生的转让损失,可在第二年起的2年内进行结转。

(2) 企业年金和证券投资信托经营限制放宽。大藏省在1997年通知,要求将企业年金和证券投资信托的经营对象扩大至风险股份,对证券投资信托协会的经营限制也做了相应的放宽。

(3) 投资事业组合制度的改革。为将有限责任投资事业组合制度(即有限合伙制)法律化,日本在国会上制定《中小企业等投资事业有限责任契约法》,以促进向中小企业引进年金资金,充实其投资资本。

(4) 促进场外市场的流通性。日本的场外市场流通性较差,作为风险企业筹集资金的场所没能起到应有的作用。1997年9月,日本修改了证券业协会规则,以促进风险投资业的顺利发展。

(三) 韩国、新加坡等亚洲国家风险投资发展概况

20世纪90年代以来,亚洲新兴国家和地区为了加速本国和本地区的高科技产业发展,纷纷加快设立风险投资公司和风险企业。一方面鼓励本国资金创建风险投资公司;另一方面用优惠的经济政策吸引国外风险资本。

韩国政府从1986年开始发展风险投资,扶持高科技产业的发展,通过《中小企业支持法案》和《新技术财政资助条例》等法案,为私人投资者和企业进入高科技领域提供资金支持和税收减免。在1987—1997年间,韩国风险资本公司在1891家企业中投入约1.5万亿韩元,其中3/4是投资在电子和通信行业,近1/3的风险企业在韩国KOSDAQ上市。现在韩国已有58家风险投资公司,资本额达到7.3亿美元,其中近两成的资金来自国外。这些外国投资给韩国企业带来了新的技术和管理经验。

当前,韩国的风险投资正在走出国门,它们瞄准了世界范围内的高科技产业,力图通过在海外的投资开发活动引进新技术和开发新产品,以国内的低廉劳动力加工返销,提高本国产品的国际竞争力。

新加坡从1984年开始发展风险投资,推动创办风险企业。政府通过立法给予风险投资资金建立的风险企业10年免税待遇。经济发展委员会(EDB)是新加坡风险投资的最大投资者,专门资助本国高科技产业的发展。EDB最成功的投资项目是"国民生物工程控制计划",它投资480万美元的资金,和新加坡标准与工业研究所、国立大学合作创办总资本为660万美元的食品生物技术中心。EDB还投资2000万美元设立一家生物技术投资公司,为国内外生物技术公司提供资金。东南亚风险投资机构是新加坡另一家较大的风险投资公司,它是由美国和荷兰共同创办的。这家外国风险投资机构以3500万美元的资金与亚洲国家的风险投资公司一起进行风险投资活动。

在政府的积极推动下,新加坡的风险投资业在20世纪80年代中期获得了较快发展。目前,新加坡已成为对东盟国家进行风险投资的地区性中心。在1997年实际投资的34亿

美元风险投资中,只有18%投在新加坡,46%投在其他东南亚国家,其余的则投资在中国、欧洲和美国等地。

亚洲国家和地区风险投资发展的成功经验表明,如果政府不对风险投资加以引导,绝大多数亚洲私营企业都会将高科技研究和开发看作是不可接受的冒险投资。韩国和新加坡政府通过向企业提供风险资金、税收减免等优惠,引导各种投资者向风险投资公司和风险企业进行投资,从而成功地开辟了风险投资的新天地,大大加快了本国或本地区高科技行业的发展速度。

四、风险投资在我国的发展历程

(一)兴起阶段(1985—1997年)

我国的风险投资始于20世纪80年代,被称为创业投资。1985年3月,中共中央在《关于科学技术体制改革的决定》中指出:"对于变化迅速、风险较大的高技术开发工作,可以设立创业投资给以支持。"这一决定的精神,给我国高新技术风险投资的发展提供了政策依据和保证。从此,我国风险投资在政府的扶持下开始发展起步。

1985年9月,由原国家科委和中国人民银行支持,国务院批准成立了第一家风险投资公司——中国新技术创业投资公司(以下简称中创公司)。这是我国第一家专营风险投资的全国性金融机构。中创公司通过投资、贷款、租赁、财务担保、咨询等方面的业务,为风险企业进行高新技术的创新和产业化提供资金支持。继中创公司以后,又陆续成立了中国招商技术有限公司、江苏省高新技术风险投资公司、武汉东湖高新技术服务中心、广州技术创业公司等。从1986年起,国家开始实施"863计划"、"火炬计划",这实际上是政府风险投资规划的开始。

1987年以来,在一些技术和知识相对密集的高科技园区,先后成立了一批具有风险投资性质的创业中心,通过提供资金、信息、管理、市场等服务,吸引高新技术项目和高科技中小企业,促进高新技术成果的商品化、产业化,取得了较好的效果,起到了新兴中小企业"孵化器"的作用。其中,武汉、成都、上海等地的创业中心由于较早开始风险投资的尝试,成绩显著,为我国风险投资积累了不少成功经验。

1989年,在中国人民银行的支持下,中国工商银行和中国农业银行率先开办了科技贷款业务。同年6月,中科招商技术有限公司成立,该公司主要从事国内外高新技术企业的投资。1991年,国务院在《国家高新技术产业开发区若干政策的暂行规定》第六条中指出:"有关部门可以在高新技术产业开发区建立风险投资基金,用于风险较大的高技术产业开发。条件成熟的高新技术产业开发区可创办风险投资公司。"这意味着风险投资已逐步受到政府的重视。但由于市场环境不完善,风险投资未能真正壮大。1992年,沈阳市率先建立了科技开发投资基金,采取了贷款担保、贴息垫息、入股分红等多种有偿投资方式,为企业发展科技分担投资风险。随后,重庆、太原、江苏、浙江、广东、上海等地相继成立了相应的科技创业投资公司。

随着我国对外开放的进一步扩大,国外的风险投资公司开始进入我国市场。1992年,美国太平洋风险投资基金(PTVC)在中国成立,这是美国国际数据集团(IDG)在我国投资成立的第一家风险投资基金。1994年,财政部和国家经贸委联合组建了中国经济技术担保公司,其宗旨是通过运用信用担保和投资等经济手段,引导投融资流向,支持高新科技成果转化为现实生产力,促进企业技术进步。1993年财政部和原国家经贸委共同组建了中国投资担保公司,旨在解决高新技术中小企业融资问题。中国投资担保有限公司是我国唯一一家经批准专营信用担保业务的金融机构,成立以来,对担保业务进行了初步的探索,并对高新技术企业进行了直接的风险投资,对促进科技成果的转化和高新技术企业的发展起到积极的作用。1995年5月6日,国务院在《关于加速科技进步的决定》中指出:"发展科技风险投资事业,建立科技风险投资机制。"同年,深圳市投资管理公司开始进行科技风险投资的担保尝试。1996年,国务院在《关于"九五"期间深化科学技术体制改革的决定》中,再次强调:"积极探索科技发展风险投资机制,促进科技成果转化。"此后,掀起一股对风险投资进行考察研究和尝试的浪潮。到1996年年底,全国共有风险投资机构24家,资金总量47.1亿元。但是这一阶段我国风险投资机构基本由政府机构投资和管理,普遍存在着投资主体单一、资金运作低效等问题。应该说,当时我国风险投资也只是处在探索阶段。

(二) 快速发展阶段(1998—2000年)

1998年,在全国人大和政协的"两会"期间,时任全国人大常委会副委员长、民建中央主席成思危先生提交了《尽快发展我国风险投资事业》的提案,被列为政协"一号提案",引起了党中央和国务院的高度重视与社会各界的关注。其主要原因是:一方面,美国经济持续高速发展给人们一个启示,就是只有发展风险投资,才能推动技术的进步,才能实现经济的可持续高增长;另一方面,中国的科技转化正面临着一个融资困境。中国每年有专利技术2万多项,但能够得到资金支持转化成商品的只占10%~15%,有相当比例的科技成果没有转化,技术进步对经济增长的贡献率不高。各级政府相继推出了各项鼓励和扶持风险投资发展的政策和措施,先后出台了《关于促进科技成果转化的若干意见》《关于加强技术创新,发展高科技,实现产业化的决定》及《关于建立风险投资机制的若干意见》等重要法规和意见。

风险投资政策环境的改善也促进了这一领域投资主体多元化的探索实践,国内各类风险投资机构纷纷成立。除各级政府积极出资组建风险投资公司外,一些大型工业公司和证券公司也涉足风险投资行业。境外风险投资机构开始进入中国,并针对处于创建期、成长期的软件和互联网企业进行了一系列投资。国内风险投资机构的数量和资金规模出现了快速增长的趋势:1997年和1998年两年间,我国风险投资机构增长率分别高达58.3%和57.9%,1999年全国新增创业投资机构更是达到了40家,创业投资机构总量接近100家,增长率高达67.8%。到1999年年底,风险资本总额达到了256.7亿元。2000年我国风险投资行业增长更为迅猛,全国新增风险投资机构110家,超过了以往风险投资机构的总和,机构数量达到206家,增长率高达114.6%,资本总量超过436亿元。与此同时,我国一些科技型公司到境外成功上市,为风险投资的退出探索了一条可行的退出渠道,对我国风险投资的发展起到积极的作用。随着政府对风险投资行业的高度重视,社会各界对风险投资充满信心,风险投资出现了强劲的增长。

(三) 调整阶段(2001—2002年)

20世纪90年代末世界性科技股泡沫的不断放大,导致了2000年之后全球性股市暴跌,美国经济增长速度下降和资本市场泡沫破灭,尤其是纳斯达克指数大幅下挫,风险投资基金筹资额和风险企业IPO数量都走向低谷。从国内看,2001年年末中国证监会宣布延迟开设二板市场,当时兴起的风险投资遭到了严重打击,风险投资额急剧下降,风险投资行业进入调整期。风险投资机构和风险资本总额的增长速度急剧下滑,新增资本额远远低于1999年和2000年。资料显示,2001年新增风险投资机构仅60家,2002年仅增加30家,增幅分别为29.1%和11.3%,新增资本额2001年为95.3亿美元、2002年为49.5亿美元,增幅分别为21.8%和9.3%。

(四)新一轮快速发展(2003年至今)

2003年和2004年我国经济的强劲增长、人民币升值的预期以及多起风险投资成功退出案例的出现(2003年年底携程以及随后的盛大、百度、分众等在美国纳斯达克实现上市),开始促进风险投资业的发展。2004年年初,《国务院关于推出资本市场改革开放和稳定发展的若干意见》出台,同年5月,深圳"中小企业板"正式启动。2004年7月,《国务院关于投资体制改革的决定》颁布,以及许多地方性相关法规和细则发布。我国的风险投资业开始步入全面复苏阶段,2003年我国风险投资额达到9.92亿美元,2004年达12.69亿美元,分别比上年增长137%和27.92%;截止到2006年年底,我国风险资本总量超过583.85亿人民币,比2005年年底的441.29亿美元高出33.31%;2006年高达240.85亿美元的新筹资风险资本规模,比2005年对应的195.71亿元增长了23.06%。随着内外部环境的改善和风险投资收入的增加,我国风险投资业得到了更大的发展。

另一方面,从风险投资机构的背景来看,外资风投于2005年前牢牢占据市场的主导地位。根据清科集团的统计,2006年以前活跃在内地的外资创投机构大约占全部市场份额的80%。之后,随着国内经济的快速发展、创投政策环境逐步完善、人民币基金强势崛起、国内创业板开闸等众多积极因素的推动之下,本土创投发展优势日益明显,外资创投的占比开始逐年下降,在2011年该公司发布的"大陆VC20强"榜单中,本土外资已各占半壁江山。关于我国风险投资和私募股权资本市场的进一步发展,本书将在第十章第二节做详细阐述。

本章小结

  风险投资是对新兴创业企业尤其是高科技创业企业提供资本支持,并对所投资企业进行培育和辅导,在企业发育成长到相对成熟后退出投资以实现自身资本增值的一种特定形态金融资本的投资活动。风险投资有广义和狭义之分。

  风险投资运行的主体由在风险投资中提供资金的投资者、风险投资机构组成。典型的风险投资的客体是指风险资本的需求方,即从事创业活动的风险企业。

  风险投资具有不同于一般投资和银行贷款的特征。风险投资的投资对象主要是高科技、高成长潜力的企业,具有高风险和高预期回报,属于长期性、权益类资本,具有分段投资、组合投资的特点以及积极投入的管理模式和良好的激励机制。

  现代意义上的风险投资产生于20世纪50年代的美国,在短短几十年的历史中,经历了风险投资业的形成、发展、低谷、调整和繁荣阶段。美国风险投资是在美国高科技产业的发展和政府政策的支持鼓励下而产生发展的。欧洲、日本和其他国家的风险投资形成时间较晚，但发展较快。自20世纪80年代以来，我国风险投资业已经过30多年的发展，还需要一个长期的实践和探索过程。

基本概念

风险资本　风险资本家　风险企业

复习思考题

1. 什么是风险投资？与一般的投资有什么区别？
2. 风险投资的基本特征有哪些？
3. 与成熟国家相比，我国风险投资业处于什么阶段？怎样才能更好地促进我国风险投资的发展？

扩展阅读文献

1. 盖伊·弗雷泽，著．窦尔翔，李洪涛，窦文章，译．资产的博弈：私募股权投融资管理指南．北京：中信出版社，2008．

盖伊·弗雷泽先生是风险投资领域备受尊崇的专家，他拥有20年以上的私募股权投资经验，创建并管理了霍斯利·布里奇合伙公司在欧洲的业务。作为股权投资领域的专业人士，他有机会广泛接触欧洲和美国的私募股权基金经理，深入了解该行业的最新发展。该书是作者20多年在股权投资领域实践和思考的总结。全书从"什么是私募股权投资"等基本问题入手，简明扼要地过渡到对创业投资和收购投资回报的细节分析，进而将问题引向深入，更专业地探讨了私募股权投资的两个主要领域——创业投资和并购投资。对两个领域涉及的主要问题——投资节奏、尽职调查、回报分析等，提出了新颖的观点，这些观点均建立在实践的基础上。同时，本书提出了一个全新的理念——"本垒打"投资，并澄清了私募股权面临的种种非议和误解。

2. 罗伯特·A. 芬克，大卫·格雷森，著．房四海，等，译．对话私募股权与风险投资大师．北京：机械工业出版社，2011．

罗伯特·A. 芬克是Prism私募股权公司创始人兼总裁。该公司专注于成长性公司，并为小企业提供股权和夹层融资。大卫·格雷森是《芝加哥论坛报》首席商业记者。两人合著的这本书是对风险投资大师们的访谈、交流、思考。可分为私募股权和风险投资两个部分，介绍了风险投资大师们的人生阅历，涵盖了投资大师们在不同的行业或领域不同的投资行为，总结了投资大师们在专业领域数十年的成功经验和失败教训，给予后来者积极的启示与价值分享。

3. 风险投资网,www.chinavcpe.com/www.cvc360.com.

风险投资网是中国风险投资研究院①积多年专业沉淀的旗舰产品,网站联合多家著名投资商、政策及研究机构、专业服务机构等共同奉献,致力于成为互联网上了解中国风险投资市场、投资者寻找中国商机、创业者寻求全球资金的首选网站。该网站的"研究报告"和《中国风险投资》杂志是比较有影响的产品;"专题"栏目会定期地对VC/PE领域的概念或现象进行总结梳理,"案例点评"栏目会选取一些比较有代表性的VC/PE投资案例进行跟踪分析,对初学者很有参考价值。

第一节 风险投资机构在VC体系中的重要性

一、风险投资的主要参与者

风险投资体系是一个由不同机构、不同角色组合、相互联系,共同创造和维持风险投资体系良性运转,其中最核心的是风险投资机构——一般风险投资公司作为中介将资金募集起来,以自由裁量的方式投入到由优秀的管理团队管理的具有高增长潜力和实现投资快速增值,并为各相关方带来回报。
风险投资体系见图2-1所示。

图2-1 风险投资体系

1. 投资者或者出资者

风险投资的出资者是风险投资机构募集资金的来源或出资者,主要是机构投资者。美国有三大投资群体:公共养老金、保险公司、银行、大学基金、大公司和私人财富。高额的风险投资回报率是未来源源不断的资金来源的最根本保障。大公司把钱投到风险投资基金主要目的之一是观察行业最新动向,以便研发跟上。近年来,居民个人的投资比例也在加大,同时,国内的个人和一部分海外华人的投资比例也在成长。据2010年中国风险投资报告披露:在2008年本土风险投资机构的募集资本中,来源于个人的投资比例最高,占资本金额的35.70%,金融机构和企业投资占比分别为32.69%、15.00%;各级政府财政的比例为15.30%。

2. 风险投资家

风险投资机构既要募集创业企业所需风险投资基金,并对风险投资进行投资和管理,又要负责培育项目发展壮大、健康运行,在一个较长的时间内(6~7年)为出资者创造很高的回报率。市场上,一个国家的企业家队伍和风险投资家队伍的水平如何,是另一方面衡量一个国

---

① 中国风险投资研究院(http://www.cvcri.com)成立于2003年7月,是在十届全国人大常委会副委员长、著名管理学家成思危教授与香港理工大学前校长潘宗光教授的共同倡导与推动下创办的,致力于为中国风险投资事业理论与实务发展、政策制定提供卓越服务,推动中国风险投资和高科技产业的健康快速发展。

第三章 风险投资机构及其组织形式

第一节 风险投资机构在 VC 体系中的重要性

一、风险投资的主要参与者

风险投资体系主要由 4 类主体构成:风险投资出资者、风险投资机构、风险企业以及风险投资服务机构。体系中最核心的是风险投资机构——即风险投资公司或风险投资基金,它们是连接资金来源与资金运用的金融中介,是风险投资最直接的参与者和实际操作者。风险投资体系如图 3-1 所示。

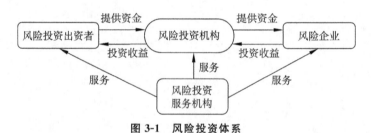

图 3-1 风险投资体系

1. 风险投资出资者

风险投资出资者是为风险投资机构提供资金来源的资本供给者,主要包括政府财政资金、富裕的个人和家庭、养老基金、保险公司、商业银行、投资银行、大型企业集团等[①]。在美国,风险投资最主要的资金来源是养老基金。在欧洲和日本,大公司和银行等金融机构则是主要的风险投资出资者。我国的风险投资一直以政府资金为主导。近年来,尽管政府出资的绝对规模上升,但比例有所下降,来自个人和金融机构的风险资金增长迅速。据 2010 年《中国风险投资年鉴》统计,2008 年本土风险投资机构的新募集资本中:来源于个人的风险资本比例最高,达到总金额的 34.70%;金融机构的比例为 32.09%;政府资金的比例为 14.60%;企业资金所占的比例为 18.56%。[②]

2. 风险投资机构

风险投资机构是筹集和管理风险投资基金,并对风险企业进行投资和管理的机构。在风险投资市场上,一方面是拥有巨大增长潜力的投资机会;另一方面是寻求高回报、承担高

---

① 关于风险投资的资金来源,具体见本书第四章论述。
② 中国风险投资研究院. 中国风险投资年鉴. 北京:民主与建设出版社,2010.

风险的投资资本。风险投资机构的职责是发现、沟通二者的需求,将投资机会与资本联系起来。风险投资机构创造了两个结合——风险资本与增长机会(通常是高科技企业)的结合;风险投资家和风险企业家的结合。这两个结合是否成功决定了风险投资机构本身的成败。

3. 风险企业

与一般企业不同,风险企业是专门在高新技术产业领域进行开发、生产和经营的企业。主要为以高新技术项目、产品(诸如微电子技术、生物工程、计算机、空间技术、海洋技术、医药、新型材料、新能源等)为开发生产对象,使之快速实现商品化,并能很快投放并占领市场,获得一般企业所不能获得的高额利润。20世纪50年代末,风险企业初见雏形。进入20世纪70年代以后,世界上的风险企业如雨后春笋,不断涌现。

4. 风险投资服务机构

风险投资服务机构致力于为风险投资体系中的其他参与者提供详尽周密的服务,具体包括法律、财务、咨询服务等,也包括提供数据服务。风险投资服务机构可以划分为两种类型。一类是行业协会,主要包括美国风险投资协会(National Venture Capital Association, NVCA)、英国私募股权及风险投资协会(British Private Equity and Venture Capital Association, BVCA)、欧洲私募股权及风险投资协会(European Private Equity and Venture Capital Association, EVCA)等。另一类是专业的财务法律咨询机构和数据服务提供商,财务法律咨询机构比如会计师事务所、法律事务所以及专门为风险投资提供信息和中介服务的机构。例如,美国道琼斯集团下属的 Venture One 建立了一个庞大的数据库,能够及时为风险投资机构和投资家提供全面、准确的行业研究、风险企业信息以及相关投资分析报告等[1]。另外,中国的清科数据公司和投中集团是国内两个主要的风险投资和私募股权的数据库提供商[2]。

专栏 3-1 世界著名的风险投资协会——NVCA、BVCA 和 EVCA

美国风险投资协会(NVCA, www.nvca.org)成立于1973年,作为美国风险投资业的自律组织,协调着风险投资各方的利益。NVCA 鼓励创新,鼓励长期投资,为它的会员和企业家提供融资便利,帮助风险投资企业制定合理的政策。NVCA 提供美国风险投资业详尽的数据,并通过它的 400 多名会员联盟为客户提供专业化的服务。NVCA 除了筹办每年一次的研讨会,编撰出版风险投资年度报告之外,另外一个重要任务是代表会员游说政府。游说政府的主要焦点是要求政府建立有利于高风险企业的管理条例、改革税制和法律构架、推行有利的外贸政策等。NVCA 通常与其他游说团体一起行动。

英国私募股权及风险投资协会(BVCA, www.bvca.co.uk)成立于1983年,是为英国私募股权和风险投资制定公共政策的行业自律组织。BVCA 致力于帮助其会员理解、明晰风险投资,促进政府、投资者与企业家的交流与结合。截至 2012 年 5 月,BVCA 拥有 230 家 PE/VC 公司会员,它们管理着 2 000 亿欧元的资金,还有 300 家专业的咨询公司,提供

---

[1] 参见 Venture One 官方网站:http://ventureonesummit.dowjones.com/Default.aspx?pageid=330。
[2] 参见清科集团公司网址:http://www.zero2ipogroup.com/,投中集团公司网址:http://www.chinaventure.com.cn/。

法律、会计、管理、税收、技术等各方面服务。

欧洲私募股权及风险投资协会(EVCA,www.evca.eu)成立于1983年,总部在比利时布鲁塞尔。自成立以来已经成为欧洲私募股权和风险投资领域主要的信息来源,EVCA搜集了1984年之后风险投资的综合信息。另外,EVCA持续提供由独立第三方给出的行业研究,不断加强不同地区、不同市场信息的提供及更新。EVCA的研究包括定性和定量研究,主要包括全欧洲风险投资调查、投资基准及业绩研究、公司风险活动调查等报告。

这些自律组织的宗旨都是代表、推动和保护各自地区(美国、英国、欧洲大陆国家)的风险投资与私募股权行业的利益。

二、风险投资机构的核心地位

风险投资机构是连接风险投资者和风险企业的桥梁,在风险投资体系中居于核心地位。风险投资机构的核心作用在于解决以下问题:

(1) 风险投资机构(作为公司型的风险投资基金或者作为风险投资基金的管理者)为风险企业提供直接的资金支持,并通过风险企业的迅速成长使投资者获取收益。风险投资公司一般会作为风险投资的发起者以及投资工作的枢纽,负责风险投资基金的运营,并参与所投资企业的管理和决策。

(2) 风险投资机构一般有能力分析和做出对风险企业的投资决策,并在投资之后监测风险企业并参与管理。

(3) 风险投资机构对投资者负责,使不同类型投资者的利益得到保护,也通过参与风险投资管理获取高额回报。

第二节 风险投资机构的主要类型

根据风险资本来源、募集方式以及后续管理运营方式的不同,风险投资机构有不同的类型。以风险投资发展较为成熟的美国为例,风险投资机构主要分为以下5种类型:小企业投资公司、风险投资合伙企业、大型工业集团附属的风险投资部门、金融机构的附属公司及天使投资人[①]。

一、小企业投资公司

小企业投资公司(Small Business Investment Company,SBIC)是指历史上的美国小企业投资公司,它们是根据美国1958年颁布的《小企业投资公司法》创建的由私人拥有和管理的公司。美国小企业管理局(Small Business Administration,SBA)负责SBIC的许可、资助以及监管,小企业管理局还可以提供融资担保。为了促进SBIC的发展,政府向SBIC提供低息贷款和税收优惠政策的支持。SBIC一般可以获得相当于自筹资金3倍的政府配套

---

① 为了便于描述,这里讲的风险投资合伙企业即本书第一章中的机构化风险投资;小企业投资公司、大型工业集团附属的风险投资部门、金融机构的附属公司属于公司风险投资;天使投资人即非正式风险投资。

资金,最高可以达到 4 倍。同时 SBIC 的投资项目也会受到政府的一定约束。SBIC 向小企业进行股权或债权投资,帮助其经营发展,一旦企业能够成功,SBIC 便向小企业管理局偿还本金并支付利息,融资周期通常为 7~10 年。

在政府的积极促进下,小企业投资公司迅速发展,在 1958—1963 年中,美国建立了近 700 家小企业投资公司,资金总规模达到了 4.64 亿元。但是小企业投资公司由于高负债经营也出现了许多问题,为了支付小企业管理局的本息,SBIC 就倾向于对现金流更稳定的企业进行债权投资而非对新兴小企业进行股权投资,这种方式制约了新兴小公司的发展。此外,小企业投资公司缺乏激励机制,没有类似风险投资基金的利润分成安排(即附带权益条款),很难吸引到优秀的投资管理者。随着 20 世纪 70 年代美国有限合伙制风险投资基金的崛起,小企业投资公司逐渐被取代。

二、风险投资合伙企业

风险投资合伙企业主要指有限合伙制的风险投资企业,属于合伙制企业的一种特殊形式,是合伙制发展到一定阶段的产物,在美国的风险投资机构中目前已经成为主流。在这种有限合伙制的风险投资机构中,存在两类合伙人:一类是有限合伙人(Limited Partner, LP),通常负责提供风险投资所需要的主要资金,一般占总投资金额的 99%,但不负责具体经营;另一类合伙人为普通合伙人(General Partner, GP),一般是一群有经验的风险投资家,只投入占基金总规模的少数资金,一般只占 1%,但全权负责基金的经营管理。普通合伙人的收益来源主要由两部分组成:一部分是每年提取总投资额的 1%~3% 作为管理费,另一部分从有限合伙人的净收益中提取 10%~30% 作为报酬,一般为 20%,但要在有限合伙人的投入资本已经全部收回后才能提取。

合伙人的集资一般有两种形式:一种是基金制,即大家将资金集中到一起,形成一个有限合伙制的基金;另一种是承诺制,即有限合伙人承诺提供一定数量的资金,但起初并不注入全部资金,只提供必要的机构运营经费,待有了合适的项目,再按普通合伙人的要求提供资金,并直接将资金汇到指定银行。这种方法对有限合伙人和普通合伙人都十分有益:对有限合伙人来讲,可以降低风险;对普通合伙人来讲,省去了在未找到项目的前提下产生基金保值增值的压力。所以,承诺制已被越来越多的有限合伙风险投资基金所采用。

三、大型工业集团附属的风险投资部门(CVC)

CVC(Corporate Venture Capital)是指大公司对外部新创企业进行创业投资的机构。CVC 往往是一些非金融性实业公司下属的独立风险投资机构,它们代表母公司的利益进行投资。CVC 也同样要对被投资企业递交的投资建议书进行评估,深入企业做尽职调查并期待得到较高的回报。这种风险投资机构一般以提供融资为主要功能,且多投资于相对成熟的企业。西方大型企业和跨国公司是风险投资的积极参与者,以美国为例,大公司参与的风险投资(CVC)占全部风险投资总额的比例由 1996 年的 6.4% 上升至 2010 年的 8.4%,而欧洲的 CVC 占风险投资总额的比例也由 2000 年的 8.4% 缓慢上升至 2002 年的 10.23%。详见表 3-1。

表 3-1 美国 1995—2011 年三季度 CVC 参与风险投资交易数量及金额

年份	VC 交易总数	CVC 参与交易数	CVC 参与交易数量占比/%	VC 总投资额/百万美元	CVC 参与交易投资额/百万美元	CVC 参与交易金额占比/%
1995	1 887	145	7.7	7 314.7	440.7	6.0
1996	2 636	224	8.5	10 568.0	678.2	6.4
1997	3 226	342	10.6	14 147.3	938.4	6.6
1998	3 726	500	13.4	19 728.4	1 690.9	8.6
1999	5 593	1 210	21.6	51 204.9	7 312.5	14.3
2000	8 037	1 984	24.7	99 230.1	15 042.1	15.2
2001	4 581	968	21.1	38 038.8	4 597.5	12.1
2002	3 181	550	17.3	20 908.5	1 893.7	9.1
2003	2 999	448	14.9	18 674.7	1 286.9	6.9
2004	3 166	522	16.5	22 243.3	1 525.1	6.9
2005	3 248	529	16.3	22 892.7	1 535.4	6.7
2006	3 815	630	16.5	26 546.0	2 011.6	7.6
2007	4 105	744	18.1	30 698.6	2 499.1	8.1
2008	4 102	773	18.8	28 846.8	2 221.8	7.7
2009	3 060	392	12.8	19 687.3	1 427.5	7.3
2010	3 501	476	13.6	23 366.9	1 971.5	8.4
2011Q3	2 769	419	15.1	21 476.9	1 852.2	8.6

注释:2011Q3 表示 2011 年前三季度的数据。

数据来源:NVCA 网站:http://www.nvca.org/index.php?option=com_content&view=article&id=122:corporate-venture-group&catid=46:corporate-venture-group&Itemid=290.

大型企业集团进行风险投资是一家公司不断探索新业务领域的过程,一方面为企业打开了解前沿科技的窗口,并据此对企业发展战略做出相应的调整;另一方面可以更有效利用公司资源,提高公司创新能力。CVC 必须明确战略目标和战略规划,具体包括以下 3 个方面:第一,明确开展风险投资的目标;第二,公司应该根据自身的特点和需要选择合适的风险投资模式,并设立相关投资主体机构;第三,公司投资活动应该结合自身的主营业务和未来发展规划,投资能够为自身提供未来发展机遇、能够与自身业务形成互补互利关系的项目。

与传统的独立创业投资(Independent Venture Capital,IVC)相比,CVC 有着自己独特的优势与合理性。具体表现在以下两个方面:第一,CVC 可以更加充分利用公司现有资源,使公司在瞬息万变的环境中获取更多的业务机会和新的利润增长点;第二,CVC 可以为企业注入企业家精神和创新意识,更好平衡传统产业的发展和创新业务的突破的关系。

当然,同独立创业投资 IVC 相比,CVC 也有其局限性,具体表现在以下几个方面:第一,IVC 与业绩挂钩的激励机制可以促使风险资本家更好地工作,而 CVC 更易受到企业集团传统官僚式运作体制(若有的话)的影响;第二,IVC 以获得尽可能高的投资收益率为经营目标,而 CVC 在选择投资项目时会考虑多重因素,比如集团战略、新业务转型等,势必影响投资收益率;第三,IVC 一般进行的是阶段性投资,当发现投资项目不好或者达不到预期收益时可以迅速退出投资,承认失败。而 CVC 一般根据企业集团年度预算一次性投入资金,当被投资企业面临危机时往往不愿轻易放弃。

案例 3-1　CVC 的成功典型——英特尔投资公司

英特尔投资公司(Intel Capital)是英特尔公司旗下的风险资本投资公司,主要对全球的创新技术公司进行股权投资。英特尔战略投资计划是英特尔推动计算与通信工作发展的重要组成部分,主要围绕英特尔的战略发展方向,对具有创新科技的公司进行小额投资,从而推动互联网经济的发展。

英特尔投资公司广泛投资于软硬件开发,以及面向企业、家庭、移动计算、健康医疗、半导体制造等方面的服务领域。自 1991 年以来,英特尔投资公司已经在全球 30 多个国家的 1 000 多家公司投资了 40 多亿美元。在这期间,约有 160 家其投资的公司被其他公司收购,另外 150 家公司在全球多个证券交易所公开上市。2006 年,英特尔投资公司共在 163 项投资中投入 10.7 亿美元,其中大约 60% 的资金投入美国以外的地区。

英特尔投资公司认为,它与众不同之处(相比其他风险投资基金等)在于它拥有许多其他投资机构难以企及的增值服务优势。这些优势不仅巩固了英特尔与创业者的关系,还为他们打开了通向新市场、客户、联盟、投资机构以及技术的大门。英特尔投资公司主要优势包括以下几点:

1. 专业技术知识及渠道

英特尔投资公司是全球科技发展的引领者。旗下的投资组合公司(portfolio firm)可以利用英特尔丰富的资源,包括人才、信息、技术、产品。它可以从英特尔的实验室和生产资源中获益。

2. 覆盖全球的网络

英特尔公司投资公司在全球 25 个国家和地区设立了办事处,网络遍布全球主要城市。英特尔投资公司对这些地区的技术和市场非常了解,并与当地客户和供应商有广泛的联系,英特尔投资公司可以帮助投资组合公司与全球客户和合作伙伴建立业务联系。

3. 庞大的客户群体

随着新兴市场的崛起,基础设施的完善,挺进海外市场的重要性日益凸显。英特尔投资公司利用客户资源,通过引进一系列市场推广项目,帮助投资组合公司开发海外市场,扩张业务网络。

4. 世界领先品牌

英特尔是全球顶尖品牌之一。它代表着质量、诚信和创新,被全球客户和投资人所认可,因此能为投资组合公司开启通往世界的大门。

英特尔投资公司于 1998 年开始在中国进行投资活动,至今已向中国内地和香港地区 9 个城市的 80 多家中国公司投入资金。其中有的已经上市或被收购,包括:香港电讯盈科、亚信集团、双威通讯、搜狐、德信无线、UT 斯达康、珠海炬力、金山软件等。英特尔投资公司在中国有一支专业的投资团队,在香港、上海和北京分设办事处。英特尔投资公司的目标是:"着眼于长远的战略目标,用我们得天独厚的资源和经验推动中国高科技产业的发展,扶植本土科技创新,培养本地创业群体。"在中国的重点投资领域包括:数字家庭、数字企业、移动通信、互联网基础设施、互联网应用、宽带传输、半导体设计、软硬件开发和解决方案等。

资料来源:参见英特尔投资公司网页:http://www.intel.com/cd/corporate/home/apac/zho/347426.htm。

四、金融机构的附属公司

同大型工业企业集团一样,某些金融机构也直接或者通过附属的风险投资机构间接进入风险投资领域,这些金融机构主要包括养老基金、保险公司、商业银行、投资银行、信托投资公司、财务公司等。金融机构一般通过设立一些特许的由其控股的独立机构来从事风险投资业务,从而配合自身业务的发展。

由于发达国家的相关法律制度及投资体系比较成熟,美国、日本、德国等发达国家金融机构较多地涉入风险投资领域。如美国的养老基金已经成为风险投资资金的主要来源。

保险公司的投资方式一般有两种:其一是通过购买风险投资基金中的有限合伙份额,或者在垃圾债券市场上,通过购买垃圾债券或者"夹层融资"(Mezzanine Financing)方式为一些早期的杠杆收购业务提供资金;其二是几家保险公司通过成立自己的风险资本合伙公司,将自身资金与外部投资者筹集而来的资金结合起来一起投入,通常保险公司更倾向于自己设立风险投资合伙企业进行风险投资。

国外由于相关法律的限制,商业银行涉足风险投资主要是通过金融控股公司(Finance Holding Company)的方式,也称为集团制银行,是指某一大型财团或集团成立股权公司,再由该公司控制和收购两家以上银行股份所组成的公司。金融控股公司一般通过附属机构向风险资本投资,直接投资则通过特许的小型商业投资公司进行,对有限合伙人的投资则通过独立的分支机构进行。

近年来,投资银行在风险投资领域的发展突飞猛进,投资银行参与风险资本的方式通常是以普通合伙人的身份出资建立合伙制风险投资机构,很少直接投资于风险企业。投资银行支持的风险投资机构主要对风险企业的后期进行投资,有时甚至是风险较小或者无风险性的投资。投资银行投资风险企业的主要目的包括以下两个方面:第一,通过对风险企业的投资获得上市承销业务以及获取股票一、二级市场的差价;第二,在风险企业进行收购兼并或转售时提供财务顾问和包销服务。作为投资银行在我国的代表,证券公司积极涉足风险投资领域,创造出了"承销+直投"和"直投+承销"的业务模式,在创业板和中小板的上市公司发起人股东中经常可以看到证券公司或证券公司下属风险投资机构的名单。

案例3-2 平安财智——我国附属于券商的风险投资机构

平安财智投资管理有限公司是平安证券的全资子公司,也是其唯一的券商直投部门。它成立于2008年9月26日,注册资本6亿元,是证监会批准设立的11家券商直投子公司之一。平安财智成立不久,就有锐奇股份、瑞凌股份、贝因美等"保荐+直投"项目获得公开发行。

锐奇股份被称为是券商直投效率最高的项目之一。2009年9月,平安财智以不到1 400万元的成本入股锐奇股份315万股,平均每股4元。2010年6月,锐奇股份IPO通过证监会审核,2010年10月13日上市,发行价34元,平安财智的入股按发行价格计算升值7.5倍。

另一个成功上市的直投项目是瑞凌股份。2009年12月,平安财智出资1 548万元,持有瑞凌股份288.1万股,折合每股5.37元。瑞凌股份在2010年9月29日通过审核,2010

年 12 月 29 日上市,发行价 38.5 元,平安财智的入股按发行价格计算升值 6.17 倍。

2009 年 9 月 30 日,平安财智以 6 400 万元的成本入股贝因美。2009 年 12 月 12 日,每 10 股转增 13.50 股,平安财智所持股份变成 1 880 万股,折合每股 3.4 元。2011 年 2 月 28 日,贝因美 IPO 通过证监会审核,同年 4 月 12 日,贝因美上市,发行价 42 元,平安财智的入股价值增值为 7.896 亿元,升值 11.24 倍。值得一提的是,贝因美不止吸引了平安一家证券公司。贝因美的另一个券商股东是代表中金公司的一家境外全资子公司 Perpetual Treasure Limited,是中金公司在英属维尔京群岛(BVI)设立的,目前除了贝因美外并没有投资任何国内的项目。据招股书显示,Perpetual Treasure Limited 投入 8 000 万人民币持有贝因美 2 350 万股股份,平均每股持有价格 3.4 元,和平安财智公司一样成功获得了价值增值。

专栏 3-2　关于券商直投业务的争议

从理论上看,投资银行的业务范围及其经济后果是公司金融研究领域的重要话题,尤其是投资银行(券商)从事股权投资业务,究竟是发挥了信息溢出效应(the effect of information spillover)还是损害了投资银行的独立性(the loss of independence),这个问题是有争议的。国外的研究表明,股权投资业务的开展有助于 IPO 市场融资效率的改善,因为券商股权投资有助于筛选出高质量的公司并促使其公司治理的改善,随之带来了 IPO 过程中交易成本的降低(Li and Masulis,2004;Kutsuna et al. 2007;Hellmann et al. 2007)。但是中国资本市场的制度环境依然存在缺陷——承销商约束不够、投资者保护不足,这种存在缺陷的制度环境可能限制了券商股权投资积极效应的发挥。2007 年 9 月,在借鉴国外成功经验的基础上,中国证监会放松了对我国证券公司进行股权投资的限制,券商股权投资开始逐渐展开。但与此同时,券商直投业务数倍甚至数十倍的高收益引起了社会公众对其损害独立性的关注,尤其在"高发行价、高发行市盈率和高超募融资"成为众矢之的的背景下,券商直投业务的弊端更是被无限放大。为此,有专家学者认为应当禁止券商从事股权投资业务[①]。不过,证监会却认为券商从事股权投资利大于弊,未来要做的是加强券商直投业务的监管。由此,证监会相继出台了《证券公司信息隔离墙制度指引》和《证券公司直接投资业务监管指引》等制度加以规范。

五、天使投资人

天使投资(Angel Investment),是权益资本投资的一种形式,是指富有的个人或家庭——一般称为商业天使投资人(Business Angel)出资协助具有专门技术或独特概念的原创项目或小型但具有巨大发展潜力的初创企业,天使投资进行的是前期投资。"天使投资"一词源于纽约百老汇,特指富人出资资助一些具有社会意义演出的公益行为。对于那些充

---

① 蒋飞. "保荐+直投"伤了谁. 第一财经日报,2011-06-20;闫蓓,李欣. 券商直投新规伤了谁. 证券市场周刊,2011-08-29.

满理想的演员来说,这些赞助者就像天使一样从天而降,使他们的美好理想变为现实。后来,天使投资被引申为一种对高风险、高收益的新兴企业的早期投资。

天使投资是风险投资的一种形式。与风险投资不一样的是,风险投资是管理和投资其他人的钱,而天使投资则是管理和投资自己的钱。另外,天使投资的投资期比较早,投资的规模偏小,投资成本相对较低,投资速度较快,天使投资人一般会将资金投资于自己熟悉或对自己的业务有所帮助的领域。历史上著名的谷歌、苹果、亚马逊在企业成长早期都曾得到过天使投资人的资助。

现代意义上的天使投资起源于19世纪的美国,直到20世纪70年代,美国风险资本都主要由富有的家庭和个人提供,很好地推动了美国硅谷的发展。美国硅谷作为创业者的摇篮,已经形成了从天使投资到中、后期风险投资完整的、流水线式的体系。在过去的20多年中,随着美国经济的增长和爆炸式涌现的科技创业企业,天使投资市场规模迅猛扩展。根据美国小企业局比较保守地估计,美国天使投资者约有25万人,每个天使投资者平均投资额为80万美元,天使投资资金总规模约为风险投资的2~5倍,投资项目总数约为风险投资的20~50倍。而据美国天使投资协会的统计,从1996年开始,由天使投资者投资的创业企业数量以每年35%的速率增长。在2000年,天使投资者共向5万家创业企业投资688亿美元,远远超过风险投资机构的投资总量。而在欧洲,天使投资者有12万人,潜在投资者更高达100万人以上。英国的天使投资基金达到30亿欧元,荷兰、芬兰和爱尔兰的相应数字达到15亿欧元、3亿欧元和2亿欧元。建立在人口估算基础的预测显示,欧洲天使资金规模在100亿~200亿欧元之间。①

案例3-3 天使投资的成功案例——Google

Google的两位创始人Larry Page和Sergey Brin都毕业于美国斯坦福大学计算机专业,但他们的合作却是个巧合。这两个年轻人都具有鲜明的个性,几乎在所有问题上都持有不同的观点,因而经常进行激烈的辩论。在争论中,他们发现了共同的兴趣——如何从一堆数据中找出相关信息。这正是信息检索搜索引擎的基本问题。1996年年初,两人开始合作开发叫做"Back Rub"的搜索引擎,这种全新的技术能分析出给定网站的相关背景的链接。用过这种技术的人们对它赞不绝口。通过口口相传,这种技术就迅速流行起来。但是"Back Rub"向Google转变的路充满艰辛,如同其他年轻的创业者一样,资金短缺成了阻碍他们事业发展的巨大瓶颈。Google的第一个"数据中心"就建立在Larry狭小的宿舍里,为了使技术更加完美,他们贷款购买了兆字节硬盘,却还不上信用卡的欠款。

穷途末路的Larry和Sergey只好求助于天使投资。一次偶然的机会,他们邂逅了Sun微处理系统的创始人Andy Bechtolsheim,这是一位经验丰富的投资人,Google的创业计划书一下子就吸引了他,他并没有深入地询问细节,就爽快地交给他们一张10万美元的支票。

在这笔资金的帮助下,Larry和Sergey在车库里建起了小型的办公室,建立了Google最初的数据库,每天回答着数以万计的搜索要求。Google迅速登上了《今日美国》、《世界》等知名杂志,位列1998年PC电脑杂志网页搜索引擎排行榜的最佳100公司。1999年6

---

① 数据来源:韦海.天使投资:中小企业的钱袋子.中外管理,2005(9).

月,Google 得到了红杉资本和 KPCB 这两个著名风险投资机构总计 2 500 万美元的注资。随之而来的还包括风投机构介绍进入的一些著名管理人员和运营专家。从技术到营销等诸多方面,Google 都得到了前所未有的提升,迅速达到了每天 1 亿个词条的访问量。2004 年 8 月 19 日,Google 在 NASDAQ 上市,首日股价大幅上涨,收盘价 85 美元,年底攀升至 195 美元,天使投资和风险投资机构都获得了丰硕的回报。但是我们不应忘记,如果当初没有 Andy 10 万美元的天使投资,我们可能就享受不到 Google 为我们带来的便捷服务了。

第三节 风险投资机构的组织形式

由于风险投资机构在风险投资体系中的核心地位,怎样将风险资本家和风险企业更好地结合起来就显得尤为重要,这就涉及风险投资机构的组织形式。合理的组织形式可以有效激励风险资本家最大化其努力程度,使其得到合理的回报并承担相应的风险。历史上,风险投资机构的组织形式主要有公司制、信托基金制和有限合伙制三种形式。目前美国主要以有限合伙制为主,大约占所有风险投资机构的 70%,而信托基金制和公司制大约分别占 19% 和 1%。据 2010 年《中国风险投资年鉴》统计,中国内地 2009 年新募集的风险投资基金,半数以上(占 67.5%)的机构仍采用公司制的形式,有限合伙制占 25.2%,信托基金制和其他模式仅占 7.3%。[①]

一、公司制

公司制风险投资机构是指依照《公司法》组建的股份有限公司或有限责任公司,投资者出资或认购股份成为公司股东,公司设立董事会对基金资产的保值增值负责。风险投资公司可以采取公募或者私募方式筹集资本进行组建,也可以由大公司或金融机构出资建立子公司。

风险投资公司最早采用的是公司制的形式,美国最早的风险投资公司——美国研究与发展公司(ARD)就是采取股份公司制的形式,而美国历史上名噪一时的小企业投资公司则是采用有限责任公司形式的公司制风险投资机构。但随着风险资本行业的发展,公司制暴露出许多弊端,主要有如下几点。

(1) 公司制风险投资机构存在剩余控制权与剩余索取权的两权分离,导致缺乏有效的激励和约束机制,不能吸引优秀的风险投资经理,并且道德风险较高。现代企业理论认为,组织的剩余索取权与控制权应尽可能匹配(Jensen 和 Meckling,1976),而公司制结构下,风险投资经理的报酬主要是固定收益,而非与投资项目的净收益挂钩,即使是高工资也很难与合伙制企业下普通合伙人的收入相比,从而不能吸引到优秀的投资经理。作为公司管理者的风险投资经理所进行的投资决策就在很大程度上取决于自身的职业道德和自律。因此,投资经理缺乏足够的激励和约束去认真考察风险投资项目,而更可能谋取自身利益,从而产生道德风险。

---

① 中国风险投资研究院. 中国风险投资年鉴. 北京:民主与建设出版社,2010:256.

(2) 公司制风险投资机构公开募资比较困难。由于风险投资的方向是高风险的新兴行业,面临着巨大的技术风险、经营风险、市场风险等。投资不确定性带来的高风险很难吸引个人投资者。因此,公司制风险投资机构以股东出资方式的集资比较有限。

(3) 公司制风险投资机构按照《公司法》设立,受到公司资本制度的约束,资本一般一次到位,资金利用率不高。同时,公司制投资机构若公开上市,其注册、监管、信息披露制度都比较严格,操作手续烦琐,经营成本高,这也与风险投资行业高风险高收益,并且要求信息保密的特点不相符。

(4) 公司制风险投资机构难以保证长期战略投资计划的实施。风险投资企业一般都处于高新技术行业的初创期、种子期,此时的企业具有现金流缺乏或极不稳定的特点,而公司制下股东往往会提出各种要求,包括有权要求公司尽快创造利润,这样风投机构的经理层每年面临的短期回报压力使其无法坚守风险企业长期战略投资计划的实施,结果容易与风险投资的初衷相背离。

(5) 公司制风险投资机构无法形成有效的声誉机制。由于公司制风险投资机构永久存续,投资者与风险投资经理不能形成重复博弈,一旦投资者投入资金,只能收取股利收益,公司制风险投资机构的股权也没有很好的流动性市场。由于缺乏声誉机制,风险投资行业特有的高度不对称信息使得投资者无法挑选优秀的投资公司和筛选出好的投资经理。

(6) 公司制存在双重征税的问题。公司制风险投资机构是具有独立主体资格的法人组织,是所得税的纳税主体,而风险投资公司将收益分配给其股东时又要缴纳个人所得税(自然人股东)或企业所得税(法人股东),双重纳税使公司制形式的风险投资的税收成本很高。

案例 3-4　我国公司制风险投资的代表——深圳创新投资集团公司

深圳市创新投资集团有限公司(以下简称深创投)成立于 2002 年 10 月,其前身是 1999 年 8 月 26 日成立的深圳市创新科技投资有限公司。深创投是由深圳市国有资产监督管理局发起并联合深圳几家大型企业集团公司成立的,是我国第一家政府主导的风险投资机构。深创投成立时便采用了公司制的形式,注册资本 7 亿元。截至 2011 年 12 月,深创投注册资本已增至 25 亿元,并发展成为管理规模超过 100 亿元中国资本规模最大、投资能力最强的本土创业投资机构。

深创投自成立以来的十几年间,接洽项目逾万个,已投资项目 390 个,领域涉及 IT、通讯信、新材料、生物医药、能源环保、化工、消费品、连锁、高端服务等,累计投资金额近 98 亿元人民币,平均年投资回报率(IRR)为 36%。

自 2004 年开始,深创投就陆续有项目实现退出,开始主要以股权转让的方式实现退出。2006 年之后,深创投投资项目主要以在各大交易所 IPO 上市实现退出,如 2004 年 3 月潍柴动力(香港联交所代码 HK2338)在香港主板挂牌交易并于 3 年后回归国内 A 股市场(深市代码 000338);2006 年慧视通讯(股票简称 ARR)在澳大利亚上市,同年 6 月东方纪元(股票简称 OrientCent)在新加坡上市;2007 年 5 月 3 日橡果国际(股票简称 ATV)在美国 NASDAQ 上市,同年 7 月丰泉环保(股票简称 ZEF)在德国法兰克福高级主板挂牌上市,8 月三诺数码(股票代码 A900010)在韩国 KOSDAQ 挂牌上市;2008 年 2 月特尔佳(深市代码 002213)在深圳证券交易所中小企业板挂牌上市,同年 8 月中国光伏(EURONEXT 代码 ALCNP)在纽约—泛欧交易所巴黎交易所的创业板上市;2009 年 11 月天鹏盛(股票代码3651)在中国台湾地区证券柜台买卖中心兴柜挂牌上市;2010年10月明阳风电(纽约证交所简称MY)在美国纽约交易所挂牌上市;2011年9月明泰铝业(沪市代码601677)在上海证券交易所正式挂牌上市,深创投类似的成功案例还有很多很多。

二、信托基金制

信托基金制风险投资机构是指主要依据《信托法》等相关法规设立的风险投资基金,以信托契约方式对投资者(持有人)、投资基金管理公司(管理人)和受托金融机构(托管人)三者之间的关系加以书面化、法律化。这类似于我国契约型证券投资基金的组织形式。信托基金制风险投资机构参与人的关系如图3-2所示。

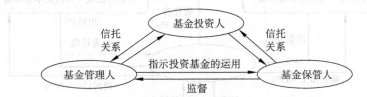

图3-2 信托基金制风险投资机构参与人的关系

契约型信托风险投资基金是按照信托合同组建的风险投资基金,投资者与基金管理公司之间是一种合同关系,而非股权关系。信托基金通过发行受益凭证筹集资金,基金本身不具有法人资格。由于其高风险性,信托投资基金绝大多数为私募,一般不像证券投资基金进行公募。

信托基金型风险投资机构强调的是一种分权制衡的"三角关系"。基金管理人在基金成立后对基金财产的运用发出指示,而不直接持有基金财产,也无受益权,基金提取管理费作为日常运营所需经费和自身报酬;基金托管人保管基金财产,却无处分权和受益权,基金托管人一般由商业银行等金融机构担任,对基金管理人的资金运用进行监督;基金投资人享有受益权,不管理、处分基金财产。

信托型基金的三方分权制衡机制,能对基金管理人——风险投资管理机构和基金经理构成一定的约束,并可以通过信托合同保障投资者的利益,降低代理成本。在激励机制方面,可以通过约定投资者与基金管理人之间收益报酬的特定分配机制[①],达到吸引优秀的风险投资经理的目的。

三、有限合伙制

有限合伙制是美国目前最主要的风险投资机构组织形式,它依照《合伙企业法》由普通合伙人和有限合伙人依契约组成,典型的有限合伙企业存续期为10年,一般最多可以延长3~4年,但契约延期需要经过有限合伙人的同意。

有限合伙人一般提供风险基金中的99%,以实际出资额或者承诺出资额为上限承担

---

① 这类似目前国内私募的证券投资基金,有时也被简称为"私募基金",这些基金对管理人的报酬机制一般安排了业绩提成。在达到某个约定的收益率水平(可称为门槛收益率 hurdle rate)之上,基金管理人(基金经理)与投资者进行收益分成。

有限责任,不以个人身份承担经营中的风险和责任。在一个有限合伙协议中,有限合伙人多则49人,少则可以最少1人,一般在1~30人之间。在美国,有限合伙人最低出资额一般不低于100万美元,这个资金门槛限制排除了风险承受能力较差的普通居民投资者,因此风险投资的有限合伙人一般以投资机构和富裕的个人为主。

普通合伙人一般提供风险资金中的1%,全权负责有限合伙企业的运营,他们一般是具有专业投资经验和投资背景的风险投资家或风险投资经理。通常一个有限合伙企业有2~5名普通合伙人,普通合伙人承担无限责任。如果合伙企业破产,普通合伙人要以个人财产清偿负债,该机制可以最大程度地激励普通合伙人勤勉工作。有限合伙制运作模式如图3-3所示。

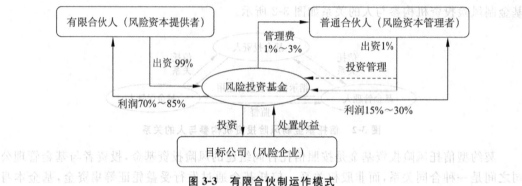

图3-3 有限合伙制运作模式

有限合伙制之所以成为西方风险投资机构的主流模式,与其在运作成本和激励机制上独特的制度安排是分不开的。

(1) 有限合伙制具有高效的激励机制。风险投资家作为合伙企业的普通合伙人,在合伙企业总投资中只占有1%的投资份额,却能分得净利润的20%。高杠杆比例的投资收益可以激发风险投资家寻找最好的投资机会。

(2) 有限合伙制可以有效降低道德风险与代理成本。有限合伙制中有两类合伙人,有限合伙人承担有限责任,普通合伙人承担无限责任。合伙企业的无限责任以及有限合伙人对其信任等因素激励着风险投资家不敢懈怠工作,而且有限合伙契约有确定到期的期限,风险投资家为了自己的声誉和后续的融资需求,不会为了个人利益损害基金利益。两类合伙人的利益目标一致,代理成本较小。

(3) 避免双重纳税,具有税负优势。由于有限合伙企业不是法人,不被视为纳税主体,合伙企业投资收益无须缴纳公司所得税,只需缴纳个人所得税,因而能避免重复纳税。另外,若有限合伙企业将所投资企业的证券分配给合伙人时,合伙人不必立刻缴纳所得税,而是等该证券最后出售时才会发生税收,从而起到递延纳税的作用。

案例3-5 领先的外资风险投资机构——IDGVC的组织形式变迁

一、IDGVC简介及辉煌投资业绩

IDG技术创业投资基金[①](简称IDG VC Partners,原太平洋技术创业投资公司)成立

---

① 详情可参见IDG官网 http://www.idgvc.com.cn。

于1992年,由全球领先的信息技术服务公司——国际数据集团(IDG)建立。在北京、上海、广州、波士顿、硅谷等地均设有办事处。IDG资本重点关注消费品、连锁服务、互联网及无线应用、新媒体、教育、医疗健康、新能源、先进制造等领域的拥有一流品牌的领先企业,覆盖初创期、成长期、成熟期、Pre-IPO各个阶段,投资规模从上百万美元到上千万美元不等。

作为最早进入中国市场的国际投资基金之一,IDG资本自1992年开始已投资包括携程、如家、百度、搜房、腾讯、金蝶、金融界、搜狐、物美、伊芙心悦、九安、凡客诚品、汉庭等200多家各行业的优秀企业,并已有50多家被投资企业在美国、中国香港、中国内地等证券市场公开发行上市,或通过被收购实现成功退出。

IDG技术创业投资基金一期是中国创业投资历史上第一支成功走完从融资、投资、投资管理、退出,直到清盘这样一个完整风险投资周期的创业投资基金。从1993年成立到2003年清盘,IDG技术创业投资基金一期实现的内部收益率达到了36%。从此,IDG成为中国创投界的一块品牌,具有很强的号召力。

二、IDGVC组织形式变迁

1993年6月,IDG和上海市科委合资的"太平洋创业投资(中国)基金(PTV)"正式成立(即IDG的一期创业投资基金),基金规模为2 000万美元,主要出资方为IDG。这也是IDG在中国成立的第一只投资基金,当时采用的是公司制。PTV成立后,由于IDG与合资伙伴(上海、北京、广东等地科委)目标上存在不一致,国内与风险投资运行机制相适应的法律也多有缺失,另外国内民营经济薄弱、法律保护欠缺甚至出现上当受骗等问题一直困扰着PTV的发展。1996年,PTV更名为IDGVC(IDG技术创业投资基金)。1999年IDGVC由公司制转变为合伙制。同年规模为1亿美元的IDG技术创业投资基金二期正式成立。2000年,IDGVC正式形成了合伙制的组织结构,并且按照有限合伙制的原则,对过去包括PTV投资的项目进行了追溯处理。由此,IDGVC真正变成了一家立足于中国市场的合伙制创投机构。

2005年11月,IDG-Accel中国成长基金完成募集任务,其总规模达3.1亿美元,该基金完全交由IDGVC现在的合伙人团队来管理,由周全、熊晓鸽、章苏阳、林栋梁、杨飞、过以宏、李建光7个普通合伙人来共同决策,同时Accel Partners合伙人金·布莱尔和IDG董事长麦戈文都是这一基金的顾问委员会成员。作为共同发起人的IDG和Accel Partners在IDG-Accel中国成长基金中各自投入都是2 500万美元,各占基金原先预定规模的10%。其余2.6亿美元的资本基本上来自世界著名的有限合伙人,其中80%以上是Accel Partners自身的长期合作伙伴,但每家投入均不超过1 500万美元。

从最初的公司制转型到有限合伙制,其根本原因就是在公司制模式下,风险投资家的身份是"雇员",而在合伙制模式下,他们的身份是合伙人,更有动机去寻找最优的投资项目。

四、不同组织形式的比较

以美国为代表的西方风险投资先后经历了公司制、信托基金制、有限合伙制等不同组织形式阶段,每种形式都有其特殊的时代性和优缺点。目前,西方风险投资界三种形式也都存在,只是有限合伙制占有较大的比例。通过不同模式的比较,我们可以发现每种模式的优劣,并为我国风险投资组织模式提供参考。

(1) 公司制风险投资机构全部股东的责任仅限于其所购买的股份或认缴的出资,信托基金制投资者也以其认购的基金份额为限;而有限合伙制风险投资机构普通合伙人以自有财产承担无限责任,有限合伙人承担有限责任。

(2) 公司制以及信托基金制风险投资机构的股权或基金份额可以转让,不能撤出,有利于维持公司资金规模的稳定;而有限合伙风险投资机构的有限合伙人在到期解散时或按合伙契约的规定条件可以撤资。①

(3) 公司制风险投资机构作为独立的实体要缴纳企业所得税,然后才能进行利润分配,因而存在双重纳税问题;而有限合伙制风险投资机构不用缴纳企业所得税,税负较轻。

(4) 公司制与信托基金制对股东或出资者的人数没有限制,有利于扩大筹资规模;而有限合伙制的合伙人数量较少,筹资规模受到一定限制。

(5) 公司制风险投资机构的投资经理一般由董事会聘任,可以投资入股,对公司债务不负连带责任,只对公司负善意管理义务;信托基金制风险投资机构的基金经理不出资,只负管理义务,其报酬一般都不与经营业绩挂钩;有限合伙制风险投资机构的管理人即为普通合伙人,投入1%的资金,分享20%的净利润并承担无限责任。相比之下,有限合伙制对风险投资当事人的权益与责任关系的设计和安排更为对称和合理,更有利于调动各方积极性,更能激励和增强基金经理人经营管理的责任心、主动性和创造性,有利于提高基金的投资效率和投资收益。

(6) 公司制风险投资内部机构设置庞大复杂,增加了经营管理成本;信托基金制通常按照信托合同支付给管理人和托管人固定比例的管理费用和托管费用,容易控制日常经营管理成本;有限合伙制风险投资机构一般根据合伙契约提取1%~3%的管理费,也有利于控制日常经营成本。

(7) 公司制缺乏有效的制衡机制,难以避免"内部人控制"现象,并且增加了监督成本和委托代理成本。信托基金制按照信托合同专门委托基金经理和托管人分别负责基金的经营管理和保管监督,增加了费用的开支,但同样存在缺乏有效的制衡和激励机制的问题,托管人对管理人的监督易流于表面。有限合伙制通过实施一系列行之有效激励约束机制,增强了风险投资经理的能动作用,降低了委托代理成本和监督成本。

综上所述,可以发现,公司制有许多自身难以克服的制度缺陷,信托基金制更像介于有限合伙制和公司制之间的一种中间性制度,而有限合伙制以巧妙的制度设计和合理的安排具有很多明显的比较优势,更能增强风险投资机构运作的有效性,因此成为风险投资组织模式的最佳选择和当前国际上风险投资机构的主流模式。

---

① 在有限合伙制的风险投资基金/私募股权基金中,有限合伙人的出资多采取"承诺制"。分阶段注入承诺资本通常与"无过错离婚"条款相结合,根据这一条款,即便基金管理人没有重大过错,只要投资者丧失信心,就有权停止承诺资本的注入,保留撤销后续投资的权利。

第四节 有限合伙协议的主要特征

对于有限合伙制风险投资机构来说,最重要的法律文件莫过于有限合伙协议(Limited Partnership Agreement,LPA),该协议详细规定了投资者(有限合伙人)和基金经理(普通合伙人)之间的法律关系。合伙人之间可以商讨任何符合自身的商业条款并将之写入有限合伙协议。比如,有限合伙人不参与有限合伙企业的管理,一旦参与,其责任变为无限责任等。有限合伙协议写明了不同合伙人的权利和义务,覆盖了运作模式、合伙期限、投资政策、利润分配、管理费用等各方面信息。以下列举出了有限合伙协议的主要内容,这些内容代表了有限合伙制的一般特点。

一、出资时间

有限合伙制的出资时间一般采用的是阶段出资式(stage financing),所谓阶段出资指的是合伙人并不是一次性将风险企业所需的资金全部注入合伙企业,而是根据情况分批、分阶段多个轮次投入。比如,当风险企业达到下一阶段的某些指标如财务指标、市场占有率指标等,有限合伙人即投入下一阶段发展所需的资金,否则有限合伙人可能根据"无过错离婚"(No-fault Divorce)条款不追加投资。所谓"无过错离婚"条款是指,只要有限合伙人觉得投资项目运作不佳,对基金管理人丧失信心,可以无条件地不追加下一步投资。

二、法律和纳税结构

有限合伙制组织形式具有很重要的税收和法律考虑。有限合伙企业不是纳税实体,不用缴纳公司所得税,合伙人取得的收益仅缴纳个人所得税。另外,有限合伙制企业可以通过分配被投资企业的证券向其合伙人分配收益,而该证券只有当被出售产生收益时才有纳税义务。通常,具有上述法律和纳税结构的组织形式须满足以下条件:第一,在签订合伙协议前必须确定经合伙各方同意的风险基金的终止日期;第二,有限合伙人所有权的转移要受到限制;第三,只要有限合伙人仅仅以出资为限承担有限责任,就不得参与风险基金的管理。

三、合伙人权利与限制

有限合伙制下,普通合伙人全权负责合伙企业的运营,但这并不代表有限合伙人没有一点权利参与公司运营,也不代表普通合伙人可以为所欲为。尽管有限合伙人参与管理的权利受到限制,但通常他们可以就风险投资基金的重大问题投票,比如契约终止前解散合伙企业、延长风险投资期限、评估资产组合的价值以及延长风险基金的期限等。有限合伙协议中一般也规定了对于普通合伙人投资和日常经营管理活动的限制,具体体现在以下几个方面:

(1) 限制投资品种和投资对象。例如,不得投资金融衍生产品,也不得投资其他风险投资基金或私募股权基金等。

(2) 如果基金已经向某家企业投资,普通合伙人就不能再以个人资金去投资该企业,或者投资金额、比例等受到限制。比如,在美国,每个普通合伙人以个人名义追加进入风险投资目标公司的金额不得超过5万美元,所有普通合伙人投资目标公司的股权比例不得超过5%。

(3) 限定普通合伙人投资金额。有限合伙协议一般规定,有限合伙基金对单一公司的投资金额不得超过事先约定的某一比例。

(4) 有限合伙企业必须在前一期基金完成项目投资之后才可以募集新的基金。

(5) 合伙企业中一般会成立专门的监管机构,监督普通合伙人的经营行为。有限合伙人可以组成咨询委员会或者特别委员会,就撤换某个普通合伙人或在合伙合同终止日前终止合伙关系行使投票权。

四、利润分配

在利润分配方面,约有一半以上的风险投资合伙协议要求把当年已实现的利润全部进行分配,也有一部分合伙企业把是否进行分配的决定权交给普通合伙人。绝大部分的有限合伙契约会要求只有当有限合伙人收回全部累计投资之后,普通合伙人才能进行利润分成。普通合伙人可以选择现金、有价证券或两者混合的形式进行分配。通常,风险投资机构不会也不能够在首次上市时将其拥有的股权变现。这些股份可以按有限合伙人的出资比例直接分配给他们,也可由风险投资机构继续持有并承诺以后进行分配。如果以股份形式向有限合伙人进行分配,股票的价值按股票市场上的公允价值计算。

五、存续期限

有限合伙协议会为合伙企业制定一个存续期限。一般情况下,当有足够的投资者承诺投入合伙企业所需的最低资金开始算起,该期限为10年。协议一般规定在某些情况下,有限合伙企业存续期可以延长,但这一般需要征得有限合伙人的同意。常见的延长期限是3年,最长再增加1年。在合伙协议到期前,需要进行账目结算。

六、合伙事务的管理制度和执行

有限合伙协议可以设立由出资最多的有限合伙人组成咨询委员会,对普通合伙人的投资活动进行必要的监控。有限合伙人咨询委员会根据事先收到的大部分成员的书面同意书,来决定采取行动以及采取何种行动。但是,有限合伙咨询委员会的建议仅仅是一种参考,对普通合伙人的行动并不构成强制性约束。有限合伙咨询委员会及其成员都无权以任何方式代理或代表本合伙企业。在有限合伙企业中,都正式或非正式地设有顾问委员会。

七、投资报告和会计政策

风险投资机构要向有限合伙人定期提供有关被投资企业进展的报告。由于风险投资的对象是具有高度不确定性的私人企业,价值评估比较困难。通常合伙人会在会计记账时倾向于采纳比较谨慎性的原则,即会立即确认投资损失,但只有当重大的公平交易中出现更高的出价时才可以计入价值增值。如果没有类似的交易发生,也不大可能发生损失,就以投资成本作为会计报告的基础。这种"多计入损失、少计入利润"政策的结果使得大多数风险投资基金在成立前三年的收益率都是负的。

事实上,一份有限合伙协议的内容并不仅限于此,一份有限合伙协议会详细规定有限合伙企业从出资建立、运作到利益分成各阶段应遵守的法律或应注意的问题。依合伙企业所在国家/地区的环境或成立目的不同,有限合伙协议具体条款也有所不同。对此,世界各主要的风险投资自律组织(如 NVCA\EVCA 等)均出台了适合自己国家或地区的有限合伙协议条款解释,下面专栏援引英国风险投资协会(BVCA)对有限合伙协议条款的具体解释。

专栏 3-3　英国风险投资协会(BVCA)对有限合伙协议相关条款的解释

一、参与方(parties)

该条款明确了有限合伙协议中每个参与方的身份,即是有限合伙人还是普通合伙人。各参与方一般会签署一份独立的固守协议(deed of adherence)来宣称自己遵守有限合伙协议的各条款。

二、事实陈述(recitals)

一般情况下,该条款陈述了有限合伙协议签署的原因及依据。

三、释义(definitions and interpretation)

为了便于参考,有限合伙协议确定了相应的专业术语并列于正文之前,惯例是在协议中列示专业术语的英文大写简写,以使它们有确定的解释。另外,可能还有关于如何理解有限合伙协议的相关准则。

四、名称和营业地点(name and place of business)

名称和营业地点是法律规定的声明。一个有限合伙企业必须有一个名称,该名称和主要的营业地点以及合伙企业其他的一些情况必须在企业监管局登记注册。

五、建立(establishment)

该部分因不同的合伙企业而不同,该条款声明了在企业监管局登记注册的有限合伙企业符合《有限合伙法》,被视为普通合伙人的投资者将不能以有限责任状态获取收益。

六、合伙企业目标(purpose of the partnership)

该条款反映了信息备忘录(information memorandum)中对基金的描述,规定普通合伙人必须遵守基金的投资政策。该条款涉及投资约束和限制,以及普通合伙人必须按照该合伙协议其他规定的相应目标来进行投资。

七、存续期限(duration of partnership)

有限合伙协议会规定合伙企业的期限。一般情况下,从投资者承诺投资开始至基金结束为期 10 年,通常可以续期。续期的情况一般发生在普通合伙人建议续期而非处置目标公司进而把收益分配,续期的做法将更有利于基金收益最大化。

有限合伙协议规定了注册的所有初始期限和延长期限。如果协议中未规定该条款,普通合伙人有权在任何时候终止有限合伙企业。

八、阶段融资(stage financing)

有限合伙企业的运行是建立在阶段性融资的基础上的。通常情况下,只有需要做进一步的投资时,才会募集新资金。为了满足第一阶段运营及投资的需要,可能需要签订第一阶段的融资承诺。随着接下来投资和运行的需要，可能需要投资者重新投入资本。有限合伙协议一般还会规定融资承诺在一个特定的期限后可以不再使用，这时需要有限合伙人在不同投资阶段进行资本投入，当然也是为了满足不同阶段其他投资者想加入有限合伙企业的要求。

九、融资承诺（loan commitment）

有限合伙协议规定任何超过投资者承诺投入总额的融资都不被鼓励。事实上，通常投资不会超过投资者事先承诺的投入额。但是由于承诺投入的期间投资者可能已经得到了收益，投资者会要求追加出资，这种行为并不被提倡。有限合伙协议会规定一个融资承诺的截止期限，该期限一般参考基金建立后的一个特定时间比如多少年。但该截止期限并不排除在该期限后由于某些特殊情况下的再融资行为。例如，为了筹集合伙企业继续运营下去的资金。

有限合伙协议规定，一旦投资收回，收益将用于满足合伙企业的费用需求，包括管理费的支付和分配各合伙人，当然协议有时也允许把已实现收益继续进行后续投资。

十、利润分配（distributions of partnership profits）

该条款规定了基金份额被偿还的顺序和不同合伙人之间分享利润的比率，即有限合伙人和普通合伙人各自分得利润的比例。

该条款还规定了合伙人分得收入、利得和损失的比例，同样也规定各自如何纳税，比如附带权益怎样纳税和资本利得税的缴纳情况。

一般情况下，现金分配按照以下顺序进行：

（1）支付普通合伙人的管理费；

（2）偿还有限合伙人初始资本投入按照无风险收益率计算的终值；

（3）将剩余收益按照附带收益条款中约定的比例在有限合伙人和普通合伙人之间进行分配。

十一、附带收益（carried interest）

附带收益是指和投资经理（普通合伙人）投资业绩相关的收益，最常用计算附带收益的方法是"全部法"（whole fund）和"逐个交易计算法"（deal by deal）。

在"全部法"下，有限合伙人对合伙企业的投资先于投资经理附带收益而得到偿还。分配条款中可能会有"追赶"（catch-up）条款，该条款用来保证那些赋予特殊权利的附带收益可以优先得到支付。

在"逐个交易计算法"下，投资经理的收益是按照每项目投资的收益计算而得出。在基金中有已实现投资收益的情况下，按照处置收益和该投资中使用有限合伙人认购份额的比例计算附带收益。如果计算存在困难，则优先保证每一项投资中有限合伙人认购份额的优先偿付。

十二、普通合伙人的任命和免职（appointment and removal of the general partner）

有限合伙协议中会正式任命普通合伙人，相关条款会规定普通合伙人的权利和义务，由于普通合伙人负责基金整个存续期的运营，仅当某些特殊情况下才会发生普通合伙人的免职，例如，重大过失、犯罪、欺诈或者不再具有能力担当普通合伙人。在普通合伙人免职之前，要经过半数以上投资者的同意，并一致列出被免职的时间和原因。普通合伙人可以在接到通知后请求仲裁人就该免职的有效性进行仲裁。普通合伙人不得擅自离开合伙企业或者辞职,除非继续履行普通合伙人的职责将违反某些法律或规章。

十三、普通合伙人的权利和义务(rights and duties of the general partner)

有限合伙协议规定了普通合伙人的权利和义务,授权普通合伙人可以采取一切有益于企业的行动,包括任命投资经理和代表合伙企业。该条款规定了普通合伙人进行投资可能遇到的限制和约束,比如不能投资某个地区的企业、限制单个项目的投资额等。普通合伙人一般需要企业所在司法管辖区授权其进行投资,或者任命授权的投资经理代表自己进行管理。

十四、有限合伙人的权利(rights of limited partner)

有限合伙协议机制可以规定任何有限合伙人管理企业的权利,以保证有限合伙协议下他们的有限责任。

十五、合伙人的退出(withdrawal of partners)

该条款用于处理以下情况:投资者在合伙企业的某一个或几个投资中被认定为非法或者对投资者税收或者合伙企业存在不利影响,投资者想退出合伙企业或者合伙企业想驱除某一投资者。该种情况下,投资者一般不能得到投资的偿付。因此,投资者一般会设法获得免除责任的权利。如果某一投资者退出合伙企业,有专门条款计算怎样评定他在合伙企业的利益价值。

十六、借款和过桥融资(borrowing and bridge financing)

普通合伙人可能代表合伙企业在融资承诺条款约束范围内,进行借款或者对冲投资。当投资经理在进行投资前没有足够的时间进行辛迪加融资或者杠杆融资,合伙企业可以进行过桥融资来完成交易。一般情况下,过桥融资并不会被优先偿付。

十七、设立新基金(establishing a new fund)

为了保持基金之间运作的持续性,投资经理会在目前资金尚未完全投资的情况下募集设立新基金。为了避免投资经理同时管理新老基金可能发生的利益冲突问题,协议一般会对投资经理设立新基金的行为进行限制,一般规定直到一定比例的现存资金已经进行投资,否则不允许募集新基金。条款也会包括对于重叠时期的安排,以及现存基金和新基金在同一项目上的资金使用比例的规定。

十八、共同投资权利(co-investment rights)

一些基金允许投资者和合伙企业中共同投资目标企业,该条款制定了共同投资的机制,例如,对于投资者投资目标企业的比例限制和金额限制。

十九、费用开支(fees and expenses)

1. 管理费(management fee)

投资经理会从合伙企业中收取年度管理费,某一期间的管理费会根据总基金份额的一定比例进行提取,管理费会提前一个季度或者半年或者一年支取,管理费用作为企业日常开支。

2. 设立成本(establishment costs)

有限合伙协议会涉及企业建立时的成本和费用,具体包括法律和会计咨询费以及支付给第三方的安置代理费。设立成本一般由合伙企业来承担,但一般会有一个上限,该上限一般是基金总规模的一个固定比例,当设立成本超过该比例时,将由普通合伙人承担该部分超过成本。

3. 交易成本(transaction costs)

有限合伙协议会涉及投资经理在和计划投资项目联系时所发生的成本，例如，法律财务咨询费。通常，在一个成功的项目中，该费用是由目标公司来承担，但并非所有项目都成功，投资经理一般会向目标公司寻求某种"分手费"来弥补为此所花费的成本。当该支出不被目标公司所接受时，该成本将由合伙企业或者由投资经理承担，或者由两者共同承担。

4. 普通合伙人的手续费收入(fee income of the general partner)

作为投资事项的一部分，投资经理通常可以从很多地方得到手续费收入，例如，融资费用、承诺费用和管理费用等。有限合伙协议会规定该费用由投资经理保留还是在经理与合伙企业之间分配。

二十、利益转让(transfer of interests)

关于有限合伙人和普通合伙人的利益转让有不同的规定。有的国家的《有限合伙法》允许普通合伙人在不征得有限合伙人的同意下转让自己的份额。某些情况下普通合伙人转让其权利和义务要受到限制，有的合伙协议会规定普通合伙人不得以任何形式不再担任投资经理(该条款也可能单独包含在"控制权变动"条款中)。有时普通合伙人转让利益，需要有一个有限合伙人持有投资经理的附带收益，而且需要征得其他合伙人的同意。一个有限合伙人想要转让其份额也需要得到投资经理的书面同意，该条款用来保证其他合伙人和合伙企业的利益不会受到负面影响。通常情况下，有限合伙协议会规定，有限合伙人需承担其转让利益所花费的一切成本，而且需承担其转让份额后新合伙人注册之前所需承担的责任。

二十一、合伙解散(termination of partnership)

1. 解散(dissolution)

该条款通常规定在一个有限合伙人破产时合伙企业并不解散，但当一个普通合伙人破产或者发生其他情况时，合伙企业必须解散。

2. 清算(liquidation)

该条款会规定一个清算受托人(通常是投资经理)被任命负责合伙企业的清算。有限合伙协议规定在清算程序启动后，除了清算相关事宜，任何投资事项一律停止。该条款规定，清算受托人有权以最优的价格变卖资产，并按清偿顺序列出变卖资产所得收益，清算成本也会被列入。如果由于清算使受托人成本上升，有限合伙协议也会为清算受托人提供补偿。

3. 终止(termination)

该条款会详细说明在发生哪些情况下合伙企业将终止。一般来讲，破产、倒闭、解散、普通合伙人的免职和驱逐等情况将会自动导致合伙企业终止。在有限合伙人得知普通合伙人违反有限合伙协议的某些条款、普通合伙人存在重大过失、有限合伙人和普通合伙人协议终止、法规的改变等使得目前合伙企业形式变得非法、合伙企业期限届满、投资经理认为企业资产基本无价值等，都会导致合伙企业终止。

该条款同样规定不会被终止的某些事项，比如合伙企业收益分配、新的有限合伙人的加入或者退出。该终止条款可能还会补充规定只要某些条件满足(大部分合伙人同意持续或者存在可替换的普通合伙人)，合伙企业可以持续下去。

二十二、后续投资(follow-on investments)

合伙企业可以同意对现存投资组合进行后续投资,这可能包括并购融资和提供更多的营运资本。后续投资一般要满足基金对于单个投资项目最高投资比例的限制,有限合伙协议一般还规定后续投资只有在初始投资一定期限内完成。

二十三、会计报告(accounting report)

投资经理一般会准备合伙企业的会计报告,但和公开文件不同。投资经理会为有限合伙人准备独立的记录以使他们可以追踪每笔投资。另外,投资日常报告会以某一规定频率发送给有限合伙人。BVCA 曾为私募股权和风险投资制定过报告和估值准则,该准则被许多基金采用。投资经理一般会为有限合伙人提供必要的信息以符合政府或税收部门的要求,也会就企业重大事项通知有限合伙人。

二十四、投资者会议(meetings of investors)

普通合伙人一般会召集投资者参加年度会议,也可以在任何必要的时候召开临时会议。另外,持有基金一定比例的投资者也可以提议召开临时会议。年度会议和临时会议的相关议案及召开方式类似于公司的股东大会。

二十五、同意、会议和投票(consents, meetings and votes)

因为有限合伙人不参与管理,对普通合伙人权利的限制就很有必要,一般普通合伙人在采取重大行动前要征得有限合伙人的同意。各个合伙企业通过议案的程序可能不同,一项议案若要在普通会议上通过,需要获得一定份额比例的合伙人同意。

二十六、声明与保证(representations and warranties)

声明与保证由普通合伙人和投资经理做出,也可由有限合伙人做出。由普通合伙人做出的声明和保证用来向投资者显示基金已经在合理的基础上建立,所有的重要事项都已向投资者声明。该条款一般包括:该基金目前没有触犯相关法律条文、合伙企业目前正被有效管理,普通合伙人将不同意任何重要修正案或关于有限合伙协议的修改,附注条款中不存在普通合伙人具有特殊权利而其他合伙人不具有类似权利的项目。

同样,有限合伙人也会有声明与保证,自己不做不利于合伙企业发展与投资的事项。声明与保证包括:投资者已经阅读信息备忘录并按照其相关条款进行投资,投资者可以承担投资带来的经济风险,投资者已采取所有必要的行动以保证有限合伙协议的实施,投资者不违反有限合伙协议的相关条款,投资者所有提供的有关成为有限合伙人的信息都准确无误,在决定是否投资时投资者仅依赖自己或投资顾问的判断。

二十七、咨询委员会(advisory board)

有限合伙协议规定年度会议允许投资者就他们的投资询问投资经理,也会规定成立咨询委员会来代表有限合伙人的利益,咨询委员会就某些问题如投资经理、被投资公司和投资组合估值之间可能存在的潜在利益冲突做出建议。为了保护有限合伙人,咨询委员会承担监督职能,但并不能强迫投资经理采取其投资建议。咨询委员会的构成由有限合伙协议规定。

二十八、信息备忘录(information memorandum)

在基金募集早期阶段,投资者看到的信息备忘录有时已经包含在了有限合伙协议当中,并可能相互参照。信息备忘录并不以法律文件的形式存在,所以有些基金选择并不包含信息备忘录,而是以一种更正式和规范化的方式写入有限合伙协议。

二十九、遵守协议(deed of adherence)

该表格附在有限合伙协议后面,是投资者想要成为有限合伙人的申请模板。该协议列举了有限合伙人所有的承诺事项,还列举了投资者若想成功申请必须遵守的相关义务。

该协议同样包括一份委托书,该委托书任命普通合伙人作为投资者的代理人签订股权认购合约,该协议同样也可能包括某些声明与保证条款。

三十、协议变动(variation of agreement)

有限合伙协议一旦执行,很难被改变。许多有限合伙协议规定,协议的修改需要取得所有普通合伙人和多数有限合伙人的书面同意,对于可能影响某一部分合伙人的条款还需要取得该部分合伙人的同意。该条款规定,协议如要修改,修改后的协议要在一定期限内发到每个有限合伙人手中。

另外,有限合伙协议还包括法律问题、国际问题、法律意见以及签署方面的一些条款,其他相关条款在此不一一列举。

注:有关内容可参考英国风险投资协会(BVCA)官网 www.bvca.co.uk。

第五节 有限合伙制在我国风险投资业中的发展

1986年,中国第一家股份制风险投资公司——中国新技术创业投资公司成立。2001年,北京天绿创业投资中心在中关村成立,这是国内第一家合伙制的风险投资机构。该企业的成立得益于2001年年初颁布实施的《中关村科技园区条例》和《北京中关村科技园区有限合伙管理办法》。有限合伙制的风险投资组织形式的出现,为我国风险投资的发展注入了新的活力。但我国有限合伙企业的真正发展是在2007年之后。2006年8月27日,我国通过了新修订的《合伙企业法》,新《合伙企业法》首次明确了有限合伙企业组织形式在中国的合法存在。

在2004—2009年,我国每年新募集风险资本的组织形式见表3-2。

表3-2 2004—2009年我国每年新募集风险资本的组织形式

组织形式	合伙制/%	股份制/%	有限责任公司制/%	其他/%
2004年	2.0	11.0	81.0	6.0
2005年	5.0	9.0	79.0	7.0
2006年	10.6	13.0	68.3	8.1
2007年	14.57	13.25	64.9	7.28
2008年	51.2	39.3	4.8	4.8
2009年	25.2	67.5	3.3	4.1

数据来源:中国风险投资研究院.中国风险投资年鉴(2005—2010年各年).北京:民主与建设出版社,2005—2010.

案例3-6 中国第一家采取有限合伙制的风险投资基金

深圳市南海成长创业投资合伙企业(有限合伙)成立于2007年6月26日,是自2007

年 6 月 1 日新修订的《中华人民共和国合伙企业法》生效以来,国内首家有法律根据的以有限合伙方式组织的创业投资企业。南海成长基金出资额为 2.5 亿元,由 3 名普通合伙人、45 名有限合伙人组成,聘请深圳市同创伟业创业投资有限责任公司和深圳国际高新技术产权交易所作为联席投资顾问,管理费率每年 2.5%,有限合伙人准入门槛为 200 万元,一期投资主要分布在 8 个省市,着重于新能源环保和连锁零售等行业。

但是,学术界和业界一直存在关于我国是否适合引进有限合伙制的争论。一种观点认为,不同的组织形式具有不同的效率,不同的国家和地区应根据自身的情况选择适合自己的组织形式。影响风险投资组织形式选择的主要因素有资金来源、法律制度、政府支持等,由于我国相关法律制度还不完善,早期大部分风险投资都是政府主导,风险投资的来源尚不广泛,我国现阶段应以成熟的公司制为主。另一种观点认为,我国构建风险投资组织形式需要结合国情,但也应当借鉴发达成熟国家的经验。有限合伙制是在发达国家验证过的最有效、激励约束机制最好的组织形式,公司制相对于有限合伙制有诸多缺点,我国应以发展有限合伙制为导向,逐步完善有限合伙所需的法律体系、投融资环境,改变以政府为主导的风险投资体系。

皮志刚、黄兴亮(2000)认为,有限合伙制是一种较为理想的组织模式,是风险投资发展到成熟阶段的一种必然选择。从我国的实际情况来看,发展有限合伙制的条件还不够成熟,这主要有以下两个方面的原因:第一是制度供给的约束;第二是风险投资家市场发育程度的约束。在有限合伙制下,普通合伙人起着至关重要的作用。从我国当前的法律环境和信用状况来看,我们缺少成熟的风险投资市场,不能形成普通合伙人人力资本的有效供给。

刘德学、樊治平(2001)等人认为,在实现有限合伙制条件不成熟时,我国风险投资发展可分为两个阶段,即以公司制为基本形式的第一阶段和以有限合伙制为基本形式的第二阶段。

王斌(2005)认为,由于投资主体的欠缺、缺乏适宜的法律环境以及缺乏有效的监督与激励机制,我国并不适合有限合伙制的形式,并提出了"公司战略型"风险投资机构和"管理公司型"风险投资机构。

当然,合伙企业并不是没有缺点。比如,普通合伙企业的"人合性"[①]特征使得任何一个合伙人的退伙都可能导致合伙解散,因此合伙企业的稳定性较差;共同承担责任与义务带来的"权利与义务、责任的不对称性和模糊性"使得经营决策往往陷入"群龙无首、议而不决"的局面。

在我国,2007 年实施的《合伙企业法》虽然明确了"有限合伙",但其赋予"有限合伙"的法律地位以及赋予有限合伙人的权利比较薄弱。特别是,由于有限合伙所赖以健康运行的社会信用制度和财产制度还远远不如美国的水平,导致市场声誉约束机制的建立需要一个较长的过程。由于《合伙企业法》与《公司法》、《证券法》、《企业所得税法》等相关法律的衔

---

① 人合公司,指以股东的个人信用为公司信用基础的公司,如无限责任公司;资合公司,指以公司的资本为公司信用基础的公司,如有限责任公司和股份有限公司。人合公司相对于资合公司的优点是建立的程序要相对简单和便宜,对于人合公司的形式规定比较少,可以避免对于收入的双重税务征收;缺点是运营者个人的责任是无限的,并且个人资产部分可能会被严重透支,另外,人合公司要获得资本市场认可是非常困难的。

接需要时间,目前我国有限合伙企业的周边法律支持体系尚不完善。例如,由于国内税收征管客观上存在一定的漏洞和困难,《合伙企业法》将各类有限合伙视为非纳税主体后,使得财税部门防范偷逃税更为困难,所以财税部门在 2008 年 12 月发布了《关于合伙企业合伙人所得税问题的通知》,旨在加强对合伙企业的税收征收。

目前,有限合伙制作为一种激励约束机制更好的风险投资组织形式,基本得到认同,但是目前我国的一些配套的法律、投资、监管环境等使得有限合伙制仍需逐步适应中国的国情。我们认为,中国的风险投资业应该立足于中国实际,可以进行组织体系创新,积极探索以有限合伙制为主流的风险投资组织体系,制定相关暂行条例来规范有限合伙制的组建和运转,最终推出《有限合伙法》作为现行的《合伙企业法》和《公司法》的补充,促进有限合伙制在中国风险投资领域稳步健康发展。

本章小结

本章主要介绍了风险投资体系,风险投资体系主要由 4 类主体构成:风险投资出资者、风险投资机构、风险企业以及风险投资服务机构。其中,风险投资机构是连接风险投资者和风险企业的桥梁,在风险投资体系中处于核心地位。

风险投资机构主要分为 5 种类型:风险投资合伙企业、小企业投资公司、大型工业集团附属的风险投资部门、金融机构的附属公司及天使投资人。

风险投资机构的组织形式,主要包括公司制、信托基金制和有限合伙制。其中,美国主要以有限合伙制为主,我国目前以公司制为主,但已经出现较多的有限合伙制基金。公司制在解决委托代理问题上有着先天的不足,双重纳税加剧了公司制模式的税负成本。有限合伙制更好地处理了激励与约束问题,并在所得税制度上有优势。信托基金制是介于公司制与有限合伙制之间的一种模式。

有限合伙协议是有限合伙制风险投资基金中最重要的法律文件,该协议详细规定了有限合伙人和普通合伙人之间的法律关系,从各个方面规范合伙人之间的权利义务以及有限合伙企业的运行。

基本概念

风险投资体系　有限合伙制　公司制　信托基金制　有限合伙协议　天使投资人
小企业投资公司　金融机构附属投资机构　CVC

复习思考题

1. 风险投资体系涉及的主体包括哪些?简述这些主体的相互关系。
2. 风险投资机构有哪些主要类型?每种类型是怎样运作的?
3. 风险投资机构的组织模式有哪些?简述每种模式的特征与优缺点。

4. 就中国是否适合发展有限合伙制谈谈自己的看法。

扩展阅读文献

1. 冯晓琦. 风险投资. 北京：清华大学出版社，2008.

该书按照风险投资体系以及风险投资运作中的各个主要环节展开叙述，包括风险资本的募集与设立，风险资本的投资决策过程和管理控制，风险资本的退出机制等方面内容。重点介绍了风险投资机构及其组织形式，风险投资合伙企业的设立和运作，风险投资的资金来源与配置，风险投资的项目选择、交易设计和管理临控以及退出的不同方式等。

2. David Gladstone，Laura Gladstone，2003，"Venture Capital Investing：The Complete Handbook for Investing in Private Business for Outstanding Profits". Chapter7.

David Gladstone 曾任美国最大的公开交易杠杆收购基金"美国资本策略"（American Capital Strategies）的主席以及最大的公开交易夹层债务基金"联合资本"（Allied Capital）的主席，现在创办了 Gladstone 资本公司，并作为其 CEO 和董事长。他与 Laura Gladstone 合著的经典作品《风险资本手册：企业家的风险资本融资指南》(Venture Capital Handbook：An Entrepreneur's Guide to Raising Venture Capital)展示了成千上万的公司如何从早期投资者那里获得资金和支持。本书是该作品的姐妹篇，两位作者从风险资本投资者的眼光出发，展示风险投资人和天使投资人究竟如何通过大量的商业计划书找到好的投资项目。

3. Hellmann T., L. Laura, and M. Puri，"Building relationships early：banks in venture capital". Review of Financial Studies. 2007，21（2），pp. 513~541.

本文考察风险投资中的银行行为，认为银行的风险资本投资与其随后贷款之间的关系可以被认为是跨时期交叉销售（intertemporal cross-selling）。理论表明，与独立的风险资本公司不同，银行可能成为在风险投资和借贷活动中寻求互补关系的战略投资者。作者发现银行会利用风险资本的投资建立起借贷关系，如果先前和企业在风险投资市场有过合作，银行会增加向企业发放贷款的机会，企业也可以受益于这些关系而得到更优惠的贷款定价。

第四章 风险投资的资金来源及其影响因素

第一节 风险投资的主要资金来源

风险资本是风险投资的资金来源。风险投资不仅是投资行为,同时还具有融资功能,可以把一些追求高风险、高收益的闲置资金集中起来从事投资活动,有利于中小企业的壮大和高新技术产业的发展。世界各国风险投资的资金来源不完全相同,随着风险投资体系的成熟,资金来源呈现多样化趋势,概括起来主要有政府资本、私人资本、机构投资者资本三种形式。

一、政府资本

出于实现国家产业政策、完成国家产业发展规划等考虑,在风险投资发展初期,政府一般均会给予大力支持,并且政府资本是发展中国家风险投资早期最主要的资金来源。我国最初的风险投资机构的资金均来源于政府财政资金或科技专项拨款,这对于推动我国风险投资事业的起步发挥了非常重要的作用。我国境内第一家风险投资机构——中国新技术创业投资公司就是国家科委和财政部为主要出资人建立起来的(参见本书第三章第二节)。政府资本介入风险投资的途径主要包括政府补助、股权投资、信贷扶持等形式。

(一)政府补助

政府补助一般指提供小企业启动资金的无偿补助或向高科技风险企业提供的政府补贴。无偿补助一般利用政府资金支持小企业研究开发和创新活动(但并不获得股权),在小企业启动时起着至关重要的作用。如美国的小企业创业研究计划(Small Business Innovation Research,SBIR),该计划通过将一定比例的政府部门研发经费专门用于支持小企业,使其提高技术水平,以便与大企业竞争。政府部门每年划拨一定比例研发经费用于支持SBIR 计划,并受理项目申请,通过合同或赠款方式资助项目。德国也有类似的政府补助风险企业计划,中小企业委托科研单位搞合同研究项目,可以得到资助经费。德国政府每年向小企业提供的技术开发资助占工业部门研究总经费的40%左右。政府补贴主要是为了鼓励创新而补贴给高新技术产业,也会进行亏损补贴。如新加坡政府规定投资高科技产业但连续亏损3年的企业,可以获得政府的补贴。

(二)股权投资

股权投资是政府直接或间接以风险投资者的身份投向某些项目,主要有两种方式:一是政府先将资金投入私有部门的风险投资基金,再由私人风险投资基金投资于风险企业,这属于政府间接为风险企业提供资金支持;二是政府设立国有的风险投资公司、种子基金或政府引导基金。

政府引导基金,即以政府为主导的"基金的基金"(Fund of Funds,FOF,业内称为"母基金"),这里的 FOF 是指专门投资 VC 或 PE 基金的投资基金。FOF 经考察并选择若干 VC 或 PE 后,以有限合伙人(LP)的身份进行投入某些被选择的基金中。FOF 的产生源于一般投资人在筛选 VC 或 PE 时的困难以及全部资金投入某单一基金的可能风险。FOF 的基金管理人具备专业选择能力,可以充当 LP 和 GP 的中间桥梁,使资本和管理得到有效结合。投资 FOF 相当于将资金分散到多个 VC 和 PE 来综合降低投资风险。FOF 的工作主要是筛选适合的 VC 和 PE,而不是直接进行股权投资,运作和管理也有别于直接进行股权投资的 VC 和 PE,其管理费和利润分成的比例显著少于一般的 VC 和 PE。FOF 为投资者提供了一种新的投资模式,也为 VC 和 PE 增加了重要的募资渠道,促进了 VC 和 PE 市场的发展。

案例 4-1 国有风险投资公司的成功案例——BTG

英国政府于 1949 年组建国家研究开发公司(National Research Development Company,NRDC),负责对政府公共资助形成的科研成果的商业化。根据英国 1967 年颁布的《发明开发法》,NRDC 有权取得、占有、出让为公共利益而进行研究所取得的发明成果,所有大学和公立研究机构,无论是实验室还是研究所,也无论是团体还是个人,只要所进行的研究是由政府资助的,成果一律归国家所有,由 NRDC 负责管理。

1975 年,英国工党政府又成立了国家企业联盟(National Enterprise Board,NEB),主要职责是进行地区的工业投资,为中小企业提供贷款,研究高技术领域发展的投资问题。1981 年,英国政府决定将 NRDC 与 NEB 合并,改名为"英国技术集团"(British Technology Group,BTG),仍拥有原 NRDC 对公共研究成果管理的权利。1984 年 11 月,英国保守党政府认为《发明开发法》的垄断规定不利于科技成果充分发挥作用,抑制了科技人员的积极性,宣布废除这一规定,使发明者有了自主权,可以自由支配自己的发明创造,有利于发挥科技人员的积极性和创造力。这样 BTG 再也不能无偿占有公共资助的科研成果,但由于多数大学和公立研究机构对知识产权保护与商业化缺乏足够的资金和专长,仍愿意与 BTG 合作。为了推动 BTG 的市场化运作,1991 年 12 月,英国政府把 BTG 转让给了由英国风险投资公司、英格兰银行、大学副校长委员会和 BTG 组成的联合财团,售价 2 800 万英镑,促使 BTG 实现私有化。

此后,BTG 采取了一系列措施拓宽技术来源,从最初着眼于国内市场、主要依靠研究院所和大学,发展成长为今天的国际公司,业务领域涵盖欧洲、北美和日本。BTG 75% 以上的收入来自英国以外的业务,技术转移国际化,成为世界上最大的专门从事技术转移的科技中介机构,拥有 250 多种主要技术、8 500 多项专利、400 多项专利授权协议。1995 年,BTG 在伦敦股票交易所上市。目前,BTG 有雇员 200 多人,都是具有技术和商业知识的人才,其中半数以上是科学家、工程师、专利代理、律师和会计师等。

注:关于英国技术集团的详情,可参见 http://www.eku.cc/xzy/jxly/26042.htm。

种子基金是指对处于技术酝酿及研究阶段的科技项目进行风险投资。政府投入种子基金一方面可以弥补投资者投入种子期企业的一部分损失,以鼓励私人投资者把更多资金投向种子期企业;另一方面也可以获得高额收益。

案例4-2 政府风险投资基金的佼佼者——以色列YOZMA

以色列虽然国土狭小、资源匮乏,但风险投资业却欣欣向荣,这与以色列政府的积极引导是分不开的。以色列高新技术产业发展迅猛,风险投资功不可没。仅2002—2004年间,其风险投资累计投资总额就高达36亿美元,拥有的风险投资基金总量仅次于美国。政府在以色列风险投资的发展发挥了积极的作用,YOZMA就是最成功的案例之一。

YOZMA计划是1992—1993年以色列为发展国内的风险投资产业而由政府推出的一个投资计划,目前已被公认为世界上最成功的政府引导型的风险投资推进计划之一。YOZMA计划主要针对创业过程中所存在的系统性风险——创业企业融资渠道的短缺以及创业公司互补性资产和技能的缺失。YOZMA的成功实施为以色列创造了成熟的风险投资产业,为以色列科技产业的发展做出了巨大的贡献。

YOZMA计划于1992年年底开始实施,并于1993年创立首期完全由政府投入的、规模为1亿美元的基金。创立YOZMA基金的目的主要有3个:为一个竞争性的活跃的风险投资产业奠定坚实的基础、学习国外成熟的风险投资模式并打造一个风险投资的国际网络。YOZMA基金由政府全资设立,其功能有两个:一是投资10个私人风险投资基金(每只基金投入800万美元);二是直接对高科技企业进行投资,总额为2 000万美元。

以色列政府对YOZMA基金的结构和运作模式进行了精心的设计。每只YOZMA子基金的组成必须有一个国外机构和一个以色列的金融机构参与作为LP,但基金公司必须是不隶属于任何一家现有金融机构的新的独立实体。YOZMA母基金可对每只子基金投入40%的份额(最高可达800万美元),这样政府投入的1亿美元的YOZMA基金可以吸引大约1.5亿美元的国内外私人资金。同时每只基金还给予私人投资者在5年内以优惠价格买断基金中政府份额的权利。YOZMA的这种制度设计不仅向投资者提供了资金供给和风险分担的机制,而且引入了足够的激励机制。激励机制的设计吸引了职业风险投资机构和高素质的基金管理人员的参与,同时在基金结构中强制引入国外金融机构,为以色列本土的风险投资机构提供了很好的学习机会。YOZMA基金运作模式如图4-1所示。

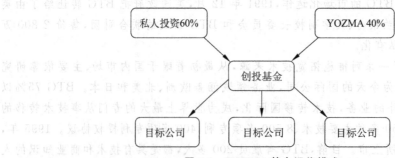

图4-1 YOZMA基金运作模式

概括起来,YOZMA基金在结构设计上有如下特点:
(1) 每一只YOZMA子基金都是一个独立的有限合伙企业;
(2) 政府资金的介入保证每只子基金专注于高科技企业的早期投资;

(3) YOZMA母基金投资于10只私人风险投资基金,每一只基金必须由以色列本地的机构进行管理,但应由一家知名的国外风险投资机构和一个国内的金融机构组成;

(4) 政府对每只子基金投入40%的份额,最高可达800万美元;

(5) 强大的激励机制。私人投资者可在5年内以优惠价格(本金+成本+利息)买断政府在基金中的权益(最终10只基金中有8只行使了该项权利);

(6) 预先设计的YOZMA母基金及子基金的私有化计划。从1998年开始,政府采用拍卖的方式对基金进行私有化。

YOZMA的推出取得了成功的效果,具体概括如下:

(1) 引导创立了10只风险投资基金,共募资2.63亿美元(包括政府投入的1亿美元)。

(2) 共对164家不同的创业公司进行了投资。

(3) 56%的基金投资实现了退出。

(4) 刺激了以色列风险投资产业的发展。1993年至2000年,以色列私人风险投资募资额年均增长率达85%。到20世纪90年代的下半段,风险投资产业在以色列已经成为了一个重要的产业,同时一些国外的风险投资机构开始对以色列的创业企业进行直接投资,很多知名的国外风险投资机构在以色列建立了办公室。

(5) YOZMA的子基金得到了迅速的发展。大多数YOZMA子基金已经发展成为3只或更多的基金,由更多的职业基金经理进行管理。到2000年结束时,这组基金所管理的资产总规模超过了32亿美元,相当于1993年至2000年间以色列风险资本总募资的54%。

注:关于以色列YOZMA的详情,可参见 http://www.yozma.com/home/。

(三)信贷扶持

信贷扶持包括融资担保和优惠贷款。融资担保指担保人(这里指政府成立的信贷担保机构)为被担保人(这里指风险企业)向贷款机构(一般为银行)做出的贷款本息偿还担保。如美国小企业管理局曾经为单笔不超过15.5万美元的小企业贷款提供90%的担保,为单笔贷款额在15.5万~25万美元的小企业贷款提供85%的担保。融资担保有一种明显的资金引导作用,政府通过提供少量资金就能引导和带动大量民间资金流向高技术产业。优惠贷款指政府以较低的优惠利率直接向风险企业提供优惠贷款。如美国的《小企业投资法》允许政府为每1美元风险投资提供4美元的低息政府长期融资,以此鼓励更多的风险投资。

二、私人资本

私人资本即富裕的个人或家庭用于进行风险投资的资金,这些富裕的个人或家庭就是我们在第一章中所称的商业天使(天使投资人)。在20世纪70年代以前的美国,风险投资的主要资金来源就是富裕家庭和个人,他们一般都是成功的企业家、金融家、收入丰厚的高管等,有着丰富的行业经验和财务知识、广泛的社会资源和敏锐的洞察力。历史上,很多知名企业在成长初期都曾接受过天使投资人的资助,如苹果、谷歌、美国东方航空公司等。随着中国创业板的开始运行,在我国创业板上市公司中也出现越来越多的天使投资人。

与资金雄厚的机构投资者相比,私人资本一般规模比较小,从几万美元到几百万美元不等,它们一般直接投资于风险企业的种子期或者初创期,承担的风险比较大,因此也可以获得较丰厚的收益。

相对于PE/VC资本,国内外对天使资本投资行为的研究相当少,这可能是因为受数据可得性的限制。但在实践中,天使投资人的作用是相当重要而且非常特殊的。

首先,天使投资人经常投资于创业企业的开始阶段,这一阶段恰恰是多数创新企业家融资最困难的时期,因此天使资本不但可能对被投资企业的成败起关键作用,而且会深刻影响企业的管理和经营(Harrison和Mason,2000;Sohl,2007)。其次,与私募股权资本不同,天使投资人的资金大多是自有资金,因此他们不存在委托代理问题,也不会有筹建后续基金的压力,他们考虑的是投资收益最大化,而不是管理费用最大化。从这一点来讲,天使投资人更多地与企业家的利益相一致(Johnson和Sohl,2008)。但是,与私募股权机构不同,天使投资人资金量相对有限,相对缺乏理性分析能力,一旦遇到财务危机或突发事件,容易被迫撤资或无后续资本投入,给创业企业造成股权不稳定的风险。另外,Chemmanur和Chen(2001)研究了创业者在天使投资人和风险投资机构之间的融资选择,发现创业者的融资选择在二者之间存在动态演化。他们认为,风险投资机构能够为被投资企业提供增值服务,而天使投资人一般不能。

李曜和张子炜(2011)[①]对2009年9月30日至2010年12月31日期间在深圳证券交易所创业板首次公开发行的153家上市公司进行了统计,统计结果显示在所有样本中,有513名天使投资人持有94家创业板公司,平均每家公司有超过5个天使投资人入股。

三、机构投资者资本

机构投资者资金雄厚,主要是指一些养老基金、金融控股公司、商业银行、大型工业集团、保险公司、投资银行、信托等。在美国,自从20世纪80年代以来允许养老基金涉足风险投资领域,机构投资者资本就成为了风险投资领域最主要的资金来源。到了20世纪90年代中期,养老基金占风险资本的比例将近50%,目前这一比例大约为25%～30%。机构投资者进行风险投资通常有两种不同的方式:一种是对风险企业进行直接投资;另一种是以普通合伙人或有限合伙人的形式通过风险投资基金进行投资。

英国风险投资协会统计的2008—2010年的风险资金来源情况见表4-1。

表4-1 英国风险投资协会(BVCA)统计的2008—2010年风险资金来源情况

资金来源类型	金额/百万英镑			占比/%		
	2008年	2009年	2010年	2008年	2009年	2010年
养老基金(Pension Funds)	8 414	550	1 630	36	18	25
保险公司(Insurance Companies)	859	280	440	4	9	7
工业企业(Corporate Investors)	1 813	398	848	8	13	13
家族理财室(Family Offices)	n/a	60	1 161	n/a	2	18
银行(Banks)	976	190	113	4	6	2
基金中的基金(FOF)	3 948	531	731	17	18	11
政府机构(Government Agencies)	1 140	191	420	5	6	6

---

① 李曜,张子炜.私募股权、天使资本对创业板市场IPO抑价的不同影响.财经研究,2011(8).

续表

资金来源类型	金额/百万英镑			占比/%		
	2008年	2009年	2010年	2008年	2009年	2010年
学术机构(Academic Institutions)	805	66	172	3	2	3
个人投资者(Private Individuals)	2 256	153	300	10	5	5
主权财富基金(Sovereign Wealth Funds)	n/a	180	36	n/a	6	1
其他(Others)	2 928	388	743	13	13	11
合计	23 139	2 987	6 594	100	100	100

数据来源:英国风险投资协会官网:http://admin.bvca.co.uk/library/documents/RIA_2010.pdf.

(一) 养老基金

养老基金是用于支付劳动者退休养老金的专项基金,是西方国家养老计划的重要组成部分(所谓社会保障体制的"第二根支柱"),其资金由公司和个人共同缴纳,政府给以税收减免的支持政策。养老基金由专业的机构保管和管理,基金数额大且来源稳定,收支间隔时间长,能适应风险资本投资期长的特点。目前养老基金是金融市场中最大的机构投资者。以美国为例,2006年美国企业员工全部退休收入的40%来自于公司养老金计划,全部养老金的资产已达到8.7万亿美元,投资于美国资本市场的资产约占其全部市值总额的1/3。

国外养老基金的发起人有公司和政府之别,由公司发起的称为公司养老基金或私人养老基金(private pension plan),由政府主办的称为公共养老基金(public pension plan),公共养老基金一般委托公共基金管理人进行管理(如下面的美国加州公务员退休计划CalPERs的管理模式)。养老基金对风险资本采取间接投资,即委托风险资本家进行投资和管理,然后通过利润分成实现投资收益。风险投资在养老基金的全部资产配置中比例并不大,大约只有5%。

专栏 4-1 美国 CalPERs 基金对风险投资和私募股权的资产配置

美国加州政府雇员养老基金[①](California Public Employees' Retirement System,CalPERS),是目前美国最大的公共雇员养老基金、世界第三大养老基金。

CalPERS是根据美国加州法律于1932年建立的,目的是为州政府雇员积累和提供退休养老金,它是一个以职业(州、市、县政府雇员以及学校的非教师雇员)为加入特征的年金计划,是区别于社会保障第一支柱的、属于第二支柱的养老计划。20世纪60年代以后CalPERS也为成员提供健康医疗金。目前,它的参与人数超过160万人。在财务上,CalPERS是一个确定收益(Defined Benefit,DB)型的养老计划,由雇主和员工分别缴纳保险费,基金采用信托运作,由基金的管理委员会作为唯一的受托人进行管理。基金的受益支付是根据事先规定的公式计算具体退休金数目,计算公式中的主要参数是受益人的年龄、服务年限和退休前的工薪等。

截至 2011 年 12 月,CalPERS 管理基金市值超过了 2 200 亿美元,对于这样庞大的基

---

① 详情请参见美国加州公共雇员养老基金官网 http://www.calpers.ca.gov/。

金,基金的运作体制和治理模式至关重要。CalPERS 基金采取信托治理模式,全体参加者作为信托关系的委托人和受益人,基金的管理委员会(Board of Administration)作为信托关系的受托人,是唯一的信托责任(Sole Fiduciary Responsibility)承担者,在基金治理中占据着核心地位。1992 年,CalPERS 全体参加者投票通过提案,赋予了基金管委会对基金管理和投资的绝对的、排他性的权威。CalPERS 管理委员会拥有基金的投资权力。管理委员会下设投资委员会,具体负责基金的投资事宜。基金的投资政策由投资委员会、参与员工、外部合同人(资产管理人、投资顾问商等)等协商,最后由投资委员会批准通过。投资政策包括对股票、债券、房地产等各类资产的配置比例等,基金的投资政策定期进行更新。

2010 会计年度,CalPERS 取得了 13.3% 的收益率,超出收益基准 0.37%,CalPERS 投资成功的起点和最重要的元素是其多元化的资产配置,投资方向包括股票、债券、现金和其他投资。截至 2011 年 9 月 30 日,CalPERS 的资产配置情况如表 4-2 所示。

表 4-2 CalPERS 资产配置情况(截至 2011 年 9 月 30 日)[①]

资产类别	实际投资/亿美元	投资比例/%	目标比例/%
增长型(Growth)	1 347	62.00	64.00
上市股票(Public Equity)	1 005	46.00	50.00
私募股权(Private Equity)	342	16.00	14.00
收入型(Income)	413	19.00	19.00
流动型(Liquidity)	90	4.00	4.00
不动产(Real Assets)	221	10.00	10.00
房地产(Real Estate)	191	9.00	8.00
林地/基础设施(Forestland/Infrastructure)	30	1.00	2.00
通货膨胀联系型资产(Inflation-Linked Assets)	70	3.00	3.00
固定收益资产(Absolute Return Strategy)	53	2.00	n/a
总基金(Total Fund)	2 194	100.00	100.00

资产配置不仅仅是一项资产决策或负债决策,在决定资产配置时要考虑债务、保费支付、运营成本、雇员出资等多种因素,CalPERS 的目标是在谨慎的风险水平下使得收益最大化,要常常在市场波动性与长期目标之间进行权衡。

CalPERS 投资于私募股权(PE)的目标比例在 14% 左右,却为 CalPERS 带来了巨大的收益,这主要得益于 CalPERS 的另类投资计划(Alternative Investment Management,AIM)。AIM 计划专注于私募股权投资,截至 2011 年 9 月 30 日投资额为 342 亿美元,使得 CalPERS 成为世界上最大的私募股权投资者。从 1990 年至 2011 年,AIM 为 CalPERS 带来了累计 178 亿美元的利润。AIM 的目标是利用杠杆市场的机会取得超额的调整收益率,CalPERS 一般通过直接投资、间接投资和基金中的基金(Fund-of-Funds,FOF)3 种方式进行投资。

CalPERS 投资私募股权的 3 种模式如图 4-2 所示。

---

① 详情请参见 http://www.calpers.ca.gov/index.jsp? bc=/investments/assets/assetallocation.xml。

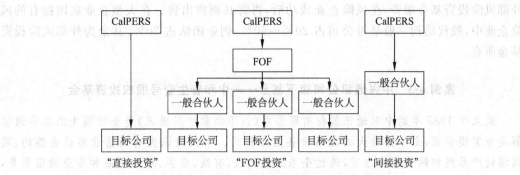

图 4-2　CalPERS 投资私募股权的 3 种模式

（二）金融控股公司

由于相关法律的限制，商业银行涉足风险投资主要是通过金融控股公司的方式，也称为集团制银行，是指某一大型财团或集团成立控股公司，再由该公司控制和收购两家以上银行所组成的公司。美国的大银行基本上是由金融控股公司来持有的，如美国花旗银行就是由花旗集团来控制的。金融控股公司一般通过其与商业银行资本分离的附属机构进行间接投资（即选择风险投资基金投入），有时候也会成立特许的小型投资公司进行直接投资。金融控股公司涉足风险投资领域是为了获得除了现有商业银行产品以外的经济利益上的好处。在美国进行风险资本投资的最大 20 家金融控股公司中，前五家占了总投资金额的 2/3。

（三）保险公司

保险公司在风险投资市场上的业务是从私募股权业务中衍生出来的。保险公司的投资方式一般有两种：一种是通过购买垃圾债券或者提供夹层融资（Mezzanine Financing）方式为一些早期的杠杆收购业务提供融资；另一种是几家保险公司通过成立隶属于自己的风险资本合伙企业，将自身资金与外部投资者资金结合起来一起投入。20 世纪 80 年代中期以后，保险公司逐步采取合伙制风险投资。因此，对于合伙制风险投资机构来说，保险公司的地位变得更为重要。

（四）大型工业企业

出于企业未来发展战略的考虑，一些大型企业或工业集团向与自己战略利益有关的风险企业进行投资或在本企业内部建立风险投资基金，因此大型工业企业也成为风险投资资金的另一个文化重要来源。

大型工业企业进行风险投资，是一家公司不断探索新业务领域的过程：一方面为企业打开了解前沿科技的窗口，以期从战略上对世界范围内的科技发展趋势进行预测，并据此对企业发展战略做出相应的调整；另一方面可以更有效利用公司资源，提高创新能力。

由于现代市场竞争不断加剧，技术创新步伐不断加快，大型工业企业进行的创新投资有加速发展之势。特别是在日本，大公司战略型风险投资所占比重相当大。美国施乐公司在其母公司成立内部风险投资基金，鼓励研发部门提出创业计划，选择最具增长潜力的项目成立风险企业，由母公司的风险投资基金进行投资孵化，未来获得进一步发展后可以向外部风险投资基金融资,在风险企业成功后,再将其剥离出售。在大型企业集团拥有的风险企业中,股权结构一般是母公司占 20%~50%,创业团队占 20%,其余为外部风险投资基金所有。

案例 4-3　中兴通讯公司旗下基金——中和春生壹号股权投资基金

　　成立于 1985 年的中兴通讯股份有限公司(以下简称中兴通讯)是全球领先的综合通信解决方案提供商,是中国最大的通信设备上市公司。中兴通讯拥有通信业界最完整的、端到端的产品线和融合解决方案,通过全系列的无线、有线、业务、终端产品和专业通信服务,灵活满足全球不同运营商的差异化需求。近年来,中兴通讯不仅在通信业务领域突飞猛进,而且也在寻求风险投资领域的突破,以支持公司在通信业的多元化发展。2010 年 9 月 28 日,中兴通讯与和康公司①共同投资 3 000 万元人民币设立中兴创业投资基金管理公司,中兴通讯与和康公司分别持有中兴创业投资基金管理公司 55% 和 45% 的股权。同时,中兴通讯拟出资 3 亿元人民币参与认购中兴创投基金。

　　中兴创投基金后改名为深圳市中和春生壹号股权投资基金(以下简称中和春生),于 2010 年 11 月 18 日成立,中和春生采取有限合伙的组织形式,其中深圳市中兴创业投资基金管理有限公司为中和春生唯一的普通合伙人,其他投资者均为有限合伙人。基金募集规模 10 亿元人民币,经营期限采用"5+3"年制(中和春生经营期限为 5 年,5 年经营期限届满,若仍有未退出项目,可按照合伙协议约定延长经营期限),投资方向主要为受国家产业政策扶持、与经济结构转型相关的高增长行业中的细分市场龙头,行业主要以与公司目前业务接近的 TMT(高科技 technology、传媒 media、电信 telecom)产业为主,投资比例不少于 70%,基金年管理费率为 2.5%。

　　中兴通讯设立风险投资基金一方面充分利用了公司闲置资金,发挥自身的专业与社会资源优势以发现并培养新的企业,以获得高额回报;另一方面中兴通讯旗下基金主要投资方面为与公司主业相近的 TMT 行业,有利于公司探索新业务领域并洞察行业发展趋势,为中兴通讯企业发展战略调整提供依据。

(五)投资银行

　　近年来,投资银行在风险投资领域发展突飞猛进,投资银行支持的风险投资机构主要对风险企业的发展后期进行投资。一般来说,投资银行可以采取两种方式进行风险投资:一是组建有限合伙制基金投资 Pre-IPO 的企业,自己充当普通合伙人;二是从自己服务(担任保荐人、提供财务顾问服务等)的公司中详细分析筛选出具有投资价值的高科技公司,并进行直接投资。目前我国投资银行参与风险资本主要是采取第二种方式。

专栏 4-2　我国风险投资的资本来源变化

　　在我国风险资本的来源中,一种分类是国内资本和海外资本。长期以来,海外资本是我国风险资本的重要来源。由表 4-3 可以看出,2006—2008 年的当年新增风险资本中,海

---

　　① 中兴通讯董事殷一民兼任和康公司执行董事,两公司构成关联关系。

外资本占到了 40%~50%，该比例在 2009 年降为 19.3%。这反映近年来海外资本大量进入我国风险投资领域的现实。另外，随着我国相关法律制度的成熟和创业板的推出，国内风险投资行业发展迅速，涉入风险投资领域的国内资本越来越多。

表 4-3 我国 2005—2009 当年新增风险资本来源的境内外分布

来源		国内资本	海外资本	合计
2005 年	金额/亿元	277.8	142.3	420.1
	比例/%	66.1	33.9	
2006 年	金额/亿元	228.4	177.5	405.9
	比例/%	56.3	43.7	
2007 年	金额/亿元	322.8	404.7	727.6
	比例/%	44.4	55.6	
2008 年	金额/亿元	480.8	469.1	949.9
	比例/%	50.6	49.4	
2009 年	金额/亿元	1 378.8	329.4	1 708.2
	比例/%	80.7	19.3	

资料来源：中国风险投资研究院．中国风险投资年鉴．北京：民主与建设出版社，2005—2010．

但从新增风险资本来源于国内的资金来看（见表 4-4），占比最大的是非金融类企业，说明一些工业企业为了自身战略以及业务转型拓展方面的考虑而进行风险投资。政府资金来源位列第二，说明我国政府在引导风险投资业的发展中发挥了重要作用。随着风险投资的成熟，来自政府的资金比例将越来越少。由于我国对金融机构参与风险投资的法律限制较多，所以金融机构方面的资金来源并不高。而我国富裕的个人家庭数量比较少，民众缺乏风险投资的理念，导致个人资金来源一直较少，但最近几年有所转变，呈加速发展之势。

表 4-4 2005—2009 年我国风险资本来源于内地投资者的结构

来源		政府	金融机构	非金融类企业	个人	其他	合计
2005 年	金额/亿元	88.9	41.7	127.8	8.3	11.1	277.8
	比例/%	32.0	15.0	46.0	3.0	4.0	
2006 年	金额/亿元	76.7	29.8	102.6	13.1	6.3	228.4
	比例/%	33.6	13.0	44.9	5.7	2.7	
2007 年	金额/亿元	77.9	25.5	172.8	33.8	12.9	322.8
	比例/%	24.1	7.9	53.5	10.5	4.0	
2008 年	金额/亿元	121.4	51.2	190.9	92.7	24.7	480.8
	比例/%	25.2	10.7	39.7	19.3	5.1	
2009 年	金额/亿元	234.5	114.1	259.1	140.3	43.0	791.1
	比例/%	29.6	14.4	32.8	17.7	5.4	

资料来源：中国风险投资研究院．中国风险投资年鉴．北京：民主与建设出版社，2005—2010．

新增风险投资资金来源于海外的部分（见表 4-5），最主要的还是一些大型的国外机构投资者，2007 年和 2008 年均占当年所有资本的 60% 以上，2009 年该比例下滑为 28.4%。值得一提的是，海外资本中来源于个人投资者的比例平均在 10% 以上，2009 年达到了 19.2%，高于国内个人资金来源比例，反映了国外个人投资者更加看好中国新技术产业的发展。

表 4-5　2006—2009 年中国风险资本来源于海外投资者的结构

来源		政府基金	机构投资者	企业集团	LP基金	个人	其他	合计
2006 年	金额/亿元	2.7	104.4	25.5	18.9	23.2	2.2	176.9
	比例/%	1.5	59.0	14.4	10.7	13.1	1.2	
2007 年	金额/亿元	11.1	263.1	64.0	28.4	35.8	2.5	404.7
	比例/%	2.7	65.0	15.8	7.0	8.9	0.6	
2008 年	金额/亿元	12.7	288.8	1.0	94.1	72.5	0.1	469.1
	比例/%	2.7	61.6	0.2	20.3	15.5	0.0	
2009 年	金额/亿元	6.0	93.6	20.4	40.2	63.2	106.2	329.4
	比例/%	1.8	28.4	6.2	12.2	19.2	32.2	

资料来源：中国风险投资研究院. 中国风险投资年鉴. 北京：民主与建设出版社，2005—2010.

第二节　影响风险资本供给的因素

一、政府支持

风险投资本质上是市场行为而非政府行为，但由于风险投资运作的特殊性，决定了风险投资需要良好的宏观经济环境和政府政策的引导。特别是在早期风险投资还不太发达的时候，更需要政府直接出资建立一些风险投资机构以带动整个行业的发展。从历史上看，每1元政府引导的创业基金可以吸引2元以上的风险资本参与。政府在风险投资市场上发挥着至关重要的作用。

政府对风险资本供给的影响主要表现在两方面：一方面，政府直接参与或者干预风险投资，包括直接出资设立风险投资机构、给予优惠贷款、提供财政补贴或税收优惠、提供信用担保以及进行政府采购等手段。政府的直接投资多集中于初创企业的种子期阶段，主要起引导作用，把成长期的投资机会让位于市场资金。另一方面，政府可以通过完善风险投资的一系列制度及环境条件，影响风险投资体系的生成，从而间接调动更多市场资金投入风险投资领域。

尽管政府对风险资本供给起着很大的影响，但风险资本供给的主体不应该是政府。风险投资是个竞争性极强的领域，本质上是一种商业行为，政府不宜进入这一领域充当主要投资者。而且政府主办的风险投资公司往往缺少有效的竞争压力和激励机制，并非以商业营利为主要目的，而以社会整体利益为主要目标的定位，也不利于引进创新、激励与竞争的精神，风险投资的效率可能因此下降。因此，风险资本的供给应该以市场资金为主要供给对象。

专栏 4-3　我国创业投资引导基金的探索历程及现状[①]

从1984年我国开始探索推动发展创业投资，到2001年原国家计委制定《创业投资企业管理暂行办法》明确了运用政策性创业投资基金扶持创业投资企业发展的思路，再到

---

① 胡芳日，曹毅. 创业投资守门人——创业投资引导基金和基金的基金. 北京：经济科学出版社，2010：89~92.

2002年国内第一家创业投资引导基金——中关村创业投资引导资金正式设立,再到截至2009年年底我国创业投资引导基金规模超过200亿元,我国创业投资引导基金探索历经近10年,经历了起步、快速发展和规范设立与运作3个阶段。

1. 起步阶段(2002—2006年)

2002年1月,北京市政府派出机构——中关村科技园区管委会借鉴以色列经验,在全国率先设立了"中关村创业投资引导资金"。中关村创业投资引导资金设立之初,主要采取"跟进投资"模式运作,到2008年年底,投资总额达5 700多万元。2005年12月开始运作"种子基金"模式。2006年年底开始运作"参股创投企业"模式后,引导资金投资规模迅速扩大,到2009年年底,中关村创业投资引导资金投资额超过3亿元,引进外部资金达10亿元。

2005年11月,经过4年修订和协调,国家发展和改革委员会等十部委正式联合颁布《创业投资企业管理暂行办法》,该办法第22条明确提出:"国家与地方政府可以设立创业投资引导基金,通过参股和提供融资担保等方式扶持创业投资企业的设立与发展。"第一次在政府法规中明确提出"创业投资引导基金"的概念。2006年,国务院关于实施《国家中长期科学和技术发展规划纲要(2006—2020年)》若干配套政策中进一步指出,"鼓励有关部门和地方政府设立创业风险投资引导基金,引导社会资金流向创业风险投资企业,引导创业风险投资企业投资处于种子期和起步期的创业企业"。

截至2006年年底,全国各级政府设立的创业投资引导基金共5只,总规模35亿元。

2. 快速发展阶段(2007—2008年)

2007—2008年,国内创业投资进入快速发展期,"创业投资"、"引导基金"频繁出现在各级政府的经济文件中。从科技部到地方县市政府,都开始设立或筹划设立创业投资引导基金,两年间新增创业投资引导基金15只。截至2008年年底,全国投资引导基金总数达到20只,总规模超过120亿元。

3. 规范设立与运作阶段(2009年以来)

为有效指导国务院有关部门和地方政府规范设立和运作创业投资引导基金,国家发展和改革委员会从2006年开始会同财政部、商务部,着手研究制定《关于创业投资引导基金规范设立与运作的指导意见》(以下简称《指导意见》)。该《指导意见》经国务院批准,于2008年10月18日以国务院办公厅名义发布。《指导意见》是我国政府于2005年出台的《创业投资企业管理暂行办法》的第二套配套政策,明确界定了引导基金的性质和宗旨,解决了引导基金实际运作过程出现的诸多操作性问题,并对引导基金的设立与运作提供了若干规范要求。《指导意见》的出台对我国创业投资业发展产生了积极而深远的影响,自此我国创业投资引导基金步入规范设立与运作的轨道。

截至2009年年底,全国各级政府设立的创业投资引导基金数目超过30只,总规模超过200亿元。

案例4-4 苏州工业园区创业投资引导基金[①]

苏州工业园区创业投资引导基金成立于2006年3月22日,由国家开发银行与中新苏

---

① 胡芳日,曹毅. 创业投资守门人——创业投资引导基金和基金的基金. 北京:经济科学出版社,2010:101.

州工业园区创业投资有限公司(以下简称中新创投)共同出资设立,总规模10亿元。国家开发银行先以软贷款形式贷款给中新创投,再通过中新创投以资本金形式设立,委托中新创投管理。中新创投于2001年11月28日正式成立,注册资本为17.3亿元,由中新苏州工业园区开发有限公司、苏州工业园区股份有限公司、苏州工业园区地产经营管理公司、苏州工业园区国有资产经营公司及苏州科技创业投资公司等共同组建。

设立该引导基金的目的是充分发挥地方资金的引导功能,吸引和聚集一批国内外优秀的创投投资管理机构和管理团队,活跃地方投资氛围,培育出一批具有可持续自主创新能力的市场化的高科技企业,推动园区由"制造"转向"创造"迈进,形成创投资金与创业项目的良性互动。

中新创投负责引导基金的日常管理工作,主要包括初选方案、尽职调查、提交方案等。引导基金的最后投资决策由引导基金投资委员会决定,引导基金投资委员会是引导基金公司的最高权力机构和投资决策机构,由国家开发银行和中新创投分别推荐2名委员,其中国家开发银行的代表之一出任主席,并由这4名委员共同选定第5名委员。

引导基金采取"一只基金+一个基金管理公司"的模式运作,引导基金只是充当一个LP的角色,对于子基金的投资方向和地域不做任何限制,以项目优先为原则,不参与项目投资,也不参与公司管理。该引导基金投资的子基金以VC投资为主,重点关注早期和成长期,投入Pre-IPO基金的资金不到1/4,1/2的资金投入成长期基金,剩下的则是给了更早期的基金。

截至2009年6月底,苏州工业园区创业投资引导基金已经参股9家子基金,分别是:与德同资本合作的长三角投资基金,与软银中国合作的软库博辰基金,与智基创投合作的翔智基金,与和利创投合作的同利基金,与江苏信泉创投合作的盛泉基金,以及花穗食品创投基金、日亚创投基金、金沙江创投基金、北极光创投基金。引导基金出资约7亿元,子基金总规模约30亿元,放大倍数为4.3倍。这些子基金由来自美国、新加坡、日本、中国台湾地区等的国内外知名的创业投资团队管理,为园区引进了创投资金、精英人才和优质项目产业资源,促进了园区创投行业的集聚发展。

二、税收政策

风险投资作为支持创业的投资制度创新,通过培育和扶持创业型企业,对于促进创业型经济发展具有重要意义。但由于风险投资具有高风险性和规模不经济性,在其对创业企业进行投资后往往处于权利义务不对称的弱势地位。因此,仅仅依靠市场机制将社会资本转化为风险资本,往往面临市场失灵问题。针对风险投资具有的正外部性和市场失灵问题,不少国家出台税收激励政策扶持风险投资,税收政策可以取得应有效果且又不会导致风险投资治理机制扭曲。如在美国,不仅联邦政府而且各州政府,都制定了风险投资的税收激励政策。美国历史上的税收政策变动很大程度上影响了其后年度风险投资的发展。1974年,美国国会将资本利得税由35%提高至49%,从而使得风险投资总额随之锐减。1978年,国内收入法案将资本利得税率由49.5%降到28%,致使其后一年风险资本增长了10倍。1981年经济恢复,税法进一步调低了私人资本利得税率,从28%降为20%,当年风险资本总额增长2倍。到1986年,美国风险资本额达到241亿美元,是1981年税制改革前一年的 10 倍。

为了促进我国风险投资业的发展,可以考虑在借鉴发达国家发展风险投资业经验的基础上,采取税收优惠措施。具体包括以下几个方面:

(1) 降低风险投资机构适用的所得税税率。为了进一步加大对风险投资机构的支持力度,可以参考目前有些地区把风险投资机构视作高科技企业的做法,企业所得税采取减半征收或者按照 15% 的税率征收。

(2) 对风险投资机构从被投资企业取得管理费、管理咨询收入等给予免税的待遇。风险投资基金的主要收入来源是资本增值所得,但资本增值并不是每年都可以实现的,对风险投资机构从被投资企业取得管理费、管理咨询收入给予免税待遇就显得尤为重要。

(3) 改变风险投资机构的资本利得征税方法。《国家税务总局关于企业股权投资业务若干所得税问题的通知》(国税发[2000]1118号)规定,企业因收回、转让或清算处置股权投资而发生的股权投资损失,可以税前扣除,但各地税务机关在征税实践中有不同的做法。有些地方采取按照风险投资的每个项目作为课税对象。建议国家统一税收政策,允许风险投资机构按照年度汇总计算缴纳企业所得税,即允许风险投资机构用盈利项目的所得在弥补完当年亏损项目的亏损后,再计算缴纳所得税,而不是针对每个项目单独计算缴纳所得税。

我国目前风险投资基金的所得税负比较见表4-6。

表4-6 我国目前风险投资基金的所得税负比较:按公司制与有限合伙制区分

基金类型	纳税环节一:被投资企业		纳税环节二:风险投资公司			纳税环节三:风险投资基金的投资者	
	高新技术企业	传统企业	纳税项目	实际税负	投资税收抵免	机构投资者(税率)	个人投资者(税率)
公司制	15%	25%	股息、红利所得	免税	符合条件的可按投资额的70%抵扣应纳税所得额	均视为股权投资收益,不需要补税,但考虑投资抵免的规定……实际总税负可能低于25%	视为股息、红利所得,缴纳20%的个人所得税,实际总税负40%
			股权转让所得	25%			
			上市公司股票转让利得	25%			
			管理咨询收入	25%			
有限合伙制	15%	25%	股息、红利所得	免缴	不享受	在准实体课税模式下,公司将从基金取得的收益作为一个整体,按照25%的企业准实体课税模式下,公司将从基金取得的收益作为一个整体,按照25%的企业所得税税率纳税,实际总税负25%	视为个体工商户的生产、经营所得,按照5%~35%的税率缴纳个人所得税。最高实际总税负35%
			股权转让所得	免缴			
			上市公司股票转让利得	免缴			
			管理咨询收入	免缴			

资料来源:中国风险投资研究院.中国风险投资年鉴.北京:民主与建设出版社,2008.

(4) 减免资本利得税。减免资本利得税可以鼓励风险投资机构支持的风险企业在国内上市并退出。一般来说,风险投资支持的企业运作规范,偷税漏税问题少,发展潜力大,有必要考虑采取风险投资机构出售股票取得资本利得时减免征收企业所得税的做法。具体可考虑在计算应纳税所得额时将股权转让增值部分的一定比例(如增值150%以内的部分)予以免征资本利得税。

三、资金准入条件

是否允许某些金融机构——特别是像养老基金、保险公司、信托机构拥有巨量资金的机构投资者——进入风险投资领域，将极大地影响风险资本的供给。允许更多类型的机构资金进入将直接增加风险资本的来源方式。这在历史上有过诸多案例。

1978年，美国颁布《雇员退休收入保障法》（ERISA）修改条例，允许养老基金的5%进入风险投资领域。由于养老基金管理着数万亿美元的资产，5%的比例足以使养老基金成为整个风险资本市场最主要的资金供给者。其他国家如芬兰积极鼓励银行和养老基金进行风险投资，使得银行和养老基金在芬兰风险投资中所占比重由1994年的20%上升至1995年的79%。

专栏4-4　美国 ERISA 法案对风险资本供给的影响[①]

在美国风险投资史上，允许养老金和保险公司等机构投资者参与风险投资，意味着开辟了最重要的风险投资资本来源。从1974年 ERISA 成为立法以来，历次修订都对美国养老金事业的发展起到了很大的推动作用，反过来，ERISA 的历次修订又进一步推动了养老基金投资风险投资企业的浪潮。

1974年，美国通过了《雇员退休收入保障法》（ERISA），主要解决了养老计划参与者和受益人遇到的违约风险和管理风险问题，ERISA 的主要规定有：养老金计划应当向参加者提供充分完备的基金相关信息，如基金的特点和融资政策；信息的定期自动披露制度；对参加、委托、收益以及融资设定最低标准；对基金的赞助人提供充足融资，制定详细融资规则；基金受托人的审计标准；规定受托人条件；规定参加者享有索取收益和起诉违背义务受托人的权利。可以说这个时候的 ERISA 更加关注养老金投资的安全性。

1978年美国通过了对1974年版 ERISA 的修正案，允许退休基金在不影响整个投资组合安全的前提下进入风险投资领域，这一规定极大地刺激了风险投资业的发展。之后 ERISA 的历次修改或完善都向着有利于风险投资业发展的方向前进，具体表现为以下3个方面：

1. "谨慎人"条款（Prudent Man）的修订

1974年通过 ERISA 时，在第404（a）节提高了养老金计划受托人的资格标准，通常被称为"谨慎投资者"条款。1978—1981年，美国国会对 ERISA 所谓"谨慎投资者"条款进行修改，降低了养老金计划受托人的资格标准，并允许养老金投资不超过15%的比例于高风险项目，进一步申明风险投资受托人的地位，取消到美国证券交易委员会登记的要求，养老基金的风险投资供给随之急遽增加。

2. "安全港"（Safe Harbor）改良条款

1980年，美国国会对于养老金投资立法又一次进行了修改，增加了所谓"安全港"条款，实质上是一项投资豁免条款。法律的修订证明，养老金最佳的一种投资去处是进行风险投资。"安全港"条款规定养老金可以进行风险投资，这减少了养老金可能承受的制度风险。

[①] 杨葵. 风险投资的筹资研究. 上海：上海财经大学出版社，2007：102～115.

3. 有关公司治理的"雅芳来信"(Avon Letter)

1988年,美国劳工部在所谓的"雅芳来信"[①]中指出,根据 ERISA 的规定,养老金有义务投票选举与基金管理要求相符合的公司投票代理人。随着养老金越来越多地进行股票投资包括风险投资等,导致公司治理方面的问题不断增多,所以养老金参与人也越来越强烈地希望能够向被投资企业的管理层表达他们的看法。于是美国劳工部和证券交易委员会明确指出,选举投票代理人是养老金机构和投资基金公司的责任。

近年来,我国开始积极引导更多类型的资金进入股权投资或者风险投资领域。2008年以来,证券公司获准开展直投业务;全国社会保障基金获准投资经国家发改委批准设立的产业投资基金和在国家发改委备案的市场化股权投资基金;保险机构获得国务院批准可以投资未上市企业股权和股权投资基金;银监会颁布《商业银行并购贷款风险管理指引》[②] 允许符合条件的商业银行开办并购贷款业务,使商业银行资金进入股权投资领域成为可能。随着资金准入条件的放宽,将会有越来越多的资本涌入风险投资业。

四、创业板市场

风险投资的根本目的是获得高投资回报。无论何种来源、以何种方式组成的风险资本,在投入创业企业一段时间后,都要考虑以恰当的方式退出企业,收回投资、获取回报。因此若没有退出机制,风险资本就难以生存和持续发展。因此,怎样退出成为了风险资本首先需要考虑的因素,其中公开发行上市是广为认可的风险资本最有效的退出方式。由于风险企业一般规模较小,很难达到主板上市资格,创业板的推出就给予风险资本一种很好的退出方式。

世界上最成功的创业板市场非美国的纳斯达克(NASDAQ)市场莫属。美国引领了全球信息革命的浪潮,很大一部分功劳都要归功于纳斯达克市场为高科技企业提供了发展的资金,微软、太阳微系统、美国在线、亚马逊、谷歌、脸谱等都是在纳斯达克上市并迅速发展起来的。

我国深圳证券交易所创业板市场已经于 2009 年 10 月 30 日正式开市,为我国风险投资产业建立了退出渠道,有利于风险投资步入良性循环的新阶段。从众多已经上市的创业板公司招股说明书中,我们可以看到大量风险投资机构的存在,它们在很大程度上推动了我国中小企业的发展。

夏峰等[③]采用调查问卷分析的方法统计了截至 2011 年 9 月 30 日中小板和创业板上市公司(以下简称中小上市公司)风险投资或私募股权入股的情况。问卷反馈数据显示,有 313 家中小上市公司(占有效问卷公司总数的 41.35%)在上市之前有风险投资或私募股权入股,共计 770 家 VC/PE 机构。

绝大部分 VC/PE 入股中小上市公司的时间在公司 IPO 前 1 年以上。其中,在中小上

---

① 关于"雅芳来信"详情见 http://www.lens-library.com/info/dolavon.html。
② 商业银行并购贷款风险管理指引. 银监发[2008]84 号。
③ 夏峰,谢咏生,等. 中小上市公司发展对经济、就业及风投的影响——中小板及创业板上市公司调查报告. 证券市场导报·增刊,2011(10):24~26。

市公司 IPO 前 3 年入股的 VC/PE 数量占所有 VC/PE 的 28%；中小上市公司 IPO 前 2~3 年入股的 VC/PE 数量占所有 VC/PE 的 36%；中小上市公司 IPO 前 2~1 年入股的 VC/PE 数量占所有 VC/PE 的 27%。这一方面反映了证券监管机构对 IPO 之前的"突击入股"行为进行了较为严格的监管；另一方面也反映了我国 VC/PE 的投资风格正由 IPO 前"突击入股"转变为偏好投资初创期或成长期的中小公司，说明我国风险投资机构投资理念的逐渐成熟。

五、法律支持

一个健全的法律环境可以保证风险投资业健康、快速地发展。完善我国风险投资领域的相关法律制度，可以从以下几个方面去考虑：

（1）资本筹资环节的法律、法规完善。修改不利于拓宽风险资本筹集渠道的法律、法规，修订《保险法》、《商业银行法》等相关法律，在《社会保障法》、企业年金有关法律规定中，逐步放宽这些机构资金进入风险投资领域的条件，让风险投资的筹资渠道真正做到多元化。

（2）风险投资组织形式的法律、法规完善。风险投资机构的组织形式对风险资本的来源具有重要影响，有限合伙制是发达国家经验证的最有效的组织形式，我国目前有限合伙制风险投资机构正在成长中，有必要进一步完善《合伙企业法》以及相关税收、工商注册等配套制度，完善并落实有限合伙制的规定，为有限合伙制风险投资机构提供法律保障。

（3）完善《知识产权法》。相对于欧美发达国家，我国在高新技术知识产权方面保护力度不够。知识产权和无形资产等是创业企业最重要的资产，对知识产权的保护力度不够将严重影响创业企业的发展，进而影响风险资本的投资。

（4）完善税收制度。从美国发展风险投资业的经验来看，几次大规模的税制改革使得大量的民间资金被引进了风险投资业，为风险投资的成功奠定了坚实的基础。因此，制定促进风险投资及高新技术产业发展的税收法规非常重要。对风险投资基金和风险企业制定优惠税率（例如给予创业企业、风投基金等以所得税减免、增加研究开发费的财政补贴、给予技术转让费等的税收免除），将大大促进我国风险投资业的发展。

专栏 4-5　知识产权保护对创业企业和风险投资的重要性

关于什么是创业企业，Drucker(1985)认为，赋予现有资源新的财富生产能力的创新活动是这个定义的核心，这里的创新并不局限于研发活动或降低成本的创造性过程所产生的技术发明，它可以仅仅是一项现有技术新的应用、一个产品或服务的创新、一种做生意的新方法或新场所。但是无论它来自哪里，新资本的财富生产能力都有大量的事前不确定性。这种不确定性来源于两点：这种创新的可行性和市场接受能力是未知的、侵蚀创新额外收益的模仿进程是未知的(Kamien 和 Schwartz,1982)[①]。如果模仿很快，那就不会产生创业租金了。创业企业的租金天生地存在于消费者的珍稀性、有限模仿性、可交易性和重要性等方面，而这些是创业企业的特有资产。

创业企业通常会有两个主要的融资渠道：银行债务融资、风险资本融资。因为创业活

---

① Kamien 和 Schwartz(1982)总结了市场与技术创新问题研究的重点："技术进步的本质什么？竞争性市场能通过分配资源使技术进步在组合和时间安排变得高效吗？最有利于技术进步的市场结构存在吗？"

动建立在企业家的能力(包括天分、技能、经历、勤奋、领导能力等)的基础上,企业家将有形资产和无形资产以新的不易模仿的方法结合在一起来满足投资者需求,这种能力对诸如银行家或风险投资家这样的外部人是很难观察到的。也就是说,企业家自身的创业能力可能会影响他们引进外部人的决定以及引入银行资本或 VC 资本时支付的价格。因此,这实际上是一个信息不对称的问题。

相对于银行而言,风险投资家拥有更加专业的知识背景,能够对创业企业的价值做出较为精确的判断,从而可以更好地解决投资者与创业者之间的信息不对称问题(Sahlman,1990;Amit 等,1998)。Ueda(2004)认为,企业是选择银行还是风险投资取决于两个因素:创业企业与投资者之间的信息不对称程度,以及知识产权的保护程度。那些成长速度快、可抵押品较少、高风险和高利润率的创业企业信息不对称程度较高,因此倾向于进行风险资本融资,另外,当一国对知识产权保护较好时,也会鼓励创业企业进行风险资本融资。

本章小结

本章主要介绍了风险投资的资金来源和影响风险资本供给的因素。

由于各国国情的不同,风险投资的资金来源也不同。随着风险投资体系的成熟,资金来源越来越多样化。概括起来,主要有政府资本、私人资本和机构投资者主要的三种形式。其中机构投资者主要有养老基金、金融控股公司、保险公司、投资银行、大型工业企业等。

一般来说,影响风险资本供给的因素主要有政府支持、税收政策、资金准入条件、创业板市场和法律支持等。

风险资本　政府资本　养老基金　金融控股公司　小企业投资公司

1. 风险投资的资金来源方式有哪几种?近几年我国在这几种方式上的变化是怎样的?
2. 政府介入风险投资有哪些途径?
3. 针对完善我国风险资本资金供给体系的途径,谈谈你的想法。
4. 影响风险资本资金供给的因素具体包括哪些?

扩展阅读文献

1. 杨葵. 风险投资的筹资研究. 上海:上海财经大学出版社,2007.

本书首先以风险投资机构组织形式的制度化历程为主线,研究了美国风险投资的发展阶段及其特征;其次,围绕风险投资有限合伙制的效率主题,论证了风险投资有限合伙制是风险投资最有效的制度创新;再次,运用组合投资理论对养老金投资进行研究,指出养老金组合投资存在着内在的动力和外在的压力,组合投资资产中包括各种风险等级的投资品种,有利于养老金投资收益的提高和风险的分散,指出社保基金投资于风险投资市场在政策没有得到突破的情况下,很难获得超常规发展;最后,提出研究结论及政策建议:有限合伙制是中国风险投资机构组织形式的必然选择和制度创新;并前瞻性地指出,养老金投资于风险投资领域可以促进和完善风险投资有限合伙制度,从而推动风险投资业的发展,中国养老金投资于风险投资领域是养老金制度的重要创新。其中该书第二章的主要内容是"中美风险投资资本供给的比较研究"。

2. Drucker,P. F. ,1985,"Innovation & Entrepreneurship:Practice and Principles". Harper & Row,New York.

彼得·德鲁克(Peter F. Drucker)对世人有卓越贡献及深远影响,被尊为"大师中的大师"。德鲁克以他建立于广泛实践基础之上的30余部著作,奠定了其现代管理学开创者的地位,被誉为"现代管理学之父"。关于什么是创业企业,学术界并没给出一个统一的定义。德鲁克在1985年提出"创业型经济体系"概念,认为创新与创业精神应是今日组织、经济及社会赖以存续的主要活动。德鲁克(1985)认为,赋予现有资源新的财富生产能力的创新活动是这个定义的核心,这里的创新并不局限于研发活动或降低成本的创造性过程所产生的技术发明,它可以仅仅是一项现有技术新的应用、一个产品或服务的创新、一种做生意的新方法或新场所。但是,无论它来自哪里,新资本的财富生产能力都有大量的事前不确定性。这种不确定性来源于两点:这种创新的可行性和市场接受能力(或者说生产和需求函数)是未知的、会侵蚀创新额外收益的模仿的进程是未知的(Kamien和Schwartz,1982)。如果模仿很快,那就不会产生创业租金了。创业企业的租金天生存在于创新对于消费者的珍稀性、有限模仿性、可交易性和重要性,而这些是创业企业的特有资产。

3. Sahlman,William A. ,"The structure and governance of venture capital organizations",Journal of Financial Economics,Vol. 27,1990,pp. 473~521.

William Sahlman是哈佛商学院创业管理系的教授,也是最早在风险投资领域进行深度学术研究的学者之一。1990年,Sahlman在其著名文章《风险投资组织的结构和管理》中对风投机构的组织结构进行了首次探索。他分析了风投机构与其资金提供者以及目标公司之间的关系,深入阐释了风投机构是如何管理和运作的。对风投机构与其资金提供者之间的关系,Sahlman强调了主导二者金融合约的代理问题。他认为,风险投资的管理人/普通合伙人有很多机会来利用资金提供者,而存在的代理问题被"有限责任合伙制"的法律结构恶化。在有限责任合伙中,有限合伙人被禁止在风投机构的管理中发挥作用。为保护有限合伙人,合约需要以"风投机构做出的决定不能有悖于有限合伙人利益"的方式来设计。比如,包括对基金有效期限的限制、给予风投机构适度激励的补偿制度以及在LP和GP之间冲突解决机制的合约。对风投机构与所投资目标公司的关系,Sahlman关注了风险投资家与企业家之间的信息不对称,以及对这种不对称导致的风险投资进行监管方面的问题。Sahlman提出了一个基本理论,即风险投资家需要对资本承担义务,设计旨在"通过对目标公司的积极管理来给企业家以适度激励"的补偿计划,还要建立保持投资流动性的种种机制。

第五章 风险投资的项目选择、交易设计和管理监控

风险投资的项目选择过程主要包括4个阶段:初步筛选和商业计划书审查、创业者访谈、尽职调查和决策的最终确立。初步筛选是风险投资选择项目的第一步,在此阶段风险投资家根据所管理基金的投资策略、项目的行业特征、所处创业阶段、地理位置以及投资规模等进行项目的初步筛选。初步选定项目后,风险投资家将访谈创业者,通过直接接触了解创业者的综合素质,并进一步核实项目。由于风险投资家和创业企业家的立场及利益出发点不同,风险投资家在详细了解创业者所提供的资料后,必须通过自己对风险企业的独立调查,来全面、客观、准确而深入地评价拟投项目。经过以上阶段,若风险投资家和创业者能够达成合作意向,投资项目便可得到最终确立。

第一节 商业计划书

商业计划书(business plan)是风险投资项目选择的第一阶段。商业计划书最早出现在风险投资领域,被创业企业作为从天使投资者和风险投资家那里取得资金的一种手段。商业计划书沟通了创业者和风险投资家两端,是风险投资项目筛选过程中极为重要的一个环节。

一、商业计划书的定义

编写商业计划书的主要目的是便于企业进行投资决策以及招商融资。商业计划书在对拟建项目进行调查研究、分析论证的基础上,按照一定的格式和内容深度要求而编写,以全面展示企业及其拟建项目的现状和未来前景。

对创业企业来说,商业计划书是在创业初期叩开风险资本之门的利器之一。商业计划书强调实施方案的可操作性及对项目商业价值的研究论证,是企业未来投资的行动纲领和执行方案,也是指导企业招商引资以及说服潜在投资者对项目进行投资的重要指南。创业者要在商业计划书中清晰地表达自己项目的商业模式(或称赢利模式)、产品以及服务,并展示项目的投资价值和实现手段以吸引投资者进行投资。

对风险投资家来说,商业计划书是其初步筛选项目环节的重要依据。风险投资家的初步筛选一般分为"海选"和"精选"两阶段。"海选"阶段时,风险投资家根据风险投资基金的投资策略和风格定位,通过对大量商业计划书的浏览,高效初选出适合本基金投资的项目。初选通过的项目再进入下一轮的"精选"阶段,由风险投资家对商业计划书正文进行详细的阅读,以详细了解创业项目的业务和风险,进一步筛选出的项目将进入与创业者的访谈阶段。显而易见,风险投资家初选的两个环节都有赖于商业计划书提供的信息。

二、商业计划书的内容

商业计划书的内容一般包括摘要、正文和附录三大部分。

(一) 摘要

摘要一般位于商业计划书的第一部分,是投资人初选项目的第一印象,因此是商业计划书至关重要的部分。摘要的内容致力于项目的整体介绍,力求能够一开始就以一个整体的印象引起风险投资家的兴趣,吸引他们进一步深入地研究整个商业计划的信息。摘要应通过概括性文字,简约地传达项目的基本信息。摘要一般包括的内容有:

(1) 企业基本情况概述、经营理念;
(2) 管理团队基本情况;
(3) 产品或服务概述;
(4) 研发情况概述;
(5) 行业及目标市场预测;
(6) 营销策略方案要点;
(7) 产品制造业务流程;
(8) 企业竞争优势;
(9) 企业为实现目标所需要的资金;
(10) 融资方案要点(资金筹措、投资方式、退出方案);
(11) 财务分析和财务预测主要结果(一般为前3年财务历史数据和后3年财务预测,以及资产负债情况);
(12) 风险因素及对策。

(二) 正文

商业计划书的正文将对项目的历史及未来进行详尽的分析。一般包括以下几个部分:

1. 企业基本情况

(1) 企业名称、成立时间、注册资本及实际到位资本,其中现金到位情况、无形资产占股本比例;
(2) 企业性质、注册地点,以及境内股份与外资股份的比例;
(3) 企业沿革,说明自企业成立以来主营业务、股权、注册资本等的变动情况,并说明变动原因;
(4) 目前企业主要股东情况,包括股东名称、出资额、出资方式、股份比例等情况;
(5) 目前企业内部机构设置情况,组织结构图及本企业的独资、控股、参股企业及非法人机构等情况;
(6) 企业经营业务类型及主营业务情况;
(7) 企业目前职工情况,包括员工人数、学历及职称结构等;
(8) 企业经营财务状况,列表表示过去3~5年销售收入、利润、资产、负债、所有者权益、投资收益水平等重要财务指标情况;
(9) 企业规划的近期及远景目标,包括行业地位、销售收入、市场占有率、产品品牌以及企业股票上市等规划目标。

2. 管理团队

(1) 企业组织结构；

(2) 企业董事会成员及董事长基本情况；

(3) 总经理等经营团队基本情况，以及管理层的薪酬安排；

(4) 技术开发、市场营销、财务及其他对企业发展负有重要责任人员的基本情况；

(5) 雇佣协议、股票期权和奖金计划；

(6) 专业顾问和服务支持。

3. 行业、公司及其产品或服务

(1) 行业发展历史及趋势，影响产品利润、销售量等的行业因素；

(2) 行业竞争对手情况，阐述本企业与行业内重要竞争对手的比较情况，对比市场份额、竞争优劣势等；

(3) 市场销售有无行业管制；进入该行业的技术壁垒、贸易壁垒、政策限制等因素；

(4) 企业未来销售收入、市场份额等预测情况；

(5) 产品或服务所处行业分析；

(6) 拟投资项目的产品/服务类型、目前所处发展阶段、产品更新换代周期情况，与同行业其他企业同类产品/服务的比较，本企业产品/服务的新颖性、先进性和独特性，如拥有的销售网络、许可证、专营权、特许经营权等基本情况；

(7) 企业专利、商标、版权等知识产权情况；

(8) 企业已签署的有关专利权及其他知识产权转让或授权许可的协议情况，并附主要条款；

(9) 拟建项目产品面向的用户种类等目标市场情况；

(10) 产品执行标准等情况；

(11) 本企业产品/服务在性能、价格、服务等方面的竞争优势等情况；

(12) 产品售后服务网络和用户技术支持等情况。

4. 研发情况

(1) 企业以往的研发成果：技术鉴定情况、获奖情况、技术先进程度；

(2) 企业参与制定产品或技术行业标准和质量检测标准等情况；

(3) 国内外研究与开发情况，企业在技术与产品研发方面的主要竞争对手情况；

(4) 企业的研发投入，包括购置研发设备、研发人员工资、试验检测费用以及与研发有关的其他费用情况；

(5) 产品升级换代和保持技术先进水平，企业拟采取的措施，包括研发方向和重点、正在开发的技术产品等情况；

(6) 企业现有的技术开发资源以及技术储备情况；

(7) 企业寻求高等院校、专业研究机构等技术开发依托机构进行合作研发的模式等情况。

5. 市场调研和分析

(1) 顾客分析；

(2) 估算产品或服务的市场大小；

(3) 面对的竞争和企业自身的竞争优势；

(4) 估计的市场份额和销售额；

(5) 持续的市场评估。

6. 营销策略

(1) 产品销售费用构成、价格及制定依据，在成本、售价、产品性能、品牌、销售渠道等方面的竞争优势情况；

(2) 企业产品或服务方面的主要劣势及对营销可能造成的影响；

(3) 在建立销售网络、销售渠道，设立代理商、分销商，广告促销，产品售价，销售队伍建设，售后服务等方面的策略及实施情况。

7. 生产制造方面

(1) 产品生产制造方式，是企业自建工厂生产产品还是委托生产或其他方式，并说明原因；

(2) 对于企业自建工厂生产，说明购买厂房还是租用厂房、厂房面积、生产面积、厂房地点、交通运输、通信便利等情况；

(3) 现有生产设备情况，使用专用设备还是通用设备、先进程度如何、生产能力情况，能否满足产品销售增长等要求，需要增加设备的，说明解决方案；

(4) 简述产品的生产制造过程、工艺流程等情况，如何解决对特殊技能员工的需求；

(5) 如何保证主要原材料、元器件、配件以及关键零部件等生产必需品进货渠道的稳定性、可靠性、质量及进货周期；

(6) 产品质量保证体系情况，所需关键质量检测设备；

(7) 产品成本控制的措施等。

8. 管理情况

(1) 为保证拟建项目按计划实施，企业在组织机构、人员配备等方面的准备；

(2) 有关管理体系的认证等；

(3) 企业对管理层及关键人员采取的激励机制情况，是否实施员工持股计划；

(4) 企业与掌握关键技术及其他重要信息的人员签订竞业禁止协议、技术秘密和商业秘密的保密合同等；

(5) 企业与员工签订劳动用工合同、企业为员工购买保险等；

(6) 企业存在的关联经营和家族管理等；

(7) 企业与董事、主要管理者、关键雇员之间实际存在或潜在的利益冲突情况及拟采取的解决办法；

(8) 企业对知识产权、技术秘密和商业秘密的保护措施；

(9) 项目实施进度及详细实施计划；

(10) 企业在项目实施过程中需要的外部支持，以及如何获得这些支持。

9. 财务计划和预测

(1) 正常生产年份的真实损益表和资产负债表；

(2) 预计的销售计划、成本费用和预计的损益表；

(3) 事前试算资产负债表；

(4) 事前现金流分析；

(5) 盈亏平衡表和盈亏平衡点计算；

(6) 成本控制。

10. 融资计划

(1) 项目实施对新增投资的需要量、资金用途和使用计划；

(2) 在新增投资中，需要企业自筹、对外借贷、新增股权融资等，对外借款的抵押或担保措施；

(3) 希望让投资方参股本企业还是另行成立新企业，阐述原因；

(4) 在与企业业务有关的税种、税率方面，企业享受哪些政府提供的优惠政策及未来可能的变化情况，如市场准入、减免税等方面的优惠政策；

(5) 拟向投资方出让的权益情况及计算的依据；

(6) 未来企业的财务内部收益率、财务净现值、净资产收益率等财务评价指标的测算情况；

(7) 投资方可享有的监督和管理等权利；

(8) 如果企业没有实现项目发展计划目标，企业与管理层向投资方应承担的责任；

(9) 投资方以何种方式收回投资，具体落实和执行时间以及需要对投资方说明的其他情况。

11. 风险控制

(1) 项目实施过程中可能遇到的各种风险因素，包括政策风险、市场风险、技术风险、经营风险、汇率风险、对企业关键人员依赖的风险等；

(2) 风险控制及防范的具体措施。

(三) 附录

附录部分是整个商业计划书的补充，为上述正文所提出的内容提供尽可能全面系统翔实的资料，如管理层简历、技术资料、专利证书、产品图纸以及其他需要介绍说明的背景材料。

以上是商业计划书一般的行文格式和内容，因具体的项目特点和阶段而有所差异，但万变不离其宗，摘要、产品或服务、市场部分（包括市场、营销、竞争、管理层、融资需求和财务预测六个具体部分）基本构成了商业计划书不可或缺的三大要素。

三、商业计划书的评估

面对大量的待筛选的商业计划书，为了决定是否进行投资以及投资哪些项目，潜在投资者们必须进行全面、系统、科学、严谨的审查评估。风险投资家们通过对商业计划书的撰写内容和质量进行评价，来判断项目的潜力和创业者对企业发展前景的信心，从而决定是否进一步了解该投资项目。

(一) 对商业计划书的一般要求

由于商业计划书本身是投资项目的第一展示窗口，因此对商业计划书的评估一般有规范性的要求，包括 3 个方面：

(1) 编写格式是否清晰且富有逻辑，是否包含足够信息；

(2) 是否全面、系统、深入地研究了项目可能面临的各种风险因素及项目的可行性；

(3) 计划书中采用的数据是否真实可靠、市场分析预测结果是否令人信服、财务分析的方法是否恰当、结论是否可信、各种逻辑推理是否合理等。

（二）主要的评价标准

评估商业计划书最关键的标准就是项目的"含金量"，具体表现为：

（1）拟建项目及其依托的企业是否处于适当的发展阶段；

（2）项目的市场机会是否恰当；

（3）产品或服务是否具有竞争优势；

（4）是否拥有满意的管理层团队；

（5）能否坚定执行商业计划。

（三）商业计划书关键环节的评估要点

商业计划书的关键环节各有不同的评估要点。

1. 进入时机是否恰当

企业不同发展阶段的投资价值不尽相同，因而投资者根据自身偏好所选择的进入时机也不同。一般而言，种子期（研发阶段）和成长期（中试阶段）[①]为风险资本的最佳投资期，而推广期（小批量生产）和成熟期（已经成功进入市场）则为产业资本的最佳投资期。

2. 市场前景及营销策略

需要清晰界定目标市场和有吸引力的预期市场规模、竞争对手的市场占有情况，并重点评估对市场预测的推理逻辑是否合理，企业经营存在哪些市场风险，评估企业对目标市场的界定是否合理，目标客户群的规模及增长前景。评估市场竞争状况，分析对企业核心竞争力的界定是否恰当，市场营销计划是否完善，主要竞争优势及中长期竞争策略是否恰当，分析竞争对手对企业市场进入/增长的可能反应。评估本企业是行业业务发展模式的塑造者还是适应者，评估如何培育在行业中的核心竞争力，如何有效进入市场，分析谁会最早成为项目产品的目标市场人群。

3. 管理层团队

重点评估董事长、首席执行官、总经理以及技术开发、市场营销、财务管理等关键职位是否已有胜任人选，管理团队的最终组建方案。评估在关键职位的负责人的技能和经验，分析其担任过的高级管理职位或其他成功业绩。如负责运营的副总裁（一般在西方称为总裁 president 或者 COO，Chief Operation Officer）应有在相关领域一流企业的工作经历，具备丰富的经营管理经验，有制订营销计划、设定目标客户及客户关系管理等经验；财务总监（Chief Finance Officer，CFO）应具备银行金融、财务控制等工作经验；负责战略和业务发展的副总裁（Chief Strategy Officer，CSO）应有相关领域的重要关系网及业务拓展的成功经验；首席技术官（Chief Technical Officer，CTO）应对项目核心技术有深刻了解，掌握技术诀

[①] 中试即中间阶段的试验，一般都是指在正式投产前的试验。在确定一个项目之前，第一步要进行实验室试验；第二步是"小试"，也就是根据实验室效果进行放大；第三步是"中试"，就是根据小试结果继续放大。中试成功后基本就可以量产了。产品经理确定项目是否可做，实验室试验归属研发部门完成，"小试"和"中试"统归属中试部门完成，两个部门有各自的工艺和质量人员参与。目前的现状是中小企业的中试部门基本都是从研发部门中衍生出来的，在人员学历和素质上都不能很好地提出建设性的意见。此外，有些中试部门甚至归属于研发部门垂直管理。中试部门还主要承担与制造中心、供应链体系之间的良好、有效的沟通，包括完成一些特殊订单，这些都对中试工程师自身能力有着苛刻的要求。

窍等。评估企业管理团队是否具备营销、金融、技术和战略等方面的管理能力,评估管理团队的凝聚力。

4. 治理结构

评估是否具备一套控制和管理企业运作的制度安排,治理结构能否有效解决管理层的激励问题,各利益相关主体的权利、义务和责任是否明确,能否确保投资者在企业中的资产得到应有的保护和获得合理的投资回报。企业治理结构能否按照国际通行的规则进行安排。

5. 项目获利途径和投资回报

重点评估业务模型的选择情况、所确定的经营模式及企业盈利目标;评估项目可能的收入来源、影响成功的关键因素,分析业务模型的潜在回报是否具有吸引力。评估产品的价值定位,分析产品能为客户带来何种服务和市场价值。对拟建项目的财务计划进行详细评估,包括投资总额及其构成、项目建设期及投资进度计划、收入及成本费用预测的依据、盈亏平衡和利润等情况。

6. 技术及研发

评估所采用技术的成熟程度,是否经过中试阶段,与同类技术相比较所具有的领先地位,评估拟建项目的主要创新点,分析向消费者提供比市场上现有产品功能更强的产品或服务的途径和方式。

7. 投资者的股权安排

评估投资者所承担的风险能否与所获得的回报相匹配,股权结构安排是否合理,投资人的退出机制或者撤资方式是否可行。

8. 商业计划执行的可信度

要求商业计划书的相关部分结构清晰,目标明确,计划合理,数据翔实,并能确保该商业计划书成为未来企业的行动指南并能得到有力的贯彻执行。

当然,商业计划书是一份书面的企业投资项目规划,最重要的是内容真实、符合实际。如果执迷于商业计划书本身的格式规范、内容完美,而忽略商业赢利模式的本质,则必然"徒有其表"、造成"形式重于实质",那就偏离撰写商业计划书的根本目的了。以下专栏 5-1 是美国巴布森学院(Babson College)的教授对商业计划书的批判。[1]

专栏 5-1   揭开商业计划书的神秘面纱[2]

在通往成功的路上,你需要出示翔实的商业计划书,试问哪个企业家没有受过类似的谆谆教导?但如果问他们是否真的准备过商业计划书,他们会惭愧地低下头,似乎要找一条地缝往里钻。这是一个很大的悖论:每个人都知道商业计划书很重要,但是很少有人需要真正准备。对此,巴布森学院进行了一项持续多年的调查(该调查被誉为全美最顶尖的企业家项目之一)发现:处于起步阶段的企业,最终吸引到的投资数量或其净收入的多少,

---

[1] 美国的巴布森学院是一所很特殊的私立院校,在世界商学院的专业分类排名中,在创业学(entreprenuership)学科上一直排名世界第一。该学院的特色在于实践教学,教授们基本均具有企业家出身背景,教学内容强调应用性。因此本专栏内容对商业计划书的否定,只是反映了学术界的一种观点。

[2] 本专栏内容来自 Kate Lister:"揭开商业计划书的神秘面纱",《创业邦》杂志 2011 年第 2 期。作者曾是一位银行家、中小企业天使投资人及企业家。

与一份书面的商业计划书之间,并无必然的联系。

调研报告指出:"当今创业者最钦佩的创业英雄中,史蒂夫·乔布斯、比尔·盖茨、迈克尔·戴尔等在直面投资人时,手头并没有任何一份书面的商业计划书,但依然获得了投资,并做成了足以改变世界的大生意。"但遗憾的是,尽管早在三年前这项调研就发现了商业计划书这种奇怪的模式,却依然未能指出问题的关键所在。

千万别曲解我的意思。我举双手赞成任何企业都应该制定商业计划书,不过,我不认为摆在你面前的那份书面的商业计划书将真正奏效。书写一份商业计划书往往需要借助大量的分析数据,它通常让企业家与奇思妙想擦肩而过;而且它往往浪费了很多时间,最后形成的是一份冗长而毫无新意的公文。当成文的时候,几乎在落笔时,它就成了一个过时的玩意儿。

在制定商业计划书时,你是否应该通盘考虑更多的事情,诸如如何将设想变为现实,如何寻找自己的目标客户群,如何按时支付欠款……显然你需要涉及这些问题。在执笔之时,因为要用近乎八股体的格式按照条文书写这份商业计划书,你是否感到极度痛苦?巴布森调研项目的联席作者朱利安·兰格表示:"除非你是在参加一个商业计划书撰写竞赛,否则有这些时间,还不如到街头好好研究一下如何与潜在客户沟通更为实在。"难道投资人不看商业计划书?在我作为银行工作者的10年中,我仅仅看过一份商业计划书,而且还是过期的。在我8年的财务顾问以及20余年的借贷生涯中,从未有人需要我出示商业计划书,最起码不是你在商学院学习到的那种固定格式的商业计划书。比如,美国小企业管理局贷款担保中的贷方,可能会要求一份商业计划书,其真正意图是想看一下公司的现金流状况。

尽管大多数争取投资的商业计划书都是30~100页的大部头,但其实真正有效的是最终的可执行摘要,以及一个非常可靠的顾问的强力推荐。相信我,只要你有一个清晰的商业理念,而且其商业模式前景被看好,没有任何一个创投机构或者私人投资者,会因为缺少商业计划书而对商机弃之不顾。

常规的商业计划书最大的问题在于,都是关于企业家丰功伟绩以及公司卓越的产品性能的长篇大论,而对如何获得顾客、有哪些潜在顾客等重要内容寥寥数笔带过;然后全篇充斥着对巨大的投资回报的保证,但却缺乏应有的理论及数据支撑,这无异于异想天开。有些商业计划书可能还会在最开始就列举出投资人的股份占比情况,但这些都是基于对公司不切实际的估值之上。

能够撰写一份合乎格式的学院派商业计划书,可能可以为你在课堂上赢得一个A级评分,但在商海摸爬滚打,却不是光有A级成绩就可以的。所以停止对你的商业计划的小修小改、锦上添花之类的工作,好好想想更重要的事情吧!

第二节 企业估值

经过创业项目的初步筛选、商业计划书审查和与创业者的访谈之后,风险投资家将通过尽职调查来评价创业项目的投资价值。尽职调查是为了要论证投资决策而开展的企业调查,本质是要通过对企业的全方位深入了解,以尽可能准确地对企业的价值和风险进行评估,从而决定最终是否投资该项目。由于创业项目未来现金流的不确定性、企业所处行业的特殊性和高科技行业的特殊专业壁垒等,创业企业的估值十分困难。

一、企业估值前的尽职调查

尽职调查又称谨慎性调查(due diligence),是投资人在与拟收投资企业达成初步合作意向后,经协商一致,投资人对企业一切与本次投资相关的事项进行现场调查、材料分析的一系列活动的总称。尽职调查在金融行业里十分普遍且必要,并不是风险投资所独有,比如券商帮助企业 IPO 或者从事并购财务顾问业务等,事先也必须进行尽职调查。不过由于风险投资进行的一般是中长期投资,因此风险投资的尽职调查比其他行业更为复杂、工作量更大、范围更广,周期也更长。

(一)尽职调查的内容

尽职调查的内容一般包括:拟投资企业所在行业、企业所有者、历史沿革、人力资源、营销与销售、研究与开发、生产与服务、采购、法律与监管、财务与会计、税收、管理信息系统等,需要通过专业人士对这些问题做出评析,以作为对拟投资项目取舍的依据,其中最主要的是法律、财务和税务三方面的尽职调查。

此外,根据调查的深度,尽职调查还可分为逐步递进的三个层次:一是一般询问,主要是对要调查的内容做一个全面而概括的了解;二是业务回顾,主要考察企业过去的业务情况;三是管理考察,主要讨论公司未来的发展前景。

(二)尽职调查的方法

1. 与管理团队交流

与管理团队的交流可以说是尽职调查最关键的一个环节。尽职调查,实际上意味着投资者可能进入企业,意味着企业将会因风险投资基金的进入而发生深刻变革。所以风险投资者与创业企业家双方均必须按照自己的想法向对方坦露一切,在尽职调查中承担"坦露"工作的主要责任者是企业管理团队。可以说,只有管理团队配合尽职调查,才能真正"撩开企业的面纱"。

一个企业总要由四类人组成,一是股东,二是董事会,三是管理团队,四是企业员工。管理团队是其中最重要的控制枢纽和发动机——董事会战略决策要由他们执行,投资者和股东的资产由他们运作,员工要由他们组织管理。管理团队实际上是尽职调查最重要的考察对象。管理团队在尽职调查中的表现客观上既能反映管理团队的德才、对投资项目市场前景的信心、对未来困难的预计和管理层发现和解决问题的能力,也能揭示公司治理的基本状况和风险。所以与管理团队的直接交流,是风险投资家评估投资可行性必不可少的重要环节。

2. 与其他利益相关方人员交流

为了更好地了解创业企业及其管理团队,投资人还可以通过与相关人员的交流来进行尽职调查,包括电话或当面访谈等。此处的相关人员包括两部分:一部分是了解管理层的相关人员,比如创业者过去的投资者和业务伙伴,了解内容主要涉及管理层的德与才;另一部分是了解创业企业情况的相关人员,比如企业的客户、供应商、竞争对手等。

(1)与创业者有关联的各种人士,比如过去的投资者和业务伙伴。这有点类似于人力资源的交叉评价,从中可以了解创业者的能力和品行,以及创业者在社会群体中的角色差异。但被访谈者是否客观公正、对人和事的评价是否正确、能否真的了解创业家的内心都值得注意。

(2) 当前或潜在的客户。客户最能反映市场,通过访谈客户,考察产品或服务的市场容量与扩张潜力是否与商业计划书相一致,从而判断产品/服务的市场潜力。

(3) 供应商。通过与供应商交流,投资人一方面可以了解企业生产所需的原材料和设备供应是否充足、价格水平和走势如何,以及生产能力是否具有竞争优势;另一方面可以了解企业支付货款的能力和财务信用状况。

(4) 竞争对手。由于竞争的需要,最了解创业企业的关联方往往是创业企业的竞争对手。因此从竞争对手身上了解到的创业企业的产品、技术研发水平、竞争优势、市场占有率以及管理水平等信息往往很有价值。

(5) 专业人士。创业企业一般是高新技术企业,其产品具有一定的专业性,因此要了解创业企业的产品,时常需要某一领域的专业人士对产品的特性和竞争优势进行论证。除此之外,与创业企业常有合作的中介机构——会计师事务所、律师事务所以及商业银行等,也是风险投资家了解创业企业融资、偿债、资信状况和诉讼历史等的有效渠道。

(6) 其他相关人员。投资人还可访谈其他相关人员,比如一起参投的其他风险投资家,或投资人曾投资过的其他企业管理人员,听取他们的意见。

3. 实地考察

实地考察是风险投资家尽职调查中必不可少的一项内容。风险投资家很有必要亲自到创业企业的生产经营场所去实地调研企业的生产设施、工艺流程、研发状况和销售渠道建设等,深入到公司经营的一线去开展交流与访谈。"百闻不如一见",只有通过实地考察,投资人才能直观地核实商业计划书中陈述的资产状况、产品服务及研发情况,以及感受管理团队的真实经营能力和管理水平等。

对风险投资家而言,钱一旦进入企业,真正控制钱的实际上就是企业家,投资人基本处于博弈的弱势地位,若等到交易合同中的约束惩罚条款起作用时,实际上投资已经失败。在这个意义上,事先的尽职调查是极其重要的。许多风险投资的失败案例,究其原因或多或少都与尽职调查不完善有关。

二、企业估值

风险项目选择的下一步是估值阶段。企业价值评估是为了分析和衡量企业的公平/公允市场价值,对企业整体经济价值进行判断、估计的综合性评估。这是风险投资中最重要的环节之一,决定着交易价格,并对未来的投资收益有决定性的影响。下面我们将介绍几种比较常用的企业估值方法。

(一) 收益法

收益法是将企业预期收益资本化或折现以确定企业价值的方法。收益法的基本思想为:企业价值的大小在于未来盈利能力的高低,因此应使用企业的未来收益来衡量价值。在实际操作中,收益法一般先估算出企业资产的未来时间轴上的现金流量,然后确定贴现率,再将未来所有现金流贴现加总得出企业价值。常见的收益法计算方法有以下三种:

1. 红利贴现法(DDM法)

$$EV_0 = \sum_{i=1}^{n} \frac{D_i}{(1+K_e)^i} + \frac{P_n}{(1+K_e)^n}$$

其中，D_i 表示第 i 期的分红，K_e 表示权益资本的成本，P_n 表示 n 年后的出售价值。红利贴现法的前提条件是企业经营状况良好，有稳定的利润可以分红。由于风险投资的目标企业一般处于成长阶段，经营活动很难形成稳定的收入，同时创业企业需要资金进行投资建设，不可能实行稳定的分红政策，所以红利贴现方法不太适合于风险投资项目的估值。

2. 自由现金流贴现法(FCFE法)

$$EV_0 = FC + \sum_{i=1}^{+\infty} \frac{\text{FCFE}_i}{(1+K_e)^i}$$

其中，FC 为当期净资产，FCFE_i(free cash flow to equity)为第 i 期的股权自由现金流，自由现金流是企业在预留出投资需求以后能够分配给股东的最大现金流或者最大留存收益。K_e 表示权益资本的成本。

自由现金流贴现法不受公司分红政策的影响，只受到经营性现金流量和资本性支出的影响，是一个客观性强的财务指标。但是自由现金流贴现法的前提是经营性现金流稳定可测。对于正处在成长期的企业来说，经营尚没有走上正轨，往往需要大量投资进行扩大再生产的基础建设，自由现金流大部分时候很低甚至为负值。所以对于创业企业的价值评估，自由现金流贴现法一般也不适用。

3. 经济增加值贴现法(EVA法)

EVA法认为，一个企业的成本不仅包括会计上的营业成本还包括资金运作中的资本成本。

$$EVA = NOPAT - Capital \cdot WACC$$

其中，NOPAT 为税后净营业利润(＝税后净利润＋利息费用＋少数股东损益＋本年商誉摊销＋递延税项贷方余额的增加＋其他准备金余额的增加＋资本化研究发展费用－资本化研究发展费用在本年的摊销)；WACC 为资金成本，即在目标资本结构下，债务融资成本(税后)、优先股资金成本、普通股资金成本的加权平均值：

$$WACC = W_d \cdot r_d + w_p \cdot r_p + W_e \cdot r_e$$

则公司的价值为：

$$EV_0 = \text{Capital}_0 + \sum_{i=1}^{+\infty} \frac{\text{EVA}_i}{(1+\text{WACC})^i}$$

式中 Capital_0 为期初投入资本，由于 EVA 指标将目标锁定于企业的经济利润而非会计利润，能够客观地反映人力资本、管理制度、经营模式等综合因素，估算企业的真实价值。但是 EVA 法的前提条件是企业具有明确的资本分配情况，而作为风险投资目标的中小型企业一般资本结构往往并不稳定，也无法精确确定其资本成本，所以 EVA 法在实际应用中受到一定限制。

(二) 市场法或相对估值法

市场法是将估值对象与参考的同类企业、在市场上已有的相似交易案例等进行比较以确定估值对象价值的方法，也称相对估值法。常用的为市盈率估值法(PE)和市净率估值法(PB)。

1. 市盈率估值法（PE）

市盈率估值法是实践中常用的估值方法，目标企业价值为：

$$EV = PE \times 净利润$$

实践中，PE倍数大多随行就市，净利润用上年度的净利润做计算基数，有时也使用当年预测净利润做计算基数。市盈率的优点在于其能够反映企业的盈利能力，能够把人力资本、企业家才能等各种生产要素的作用综合考虑进来。适用于有形资产较轻，主要依靠人才、技术和商业模式盈利的行业。也适用于医药、农业、食品加工、快速消费品等弱周期行业。但对于周期性较强的行业不适用，如钢铁、汽车、机械、化工、家电、纺织等制造业的各行业部门和矿业等资源类行业，不适于市盈率估值方法。

2. 市净率估值法（PB）

市净率估值法的计算公式是：

$$EV = PB \times 账面净资产$$

市净率法与市盈率法正好形成互补。PB法仅能反映会计方法能够核算的资产，不能反映人力资本、企业家才能、管理制度、经营模式等要素，不能反映企业的盈利能力。但PB法的优点为：一是可以规避周期性行业的波动性；二是可以防止净利润指标被操纵；三是可以衡量陷入困境企业的价值（没有盈利也缺乏现金流的企业只能用PB法估值）。PB法主要适用于制造业中的强周期性行业、矿业等资源类行业以及财务困境中企业等。PB法不适用于固定资产较少的第三产业的企业。

（三）资产基础法或成本法

资产基础法或成本法是指在合理评估企业各项资产价值和负债的基础上，将企业的全部资产和负债进行加总，从而确定估值对象价值的方法，包括企业整体评估的重置成本法或单项资产评估加总法。成本法的基本思路是，一项资产的价格不应高于重新建造或购买具有相同功能资产的成本，否则买方将会选择重建。

但是由于创业项目高风险、高成长性的特点，成本法在风险投资中的使用比较少。首先，成本法是一种静态的评估方法，在兼并收购、合资或合作经营、企业资产抵押贷款、经济担保等情况下使用较为普遍。但在应用过程中，作为一种相对静态的评估方法，成本法更多反映的是企业的历史状况和现有状况，而无法准确反映企业未来的动态发展状况。其次，成本法假定初创企业的价值等同于已使用的资金总和，而没有考虑初创企业的无形资产价值以及未来发展前景。最后，成本法一般都没有考虑初创企业中人力资本的价值，而这对初创企业来说，却是较为重要的一个价值因素。所以，采用成本法对初创企业进行评估很有可能会低估其合理的价值。

（四）估值方法的拓展

从20世纪70年代后期以来，人们对包括现金流折现法在内的多种估值方法提出了批评，认为这些方法在很多情况下对创业企业的估值不够合理，忽视了创业者、管理者根据环境变化而调整项目和企业运作的弹性，尤其是面对新经济浪潮中大量拥有人力资源和品牌资源的高新技术企业。由此产生了对风险企业特有的实物期权法和风险资产法。

1. 实物期权法

实物期权法是指以金融期权为参照，为企业管理者提供了如何在不确定性环境下进行战略投资决策的思路和方法。

实物期权估值的思想源于对风险投资项目性质的分解。国内外的风险投资经验都表明,对创业企业进行投资具有以下性质:第一,期权性质。投资人对初创企业的投资就像购买了一份期权,一旦初创企业成功将获得巨大收益,而如果初创企业失败,则损失就是投入的风险资本。第二,投资人虽然向初创企业投入资本而获得初创企业的一定股权,成为了初创企业的股东,但投资人的目的却并不是拥有初创企业,而是在初创企业增值后出售其所占的股权以获得投资收益。所以在本质上,投资人仅将初创企业看成是一种商品,相当于以投入的资本作为期权费,购买了一份看涨期权。很多初创企业的价值实际上是一组选择权的价值,因此在评估一家初创企业的价值时,对其发展前景、人员配置,尤其是其拥有什么样的机会和选择权的分析论证,将是影响评估结果的关键。根据以上分析,企业或者投资项目的价值来自于目前企业所拥有资产的使用,再加上一个对未来投资机会的选择权价值。

在期权定价中,最为著名的模型即布莱克和舒尔斯于1973年提出的Black-Scholes期权模型,期权的计算包括如下等式:

$$c = SN(d_1) - E_e^{-rT}N(d_2)$$
$$p = E_e^{-rT}N(-d_2) - SN(-d_2)$$
$$d_1 = \left[\ln\left(\frac{P}{E}\right) + (r + 0.5\sigma^2)t\right]/\sigma\sqrt{t}$$
$$d_2 = d_1 - \sigma\sqrt{t}$$

其中,C为看涨期权价值,P为看跌期权价值,S为标的资产的现行价格,E为期权的执行价格,r为无风险年利率,T为到期期限,σ为标的资产年回报率标准差,t为距到期日的剩余时间(以年为单位),$N(d_1)$为标准正态分布自$-\infty$到d_1的累积概率,$\ln\left(\frac{P}{E}\right)$为$P/E$的自然对数。

期权定价模型更准确地描述了风险投资行为,为企业估值提供了新思路,与收益法相配合还能更准确地评估创业企业的价值。当然,期权定价理论也有其局限性,比如,如何确定初创企业究竟拥有哪些现实选择权,如何对现实选择权进行合理定价等。另外,对构成初创企业价值重要因素的管理者管理能力、企业外部环境因素等也很难估算到位。

2. 风险资产法

除了期权法外,对不少投资人来说,投资初创企业虽可能获得高收益,但也具有很高的风险,初创企业经营失败的案例也不少。所以有人将初创企业当做是一种风险资产,而采用风险资产法来评估其价值。风险评估方法采用线性代数方法量化模型中的各主要风险因子,最后通过计算结果确定风险资本的价值。这其中比较有名的是美国Santa Clara大学的Tebjee和Bruno教授[①]提出的模型。他们根据调查投资人的习惯,总结出影响初创企业价值的四大类因素:产品市场吸引力、产品差异度、企业管理能力和对环境威胁的抵制能力。其中,对产品市场吸引力、产品差异度设定期望收益率,对企业管理能力和对环境威胁

---

① Tyzoon T. Tyebjee, and Albert V. Bruno., "A Model of Venture Capitalist Investment Activity". *Management Science*, Vol. 30. 1984, pp. 1051~1066.

的抵制能力设定风险权数制定出相关估值模型。当然，这样的估值方法需要经过不断的修正才能达到目标。但由于模型比较复杂，在量化和权重设置等方面都没有普遍适用的方法，因此结果仅是具有参考价值。

（五）对估值方法的进一步认识

毫无疑问，上述对企业的估值方法对风险投资来说是极其有用的，当确定要投资一个项目的时候，选择一两种有效的办法对企业进行价值评估，对 VC 进入目标企业的谈判至关重要。但这还远远不够。

VC 面对的企业处于不同的发展时期，各个企业的行业、市场、产品、管理者千差万别，其面临的问题也更多。VC 首先要对企业有一个定性的判断，这个判断过程中就隐含着对企业价值的评估。一般地讲，轻资产、高收益的创新型企业更受 VC 的青睐，VC 期望的是能获得超额利润的企业，这样的企业一定有自己独特的方面，无论市场、技术、管理还是运营模式。突破常规的创新往往是这些企业的特点，这些创新足以构成企业的一种核心竞争力。

VC 真正的实力在于投资更早期的项目，这些企业的价值尚未被人发现，甚至有些企业还处于生存抑或消亡的边缘，这些企业的价值如果用传统的方法进行评估，可能 VC 永远不能有别于其他实业投资而获得超额利润。创新的模式、广阔的市场、激情的团队、诚实的经营理念……都将成为增加企业价值的因素。

VC 注重的是企业的价值，全部要素综合的价值。有时一项技术、一个创新、一个团队在 VC 心目中的估值要高于厂房、设备甚至现金流。这种非常规的估值方法才能找到非常规的企业，才能获得非常规的利润，这恐怕就是 VC 的魅力所在。

总之，VC 对企业的估值与定价，是以传统定价模型为基础，同时考虑无法以货币计量的因素。在综合考虑之后，通过谈判给企业一个"适合"并尽量"合理"的估值和定价。在 VC 发展的不同阶段对企业可能有着不同的估值，在 VC 行业内部，往往根据行业的普遍认可程序，有参照地对同一类企业进行估值与定价。这也正是企业估值的基本原则："基本面决定价值，价值决定价格。"

第三节　双向选择标准

一、风险投资家选择项目的标准

在浏览商业计划书并进行项目的初步筛选，以及对创业企业尽职调查的过程中，VC 投资家会根据多年丰富的投资经验所形成的洞察力和判断力来选择企业，期间会形成一些常见标准。下面我们将具体阐述。

（一）创业企业的综合能力

风险投资的最终目标就是要通过投资到高成长性的企业以获得财务增值，而企业的高成长性很大程度上取决于创业企业的综合能力，其中包括创业者的个人品质、创业企业的组织协调能力、成功经验、营销能力、生产能力等。

1. 创业者和管理层的能力和素质

创业者和管理层的能力和素质是风险投资项目走向成功的关键因素之一,主要考察的内容包括创业者的德与才、应变能力和心理素质、历史的经营业绩和对成功的渴望,以及管理人员的管理、财务、营销的专业技能等。

2. 创业企业的组织协调

组织设置的合理是企业工作人员协调作业的基础。高风险的高新技术项目涉及的工作繁多而且复杂,需要设置专门的机构、专业化的人才和有针对性的岗位进行管理。合理的机构设置能够保障工作的顺利进展,同时还能避免因机构设置臃肿而造成的工作效率下降。

3. 创业企业的成功经验

对于高新技术项目来说,新的技术、产品将给创业企业带来前所未有的困难。如果创业企业工作人员有类似的成功经验,他们会更加自信并迎难而上,风险项目成功的概率将会增大。

4. 营销能力

创业企业的营销能力主要是指企业已经建立的营销理念、市场开拓能力、营销手段等。成功推出新产品的经验、合理的营销手段和营销计划能够增加高新技术新产品推出市场后获得成功的概率,也就增加了高新技术项目成功的概率。

5. 生产能力

创业企业的生产能力是指生产设备、生产人员素质、生产经验、生产资源等特征。若创业公司拥有自己推出的高新技术新产品的生产能力,不仅能减少 VC 的投入规模,而且能够减少生产风险。

(二)产品与技术

产品与技术因素是高新技术项目投资者最应该关注的因素之一。其中产品所处行业、新产品与现有产品的差别优势、新产品所处研发阶段、技术可靠性、适用性、先进性等因素最受 VC 的关注。如果产品关键技术的知识产权掌握在别人手中,那么高新技术产品的生产将存在风险。

1. 高新技术新产品所处行业

VC 对高新技术新产品所处行业非常关注甚至对某些行业存在特殊的偏好,特别是在某些行业已经有成功经验的 VC 投资者。而对于高新技术行业来说,政府也会对某些行业有政策导向,这些行业可以获得包括税收的豁免等政府资助,因而相对于其他没有政策扶持的行业,投资成功的概率大大增加。

2. 高新技术新产品与现有产品的差别化优势

新开发的高新技术产品能否在功能上区别于现有的产品和服务,即能否为顾客提供新功能或者能降低顾客的使用成本将影响产品的成功。能满足新的需求并能为潜在顾客所接受的产品,将带来超额利润并获得成功;而相反,由于技术服务不配套而不能被顾客接受,或者因为高新技术反而增加了顾客的使用成本的产品,则很有可能在商业上失败。

3. 高新技术新产品所处研发阶段

高新技术产业要经历技术酝酿和发明、实验室研究、中间试验和规模生产 4 个过程,而风险投资也有投入种子期、导入期、成长期和成熟期4个不同过程企业的区别。根据以往的投资经验,大部分 VC 愿意投资于高新技术产品的导入期与成长期,此时的产品核心技术已经成熟、可以制造成品或者已可以试着投入市场,相对来说会比投资种子期的企业风险较小,技术研发风险由创业企业承担,这样的项目投资成功的概率也会增加很多。

4. 高新技术产品的知识产权状况

作为高新技术产品,关键技术知识产权必须掌握在创业企业的手中,虽然这可能会增加企业很多的成本,但是对于 VC 投资者来说是很关键的,这能够增强投资者成功的信心。

5. 新产品技术可靠性和适用性

技术可靠性是指现有产品或技术接近最后完工成型产品的程度及产品在规定条件下和规定时间内无故障地发挥特定功能的概率,这要求工程技术和产品技术的完善。新产品的技术越可靠,适用越广泛、越容易推广,该产品项目就越能成功。

6. 新产品技术先进性

作为高新技术产品,技术先进能够提高竞争企业的模仿难度,从而确立跟随企业进入的壁垒,减少新产品的市场竞争者。

(三) 市场特征

产品或服务最终都要通过市场进行销售和交易,市场特征影响高新技术产品的销售,也影响高新技术项目的成功,是 VC 选择项目的重要标准之一。市场标准又可分为市场进入壁垒、购买能力和竞争状况三个因素。市场壁垒包括研究费用、生产费用、管理费用、营销费用、高技术人才等障碍。市场购买能力则是要衡量该行业的目标客户流是否集中,以及目标客户的行为是否会影响新产品的市场价格。市场竞争主要是通过与替代产品的竞争来体现的,无替代品的产品获得超额利润的概率会大大增加。

(四) 环境特征

科技环境、经济环境和政策环境等也是影响 VC 选择项目的标准。其中政策环境主要是指创业企业所在地区对高新技术新产品所属行业是否有政策鼓励导向和优厚的扶持政策。经济环境指创业企业所处的国家或地区的经济繁荣程度。科技环境标准则以创业企业所处地区的研发主体和研发力量(包括研发人员数量以及研发支出)等衡量。比如,美国风险投资集中的创业企业集聚在加利福尼亚州和马萨诸塞州,与加州的斯坦福大学和麻省的麻省理工学院等著名教学科研机构有密切关系。

(五) 投资报酬与退出因素

投资报酬与退出方式也影响 VC 项目的选择。投资收益率是风险投资家最为关注的指标之一。因为 VC 手中的资金是有限的,为了增加投资获益率,也为了减少风险,投资者不可能将所有资金投入到一个项目当中,项目的预期收益率决定着 VC 的投资优先顺序等。

(六) 投资者的偏好

VC 投资者对项目的选择标准还包括投资者的规模偏好、行业偏好、风险偏好和地域偏好等。

以上是风险投资家常用的项目筛选标准,但不同的风险投资家因为各自不同的投资风格和经验,其筛选标准不尽相同,或者侧重点也会有所不同。可以说,VC 对项目的选择实际上是没有固定标准的,主要依据风险投资家的投资经验和洞察力。

二、创业企业选择风险投资家的标准

在风险投资的项目选择过程中,不只有 VC 对创业企业的单项选择,好的项目往往会有很多投资人抢夺,因此创业企业也会从自身的特点、需求和利益出发,选择最利于自己的风险资本,选择更能充分地体现自己新产品、新技术及创业才能价值的投资方案。适合的投资人不但能带来资金,还能为创业企业提高管理水平、拓展市场渠道和改善研发能力等发挥作用,从而带来企业价值的增加。

(一)风险投资机构的性质

不同的风险投资机构的投资理念、行业偏好、社会人脉积累和组织形式也不同。因此创业企业在选择投资机构时,并不只是依据 VC 机构的名声和资金规模来作为选择标准,而是要选择最适合自身发展的投资机构。最好的投资机构是投资策略与企业所处行业吻合、有相当的行业积累、能为企业真正带来增值的投资人。

(二)风险投资机构的业绩

创业企业对 VC 投资人的历史业绩也会进行尽职调查,因为历史业绩在某种程度上代表着该投资人的战略眼光、经验积累,以及能够为企业带来的增值服务水准。

(三)管理参与程度

VC 是否参与企业的管理以及参与管理的程度,也是影响创业企业选择的重要标准。因为不同的创业企业会因其生产特点产生不同的经营风格,对经营的独立性一般都有绝对的要求。若要平衡 VC 投资人带来的诸如产业咨询等增值服务和创业企业经营独立性之间的矛盾,创业企业家一开始就必须选择与自己管理风格相融洽的投资人,并事先制定好彼此合作的规章制度,防范最终因 VC 管理参与度问题导致的矛盾而分道扬镳。[①]

(四)退出计划

VC 投资人最终追求的是财务增值,因此退出是必然的事件。风险资本拟定的退出变现的时机和方式,应成为创业企业的重要考量标准。创业企业要从自身的利益最大化出发,对投资人的退出方式(首次发行上市、转售、并购或企业回购等)仔细考虑,选择适合企业发展的 VC 退出方式。

专栏 5-2　VC 在估值谈判中的奥秘——估值·回报·期权·对赌[②]

对企业的估值,是创业企业引进风险投资(VC)时绕不开的关口。VC 一方面要对企业的业务、团队、规模、发展趋势、财务状况等因素感兴趣;另一方面也关注企业的估值——这和我们在市场买东西的道理一样:满意产品质量和功能,还要对价格能接受。

价值评估,是资本市场参与者对一个企业在特定阶段价值的判断。对非上市企业,尤

---

① 关于 VC 管理参与度问题,请见本章第五节。
② 桂曙光. VC 在估值谈判中的奥秘. 经理人,2008(7).

其是创业企业的估值谈判,极富挑战性。其过程和方法,隐藏着一些不为常人所知的奥秘。

(一)企业家对估值认识的误区——企业价值≠权益加总

一些传统行业的企业家,往往错误地认为:VC一定会要求自己企业要有多少固定资产、多少净资产,以此权衡企业是否有投资价值。按照他们的一般思维,将会计报表上的各项权益加总,就得到了企业的"总价值",最多再在净资产的基础之上溢价。然而,对于很多初创企业,或者对于没有太多净资产的成熟企业的企业家来说,融资的时候常会困惑:估值多少才会让VC接受,而自己又不"吃亏"呢?

另外,有些早期企业可能已经投入了很多资金,但业务还没有开展起来。于是,创业者便认为:我的企业价值,至少要比我已经投入的资金多吧!

然而,资本市场上的VC却不是这种思维。VC并非单纯购买企业的资产,更不是承担企业已经发生的成本。他们看重的是企业未来的盈利能力(潜在盈利能力),以及企业成长空间。所以,VC眼中企业的价值绝不是简单的"权益的加总",或投入的"沉没成本"。因此,VC通常用"P/E倍数"的方式对企业估值,或用现金流贴现方式对企业估值,而非简单的"权益加总"。

【案例1】

A游艇休闲俱乐部创立了1年左右,老板已经投资2亿元人民币,并进行了一些前期规划、关系梳理、海域租赁等方面的工作。但是,因为企业目前尚未发展会员,也就没有任何业务收入。俱乐部的财务人员了解一些常用的估值方法,但认为都不太适合用在他们身上。更重要的是,公司前期已经投入了2亿元资金,估值如果少于这个金额,老板绝对不会答应。因此财务顾问给的建议是:先按常规的估值方法做出一个估值,再去跟投资人谈,但是以已经投入的资金额(2亿元)作为底线。

其实,企业在和VC进行估值谈判时,完全可以撇去各种看似纷繁复杂的财务估值方法,应先认真地自问:企业是不是一定需要VC的资金?没有这笔资金企业就无法长大或者活下去了吗?另外还需要换位思考:VC不投资你的企业,是不是活不下去?他的资金是不是没有其他地方可以投资了?

企业如果和VC达成3年或5年的长期合作,那么,即使在估值上有所让步,这点所谓的损失是微乎其微的。因为VC的资金及其他增值的服务,能帮企业把蛋糕做大。对长期合作而言,投资协议上的关于企业经营管理方面的条款,可能对企业家更为重要,这些条款对企业未来价值的影响更为重大。企业家为使VC在其他条款上宽松友好,而在估值上做些让步,这是值得的。

(二)VC估值的一个最基本前提——回报要求

"企业估值"看似深奥和神秘,但实际上,有时这些估值方法出奇地简单。VC通常用反推的方式,以"投资回报倍数"估值。比如,VC对早期投资项目的回报要求是10倍,对扩张期和后期投资项目的回报要求是3~5倍。10倍是不是看起来有点暴利?下面的标准风险投资组合可以做出解释(以10个投资项目为例):

(1) 4个失败;
(2) 2个打平或略有盈亏;
(3) 3个2~5倍回报;
(4) 1个8~10倍回报。

尽管 VC 希望其所投资的企业都能成为下一个微软、下一个 Google……但是,现实就是这么残酷,只有百分之一甚或万分之一的机会,才能投资到这样赚几百上千倍的企业。现实中,VC 通常要求在成功投资的企业赚 10 倍或者更多,来弥补其他失败的投资。

假设:VC 投资一个早期企业,4 年后,该企业以 1 亿美元上市或被并购(这是目前类似企业上市或并购的平均估值),并且假设期间没有后续融资。运用"10 倍回报"的原则逆推,VC 对企业的投资后估值就是 1 000 万美元。如企业融资额是 200 万美元,并预留了 100 万美元的期权(给职业经理人团队),VC 对企业的投资前估值即为 700 万美元。

VC 对初创企业估值的经验范围,是 100 万~2 000 万美元,通常的估值区间则是 300 万~1 000 万美元。通常,初创企业第一轮融资金额是 50 万~1 000 万美元,出让的股权比例约 20%~40%。

企业最终的估值,除受"预期回报倍数"影响外,也会受到 VC 间竞争的影响。如果目标企业被很多投资人追捧,那么,有些投资人可能会愿意降低自己的投资回报率期望,以高一点的价格拿下这个投资机会。

【案例 2】

甲曾为 B 医药技术公司操作第一轮 VC 融资(约 500 万美元)。该公司在找甲寻求融资顾问服务之时,正在跟国内知名风险投资公司 L Capital 谈投资事宜。但尚未进入实质性谈判阶段,VC 经过 6 个月的调研、沟通后,仍未表达明确的投资意向。甲接受 B 公司委托后,在 1 个月之内,将其推荐给国内最知名的几家风险投资公司(美元投资基金),这些公司都表示了极大的兴趣。其中 S 基金在跟 B 公司创始人见面的第二天就出具了投资意向书,他们甚至愿意投资 1 000 万美元,P/E 估值倍数为 10 倍。另外,G 基金报价也是 1 000 万美元左右,但给企业的 P/E 估值倍数为 14 倍!这个倍数是在国内 VC 投资领域比较罕见的高倍数。

当然,这些消息没有逃过 L Capital 的眼睛。他们很快就找 B 公司创始人,立刻出具了一份非常优惠、友好的投资意向书。虽然价格比 S 基金和 G 基金都低,但其他条款上非常宽松,而且企业家也认为 L Capital 的合伙人比较容易沟通,也不"贪婪",最为重要的是,L Capital 的国内资源可以对 B 公司业务上有更多帮助。

最终,B 公司——这个被 VC 追捧的香饽饽,经过综合权衡,最终选择了 L Capital 这个相对满意的合作伙伴。

(三)VC 在估值时常埋的一个陷阱——期权设置

如果一家企业接受 100 万美元 VC 投资后,估值为 500 万美元,那么投资人的股份就是 20%,企业投资前的估值理论上应该是 400 万美元。

但通常的情况是,投资人会要求企业拿出 10% 左右的股份作为期权(又称"期权池",用于以后分配给管理团队),期权的价值就是 50 万美元。VC 常要求在投资之前,由原始股东拿出期权,那么投资前的企业实际估值,就由 400 万美元变成了 350 万美元:350 万实际估值+50 万期权+100 万现金投资=500 万投资后估值。相应地,创业企业家的剩余股份只有 70%(350 万/500 万)了。

VC 之所以要求把期权放在投资前估值中,原因有以下 3 个:

第一,期权仅仅稀释原始股东(企业家)的股份。如果"期权池"是在投资后估值中,就会等比例稀释创始人(普通股)和 VC 投资人(优先股股东)。比如,如果 10% 的期权在投资后估值中提供,那么,投资人的股份就变成了18%(20%×90%=18%),企业家的股份则变成了72%(80%×90%=72%)。

可见,投资人在这里占了企业家2%的股权的"便宜"。

第二,"期权池"占投资前估值的份额比想象的要大。在本例中,期权占投资后估值的10%,但是却占投资前估值的12.5%(50万期权/400万投资前估值=12.5%)。

第三,如果企业家在下一轮融资之前出售企业,没有发行的和没有授予的期权将会被取消,这就是"反向稀释"。创始人股东在一开始就"买了单",但所有股东都等比例受益。比如:10%期权中有一半(5%)没有授予,这些期权将会被按股份比例,分配给当时所有股东。所以,VC应该可以拿到1%(20%比例),原始股东拿到4%(80%比例)。企业的股权结构变成:

$$100\% = 原始股东74\% + VC投资人21\% + 管理团队5\%$$

换句话说,企业家的部分投资前价值,进入了VC的口袋。

风险投资行业都是要求期权在投资前安排。企业家唯一能做的,就是尽量根据企业未来人才引进和激励规划,确定一个小一些的"期权池"(比如5%),把这些期权预留给在下一轮融资之前的管理团队。如果有后续融资,VC投资人和创始人一起再设置一个"期权池",大家共同买单。

(四)估值分歧的解决——对赌条款

VC给企业估值常用"P/E倍数"法(市盈率法)。

$$投资后企业估值(P) = P/E倍数 × 投资后一个年度的预测利润(E)$$

在目前国内企业首轮融资时,投资后市盈率大致为8~10倍。对不同行业的企业和不同发展阶段的企业,P/E倍数不太一样,成长性差一些的传统企业,可能只有3~5倍。

如果预测投资后第一年企业的利润是100万美元,采用10倍P/E,投资后估值就是1 000万美元。如果VC投入200万美元,所占的股份就是20%(但是,此方法对短期内无法盈利的企业不适用)。

VC跟企业家在"P/E倍数"上达成一致后,最大的谈判点,就在于预测利润额了。对于预测利润额,VC和企业家常会有分歧——VC认为企业家达不到其预测的利润;而几乎所有企业家都会说"这个预测甚至是保守的!"这时,在投资协议里就会出现"对赌条款",按未来实际实现的利润,对企业价值和股份比例进行重新计算和调整:

$$投资后企业估值(P) = P/E倍数 × 投资后一个年度的实际利润(E)$$

在案例2中,如果投资后一年企业只实现了50万美元利润,那么投资后估值就只有500万美元。相应的,VC应该分得的股份应为40%,企业家需要拿出20%股份来补偿VC。

$$200万/500万=40\%$$

当然,这种对赌情况是比较"彻底"的,有些投资人也会相对"友善",给一个"保底"的估值。案例2中,VC可能要求按照公式调整估值,但是承诺估值不低于800万美元,此时企业的估值便不是500万美元,而是800万美元了。投资人应该获得的股份就是25%:

$$200万/800万=25\%$$

对赌协议,除了可以用"预测利润"作为对赌条件外,也可采用其他条件,比如,收入、用户数、资源量等,进行对赌。但有些企业家会感到迷惑:达不到预测利润,会降低企业估值;

那如果利润超过预测,是不是可以提高企业估值呢?答案自然是否定的。VC当然希望你做得越大越好,但是如果估值也可以往上调整,VC还赚什么?为什么要投资这家企业呢?

【案例3】

C电子商务公司融资时,H Capital出具的投资第一份意向书中的估值条款如下:

如果公司2007年达到300万美元净利润,投资人给企业的投资后估值是2 400万美元。如果公司达不到上述净利润,投资后估值如下调整:

$$投资后估值 = 2007年净利润 \times 8$$

C公司创始人认为,此对赌条款会严重影响公司的长期发展战略。因为他可以操纵2007年的利润,比如,把2008年利润前移、减少市场推广力度等;另外,万一做不到预计的300万美元净利润,根据投资人的投资额,会导致公司出让超过50%的股份,所以创始人不答应VC的这个估值方式。于是,VC又出具了一份投资意向书,将估值方式做了重大变更:如果公司2007年达到270万美元净利润,2008年达到500万美元净利润,投资人对企业的投资后估值是2 700万美元。如果公司达不到上述净利润,投资后估值将进行如下调整:

投资后估值为以下两者中的较低者:

(a) 2007年净利润×10;

(b) 2008年净利润×5.4。

但是估值调整后,投资人的股份比例不超过49%。此方法考虑了公司近期目标和长期的发展;另外,也给创始人一个保底的股份比例(>51%)。第一年10倍的P/E和第二年5.4倍的P/E也是个非常不错的倍数。

(五)总结

企业估值,是VC和企业家协商的结果。"仁者见仁,智者见智。"没有所谓真正的公允值,重要的是,企业家要理解投资人估值的合理性。另外,企业估值也会受到众多因素的影响,尤其是对于初创企业。所以,估值也要考虑VC的增值服务能力和投资协议中的其他重要条款——这些对企业的长期影响,要比估值条款大得多。

时间不等人,市场不等人。VC和企业家,不应因为估值分歧而错过投资和被投资机会。投资方及融资方都应该尽快找到适合自己的合作伙伴。

第四节 风险投资交易合同的主要条款内容

一旦通过了项目的筛选阶段,风险投资家注资创业企业,投资人和创业者便共同拥有了创业企业,从而他们之间的关系开始由筛选项目时的追逐与被追逐,转变为委托代理关系,以及由此产生的代理成本。为了解决这一问题,投资人和创业者需要通过风险交易合同的条款设计来合理分配双方的利益和风险。风险投资家和创业者之间的投资合同设计,主要是解决两者之间的风险分担和利益分割的问题,是整个风险投资过程的中心环节之一。交易设计的具体内容因投资人和项目不同而异,但就实践总结来看,风险投资交易合同的体系一般包括基本交易条款、风险规避条款、收益保护条款、对创业者和管理层的激励与约束条款、经营限制条款五部分内容。

一、基本交易条款

(一) 投资额设定和股权比例

1. 投资额设定

寻求风险投资的企业先要根据其发展的需要拟定一个投资数额。由于风险资本都是采用分散组合投资的策略,这决定了风险投资基金对单个项目的所投资金有一个限额。因此,双方需要商定一个投资额并在合同中明确。

2. 股权比例

股权比例是在对目标企业估值的基础上,确定风险投资在所投资企业全部股权中所占的比例,也叫股权分配,它是投资交易合同中的重要条款,可以用以下公式计算:

$$投资股份比例=投资额/回收期末企业市值的现值$$

$$回收期市价现值=\frac{R(1+g)^n r(P/E)_{行业}}{(1+d)^n}$$

其中,R 是现有销售额,g 是销售增长率,r 是销售利润率,$(P/E)_{行业}$ 是同行业市盈率,d 是贴现率,n 是回收期年数。

简化的公式可表达为:

$$股份比例=(投资额\times 回报倍数)/(回收期末盈利\times 市盈率)$$

计算步骤为:(1) 预测创业企业未来一段时期的财务状况,贴现得到企业现值;(2) 在考虑融资总额的前提下,按照双方认可的投资回报率确定原股东和风险资本各自的股权比例。以上公式中销售增长率和盈利率都是主观预测的,相应的企业估值也依靠主观判断的假设条件,因此不同的人会得出不同的预测结果,这就需要投资人和创业者进行充分的沟通和协商。举个简单的股权比例计算的例子,某风险投资公司对一个启动期的创业项目进行投资,要求 30% 的年收益率。公司的投资额为 400 万元,预计 5 年后退出时项目的净利润为 300 万元,项目相应的行业市盈率为 20 倍,则公司应享有的股权比例计算如下:

$$项目退出时的项目价值=净利润\times 市盈率=300\times 20=6\,000(万元)$$

$$项目的现值=6\,000/(1+30\%)^5=1\,615(万元)$$

$$风险投资公司应拥有的股权比例=400/1\,615=25\%$$

我们在下文也将提到,投资人对风险项目往往是分阶段进行的。由于创业企业的价值和盈利预测值是不断调整且一般均在增加的,因此后续投资的资本即使金额相同,所换取的股权比例也是逐渐减少的,减少的程度由企业的经营状况即估值增值而定。

(二) 分阶段投资设计

一般来说,风险投资者很少一次投入创业企业在商业计划书中所需求的全部资金。根据 Admati 和 Pleiderer(1994) 通过应用代理理论于连续决策中来研究风险投资的两阶段投资模型的结论[①]:在创业者主导的融资过程中,创业者和投资者之间不存在信息均衡的交易契约,信息不对称的状态永远存在,因而创业者误导风险投资者的动机也将永远存在。但

---

① Admati A. R.;Pleiderer P.,"Robust Financial Contracting and the Role of Venture Capitalists",*Journal of Finance*,1994,49(2),pp. 371~402.

当这种信息不对称处于均衡状态时,投资者可以在第二阶段做出次优投资决策。而风险投资者主导型筹资中的最优契约是让风险投资者在各个投资阶段保持固定比例的股份,它可以消除风险投资者被误导的心理压力,使风险资本家的收益回报与后续投资阶段的股份定价无关,这样可以消除或者减少创业者进行信息误导而扭曲股份价格的动力,有利于企业在后续各阶段从其他投资者中得到融资。因此,分阶段投资是风险投资基金基本的策略。在具体投资协议中,风险投资者通过分阶段预定一些财务和经营目标,作为是否进一步投资的依据。若创业者未实现目标,风险投资者可通过收回继续投资的承诺放弃投资。风险投资者的放弃权十分重要,因为创业者不会轻易放弃即使将失败项目的投资。

在分阶段投资的基础上,交易设计又进一步发展出了浮动股权比例的形式,其操作方式主要由以下几个步骤完成:(1)初始股权份额以对企业未来收益的预测为基础得到;(2)第二阶段时,根据当期的收益再对持股比例进行调整,若当期企业收益高,则投资人持股比例调低,反之则投资人持股比例增加。这种方法一方面能降低信息不对称的程度;另一方面对管理层也是一种有效的激励。

(三)管理参与和提供增值服务

风险投资者的最终目标是达到财务增值,因此一般不谋求对创业企业的控股权,也不以经营企业为目的,但在交易合同设计时,必须确立其在企业的管理与决策地位。风险投资者管理渗透最主要的方式是确保其在创业企业的董事席位,以此参与受资企业决策,监督受资企业运营,以及向其提供增值服务。

二、风险规避条款

(一)金融工具设计

从风险投资家的角度看,金融工具的选择主要是基于风险和收益两方面的考虑。具体来说,就是要尽可能保证投资的安全性、适当的当期收益、分享企业成长带来的资本增值、对风险企业的适度控制和对未来投资的可参与性等几个目标的综合实现。为了适应这些需求,合约中金融工具的选择和设计显得尤为重要。在风险投资合约中,不仅存在股权、债券、混合股权和债券特征,甚至含有复杂期权特征的混合金融工具安排也会出现。

1. 传统的金融工具——债券、普通股和优先股

债券、普通股和优先股都是传统的金融工具,各有特点。债券体现的是借贷关系,是借款人和贷款人之间债务与债权的契约,债券的发行人向债券持有者定期还本付息。普通股则代表着投资人对企业的所有权,享有对企业的决策权和剩余索取权。债券形式的投资一般在创业企业发展的后期阶段使用,股权则在早期阶段使用较多。

优先股则同时融合了普通股和债券的优点。优先股也是所有权凭证,是指在有关利益分配等财产权利上享有优先权的股份。它与普通股的差别在于股东承担的风险大小不同,控制公司能力的强弱不同,同时优先股具有债券的典型特征,即领取固定比例的股息和剩余财产优先分配权等。由于优先股对调节风险投资中的现金和非现金投资者(如以实物资产或股权等非现金资产进行投资)的关系非常便利,可以对现金投资者创造出诸如特殊表决权、反稀释保护等特别权利,因此在风险投资交易设计中经常得到应用。

2. 混合金融工具设计

(1) 可转换债券。可转换债券由企业发行,持有者可以在一定时期内按照约定条款(如转换价格或转换比例等)将之转换为一定数量的普通股股票。可转换债券在转换之前享有债券的权利,即定期收取固定的利息,在一定期限内转换为普通股后则享受股东权利,因此可转换债券兼具债权和股权的双重性质。

可转换债券具有以下特点:①可转换债券的固定利息低于普通债券,因为可转换债券除了债权之外还包含了一份股票的看涨期权;②由于投资者有选择是否行使转换的权利,因此可转换债券属于金融衍生工具的一种;③可转换债券转换前表现的是借贷关系,转换后表现的是所有权性质;④可转换债券在转换成普通股之前产生的债券利息作为企业财务费用计入成本,因此具有避税功能。

可转换债券是风险投资家乐于采用的金融工具之一,因为它既能给风险投资家带来稳定的债权收益,又能让投资人在适当的时候通过将债权转换为股权以分享企业快速成长所带来的高额回报。对创业企业来说,发行可转换债券既能实现较低成本的融资,又能防止企业的控制权被过早地稀释。

(2) 可转换优先股。可转换优先股份是在未来一定时期内可以转换为风险企业普通股的优先股份权益。这种可转换优先股与一般股份制企业优先股存在着不同之处,在一般股份制企业中优先股意味着没有表决权,放弃对企业重大决策的实质性介入。但在风险企业中,代表风险资本的一方,即使持有的是可转换优先股,却不但要参与决策,而且对某些重大事项有完全否决权(如某些事项上的一票否决权)或超(股权)比例的投票权/否决权。可转换优先股份的灵活运用,有利于将风险资本家和创业家之间的潜在冲突最小化。

一方面,可转换优先股为风险资本家提供一部分优先权。首先,可转换优先股向风险投资家提供了在投资不利时进行清算的优先权。其次,风险资本家经常应用一种被称为"棘轮"(ratchet)的工具,规定创业企业未来出售新股的价格必须大于或等于风险资本家优先股的价格,这样便可以保证风险资本家实际支付的以优先股换取未来普通股的价格是最低价格,使风险资本家得到一种潜在的资本收益。

另一方面,为创业企业家提供有效的激励。在这种交易机制下,使创业家的收入少量来自风险企业的工资,而绝大部分来自企业股票的增值。这主要是通过3条途径得到实现:首先,把优先股的转换价格与企业的业绩联系起来,如果企业经营业绩好,优先股的转换价格相应得到提高,对创业家形成激励;其次,可转换优先股可由风险资本家在未来赠予企业家,可转换优先股的内含期权价值收益是一种潜在的资本收益,将会鼓励创业者及管理人员为实现这一潜在收益而努力工作;最后,灵活的转换条件将改变风险和收益的分配,减少创业者在开始时对企业价值增长预期的高估,从而激励他们努力工作,真正实现价值的增长。

(3) 附认股权证债券。附认股权证债券是指风险投资家在以债权形式向创业企业注入资金时,创业企业同时赋予风险投资家一项长期认购该企业股票的选择权(认股权证,warrant),即风险投资家可以在未来某一特定时间内按照某一确定的价格买进既定数量的股票。附认股权证债券是含有嵌入式认股权证的债券,其中权证可单独分离出来进行交易,每份权证可认购股份数量、认股价格和认股期限等都会有明确规定,且大部分认股权证都附有赎回条款。

对风险投资家而言,附认股权证债券一方面能够为其带来定期获得的利息收入;另一方面当企业业绩显著成长时,投资人可凭权证以较低的价格购买创业企业的股票,从而分享企业未来增长的收益。对创业企业而言,发行附认股权证债券既能以较低的成本(债券较低的利率)和较宽松的贷款期限融到所需要的资金,又能在投资人未来执行期权后获得更多的股权资本。

专栏5-3　VC投资时的金融合约工具选择

关于VC和PE在投资时选择的金融工具,学术界有一些重要的发现。Lerner和Schoar(2005)通过对28个私募股权机构(主要是风险投资机构)在1987—2003年间进行的210个交易进行了研究,这些交易的目标企业位于全世界26个主要的发展中国家和地区,其中27%的国家/地区属于英国法律起源,30%的国家/地区属于法国法律起源,42%的国家/地区为社会主义或前社会主义国家。在这些交易中,54%的国家/地区采取使用普通股,21%的国家/地区采取可转换优先股。他们发现:在法律贯彻执行力(legal enforcement)比较好的国家,更多采用可转换优先股,对VC/PE的合约保护也比较好(给予多数投票权、反稀释条款等),VC/PE的这种治理模式可以理解为"合约渠道"(contractual channel);相反,在法律执行力比较弱的国家,VC/PE机构更多通过普通股甚至债务进行投资,并通过拥有多数股权和董事会多数席位而控制企业并保护自己,但是这种替代方式并不完全有效,这些国家/地区的VC/PE的投资估值和回报率较低。

另外,Kaplan和Stromberg(2003)的研究发现,美国80%以上的VC/PE交易采取的是可转换优先股,采取普通股的很少,不到10%。

(二)表决(否决权)

在风险投资合约设计中,风险投资家对创业企业的表决权通常都会经过精心设计。一般来说,风险投资家持有的可能是创业企业的可转换优先股,可转换优先股一般要求行使与普通股相同的表决权,或者享有特殊表决权,其目的是不放弃对企业重大决策的实质性介入。而且在投资协议中,风险投资家还可以要求受资企业给予自己在一些重大问题上的特别投票权。另外,风险投资家常常要求创业企业的重大决策须经过风险投资家的同意。比如,未经投资人许可,禁止创业企业与其他企业进行并购;禁止从事与企业主营业务无关的投资活动;禁止为任何单位或个人提供担保等,这些都是典型的否决权条款。

(三)退出选择权

退出选择权是风险投资家规避风险的最重要保证条款之一,是风险投资变现的一项契约保证,为投资人留下一条退出合作关系的选择通道。退出选择权的优点是允许风险投资家在创业企业无法达到既定的经营目标,或者创业企业虽然业绩不错,但却因某些原因一时无法上市时,有机会卖出其持有的股份,实现资本变现。退出选择权一般包括以下内容:

(1)股权回购。VC有权在特定情况发生时按预先约定的回购价格将所持股份要求创业者或者其他股东进行回购,从而退出企业,收回投资。

(2)买卖契约。作为对强制性回购条款的变通,这一条款要求在特定情况发生时,VC

有权要求创业者与管理层要么选择回购VC的股份,要么将他们持有的股份卖给VC。设计该条款的理论基础是:一个企业的控股性股东权益通常比少数股东权益流动性更好,并且售价更高。如果创业者和管理层选择卖出股份,VC将因此获得控制性股份,而更容易将股权卖出。

三、收益保护条款

(一)股利支付条款

股权是风险投资家最常用的投资方式,因此,股利分红是风险投资家的重要收益,但常常与企业管理层作为雇员要求薪金收入的利益冲突,尤其在企业现金流短缺的发展初期。于是VC会要求制定相应的股利支付条款来要求企业按时发放股利。一般来说,该条款会规定:当企业财务状况达到一定标准时,必须给股东支付股利;或者VC也可以通过设计累积优先股的方式索取股利。

(二)反摊薄条款

反摊薄条款(anti-dilution)是一种用来保护原始投资人利益的规定,即确保原始投资人一定股权比例。反摊薄条款又称"棘轮条款"(ratchet clause),即后来的股权投资人(包括风险投资)的等额投资所拥有的权益不能超过前一轮投资人。具体而言,若创业企业经营不善,被迫以低于上一轮融资时的价格甚至低于净资产的价格发行新股给新一轮投资者进行筹资时,必须无偿送给原始投资人股份,以保证原始投资人的入股股价和新一轮融资价格一致、股权比例不被稀释。反摊薄条款对从事早期投资的VC来说非常重要,很多风险投资者坚持把反摊薄条款作为投资条件之一。

出于对创业企业家的考虑,反摊薄条款一般都会有一个明确的有效期,比如一旦企业公开发行股票、被兼并收购等情况出现时,反摊薄条款的约束力就会终止。约定该条款的有效期限是为了不阻碍企业管理层利用资本市场实现企业扩张。另外,当企业针对重要骨干实施激励性认股权计划和其他员工激励计划时,反摊薄条款可以出现适用例外(即允许骨干或管理层持有股票的价格或期权的执行价格低于VC的入股价格)。

(三)防"冷落"条款

当风险企业上市后,风险投资家的持股能否择机出售并按有利价格出售,仍然存在问题。VC在两种情况下容易受到所谓的"冷落"而利益受损:一是创业企业被同行业的大企业并购时;二是VC持有的股权比例较小而不具有企业控制权时。第一种情况下,作为收购方的大企业通常会向管理层发放普通股进行换股,而只给VC现金或债权。此时,为了保护自身的利益,VC通常会要求设定条款,保证企业被收购时,VC也能得到与企业管理层相同的对价和待遇。第二种情况,由于VC只是小股东,容易因企业控股股东(创业者)的股票买卖行为而使自己持有的股权价值受损。此时VC会要求制定条款,明确规定控股股东不得进行有损其他股权持有人利益的交易,并且要求所有股东之间达成"共售协议"(即一同出售股权)。

(四)买卖选择权和未来增资权

投资协议中一般会规定VC的买入选择权,即如果受资企业有现金增资计划,应给予

VC优先认购权或至少与其他股东相同的增资权利。这项权利的执行还能保证 VC 投资人的股权不被稀释,从这个角度讲,买入选择权条款也可被看作反摊薄条款的一种。

相对于买入选择权,卖出选择权赋予投资人在企业经营无法达到既定营业目标等不利情况下,VC 可以将股权卖出、由该企业管理层回购或其他股东购买的方式实现变现的权利。

(五) 注册登记权

首次公开发行(IPO)是风险资本最佳退出方式,但当创业企业上市前,VC 的持股必须能够在证券登记机构进行股票注册登记。由于证券登记只有在得到被投资企业同意和合作时才能被接受,因此风险投资合约一般需将注册登记的权利写入投资协议,并规定注册费用全部由创业企业承担。注册登记权实质上是 VC 在创业企业上市后出售其股份的卖权。风险投资家通常希望享有优先出售股票的权利,因此常常规定创业企业管理层出售股票不得优先于 VC。当 VC 持有的股份被非公开转让时,注册权也相应被转让。

四、对创业者和管理层的激励与约束条款

(一) 激励机制

有效的激励机制能最大程度解决管理层的道德风险问题,使得管理层的利益和股东利益统一起来,从而保证风险投资家的财务增值目标。有效的激励机制也可以避免未来因管理层的收入问题而在 VC 和受资企业之间可能出现的意见分歧。因此,一般会将管理层的报酬条款纳入投资协议中。报酬条款既要体现创业团队的要求,又要能确保创业团队追求企业的长期利益,防止管理层追求短期个人利益而损害风险投资家的利益。一般来说,风险投资入股后的创业企业管理层的报酬体系由股权、期权和现金收益等组成。

1. 股权

风险投资家谋求的是财务增值而非战略/产业投资者抱有的产业经营战略目标。因此,VC 一般不要求对企业的控股权,相反,VC 往往会希望管理层拥有企业的控制性股份,因为这充分体现了管理层对企业前景的信心,并能促使管理层从企业所有者的角度努力经营企业。

2. 期权

在交易设计中,VC 一般会通过股票期权条款,在管理层与股东之间建立长期利益关系,从而激励管理层努力工作,自觉维护风险投资者利益。需要指出的是,股票期权设置可与创业企业的价值评估联系在一起。

风险资本投入前的创业企业的价值评估(尤其是无形资产评估)是 VC 与创业者都十分关心的问题,也常常是双方争议最大的事项。创业者希望尽可能高估受资企业的价值,以便在获得等额资本时尽可能减少风险投资者的股权份额。所以,把 VC 认为高估的价值转化为创业者完成经营目标后可以无偿获得的股份期权——即将部分无形资产"期股化"处理便成为常用的解决争议的办法。常见的期权安排有认股权(warrant)、次级普通股(junior shares)和虚拟股票(phantom shares)三种。认股权是创业企业授予企业管理层的、可以在一定期限内以约定的价格购买企业一定数量股份的权力。次级普通股是一种比一般普通股投票权更少、分红权更弱以及清偿权登记更低的股票形式,当企业经营达到预

定目标时可以转换为普通股。虚拟股票是指管理层并未真实持有股票，而是获得对应持股数量的分红权或者能在离职/退休后得到虚拟股票所代表股权的价值增值部分，虚拟持股的安排可以避免稀释风险投资家的股权比例。

3. 现金收益

现金收益的安排是指在交易设计中明确创业者/管理层的工薪收入通常比他们在人才市场上挣得的要少。这一条款是为了防止管理层在对企业未来缺乏信心的时候追求短期高额现金收入，可以在一定程度上减少道德风险。

（二）约束机制

为了解决管理层的道德风险问题，仅依靠激励机制是不够的，还需要约束机制。风险投资家一般通过管理层雇佣条款、董事会席位和表决权分配等条款来约束管理层行为。

1. 管理层雇佣条款

常见的雇佣条款有以下两条：

（1）股份购回和股份转让条款。股份购回条款是指雇员离职后，受资企业具有从离职员工那里以低于市价（或公允价值）的价格重新购回股份的权利。这是对风险企业员工的一种约束，目的是保持核心员工的稳定性。股份转让条款是针对创业者的约束，即未经风险投资公司许可，禁止创业者将其股权转让给第三者。股份转让条款的目的是防止掌握内部信息的创业经营者套现离职，增大 VC 的风险。

（2）非竞争性条款。非竞争性条款主要是指不允许创业企业的经理和骨干在离职后，加入原公司同行业或相近行业的公司，以保护创业企业的商业机密和竞争优势。

2. 董事会席位

风险投资家往往会在受资企业董事会中占得一个或者多个席位。董事会有权任命和解雇企业管理人员，并能够对企业的运营进行指导和监督。因此，在董事会中占有一席之地是 VC 对管理层实施有效监督和约束的手段。

3. 表决权分配

VC 往往利用可转换优先股等金融工具注资创业企业，并常常拥有对重大事项的表决权甚至一票否决权，因此即使投资人没有在董事会中拥有多数席位，由于 VC 拥有重大表决权的条款也能形成对创业者和管理层的有效约束。

五、经营限制条款

经营限制条款是指风险资本投资后，创业企业在经营过程中应遵守的经营行为，包括创业企业及其管理层必须履行的行为和禁止履行的行为，又称肯定条款（positive covenants）和否定条款（negative covenants）两个方面。风险投资家往往根据经营限制条款确保自身对创业企业经营管理活动的介入，并通过介入来实施监督和提供增值服务。肯定条款一般包括以下类型。

（一）经营信息传递

大多数投资协议规定创业企业必须定期（按月、季、年）向风险投资家提交反映企业盈利及财务状况的财务报表和经营管理报告，并且允许投资人随时查阅企业的会计账目。这样促进了企业内部信息向股东的公开，便于投资人及时掌握受资企业经营状况，尽可能减少信息不对称,为风险资本投资后的监督管理提供信息保证,并在万一经营不佳时迅速采取行动。

(二) 预算约束与资金使用

要求创业企业准备年度预算,而且规定预算须经董事会通过方可执行。创业企业必须按事先约定使用风险投资的资金,如确实需要改变资金的投向,应得到风险投资家和董事会的许可。

(三) 遵守法律和诉讼报告

创业企业应遵守法律规范和公认的会计准则,避免违法或不正当交易,并及时向风险投资家通告可能的诉讼以及其他可能的严重违约情况。

(四) 财产保护

创业企业应当尽量保管好企业所有设备和财产,使它们处于良好的状态,保护企业知识产权不受侵犯,以便能够顺利开展经营活动,维护风险投资家的利益。

典型的否定条款,如风险投资协议一般会要求创始人股东、管理层和主要员工等签订一定期限的雇佣合同、保密协议和非竞争协议;上市前创始人股东必须保留大部分股票;上市后创始人股东、管理层和主要员工卖出股票有一定限制,如在上市后锁定期,创始人股东和管理层也必须保有一定比例的股票等。

专栏 5-4　　"对赌协议"在风险投资协议中的使用

"对赌协议"的英文原名是 Valuation Adjustment Mechanism(VAM),直译过来就是"估值调整协议",是指投资方与融资方在达成协议时,双方对于未来不确定情况的一种约定:共同设定一个暂时的中间目标,投资方先按照这个中间目标估值,未来数年后如果融资方做得特别出色,投资方就多投一些;如果不理想,投资者就收回一些;如果约定的条件出现,投资方可以行使一种权利;如果约定的另一个条件出现,融资方则行使另一种权利。这是一种常见的解决未来不确定性和信息不对称等问题的办法。在财务理论上"对赌协议"其实是期权的一种形式。

【案例1】蒙牛乳业

融资方为蒙牛乳业,投资方为摩根斯坦利等3家国际投资机构。对赌协议内容:2003年至2006年,如果蒙牛业绩的复合增长率低于50%,以牛根生为首的蒙牛管理层要向外资方赔偿7 800万股蒙牛股票,或以等值现金代价支付;反之,外方将对蒙牛股票赠予以牛根生为首的蒙牛管理团队相同比例的股份。对赌的结果是,蒙牛的管理层在2004年从摩根斯坦利等机构手中获得了价值数十亿元股票,并且提前终止了"对赌协议"。

【案例2】永乐电器

融资方为中国永乐,投资方为摩根斯坦利、鼎晖投资等机构。对赌协议内容:永乐2007年(可延至2008年或2009年)的净利润高于7.5亿元人民币,外资方将向永乐管理层转让4 697.38万股永乐股份;如果净利润等于或低于6.75亿元,永乐管理层将向外资股东转让4 697.38万股;如果净利润不高于6亿元,永乐管理层向外资股东转让的股份最多将达到9 394.76万股,相当于永乐上市后已发行股本总数(不计行使超额配股权)的4.1%。

对赌的结果是,永乐未能按期完成目标,管理层的控制权失落,公司被国美电器并购。

从"对赌协议"的实际运作来看,它有以下几个显著特征:

(1)"对赌"中赌的大多是"业绩",而"筹码"往往是"股权"。"对赌协议"的成立有赖于几个条件:一是企业整体价值虽然是由有形资产、品牌、技术、管理等多要素构成,但是企业的股权最能反映企业的整体价值,而且股权价值基本上依赖于企业未来的业绩;二是VC投资者对公司未来业绩难以准确预知与管控,他们就把未来业绩当成对赌的标的,以锁定投资风险。

(2)"对赌协议"都签订在上市之前。对于VC投资者来说,对赌协议只是其整体投资链条中的一环,在此之前他们先要寻找合适的投资对象,并帮助目标企业完成股权重组,然后通过包括对赌协议在内的一系列措施刺激企业业绩快速提升,最后还要完成以上市为目标的一系列资本运作,以提升被投资企业重估的价值,并快速实现自身的投资获利。

(3)"对赌协议"的一方一般是拥有公司股份的外部私人投资机构,而协议的另一方则是同时具备大股东和经营者双重角色的被投资企业的实际控制人,也只有这样的"内部控制人"才有赌的资格(身份)和筹码(业绩)。

(4) VC投资者仅为财务投资者,他们基本上是通过"对赌协议"和在资本市场上"用脚投票"来保障和实现自己的权益。这是一种典型的"结果导向"型的公司治理安排。对于VC投资者来说,这也是一种极低成本的治理方式,通过高超的资本运作能力作支撑,并在协议中考虑到各种结果并附以限制条件,把自身的风险降到最低。对他们来说,如果对赌输了,他们可以通过业绩提升对股价的拉动获得股票溢价。比如,在蒙牛的案例中看似VC投资者"赌输了",其实他们在资本市场获得的资本利得大大超过了管理层获得的包括赢得对赌在内的收益总水平。如果对赌赢了,比如,在永乐的案例中,VC投资者则可以获得"赌资"股票。所以"对赌协议"无论何种结局,机构投资者都没有"输得很惨"的风险,相反,却能大大降低其代理成本,控制投资风险,并能在保证其基本收益的前提下刺激管理层股东快速提升公司业绩。这一结局是管理层股东无法比拟的,但却是能够预估到的。

目前,"对赌协议"的身影已经频频闪现在许多重要的风险投资和私募股权收购案例中,比如华平投资入股港湾网络;高盛、鼎晖、PVP基金投资雨润食品等。总结下来,中国公司在与国际资本的对赌中输多赢少。

在中国法律体系中,虽然对于"对赌协议"并无禁止性规定,但"对赌协议"的某些条款确实与《公司法》等法律、法规相悖。例如,有的"对赌协议"中要求给投资机构派出的董事"一票否决权"、"优先利润分配权"等。如国内创业板上市公司金刚玻璃(300093)于2010年终止的"对赌协议"中即包括类似条款。而我国《公司法》中有如下规定:"股东出席股东大会会议,所持每一股份有一表决权。""董事会决议的表决,实行一人一票。""同种类的每一股份应当具有同等权利。"但据国内现行的法律规定,《公司法》同股同权的规定让国内优先股形同虚设,尽管投资协议中投资人的股份都是按照优先股给出,但优先股规定的一些实质权利在履行时往往存在变数,这就让对赌条款对于投资人显得十分重要。

在西方风险资本市场,"对赌协议"为风险投资机构和国际投行广泛应用。"对赌协议"几乎是每一宗投资必不可少的技术环节,目的是通过设定目标盈利水平和触发条件,来避免不可预知的盈利能力风险。"对赌协议"的签订,是希望投资人与企业实现双赢局面,最著名的案例当属摩根斯坦利等机构对蒙牛的投资。对于投资方来说,签订"对赌协议"的目的是降低投资风险,确保投资收益;而对融资方来说,则是实现低成本融资和实现快速扩张。

不过,需要提醒的是,"对赌协议"是把双刃剑,其强大的业绩压力及诱惑也可能将企业引向非理性的扩张,最终导致失去公司的控制权甚至更糟。比如,湖南企业太子奶对赌高盛、英联以及摩根斯坦利,公司创始人李途纯因未能达到业绩增长目标而失去控股权;碧桂园与美林对赌输掉12.4亿元;永乐电器对赌摩根斯坦利失利,导致被国美电器收购;中华英才网在外资风险投资商Monster与其签订的3年内完成IPO的对赌承诺无法兑现后,Monster正式收购中华英才网剩余55%股份使其成为全资子公司。还有深南电、中国高速传动、恒大地产、昌盛中国等公司,都曾在与外资的"对赌"中失利。

这些企业失败有一定的客观因素,国内企业在对赌方面大多还是"新手",有的企业因不熟悉规则而屡屡吃亏,如忽视协议中的隐蔽条款和对赔偿标准的理解等。投行对于行业的竞争和发展态势有较多的资料和研究,信息获取上明显处于优势。比被人看穿底牌还可怕的是企业家自己估计过于乐观,以为有了钱就可以业绩翻番,往往对融资之后的财务业绩预测过于激进。然而,对于企业经营而言,制约发展的不仅仅是货币资金,经营管理上的改进可能并不会马上见效。如果对于短期业绩做出太高预期,希望借此博得高收益、降低风险投资方的股权比例,结果可能适得其反。

第五节 管理监控

风险投资家在完成项目的筛选和交易设计即正式签署投资协议之后,便开始依照协议合约向创业企业投入资金。管理监控主要针对的是资金注入后存在事后信息不对称问题,即投资人不能对创业者进行有效的监督,从而使风险投资失败的可能性增加。风险投资家对创业项目的管理监控包括对创业者和创业企业的管理监控两部分。虽然事前的项目筛选和交易设计已经在很大程度上对投资人和创业者之间的信息不对称问题进行了预防,但风险投资过程中的管理监控对减少信息不对称程度、促进创业者努力增值企业、保证风险投资收益等均有至关重要的作用。

一、监控管理的主要类型

为了保证投入资金的安全,风险投资家一般都会选择对创业企业进行某种形式的监督管理。总体来看,按照参与管理的程度强弱,监督管理可分为以下3种类型。

(一) 直接参与型

直接参与型是指风险投资家以一种指导者的姿态参与到创业企业的管理中,直接指导企业的经营决策,体现了投资人十分强势的控制权。采取这种参与方式的风险投资家一般更能为企业提供增值服务。他们不仅仅直接参与决策,还往往委派人员协助创业企业进行日常管理,并提供市场开发、运营管理、金融财务等方面的咨询服务,甚至充分利用自己的社会人脉关系为企业克服融资和管理等问题。

(二) 间接参与型

间接参与型是指风险投资家以一种类似于咨询顾问的角色参与创业企业的管理,在自身经验丰富的领域提出意见或建议,比如企业的投资、关键人事安排等。这些咨询意见并不是强制性的,即使创业企业没有采纳这些建议,投资人也不会放弃对企业的投资。与直接参与型相比,间接参与型是一种相对较弱的控制权,企业的最终决策权和具体实施的主动权仍在企业的管理层手中,风险投资家一般只是在董事会中占有席位,按时参与企业管理会议,并提供战略咨询服务。

(三)放任不管型

采取放任不管型管理监督方式的风险投资家很少介入企业的经营管理,只要求企业提交定期财务报表以了解项目的运行情况即可。此类投资公司多为金融机构下属的投资公司,经理人一般相对缺乏企业管理经验,很难直接向企业提供产业战略的咨询服务,因此选择放任企业自行发展,仅提供财务支持。

一般来说,处于初创时期的企业管理机制尚未健全,管理人才也相对缺乏,在此阶段风险投资家通常采用直接参与型或间接参与型监督管理。通过参与企业的日常经营决策,一方面可以降低代理风险;另一方面也可以向企业提供更多的增值服务。而对处于投资后期的成熟企业,风险投资家一般采取放任不管型的监督管理方式。此外,如果风险投资家只是联合投资时的非主要投资人(即属于"跟投"),也经常采取放任不管的方式。

案例 5-1　VC 直接参与型的"云月模式"

云月投资是一家进入中国市场已有 12 年的国际私募股权基金①,截至 2012 年 5 月在中国一共投资了 12 家企业,并控股其中半数企业。云月非常重视为其合作企业提供增值服务,并通过实践证明积极地参与企业的日常运营,确实可以为企业和股东带来巨大的价值。云月努力与企业建立信任,参与企业管理并为企业做出贡献。在已经投资的企业中,基金完成了如下具体工作:

(1) 云月的运营团队担任了企业的 CFO 和财务经理职位;
(2) 云月的运营人员监督了企业的结构重组和优化;
(3) 云月的运营团队参与制定了企业的收购和发展战略及执行过程;
(4) 云月的运营专家确定了关键的日常运营指标,并对这些指标进行监控和改善。

对于如何保证收益的同时控制风险的问题,云月投资的创始合伙人苏丹瑞总结了许多经验,但概括起来就是一句话:"为企业做好增值服务。"云月投资收购广州英爱股权项目就是一个典型案例。

广州英爱贸易有限公司于 1995 年在广州创立,是一家集设计、生产、销售高质量 0~4 岁中高档婴童用品的专业公司,其自创品牌"英氏"是国内知名的婴儿服饰品牌。高质量的产品使英爱公司在国内中产阶层父母中享有较高的声誉及支持。目前,公司拥有 4 000 多个品种的产品,包括婴儿服装、服饰、床上用品、浴洗护肤品、家居品及孕产妇用品等多种系列。公司具有超过 650 个销售网店,在全国一、二级城市的顶级商场有高达 90% 的覆盖率。

由于看好国内婴童用品市场的前景,云月投资于 2012 年 2 月投入 1 亿美元完成了对广州英爱贸易公司的股权收购,并实现控股。此次收购后,英爱公司原有的管理团队会继

---

① 读者可登录云月投资网站(www.lunarcap.com)了解进一步信息。

续持有公司小部分的股权。此外,云月秉承其对旗下已投企业高度负责的作风,委派运营团队的成员参与公司的管理,并在董事会里占有大多数席位。

宣布收购不久,云月投资就派出多位专业人士协助公司运营,还聘请了若干外部专家在产品设计、电子商务、信息技术、财务控制等各个领域为广州英爱给予建议。成为股东后的云月投资显然不希望广州英爱的发展原地踏步,而是利用一切资源帮助广州英爱提升品牌形象,推动该公司向更高的目标发展。云月投资希望利用英爱做一些行业内的并购,在帮助该公司寻找国内其他有较强品牌实力或渠道实力的公司同时,也将眼光投向国际上较为出色的婴童用品生产企业。在云月投资看来,利用广州英爱的平台并购一些国际顶尖、在某个细分行业做得很好的公司或品牌,有利于把后者较好的资源诸如产品设计经验及管理经验带到中国。

云月投资对被投资企业实行主动管理,参与企业重大决策,帮助投资对象改善公司治理结构、提升公司治理水平,为被投资企业提供各种投资与并购、业务与技术等方面的增值服务,以提升被投资企业的投资价值。如此看来,云月投资不像风险投资者,更像战略投资者。

二、管理监控的一般方法

风险投资家对创业企业的管理监控方法一般包括以下几种。

(一) 过程监控

为了确保高回报,风险投资家往往对创业企业生产经营活动的各个重要环节进行全过程的管理监控,主要方式包括:进入董事会;选聘和更换管理层;查阅企业经营状况资料、了解企业所在行业市场竞争情况的变化以协助制定企业发展方向和策略等。

1. 进入董事会并拥有重要席位

创业企业的董事会不同于上市公司的董事会。创业企业通常都是所有权和管理权相统一的企业,董事会往往握有企业管理决策的实权。因此,董事会是风险投资家对创业企业进行管理监督、保护自身利益的重要工具。风险投资家在董事会中的席位数量取决于他在创业企业中的持股比例,在风险投资的入股交易合同中往往也有关于风险投资家在董事会中表决权的特殊安排。通过参与董事会的安排,风险投资家在发展战略、企业运营、人员聘用、资本运作、追加投资等重大决策上均能对企业实行有效监督。

2. 选聘和更换管理层

管理团队是保证创业企业高成长最重要的因素之一,因而也是风险投资家极其重视的管理监控对象。当创业企业缺乏完整的管理团队时,风险投资家会利用自己和该行业专家、管理者的社会联系(network),为企业物色适合的人选。此外,在投资后,若出现因管理人员能力不足或是管理人员的能力经验已经不能满足企业发展更高阶段的要求时,风险投资家会利用其股东身份、在董事会中的重要席位以及所掌握的权力和影响等,推荐新的经理人取代创业者(founder)的职位,而创业者则转为副职、部门高级管理人员或干脆退出管理层,仅作为股东持有企业股票并分享企业收益。

3. 协助制定企业发展方向和策略

许多风险投资家都曾是所投资行业内企业的高层管理人员或专家,对该行业的发展趋势、市场潜力变化和方向等都有足够的认识和研究。因此,风险投资家会利用自己在人员、信息、知识和经验等的行业优势来协助企业规划发展方向,制定企业战略,从而实现对创业企业主动的监督管理,使企业的发展走在可控的良性轨道上,以此保证风险资本的安全和收益。

(二)业绩监控

业绩监控主要体现在财务监控上。风险投资家一般都具有财务管理方面的专长。为了定期了解创业企业的生产经营、现金流和盈利状况等,风险投资家必然会要求创业企业提供财务月报,尤其是投资后的最初两年。并且对报表的精确性、有效性、规范性和时效性都有严格的要求。风险投资家凭借对财务报表的分析来掌握企业的最新状况,以达到管理监控的目的。

(三)逆境识别与诊断

除了日常经营和业绩的监控,风险投资家还用特定的评价指标来判断企业的具体经营环节是否发生逆境现象(比如延迟支付利息、盈利减少等现象)。根据企业发展所处的不同阶段,一般选取的指标为:净利润、投资回报率、销售额和市场占有率等。在创业初期,风险投资家更关注知识产权问题。对于成长期的企业,风险投资家更关注重要供应商和客户的变动情况。

为了实现管理监控效果,风险投资家会对已识别的各种逆境现象进行成因分析、过程分析和趋势预测,关键是要找出造成逆境的根本原因是什么,是对市场的趋势判断错误还是不当的财务控制等其他原因。只有找出逆境的根本原因并对症下药,风险投资家才能最大限度地避免投资走向失败。

(四)危机处理监控

企业经营是一项复杂的工程,在经营和发展过程不可避免地会出现问题甚至危机。等危机已经发生再想对策,通常为时已晚,VC的投资资金很可能也付诸东流。因此风险投资家必须随时关注监控企业可能出现的问题,并准备好企业发生不确定事件后的应对机制。

一般而言,企业发生问题及其信号有以下几个方面:(1)企业的财务状况出现异常,比如,延迟支付债务利息很可能反映企业现金流出现短缺;(2)产品的订单、客户和产品价格发生变化,以及市场占有率发生下降等;(3)工作岗位职责不明确、用人失误、激励机制失效、评估考核不力等管理问题;(4)宏观经济大环境剧烈变化引起企业发展战略等不能实现预期的问题。

针对这些常见的可预见危机,风险投资家要随时准备应对措施:(1)直接利用自身行业经验介入企业的日常事务管理;(2)必要时及时更换管理人员;(3)通过召开董事会来重新研究企业的发展战略,帮助企业继续进行产品、市场与制度等创新;(4)若解决危机需要改变整个项目方向,而改变之后的项目与风险投资家的理念和定位不合,则VC应及时果断地退出投资,将投资的损失减到最少。

(五)合同制约监控

为了减少代理风险,风险投资家在项目的交易合同设计中一般就已经设立了一些限制性条款,比如,若发现创业者和管理层违反契约做出有损企业价值的行为等,风险投资家可以调整增加可转换优先股的转股比例、减少创业者个人的股份、解雇管理层、降低甚至取消后续的分阶段投资金额等。

风险投资项目的选择过程主要包括4个阶段：初步筛选和商业计划书审查、创业者访谈、尽职调查和决策项目的最终确立。

商业计划书处于风险投资项目选择的第一阶段，内容一般包括摘要、正文和附录三大部分。在筛选项目的过程中，风险投资家和创业者实际上是一个双向选择的过程。风险投资家会从企业的综合能力、产品与技术、市场特征、环境特征、投资报酬与退出因素以及投资者偏好等方面来选择创业企业；而创业企业则会从投资者性质、投资者业绩、投资人参与管理的程度和退出计划这几个标准来选择风险投资家。

风险投资家和创业者需要通过风险交易合同的设计来合理分配双方的利益和风险。交易设计的具体内容因投资人和项目的不同而异，但基本包括：基本交易条款、风险规避条款、收益保护条款、对创业者和管理层的激励与约束条款以及经营限制条款五大部分。

签订协议后，为了解决资金注入后的事后信息不对称问题，风险投资家对创业项目还会进行一系列的管理监控措施。按照参与管理的程度强弱，投资人的管理监督类型可分为直接参与型、间接参与型和放任不管型三种类型。

商业计划书　尽职调查　企业估值　收益法　成本法　市场法　实物期权法　道德风险　风险投资交易设计　可转换优先股　可转换公司债　附认股权证债券　反摊薄条款

复习思考题

1. 选择一个你感兴趣的项目，试着模拟一份商业计划书。
2. 选择一家你感兴趣的上市公司，用收益法和实物期权法分别为该公司进行估值。
3. 简述风险投资合约中交易设计的主要内容。

扩展阅读文献

1. Kaplan, Steven N., and Per Strömberg, "Financial Contracting Theory Meets the Real World: An Empirical Analysis of Venture Capital Contracts," *Review of Economic Studies* 70, 2003, pp. 281~316.

Steven Kaplan是芝加哥大学教授，是私募股权基金和风险投资研究领域的著名学者。在本论文中，作者比较了金融合同在现实世界和金融理论中的特征异同。通过详细研究风险资本家(VC)和企业家之间的详细合约,作者认为,VC投资协议是现实世界中最近似于理论的。其特点是:(1)VC融资的特征是他们允许创投资本家分别分配现金流权、投票权、董事会权利、清算权以及其他控制权。(2)虽然经常使用可转换证券,VC融资还使用各类普通股和优先股的组合来实施类似的权利分配。(3)现金权、选举权、控制权以及未来的融资往往取决于可观察到的财务或非财务绩效。(4)如果企业经营不善,创投资本家会获得完全控制权。随着公司业绩的提高,企业家保留/获得越来越多的控制权。如果企业经营得非常出色,创投资本家会保留他们的现金流权,但放弃绝大部分的控制和清算权。企业家的现金流量权也随着公司业绩也增加。(5)非竞争条款和意在减少企业家和投资者之间潜在问题的特别保护权(如雇员保留既得退休金的权利)是常见的 VC 合同内容。作者用金融合同理论解释这些结果,认为他们观察到的合同最符合 Aghion 和 Bolton(1992)、Dewatripont 和 Tirole(1994)的理论工作,也符合"甄别"理论。

2. Lerner, Josh, and Antoinette Schoar, "Does Legal Enforcement Affect Financial Transactions? The Contractual Channel in Private Equity," *Quarterly Journal of Economics 120*, 2005, pp. 223~246.

Josh Lerner 是哈佛商学院投资银行学讲席教授。他的大部分研究集中在风险资本和私募股权投资机构的结构和作用方面,是当今西方学术界风险投资研究领域的权威学者之一。该论文分析了 210 个发展中国家的私募股权投资,作者发现无论直接或间接衡量(与法律的渊源),私募股权交易随着国家的法律不同而不同。投资执法较严的和实施普通法的国家,契约中经常使用可转换优先股。在执法较差的和实施民事法律的国家,私募股权资本倾向于使用普通股和债券,并依赖于股权和董事会控制。在前一类国家中,交易有较高的估值和回报。虽然依赖于所有权,而不是合同条款可能有助于缓解法律实施不严的问题,但证据表明这种私人解决方案只能是部分的补救措施。

第六章 风险投资的退出

第一节 风险投资退出机制

退出是实现风险资本循环的最后一个环节,也是获取高额投资收益,实现风险资本增值目的的关键环节。如果说风险投资进入创业企业是为了取得收益,那么退出则是为了实现收益。只有退出,风险投资才能重新流动起来。从风险投资行业发展的角度看,只有顺利退出才能实现 VC 资本的"投资—退出—再投资"的良性循环[①]。

从概念上来说,风险投资的退出机制是指 VC 在其所投资的创业企业发展到一定阶段后,以一定的方式结束对企业的投资,将资本由股权形态转化为资金形态,并收回现金或有价证券,实现投资收益的机制。风险投资退出机制的基本内容包括退出意义、退出方式、退出的时机选择,其中退出方式是研究 VC 退出机制的核心问题。

一、风险投资的退出意义

一般来说,风险资本退出的原因主要有两点:一是因为绝大多数被投资企业的高速成长状态很难长期持续下去,所以,VC 要获得最高额的回报就必须在风险企业即将结束高速成长前,出售股份以获得高额资本收益;二是在风险投资的合伙契约或者公司章程中一般都有规定:必须在一定时间内以一定方式退出对创业企业的投资和管理,并为投资者实现收益。

因此,退出机制是由风险投资的制度特征所决定的,对于风险投资者(包括风险投资企业的出资者、普通合伙人)和被投资企业的创业企业者,甚至对于整个社会而言都有重要的意义。Gompers 和 Lerner(1999)提出了风险资本的循环模型(如图 6-1 所示),将风险投资过程分为资金筹集、投资及投资后管理、资本退出 3 个阶段。在这 3 个阶段中,资本退出尤为重要。因此,一个有效的退出机制能够使资本不断循环下去,是 VC 行业的生命力所在,西方许多国家风险资本行业的成功运作都是以此为前提的。

1. 对于风险企业和创业者而言

对于风险企业来说,进入成熟阶段的风险企业需要大笔的资金以实现企业更大规模生产或技术的产业化经营。风险资本市场规模相对较小(与银行融资及公募证券市场相比),融资成本更高昂,使它不再是企业的最优融资选择。此时,企业积累了一定的有形资产和资信能力可以吸引到银行贷款,或可以在公开资本市场发行证券,为其持续发展提供更强

[①] 从微观层面上看,VC 基金的每一笔投资,在退出、收回投资后,一般是不允许再投资的(利润必须分配给基金投资人),这样的规定有利于 VC 基金的管理人认真对待每一项投资。

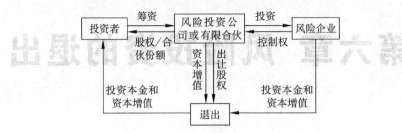

图 6-1 风险投资运作的循环模型

有力、更大规模的资金支持,使其快速成长,同时使得风险投资的退出成为可能。

从创业企业家的角度看,成功的退出机制在实现了风险资本退出的同时,也使得创业者持有的股份获得了价值增值及很强的流动性,创业者也将获得资本收益。更为重要的是,VC 一般会在投资契约中事前承诺:未来退出时将控制权返还给创业企业家,使创业者可以重新获得公司控制权,这在股权回报之外给创业者提供了努力工作的激励。

2. 对于风险投资基金而言

从 VC 的角度看,风险投资者作为一种买方金融,虽然在创业企业中占有相当一部分股权,但他们投资的目的却不是长期控股,也不是像一般机构投资者如养老基金通过持有股份来获取分红收入,而是通过伴随创业企业走过最具风险,同时也是最富有成长价值的阶段,获取超常规的回报。事实上,风险投资基金的基本动力就是追求经济增长中的"高收益"。所以,使资本增值并迅速退出,是风险资本运行机制中最为重要的部分。

从投资者风险的角度看,风险投资属于一种杠杆性投资。被投资企业最后不一定能上市,也不一定成功,但风险资本一定得想办法退出,结束这种阶段性投资,将所投资的资金转化为流动状态。例如,20 世纪 80 年代最热门的风险投资基金之一——Sevin Rosen 风险投资公司①,到 1988 年年初,共投资了 36 个公司,有 8 个取得成功,有 8 个已经破产,20 个仍在生命线上挣扎。这正是风险投资中所谓的 2-6-2 法则(通常,风险投资成功、平凡、失败的比例为 2∶6∶2)。所以,如何减少失败投资项目的损失,确保成功投资的收益顺利回收,对于风险投资家来说显得至关重要。

更为重要的是,对于 VC 基金管理人而言,其历史绩效直接影响着新基金的募集,历史项目的高资本回报能形成投资人(有限合伙人)对该管理人(普通合伙人)募集新基金的期待和信心。而衡量普通合伙人绩效的标准无疑是只有通过成功地退出并为投资者带来高额回报来体现。实际上,风险投资公司的价值发现过程,也是评价风险投资绩效的过程。由于风险资金的提供者与基金管理人(风险投资公司或普通合伙人)之间存在委托代理关系,因此,风险基金投资者需要对基金管理人进行评价。退出机制使投资者可以评价出基金经理人的管理能力和获利能力,以便决定将新资金投向哪一个风险投资公司或普通合伙人、投资多少。同时,VC 的退出和收益回报的实现,可以使投资者将资金从不成功的风险投资公司或基金中退出,转而投资于更成功者。退出机制起到了一个甄别(screening)即筛

---

① Sevin Rosen 由 L. J. Sevin 和 Ben Rosen 于 1980 年创立,两人作为美国著名电脑公司——康柏(Compaq)的创始人和投资人,联手缔造了美国商业史和 IT 业的创业奇迹。康柏打开了 PC 兼容机市场,凭借成本优势和价格策略,大大推进了 PC 的普及与产业的发展,康柏在 PC 领域掀起了大众化的普及浪潮,并且在 1995 年打败 IBM 成为全球 PC 之王,成长为 400 多亿美元的巨头公司。内容详情见 http://www.sevinrosen.com/site/do/home。

选 VC 基金管理者能力的作用。

3. 对于整个社会而言

风险投资的退出对社会福利也有重要的意义。一般来说,典型的 VC 基金约在 10 年后清算。因此,如果风险投资者不能预见到一个公司在 10 年后可以成熟上市或出售,他们就不可能对该公司进行投资。比如,风险投资者对某种技术的兴趣的变化会很大,背后的原因可能在于退出机制的难易程度的转变。这种投资退出的难易程度将可能导致更多的 VC 资本集中于某些"热门"产业,而那些当前属于"冷门"产业但有发展潜力的技术可能无法得到足够风险资本的投资。

二、风险投资的退出方式

为了实现投资收益最大化,成功的风险投资家总是在投资之初就开始考虑退出问题,因而可以说,风险投资是"在结婚之前就考虑如何离婚"的投资行为。风险投资家是不会接受不能顺利"离婚"的投资合约的。风险投资能否成功退出并实现回报,关键在于退出方式与退出时机的选择上。因此,风险投资家会综合考虑被投资企业或项目的各种内部因素和经济环境等外部因素,精心设计退出路线、等待有利的退出时机,力求实现最佳退出。

国际经验表明,风险投资退出主要采取四种方式:首次公开发行(IPO)、企业兼并和收购(M&A)、股权回购、公司清算。其中,IPO 的退出渠道包括多层次的资本市场,在我国包括主板市场、创业板市场、代办股份转让系统和境外资本市场等。中国风险投资的退出方式分布情况见表 6-1。

表 6-1 中国风险投资的退出方式分布情况(2003—2009)   %

退出方式 年份	IPO	兼并收购	股权回购	清算	其他
2003	5.4	40.4	36.3	14.9	3.0
2004	12.4	55.3	27.6	4.7	0.0
2005	11.9	44.4	33.3	10.4	0.0
2006	12.7	28.4	30.4	7.8	20.6
2007	24.2	29.0	27.4	5.6	13.7
2008	22.7	23.2	34.8	9.2	10.1
2009	25.3	33.0	35.3	6.3	0.0

资料来源:王元,张晓原,梁桂. 中国创业风险投资发展报告(2010). 北京:经济管理出版社,2010(9).

(一)首次公开发行(IPO)

首次公开发行(IPO)退出是指风险投资者通过将创业企业股份公开上市,风险资本的持股从而变成可流动的股票,在证券市场上变现,从而实现退出。一般认为,首次公开发行股票是风险投资取得预期高收益并安全退出的最佳方式。

IPO 退出方式的特点有:

(1)对于风险投资者来说,IPO 实现了风险资本的成功退出,使风险投资公司和有限合伙人持有的不可流通的股份转变为上市公司股票,获得了流动性,VC 可以逐步卖出股票收回投资,实现风险投资的良性循环,而且 IPO 退出方式的收益性普遍较高。历史上著名的 VC 持股的公司通过 IPO 退出的案例如:苹果公司首次发行获得 243 倍的收益,莲花公司获得63倍的收益,康柏公司获得38倍的收益(均以VC入股价格和IPO上市首日收盘价计算收益倍数)。

(2) 对风险企业而言,IPO可以筹集到最广泛并且大量的社会资金,为其实现经营规模的进一步扩张打下了基础,而且上市后,只要公司的业绩出色,可以通过增发股票的形式进行再融资,以弥补风险资本退出后的资金空缺。此外,IPO也是资本市场对该企业发展的一种肯定,有助于提高企业的知名度,而且这种方式还保持了创业企业的独立性。

(3) 有利于投资者分散投资风险。在企业上市前,投资风险全部由创业者和风险投资公司承担。IPO后,原控股股东只需保留一定比例的股权,就可以控制上市公司的经营活动。随后企业的风险将由原始股东以及更多的社会公众投资者共同承担。

IPO的局限性在于:

(1) 上市成本很高,具体表现为3个方面:一是由于IPO的条件很严格,上市耗费时间长,有可能影响公司的正常运作;二是上市费用十分昂贵,发行企业要负担数额较大的承销费用(一般为所获投资总额的5%~10%)以及未来比较昂贵的维持上市地位的费用;三是上市后企业的信息披露要求更充分,公众监督更广泛,公司必须更加规范地运作,实际上失去了公司部分控制权和灵活性,也可能增加运作成本。

(2) 风险企业必须具备首次公开发行的必要条件(为达到上市标准,企业可能会在上市前"拼增长"和"拼利润",而在上市以后企业的成长速度反而下降),并且IPO后VC等原始股东有一个限制出售期(或称"禁售期"),限制出售期内并不能实现股权的流动性和收益性,这会延长VC的退出时间。

(3) 不利于创业企业原有大股东保持控制权,企业上市即意味着原大股东持股比例的稀释,另外上市后也存在被敌意收购的可能性。

研究主板市场上市表明,世界各国风险投资产业发展的不平衡性的主要原因之一,就在于各国IPO市场的差别特别是创业板市场发达程度的差别。原因是:

(1) 主板市场门槛过高,创业企业一般是中、小型高科技企业,在经营历史、净资产、利润额等方面均难以达到主板市场上市要求;

(2) 创业企业在一些新的领域内发展,本身失败的可能性较大,资本市场是否可以接受这样的企业上市存在不确定性;

(3) 风险资本家为了尽快建立自己的市场信誉,具有过早地把企业推向市场的倾向(Gompers,1996;Lee和Wahal,2004),这也使得承担创业企业上市的证券市场所承受的风险增大。在世界各国的接受新兴中小企业、高新技术企业上市的资本市场中,首推美国的纳斯达克(NASDAQ)市场最为成功,它为美国风险投资业的发展起到了巨大的推动作用。

~~~~~~

专栏6-1 我国风险投资通过多层次资本市场实现退出

目前,我国已初步形成主板、中小板、创业板以及代办股份转让系统的多层次资本市场架构,尤其是中小板、创业板有效地拓展了被投资风险企业上市的退出渠道。根据投中集团的统计,2010年VC/PE背景中国企业境内外IPO数量为220家,融资金额为373.74亿美元,占年度IPO总量的44.8%和35.0%,超过2007年106家VC/PE背景中国企业IPO融资总额为329.71亿美元的历史高位。在2010年实现首次公开发行的VC/PE背景企业中,152家选择了境内上市,占比为69.1%,其中创业板市场达63家。

(1) 中小板。2004年中小板的启动，在推进我国自主创新战略的同时，也打开了创业企业上市和风险资本退出的闸门。中小板的上市标准和主板市场无异，但更倾向于面向高新技术企业。截至2009年年底，登陆中小板的327家企业中共有103家企业受到VC支持，占比为31.5%，相比2004—2008年，受到VC支持的企业上市数占比逐年提升[①]。

(2) 创业板。2009年9月，我国创业板市场正式启动。在2009年10月底，首批上市的28家企业中有23家企业获得46家VC支持，IPO平均市盈率为56倍[②]。此外，根据夏峰、谢咏生等[③]采用调查问卷分析的方法统计了截至2011年9月30日中小板和创业板上市公司（以下简称"中小上市公司"）风险投资或私募股权入股的情况。问卷反馈数据显示，有313家中小上市公司（占有效问卷公司总数的41.35%）在上市之前有风险投资或私募股权入股，共计770家VC/PE机构。

创业板市场的开启为具备一定规模和实力的技术创新型企业的进一步发展提供了方便的融资渠道，也为风险投资提供了成功退出的市场渠道。

(3) 代办股份转让系统。2006年1月，为探索我国多层次资本市场体系中场外市场的建设模式，科技部、中国证监会和北京市政府共同开展了"中关村非上市公司代办股份转让系统试点"工作。代办股份转让系统俗称"新三板"，与主板、创业板市场的定位不同，主要针对处于创业初期、有产品和盈利模式的科技企业，实行更为市场化的备案制，有效填补了市场空白，使广大中小企业进入资本市场成为可能。截至2010年年底，代办股份转让系统已有58家企业挂牌，并且在制度上日臻完善。根据已有挂牌企业的年度公告数据显示，在已有信息披露的33家企业中，12家企业获得VC资助，占比为40%左右，代办股份转让系统为我国风险资本提供了新的有效退出渠道。

(4) 境外资本市场。境外上市是创业企业利用国际资本市场融资、直接走向全球化经营、提高境外知名度的便捷方式，也是风险投资退出的一个有效途径，特别是在目前我国资本市场不够成熟的情况下，利用境外资本市场对发展我国的风险投资事业有着重要的意义。根据投中集团数据（见表6-2），2004—2008年我国共有407家企业赴海外上市，其中90家企业获得VC支持，占比为22.1%，包括84家企业获得外资VC支持，6家获得内资VC投资。据统计，VC所投资企业，平均投资时间为4.36年，以2008年12月31日收盘价为准计算，平均投资回报为10.08倍。2009年，全国创业风险投资调查统计上市退出企业中，境内退出项目占比为70.9%，境外退出项目占比为29.1%。

表6-2 我国企业在海外上市的数量及交易所分布（2004—2008）

国家或地区	交易所	上市企业的数量	拥有外资VC的企业数量（占比）
中国香港	香港主板	174	27（16%）
	香港创业板	32	2（6%）
美国	NASDAQ	36	26（72%）
	美国纽交所	27	13（48%）

[①] 根据上市公司统计年报数据统计，2004—2008年，每年分别有8家、11家、21家、48家、72家中小板上市公司具有明确的VC背景，占上市企业总数的百分比分别为21.1%、22.0%、20.6%、23.8%和26.3%。
[②] 张俊芳. 创业板市场国有股转持政策对国有创投机构的影响. 中国科技投资，2010(1).
[③] 夏峰，谢咏生，等. 中小上市公司发展对经济、就业及风投的影响——中小板及创业板上市公司调查报告. 证券市场导报·增刊，2011(10).

续表

国家或地区	交易所	上市企业的数量	拥有外资 VC 的企业数量
英国	AIM	11	
	PLUS	1	1(100%)
亚洲其他国家	新加坡主板	109	10(9%)
	新加坡凯利板	14	3(21%)
	韩国 KOSDAQ	1	1(100%)
	日本东交所	2	1(50%)
总计		407	84(21%)

注：表中括号内数字为外资 VC 投资企业数量的占比。

资料来源：王元，张晓原，梁桂．中国创业风险投资发展报告(2010)．北京：经济管理出版社，2010(9)．

（二）企业兼并和收购

企业兼并和收购(merger & acquisition，简称 M&A)是指风险投资公司将创业企业卖给另一家企业(也可能是另一家 VC 基金)的办法来实现退出的一种方式。在风险投资和私募股权领域，这种退出方式也被称为贸易出售(trade sale)。一般来说，兼并收购的投资收回迅速、便捷，并且可选择股票交换作为支付形式，可减少收购方的财务压力。

M&A 退出方式的特点有：(1)对于风险投资公司而言，将创业企业的股份直接出售或转让，可以立即收回现金或可流通证券，实现一次性完全退出，风险较小；(2)对于创业企业而言，可充分利用收购方大公司的雄厚资金来增强自己的研发能力，提升核心竞争力；(3)该退出方式适用于各类型和规模的公司，对于一些难以上市的小公司来说，M&A 可能是唯一可行的退出方式；(4)和 IPO 相比，M&A 的操作方式相对简单、费用低、花费时间少、资本变现速度快。

M&A 方式也有两大缺陷：(1)创业公司的管理层往往并不欢迎这种退出方式，因为一旦被大公司兼并或收购后，创业企业就不易保持其独立性；(2)由于收购方太少、信息不对称等因素，它常常难以找到买方，价格也不尽合理，收益率与公开上市相比明显偏低，只有 IPO 的 1/4 到 1/5。

创业企业的兼并收购一般是通过股权转让来实现的。对于风险投资者来说，交易对手或者股权受让者通常是以下几种类型的企业：进行规模扩张或寻求新利润增长点的公司、进行战略投资的大公司、进行资本经营的公司等。VC 在事先应当尽量了解收购者的投资意图、战略目标、法律结构等，以确定合理的股权交易价格，获得超过初始投资额的投资收益。

专栏 6-2　在西方盛行的 M&A 退出方式将在国内获得发展

目前阶段，兼并和收购在我国风险投资退出方式中的占比并不高，并呈逐年下降趋势，不过仍占据 30% 以上的较大比例。在风险投资行业发达的美国，兼并和收购的退出方式有着更加重要的地位。

2003—2010 年，M&A 退出方式无论是案例数还是交易金额都远高于同期 IPO 项目数和交易金额(见表 6-3)。此外，美国有 VC 背景的 M&A 项目的投资收益也相当可观，2008—2009 年美国风险投资通过 M&A 退出时的交易额是其投资额 4 倍以上的项目占比分别为43%和42%。因此，M&A对于美国风险投资而言是一种十分常见的退出方式。

表6-3 美国有风险投资背景的M&A和IPO情况(2003—2010)

年份	M&A案例数	金额公开的并购项目数	交易金额/百万美元	IPO数	交易金额/百万美元
2003	285	120	7 521	29	2 023
2004	349	188	16 044	94	11 378
2005	350	163	17 324	57	4 485
2006	378	167	19 142	57	5 117
2007	379	168	29 458	86	10 326
2008	349	120	13 974	6	470
2009	272	91	13 073	12	1 642
2010	427	123	18 451	72	7 018

数据来源：National Venture Capital Association；2011 NVCA Annual Yearbook，http://www.nvca.org/index.php?option=com_content&view=article&id=344&Itemid=103.

目前在国内，根据投中集团数据，2010年共披露26起VC/PE背景企业的并购案例，涉及VC/PE退出的有43起，其中22起退出案例完整披露其最初投资金额及最终退出回报金额，平均投资回报率为1.30倍，以此来看，相比IPO退出方式的收益回报率，并购方式的退出回报率显著较低，并购方式也未成为我国风险投资退出的理想方式。

未来中国企业在全球资本市场的IPO仍将保持活跃，但对风险投资机构而言，随着资本市场对企业估值趋于理性，IPO退出，回报率将持续下降。尤其是VC机构通过A股市场退出的高回报率的状况将难以持续，加上未来中国股权投资市场竞争愈加激烈，投资机构有必要开拓更多退出渠道。因此，企业并购将成为今后风险投资退出的一个越来越重要的渠道，投资回报率也将趋于正常。

（三）股权回购

股权回购退出是指创业企业或创业家以现金或其他可流通证券的形式购回风险投资公司手中的股份使VC资本退出的方式。在创业企业度过了技术风险和市场风险、成长为一个有发展潜力的中型企业后，如果仍然达不到公开上市的条件，风险投资公司一般就会选择股权回购的方式退出。因此，股权回购对于大多数风险投资者来说，是一个备选的退出方法。

股权回购的方式主要有两种：一是创业企业股权回购；二是创业企业家股权回购。股权回购后创业企业就由管理层或其他股东完全所有，VC完全退出企业。

另外，VC还可以将股权卖给企业的职工。创业企业可以通过建立一个企业员工持股基金(ESOP)来买断VC手中的股权。员工持股基金属于企业养老计划或利润分成计划的一种。员工持股基金可以从公司的税前盈利中划拨，也可以向银行贷款，贷款本息在公司今后年度的税前盈利中扣除。此外，由于员工购买出资是从公司的税前盈利中划拨的，因此它是免税的。

不难看出，股权回购具有其他退出方式所不具备的独特优势。首先，股权回购只涉及创业企业与风险投资公司两方当事人，产权关系明晰，操作简便易行；其次，股权回购属于双方民事交易行为，几乎不受管制，风险资本可以迅速退出，并取得合法、可观的收益；最后,股权回购可以将外部股权重新内部化,使创业企业保持充分的独立性。

但是,股权回购在实施时一般需具备一定的条件。一是在引入风险投资时就由投融资双方签订关于在一定期限后回购股份的协议。在协议中,风险投资者一般要求创业企业家列出其所拥有的资产权益以及负债等各种证明文件,制定未来股权回购的条款(支付对价、数量、触发条件等),在适当的时机回购 VC 所持有的股权。通过这种方式,风险投资者可以在公司经营状态不利或发展前景不明朗时,及时从企业退出。二是由于创业企业的失败率非常之高,有时即使是在引进风险投资前签订了回购协议,也会因为公司的发展低于预期,致使风险企业或创业家根本无力按照回购协议来支付回购所需的资金。在这种情况下,股权回购便不能顺利进行,VC 可能受到较大的损失。因此回购协议必须注意保证回购方——风险企业或创业企业家有足够的资金实力。

(四) 公司清算

公司清算是在风险投资失败的情况下,风险资本被迫选择以清盘方式退出来减少投资损失的无奈之举。对于那些已经失败或者有明显证据表明会失败的投资项目,风险投资公司一定要果断地撤出,将能收回的资金用于下一个投资循环。风险资本以清算公司的形式退出的损失程度视具体情况高低不等,一般而言,风险投资者能收回的投资占初期投资的比例大约在 20%~60% 之间。

风险企业的清算一般采用普通清算的方式进行,很少实行破产清算。这是由于风险企业在清算时,一般都是企业所有者主动结束公司经营、收回投资,并非风险企业被迫申请破产清算,且此时企业资产一般都足够抵偿债务,并有较多的剩余资产可供公司所有者分配,因此风险企业一般可以以普通清算的方式进行。普通清算的基本条件有两点:一是企业资产能够抵偿债务,如果清算过程中发现企业资产不足以清偿债务时要转为破产清算;二是企业的董事会或管理机构能够自行组织清算,如果由于某种原因而不能自行组织清算,则可转为特别清算。

(五) 风险投资退出方式的比较

通常认为,IPO 是风险投资退出最理想的方式,其收益率最高,有利于激励管理层考虑企业的长远发展;兼并收购的退出方式最迅速、操作便捷,并且可选择股票交换作为支付形式,以减少收购方的财务压力;股权回购的退出方式作为一种备选手段是 VC 能够收回投资的基本保障,其优势在于可将外部股权全部内部化,使创业企业保持充分的独立性;破产清算的方式则是在风险投资失败时减少并停止投资损失的有效办法。

为了更清楚地表征风险投资退出的各种方式,列表比较如下,详见表 6-4。

表 6-4 风险投资退出的 4 种主要方式比较

退出方式	退出时机的选择	优点	缺点
首次公开发行	风险企业进入成熟期,经营业绩稳步上升,具备 IPO 条件。	1. 投资收益最高; 2. 能较大程度上保留对创业企业的控制权,激励创业者提高经营绩效; 3. 能为企业发展提供后续资金,分担投资风险。	1. 上市成本费用高,条件严格,手续烦琐,涉及较多法律问题; 2. 由于有持股的锁定期,风险资本退出需在锁定期结束后。

续表

退出方式	退出时机的选择	优点	缺点
企业兼并和收购	风险企业经营业绩逐步上升,但不能达到上市条件,VC又打算尽早撤资或必须退出。	1. 手续便捷,回收投资迅速,适用于大多数不能上市的创业企业; 2. 可选择股票交换作为支付对价方式,大大减少收购方的财务压力。	1. 采用出售方式,管理层可能失去企业的控制权; 2. 由于收购方太少,缺乏竞价,收购价值可能被低估。
股权回购	创业企业经营日趋稳定,高成长性难以确定或上市无望,根据协议执行股权回购。	1. 产权关系明晰,操作简便易行,可迅速退出; 2. 可将外部股权全部内部化,使企业保持充分的独立性。	1. 可能涉及合同的违约风险等问题; 2. 涉及回购方的回购能力问题。
公司清算	风险投资失败或创业企业前景黯淡。	降低了风险投资失败项目的机会成本,减少损失。	1. 承担投资失败的经济损失; 2. 受到一定的法律限制,可能延误退出时机。

案例6-1　IPO并非最优选择——风险资本从好耶网的成功退出

一、背景介绍

好耶网(http://www.allyes.com/)成立于1998年10月,是一家集网络广告技术服务、线上营销服务和效果营销服务为一体的专业网络互动营销服务公司。2000年3月,IDGVC①向好耶网投入第一笔300万元人民币投资,连同贷款在内,IDGVC在好耶网第一轮融资过程中累计投入了182万美元(约合人民币1 300万元),占其股份接近40%。在2000—2004年间,好耶网进入了快速发展期,保持营业收入每年超过100%的高速增长,2004年实现营业收入2亿多元人民币,利润超过了2 000万元人民币。

2005年12月,IDGVC联合Oak Investment Partners向好耶网投入总计3 000万美元的第二轮投资,加上第一轮投资,IDGVC占好耶网的股份达到41.8%,成为好耶网的最大股东。与此同时,好耶网成立了由王建岗(好耶网创始人,时任好耶网CTO)、章苏阳(投资方代表,IDGVC合伙人)、朱海龙(管理层代表,时任好耶网CEO)组成的公司董事会。2005年年底,以朱海龙为首的管理团队开始筹备好耶网上市。2006年9月,好耶网正式启动纳斯达克上市程序,计划融资1亿美元。

然而,2007年3月1日好耶网与分众传媒控股有限公司(简称"分众传媒")达成协议并公告:(1)分众传媒以7 000万美元现金和价值1.55亿美元的分众传媒普通股收购好耶网的全部股份;(2)2007年4月1日至2008年3月31日,好耶网若达到预定的收益目标,分众传媒将再向好耶网支付价值7 500万美元的分众传媒普通股;(3)朱海龙将继续担任好耶网CEO;(4)分众传媒承诺,两家公司在合并完成后不进行裁员。好耶网由纳斯达克上市转变为将好耶网出售给分众传媒,IDGVC为何发生转变呢?

---

① 关于IDGVC,见本书第三章的案例3-5。

二、案例分析

（1）纳斯达克上市的困难。在好耶网之前，美国已经有 Value Click、aQuantive 和 Double Click 三家和好耶网商业模式非常类似的公司在纳斯达克上市。其中，好耶网最初的效仿者和主要竞争对手 Double Click 在纳斯达克上市时市值超过 100 亿美元，但因市场环境和自身原因，其在 2005 年以 11 亿美元的价格被收购；而 Value Click 和 aQuantive 的市值均在 20 亿美元左右徘徊。对比中美两国模式相近的互联网公司，如百度当时的市值大约在 30 亿至 40 亿美元之间，Google 当时的市值则超过了 1 300 亿美元，百度的市值还不到 Google 的 1/30。因此以 Value Click 和 aQuantive 为参照，好耶网要实现融资 1 亿美元、市值达 4 亿美元的目标显然非常困难。

（2）好耶网自身的特点。好耶网是当时国内最大的网络广告技术和服务公司，其商业模式是利用互联网广告管理技术，进行互联网广告代理，从而取得服务收入。好耶网的主营业务有两大块：①技术输出服务收入，主要来源于自主研发的网络广告管理系统软件——和富媒体广告联盟；②网络广告代理服务收入。好耶网是新浪网最大的网络广告代理商，2002—2005 年连续四年被评为我国最大的网络广告代理公司。但仔细分析好耶网的主营业务，其前景并不被看好：其技术部分虽有较大的优势，但正受到 MSN 等公司的严峻挑战；其网络媒体代理业务因介入得比较早而拥有一些优势资源，但竞争者较多，利润越来越少。2006 年，好耶网的总收入大约为 5 亿元人民币，而净利润只有几千万元人民币，且利润率还在连年降低。另外，好耶网技术服务收入虽高，但是这块收入贡献只占 10%。所以从总体看，好耶网主营业务的竞争力并不强，若勉强包装上市，其价值必然得不到市场的认可。而此时分众传媒愿意出比 IPO 更优惠的价格购买好耶网。因此，IDGVC 权衡利弊，决定让好耶网放弃 IPO，而将其出售给分众传媒，这显然是一个明智的选择。

（3）分众传媒收购的意愿强烈。股权购买者的收购意愿有两个决定条件：第一，股权购买者自身的战略。当创业企业符合股权购买者的意图时，购买者便表现出强烈的收购意愿，即愿意以更高的价格购入对方的股权，这便增加了股权转让的可能性。分众传媒的战略是打造国内最大的生活圈媒体群，为了这个战略目标，它已进行过多次收购：2005 年 10 月，它以逾 1 亿美元收购框架传媒有限公司；2006 年 1 月，它以 3.25 亿美元收购竞争对手聚众目标传媒（中国）控股有限公司；6 月，它又以约 3 000 万美元收购北京凯威广告技术有限公司；8 月，它完成对 Appreciate Capital 公司的收购。分众传媒的战略就是整合优质资产，好耶网正好符合分众传媒的战略，通过收购好耶网，分众传媒便进入我国高速增长的互联网广告市场。第二，股权出售者与股权购买者之间的信息对称程度。若股权购买者与股权出售者所拥有的信息对称程度较高，则股权转让的可能性就大，IPO 的可能性就小。分众传媒和好耶网曾经同在上海市江苏路的一座办公楼的同一楼层办公，分众传媒的总经理江南春是好耶网下辖子公司的投资人之一。IDGVC 既是好耶网的股东，也是分众传媒的股东。分众传媒具有解决信息不对称问题的条件，这构成了其顺利收购好耶网的重要因素之一，也是影响 IDGVC 选择退出好耶网方式的因素之一。

（4）风险机构 IDGVC 的考虑。风险投资者往往寻求拥有风险企业的控制权，并通过影响或控制董事会在企业经营重大问题的决策上行使控制权。但拥有控制权不是目的，而是为了保证其已投入资金的安全，最终目的是选择最有利的退出渠道以获得最理想的回报。此次分众传媒收购好耶网给出的市盈率是 25 倍，拥有好耶网 41.8% 股份的 IDGVC

从中获得约 2 500 万美元,另加价值 4 000 多万美元的分众传媒股票,这使 IDGVC 在成功退出的同时又增加了对分众传媒的持股。

三、好耶网选择股权转让退出的启示

(1) 风险资本退出方式没有最优的,只有最合适的。通常认为,IPO 是风险投资退出的最佳方式,但实际上并不存在绝对最佳。风险投资退出方式的选择受多种因素的影响,并且各种退出方式适用的情况也不一样,它们有各自的优缺点。风险投资退出方式决策是综合权衡各种因素的结果。VC 应当构建风险投资退出绩效评价体系,比较各种退出方式的优劣,以便选择最适合自己的退出方式。

(2) 风险投资退出方式的科学决策。从企业的角度考虑,风险投资退出方式的最优决策是使利益相关者收益最大化。要实现退出的最优化,创业企业必须构建有效的利益制衡与激励机制,明确地界定风险投资家、创业者及其他利益相关者的利益边界,合理配置退出决策权,进行科学决策,以避免像好耶网那样出现二次决策(好耶网在通过并购退出之前曾试图 IPO),造成企业资源浪费。

资料来源:邹湘江、王宗萍. 从 IDGVC 退出好耶看风险投资的退出路径. 财会月刊(综合版),2008(9).

三、风险投资退出的时机选择

从风险投资者的角度出发,探讨风险投资的退出机制,除了要考虑退出方式的选择之外,还要考虑退出的时机选择。风险投资的退出条件和方式通常在最初签订投资协议时即已确定,但在退出时机的判断上往往会留给 VC 基金经理抉择,从而具有较大的不确定性。一般来说,投资项目的培育、发展过程是比较漫长的,如果退出时机太早,会难以达到风险投资支持企业发展的目的,也不利于风险投资者获得理想回报;如果退出时机太晚,可能错过最佳回报期。因此,能否选择合适的退出时机对风险投资的成功退出至关重要。

根据发达国家的经验,风险投资基金通常选择在创业企业处于后高速增长期进行退出。但由于创业企业的复杂性,VC 基金的投资风格或偏好又各有差异,因此很难给出统一的退出时机选择标准。在创业企业经营状况正常的情况下,VC 的退出时间选择主要受创业企业成长阶段、市场环境和个人偏好的影响等。更为重要的是,退出时间的选择和退出方式是直接相关的。

(一) 根据创业企业成长周期选择退出时机

创业企业具有独特的生命周期。一般而言,创业企业的生命周期为 3~7 年,通常经过几个阶段:种子期、创业期、成长期、成熟期、衰退期。从理论上讲,企业在成长后期,处在经营快速增长、产品拥有一定市场份额、其品牌也有一定影响力的时期,这个时候 VC 退出是比较好的选择。因为在此之前还需要向企业注入资本,而投资者不愿接受前景不确定甚至现金流为负的企业,此时 VC 退出就非常困难。而成长后期由于企业较为稳定,获得超额利润的机会已不大,风险资本继续滞留就没有意义。因此 VC 会将成长后期或成熟初期的投资项目出让给抗风险能力较低的普通投资人,由于创业企业已经具有稳定的收益,这点恰好符合了这一类投资者的需要,VC 选择此时退出也是比较合适的。

风险投资退出的最晚时机在企业成熟期的初期。当创业企业逐渐走向成熟时,风险大为减少,此时创业者通常希望自己控制企业,而不是继续听命于风险投资家。就创业投资的特点而言,一般在成长期的末期就应该考虑退出。此时的企业给新投资者留有一定的想象空间,退出价格可能比成熟期还要高。

(二)根据市场环境选择退出时机

从市场角度看,风险资本的退出时机主要受两方面因素的影响:

一是技术替代度。创业企业的核心竞争力往往是其拥有的核心技术和独特的管理模式,随着创业企业在市场上露面的机会增多,企业核心技术外泄的可能性也会增大。一旦市场上出现替代技术或者新一代技术,创业企业就失去了赖以生存的技术基础,这时企业的寿命就可能提前结束,风险资本则被迫退出。一个著名的例子是方兴东在2002年创建的博客网,作为引领中国互联网Web2.0的先驱,曾获得软银赛富、Bessemer Venture Partner等著名风投机构数千万美元的风险资金,并开启了中国的博客时代。但由于2006年以后,以新浪为代表的门户网站的博客力量已完全超越了博客网等新兴垂直网站,并且博客几乎成为任何一个门户网站标配的内容,风险投资在博客网上的投资以惨败收场。

二是市场扩张度。随着市场竞争的不断发展,市场上可能出现众多的替代品,风险企业的扩张、增长势头会明显放缓,市场扩展率也明显下降,但现金流显著增加,呈现成熟企业的特征,风险资本也就到了该退出的时候。

(三)根据风险投资者偏好选择退出时机

风险资本家是创业投资项目的实施者,其偏好对风险投资项目退出时机的选择有直接影响,主要体现在对退出风险的承受能力上。一般来说,风险承受能力强,则倾向于稍晚一些时间退出,期望获得更好的回报;而风险承受能力低,则倾向于稍早退出,期望实现更稳妥的回报。

总之,在市场环境既定的情况下,风险投资退出时间主要取决于创业企业所处的生命周期阶段和风险投资者的偏好。根据企业不同生命周期阶段的基本属性,以及风险投资者的偏好,风险投资基金可以根据自己对风险的承受能力,以及既定的退出方式,选择适合的退出时间。

第二节 创业板市场

在风险投资体系中,创业板市场具有极其重要的作用和地位。创业板又称二板市场,是专门为中小企业和新兴公司提供融资途径和成长空间的证券交易市场。它不仅是对主板市场的有效补充,也是风险资本选择IPO退出的重要通道。

一般来说,只要符合有关条件,风险投资可以选择主板市场作为IPO退出的场所。但从国外经验来看,主板市场并非创业企业上市的最佳场所。因为证券监管当局对于主板上市的企业通常都制定了成立年限、规模大小、盈利状况等方面的严格限制条件。尽管很多创业企业拥有巨大的发展潜力,但他们往往在需要进行IPO筹资时,资产规模和财务状况等远比不上成熟企业,所以大部分创业企业很难达到主板市场上市条件。发达国家的经验表明,得益于风险投资的支持,大量中小企业和新兴公司在技术创新、提供就业等方面发挥了重要作用。因此,建立适合创业企业上市、同时供风险资本退出的创业板市场就成为风险投资顺利发展不可或缺的重要条件。

根据投中集团数据,在2010年我国进行了IPO的220家拥有VC/PE背景的企业中,152家选择在境内上市,其中,登陆深圳证券交易所创业板的企业达63家,仅次于深圳证券交易所中小板的80家。境外上市方面,31家拥有VC/PE背景的企业登陆香港联交所[①],美国纽约证交所和纳斯达克市场分别为20家和14家。详见表6-5。

表6-5 2010年中国拥有VC/PE背景的企业IPO地点分布

交易所	IPO数量	数量占比/%	融资金额/百万美元	金额占比/%
深交所中小板	80	36.4	11 907	31.9
深交所创业板	63	28.6	8 401	22.5
港交所主板	31	14.1	9 728	26.0
纽约证券交易所	20	9.1	2 488	6.6
美国纳斯达克	14	6.4	1 171	3.1
上海证券交易所	9	4.1	3 461	9.3
新加坡证交所主板	2	0.9	67	0.2
法兰克福证交所	1	0.4	150	0.4
合计	220	100	37 374	100

资料来源:投中集团.2010年中国创业投资及私募股权投资市场统计分析报告.

从各证券交易所平均投资回报率来看,创业板仍是IPO退出回报率[②]最高的交易市场。2009年我国创业板推出,企业普遍获得较高估值,给企业背后的VC/PE投资机构带来高额回报。2010年,创业板VC/PE的整体回报率达到12.13倍,中小板及上交所分别为9.38倍和7.03倍,境内市场平均投资回报率为10.40倍。境外方面,纽交所平均投资回报率最高,达5.71倍,纳斯达克为2.81倍,港交所仅为1.64倍,境外市场平均账面回报率为3.50倍。

举几个例子,广东省科技创业投资公司于2000年投资鸿图科技公司2 000万元,鸿图科技于2006年在深圳交易所中小板上市,广东省科技创业公司持股占发行后股权比例为32%,账面回报率为11.1倍;上海联创永宣创业投资基金于2008年8月投资新疆西部牧业公司2 520万元,西部牧业于2010年8月在深圳创业板市场上市,每股发行价为11.9元,联创永宣占发行后股权比例为14.49%,账面回报率为8.23倍;红杉中国资本一期基金对奇虎360公司在2006年的两笔投资共计734万美元,2011年3月奇虎在美国纽约交易所上市,发行价每股为9.67美元,红杉资本持股占发行后比例为8.14%,账面回报率达17.7倍等。

总之,由于资本市场上市产生的高额回报率,风险投资将继续选择创业板等资本市场作为其首要退出渠道。下面我们先来介绍世界上发展最为成功和完善的创业板市场——美国纳斯达克市场,然后对中国创业板市场进行详细阐述。

[①] 可惜的是,中国香港创业板成立10多年来,发展速度缓慢。上市公司数量在不断减少,流动性不高,融资功能严重萎缩。因此,国内有风险投资背景的企业去香港上市时,往往选择在香港主板挂牌交易。

[②] 在《中国创业风险投资发展报告(2010)》的书中,IPO投资回报率=(IPO之前投资机构持有股票数量×IPO发行价-总投资金额)/总投资金额。

新坐标金融系列精品教材

风险投资与私募股权教程

一、美国纳斯达克市场

（一）美国纳斯达克市场概况

美国纳斯达克市场是世界上第一家采用电子报价系统的股票交易市场，于1971年正式开业，也是最为完善的创业板市场。建立纳斯达克的初衷是要规范美国大规模的场外交易市场(OTC)[①]。

为了改进证券业监管，1961年美国国会责成联邦证券交易委员会(SEC)对证券市场进行调查，两年后SEC发现OTC市场条块分割、缺乏透明度、缺乏效率以及对投资者的保护，因此建议创立一个全国性的柜台间自动报价系统，并责成全美证券商协会(NASD)予以实施[②]。1968年，"全美证券交易商协会自动报价系统"(National Association of Stock Dealer's Automatic Quotation，NASDAQ)开始启动，并形成了后来的纳斯达克市场。1971年，纳斯达克正式运作，有500多家做市商通过报价系统买卖2 500多家上市公司的股票。经过30多年的发展，先进而庞大的电子信息技术已使纳斯达克成为世界上最大的场外交易市场。

在纳斯达克市场成立的最初20年内，它仅仅是作为柜台交易市场存在，其上市公司数量、成交量、投资者规模等根本不能与纽约证券交易所相提并论。但自从20世纪90年代初开始，美国引领了全球信息革命的浪潮，微软、英特尔、戴尔、思科、朗讯、雅虎、亚马逊等一大批后来的明星高科技企业在纳斯达克挂牌交易，市场交易量急剧上升，纳斯达克的发展出现了重大的转机，纳斯达克综合指数也连创新高，并被誉为美国高科技企业成长的摇篮。

更为重要的是，美国风险资本与纳斯达克市场具有明显的联动性质，体现出"一荣俱荣、一损俱损"的特征。在1991—1999年间，受纳斯达克市场近10年牛市的影响，美国风险投资持续景气。自2000年以后，伴随着网络泡沫的破灭，纳斯达克市场持续下跌，风险资本出现了持续萎缩的局面。相关数据显示，美国纳斯达克市场在1992—2002年有风险投资背景的IPO有1 721家，筹资金额达1 072亿美元，分别占同期纳斯达克市场融资总量的39.8%和46.6%。根据美国学者Black和Gilson(1998)的研究，许多国家之所以难以成功复制美国充满生机与活力的风险资本市场，就在于这些国家未能建立起风险投资与资本市场的良性互动机制。因此，作为高科技企业摇篮的纳斯达克市场对带动美国风险投资市场的发展无疑起着至关重要的作用。

另外，纳斯达克市场是国际化发展趋势最为明显的创业板市场。由于其上市规则比纽约交易所和美国证交所相对简便，具有更大的兼容性，吸引了一大批具有高成长性的外国高科技企业来上市。如英国的路透社、荷兰的阿克索公司、澳大利亚的太平洋邓洛普公司等许多世界一流企业都选择在纳斯达克挂牌交易，而我国高科技企业中杰出代表的新浪、

[①] 这里的场外交易有两个含义：一是指一些满足不了美国纽约证券交易所或美国证交所严格上市条件的非上市小公司进行融资流通的需求，这些小公司股票有组织地在某个固定交易场所做市券商交易；二是指通过电话或计算机网络连接起券商进行买卖证券的市场。

[②] 全美证券商协会于2007年和纽约证券交易所监管局合并组成美国金融业监管局(Financial Industry Regulatory Authority，简记FINRA)，可见 www.finra.org。

百度、盛大、携程等公司也都在纳斯达克上市,纳斯达克已经成为一个全球性的资本市场。

(二) 美国 NASDAQ 市场的特点

1. 做市商制度

纳斯达克与其他证券交易所的主要区别就是其实行做市商制度,做市商制度是纳斯达克市场的核心。纳斯达克之所以如此成功,竞争性的做市商制度被认为是最重要的原因之一。

做市商制度是指由具备一定实力和信誉的法人(证券交易商)充当做市商,不间断地向投资者提供买卖价格,并按其提供的价格接受投资者的买卖要求,以其自有资金和证券与投资者进行一对一交易,从而为市场提供流动性,并通过买卖价差来实现一定的利润。这种交易模式有两个重要特点:一是所有客户订单都必须由做市商自己的账户买进卖出,客户订单之间不直接进行交易;二是做市商必须在看到订单前报出买卖价格,而投资者在看到报价后才下订单,因此做市商制度也被称为报价驱动交易制度。美国证券交易商协会规定,证券商只有在该协会登记注册后才能作为做市商,在纳斯达克市场上每只股票至少有3家做市商。实际上,纳斯达克市场上平均每只股票有10家以上做市商为之做市,活跃的股票更有多达40多家做市商。

实行做市商制度的优势在于能够保证创业板市场的流动性,由于实行了做市商制度,纳斯达克市场流动性很强,成交量甚至大于主板市场,成为美国多层次资本市场的重要组成部分,对于缓解中小企业融资困难、推动高科技的产业化起到了不可替代的作用。以纳斯达克市场经验来看,做市商在创业板市场上大量筛选上市资源、勇于承担市场风险;同时,做市商赚取买卖差价的动力,客观上推动了股票交易,使得市场价格机制发挥作用,推动股票价格不断地接近于其实际价值。因此,做市商及其竞争性报价制度不但对创业板市场的流动性起到了决定性的作用,还可以发挥"市场稳定器"的作用,达到监控内幕交易,防止股价操纵,提高创业板市场的运作质量和效率。

2. 电子交易系统

纳斯达克市场另一个核心特征便是其电子交易系统。与纽约交易所和美国证交所相比,纳斯达克不是一个有形市场,没有公开的交易大厅,交易主要通过高效率的电子交易系统完成。纳斯达克市场的信息处理和传送技术是世界领先的,目前已拥有两万多个分布在美国及其他国家和地区的计算机网络终端,可以向全球投资者提供最迅速的报价,确保了交易系统的效率和信息发布的及时、准确。由于纳斯达克市场采用电子交易系统,因此其管理与运作的成本相对更低,效率更高,并在信息披露的公开性、证券交易的公平性和竞争性、吸引投资者的广泛性等方面有着显著的优越性。

3. 上市实行双轨制

纳斯达克市场有两个组成部分:全国市场和小型资本市场,在上市时实行的是双轨制。全国性市场的服务对象主要是世界范围的大型企业和经过小型资本市场发展起来的企业;小型资本市场的对象则是高成长的中小企业,其中高科技企业占有相当大的比重。

在纳斯达克全国市场上市的企业必须满足严格的财务、资本和公司治理的要求,而作为资本市值规模较小的小型市场,上市的标准远没有全国市场那样严格,但是关于公司治理方面的标准是一致的。在小型市场上市的企业未来可以升级到全国市场上市,由此形成了多层次的市场结构。

（三）美国 NASDAQ 市场的上市条件

与纽约交易所相比，纳斯达克对上市公司的要求不那么严格。纳斯达克市场遵循的哲学精神是："决定一家公司是否满足上市标准的是投资者，而非纳斯达克。"对公司的上市条件主要有非量化和量化条件两种，前者主要涉及公司治理条款，如要求上市公司定期提交财务报告、每年召开股东大会等。与具有普遍适用性的非量化标准不同，纳斯达克的量化上市标准要远低于纽交所的标准。

就纳斯达克自身来说，对其上市条件的讨论主要体现在全国市场和小型资本市场的差异上，而纳斯达克全国市场的上市条件也存在着三套标准可供选择，详见表6-6。

表 6-6 美国纳斯达克上市条件

衡量指标	全国市场			小型资本市场
	上市标准1	上市标准2	上市标准3	
净有形资产①	达到600万美元	达到1 800万美元	不要求	400万美元
总资产	不要求	不要求	7 500万美元	5 000万美元
总收入	不要求	不要求	7 500万美元	5 000万美元
税前收入	达到100万美元	不要求	不要求	不要求
公众流通股	不少于110万股	不少于110万股	不少于110万股	不少于100万股
经营年限	不要求	至少2年	不要求	至少1年
最小发行价格	5美元	5美元	5美元	4美元
做市商数量	3家	3家	3家	3家
公司治理结构②	要求	要求	要求	要求

资料来源：李敏波，焦健. 创业板市场上市操作与案例. 北京：中国发展出版社，2009(9).

案例 6-2 我国携程网在 NASDAQ 上市

一、公司简介

携程旅行网创立于1999年，总部设在中国上海。作为我国领先的在线旅行服务公司，携程网成功整合了高科技产业和传统旅游业，向超过2 000万会员提供集酒店预订、机票预订、度假预订、商旅管理、特约商户及旅游资讯在内的全方位旅行服务，被誉为互联网和传统旅游无缝结合的典范。凭借稳定的业务发展和优异的盈利能力，携程网于2003年12月在美国纳斯达克成功上市。

二、上市前向风险投资者融资

携程成立后，直到2001年10月才宣布结束亏损状态开始盈利，而支撑公司上市前正常运作的便是向风险投资者进行的融资。上市前，携程共通过4次融资获得资金1 627万美元。

(1) 1999年10月 IDG 投资50万美元，这是携程的第一笔融资；

---

① 净有形资产(net tangible assets, NTA)是指公司拥有的实质或有形资产值扣除全部负债；如果再除以发行股本，即可以得到每股净有形资产值。

② 公司治理结构是一种规范股东、董事会、高级管理人员权利和义务分配，以及与此有关的管理层聘选、激励、监督等问题的制度框架。良好的公司治理结构，可解决公司各利害关系方的利益分配问题，对公司能否高效运转、是否具有竞争力，起到决定性的作用。

(2) 2000年3月,公司按每股1.0417美元向软银中国等风险投资基金发行A类优先股432万份,共获得资金450万美元;

(3) 2000年11月,公司按每股1.5667美元向凯雷集团旗下Carlyle Asia Venture Partner 1期基金和CIPA Co-Investment等风险投资基金发行B类优先股7 193 464份,共获得资金1 127万美元;

(4) 2003年9月,公司按每股4.5856美元向老虎基金发行C类优先股2 180 755份,共融资1 000万美元。此次融资所得全部用于回购部分普通股、A类优先股、B类优先股,使此前部分投资者能够分享到公司成长的果实。

三、成功上市

2003年年初,携程网开始启动上市进程,11月,携程网向美国证券交易委员会(SEC)正式提出IPO申请,12月,携程网股票在纳斯达克市场挂牌上市。上市首日公司股票开盘为24美元,最高到37.35美元,最后收盘为33.94美元,相对于发行价的首日涨幅为88.6%,这是在2000年春季网络泡沫破灭后的3年来纳斯达克市场上首日涨幅最高的一只股票,也使得携程网成为中国第一家在纳斯达克成功上市的旅游网络企业。

此次携程在纳斯达克的成功上市,后来被定义为"中国互联网公司第二轮海外上市"的起点,2004年灵通网、盛大、空中网、前程无忧、金融界、e龙等中国互联网公司相继在纳斯达克上市。对应起于1999年中华网开始的第一轮海外上市热潮,在那次浪潮中,我国的三大门户网站新浪、网易、搜狐相继于2000年登陆纳斯达克,但随后网络泡沫破灭,我国网络公司的上市之路也随之沉寂。此次携程网成功上市,是时隔3年后的首家中国网络概念公司在纳斯达克上市。

二、我国创业板市场

(一)我国创业板市场概况

我国创业板的发展历史可以追溯到1998年。从1998年提出概念到2009年的正式开市,经历了长达10年的酝酿和准备过程,我国创业板的发展历程大致可以分为以下5个阶段:

第一阶段为萌芽起步时期,从1998年年初到2000年年初。起点是国家科委组织相关部门研究《建立高新技术企业的风险投资机制总体方案》并进行试点。1999年3月,中国证监会第一次明确表示,可以考虑在沪深证券交易所内设立高科技企业板块。

第二阶段为创业板缓慢发展阶段,从2000年年中到2003年年中。尽管2000年5月国务院基本同意了证监会设立二板市场的意见,并将二板市场定名为创业板市场。随后深圳证券交易所开始着手筹建创业板,但由于2001年年初美国互联网泡沫破灭,纳斯达克股市严重下跌,我国创业板计划搁浅。

第三阶段为创业板转向阶段,从2003年下半年到2006年年中。此阶段中提出应该建立多层次的资本市场体系。2004年国务院指出要分步建设创业板,并于同年5月在深圳证券交易所内设立中小板作为创业板的过渡,同时推进风险投资和创业板市场的建设。

第四阶段为重提创业板阶段,从2006年下半年到2008年。此阶段中,创业板的建设计划再次被提上日程。2007年,深交所表明创业板的技术准备到位,同时国务院批准了《创业板发行上市管理办法》草案。

第五阶段为创业板的正式筹备阶段,从2009年年初到同年10月正式开市。2009年3月31日,中国证监会正式颁布了《首次公开发行股票并在创业板上市管理暂行办法》,该办法自同年5月1日起开始实施。6月5日,深交所正式颁布《深圳证券交易所创业板股票上市规则》。2009年10月23日举行创业板开市仪式,我国创业板(英文简称ChiNext)正式诞生。10月30日,首批28家企业正式在创业板上市交易。

经过近3年的发展,我国创业板市场迅速成为了风险资本日益重要的退出渠道。2009年在创业板上市的36家公司中,有25家公司获得46笔风险投资支持,其中国有风险投资机构投资8笔,投资了8家企业;民资风险投资机构投资36笔,投资了20家企业;外资风险投资机构投资2笔,投资了2家企业。相比中小板来说,创业板更受风险投资机构的青睐。

2009年,我国创业板风险投资机构(VC)投资的企业发行情况见表6-7。

表6-7 创业板风险投资机构(VC)投资的企业发行情况(2009)

指标分类	数量	平均首发数量/万股	平均募集资金/亿元	VC平均持股价值/亿元	平均首发市盈率/%
国有VC投资	8	2 281	4.56	2.46	63.56
民资VC投资	20	1 966	5.52	1.23	58.41
外资VC投资	2	2 675	8.32	2.50	60.93
有VC参与	25	2 091	5.48	3.17	59.83
无VC参与	11	2 490	7.06	—	69.55
合计	36	2 143	5.67	—	59.54

资料来源:WIND数据库.

(二)中国创业板市场的特点及与中小板的区别

创业板市场与中小板市场二者均面向中小型企业的融资需求,但在市场功能定位、上市条件和运作模式等方面,均呈现出较大的差别。

1. 功能定位不同

中小板实施的是"两个不变"和"四个独立"原则,"两个不变"是指中小板运行所依据的法律、法规和部门规章与主板相同,在中小板上市的企业应符合主板市场的发行条件和信息披露要求。"四个独立"是指中小板运行独立、监察独立、代码独立和指数独立。这些原则体现了中小板作为主板市场构成部分的特点,即中小板面向的是经营已经相对成熟和盈利稳定的、处于成长后期阶段的中小企业,行业分布以制造业等传统行业为主,也有部分具有高成长性和高科技含量的企业,行业覆盖面较宽。

创业板的定位是为"三高五新"的企业服务,即符合高技术、高成长性、高附加值以及新经济、新服务、新材料、新能源和新技术特征的企业,"增长"和"创新"是创业板企业必须具备的两大要素。在创业板上市的往往是处于成长期早期阶段的成长型企业,在经营模式创新和技术创新等方面均表现出一定的活力,并具备了一定的规模和盈利能力。

2. 上市条件不同

中小板企业的进入门槛较高,上市条件较为严格,基本上与主板市场无大区别。创业板上市企业的硬性财务门槛则较低,在盈利指标的要求上更为灵活,因此其上市条件较为宽松,但创业板更强调信息披露和保荐人的作用。

3. 运作模式不同

中小板的运作采取非独立的附属市场模式,即作为主板市场的组成部分,拥有与主板相似的组织管理系统和交易系统,所不同的主要是上市标准的差别。

创业板的运作则采取独立模式,即创业板与主板市场分别独立运作,拥有独立的组织管理系统和交易系统,采取不同的上市标准和监管标准。

二者的区别详见表6-8。

表6-8 我国证券市场中的创业板与中小板比较

比较项目	创 业 板	中 小 板
功能定位	独立运作,以成长型创业企业为服务对象,重点支持具备自主创新能力、成长性特点突出的企业。	作为主板的一部分,主要服务于即将或已进入成熟期、盈利能力稳定的中小企业,努力扩大行业覆盖面,与主板形成互补。
风险特征	创业板企业尚处于成长期,普遍规模较小,经营稳定性较低,其发展潜力巨大,但技术的先进性与可靠性、新模式的成熟度、新行业的市场容量与成长空间等往往都具有较大的不确定性。	中小板企业大多已相对成熟,规模上已符合主板标准,有些已处于细分行业的领先地位,盈利能力较强,因而风险程度相对较低。
上市条件	量化指标上比主板有所降低,并设立了两套业绩标准,扩大了企业覆盖面: 1. 连续两年盈利,且持续增长,最近两年净利润累计不少于1 000万元;或者最近一年盈利,净利润不少于500万元,营业收入不少于5 000万元,最近两年的营业收入增长率均不低于30%; 2. 发行前净资产不少于2 000万元,发行后股本总额不低于3 000万元; 3. 最近一期不存在未弥补亏损,存续期3年及以上。	量化指标与主板相同: 1. 净利润最近3年为正且累计超过3 000万元;最近3年营业收入累计超过3亿元,或最近3年经营现金流量净额累计超过5 000万元; 2. 最近一期无形资产占净资产比例不高于20%,且不存在未弥补亏损; 3. 发行后股本总额不低于5 000万元; 4. 存续期3年及以上。
发行审核	1. 适应风险企业特点与要求,中国证监会单独设立创业板发行审核委员会; 2. 发审委人数适当增加,加大行业专家委员比例,委员与主板不互相兼任。	1. 与主板共用相同的发行审核委员会; 2. 募集资金项目投向有审批管理; 3. 对企业历史经营业绩进行严格深入考核。
信息披露	在中小板基础上进一步强化: 1. 年报预约披露在3~4月份的公司,应当在1月底前披露业绩快报; 2. 根据风险企业的特点,对临时报告的披露标准进行适当调整; 3. 发行材料披露形式简化,降低发行成本,不要求编制招股书摘要。	1. 推行募集资金使用定期审计制度、年报报告说明会制度; 2. 年报预约披露在3~4月份的公司,应当在2月底前披露业绩快报。

续表

比较项目	创业板	中小板
保荐制度	在中小板基础上进一步强化了保荐人的职责： 1. 要求保荐人强化对风险企业的行业特点、成长性、自主创新能力进行尽职调查并在募集说明书中说明； 2. 持续督导期延长为公司股票上市当年剩余时间及其后3个完整会计年度，并实行弹性保荐制①； 3. 考虑到创业板公司规模较小，对保荐人同时保荐创业板公司家数限制适当放松。	1. 持续督导期为公司股票上市当年剩余时间及其后两个完整会计年度； 2. 鼓励公司实行弹性保荐制度。
股份限售制度	体现对风险投资等的支持：除控股股东、实际控制人外的股东公开发行前所持股份，按《公司法》规定在股票上市交易一年内不得转让，此外，申请受理前6个月增资的股份，自工商登记日起锁定3年，受理前6个月从控股股东、实际控制人受让的股份，自上市日起锁定3年，从非控股股东处受让的股份，自上市日起锁定1年。	发行人控股股东及实际控制人存在36个月的锁定期限制，其他股东实行一年锁定期。刊登招股说明书之日前12个月从控股股东、实际控制人及其关联方受让的股份，自上市日起锁定3年。

资料来源：根据深交所公布资料整理。

案例6-3　备受风险投资青睐的创业板公司——数码视讯

2010年4月30日，在深圳创业板上市的数码视讯公司（SZ.300079），是国内领先的数字电视整体解决方案提供商。其主营业务是数字电视软、硬件产品的研发、生产、销售和技术服务业务。公司产品应用于国家广电总局、中央电视台、中国有线电视网络有限公司以及全国34个省级平台和近千个地市县有线网络。2008年公司在国内数字电视前端设备的市场占有率达30%，居行业第一，在国内数字电视条件接收系统的市场占有率达16%，居行业第二。

根据数码视讯招股说明书显示，其在发展的过程中共受到了13家风险投资公司的青睐，是2010年创业板上市企业中获得风投支持数量最多的公司。13家风险投资机构分别是启迪创业、深圳中科远东、清华科技园创投、深圳力合创投、深圳达晨创投、常州力合创投、中科招商、青岛葳尔资产管理、上海运时科投、北京运时科投、宁夏金蚨创投、北京睿汇德科投、珠海清华科技园创投公司等。其中，中科远东、启迪创业、清华科技园、深圳力合和青岛葳尔是公司成立的主要发起人，成为最早进入的投资机构。2000年公司成立之后的漫长10年上市路，除2003年和2005年没有新的投资机构进入，其余几年中都有机构进

---

① 深交所规定，上市公司出现受到证监会公开批评或者深交所公开谴责情形的，深交所鼓励上市公司及时重新聘请保荐机构进行持续督导，持续督导时间直至相关违规行为已经得到纠正、重大风险已经消除，且不少于上述情形发生当年剩余时间及其后一个完整的会计年度；若上市公司出现上述情形时仍处于持续督导期，但持续督导剩余时间少于前款所要求时间的，深交所鼓励上市公司顺延现有持续督导期。对于上市公司实际控制人发生变化等情况，深交所也鼓励上市公司重新聘请保荐机构进行持续督导，持续督导的期间为实际控制人发生变更当年剩余时间及其后一个完整的会计年度。

入,常州力合创投、珠海清华科技园创投成为企业上市前最后进入的两家 VC 机构。

受益三网融合概念,数码视讯在上市一个多月后,公司使用上市募集资金就三网融合进行了产业布局,并成立专业化运作公司,搭建了适应产业运作发展的组织构架,增强公司在数字电视、CMMB、无线通信行业的企业品牌效应与市场规模。2010 年年底,公司与北京博汇科技有限公司签订增资合同,此次投资也迎合了三网融合的趋势,将会极大拓宽公司的技术覆盖领域。

另外,上市一年多的数码视讯,公司业绩也继续保持着高速增长。据 2011 年半年报显示,公司上半年实现营业收入 1.96 亿元,同比增长 44.74%;归属母公司净利润为 0.91 亿元,同比增长 45.58%。

本章小结

退出是实现风险资本循环的最后一个环节,是获取高额投资收益,实现风险资本增值目的的关键环节。

风险投资的退出机制是指创业企业发展到一定阶段后,风险资本以一定的方式结束对创业企业的投资或管理,将其资本由股权形态转化为资金形态,并收回现金或流动性有价证券,实现投资收益的机制。

风险投资退出主要采取 4 种方式:首次公开发行(IPO)、企业兼并和收购(M&A)、股权回购、公司清算。通常认为,IPO 是风险投资退出最理想的方式,其收益率较高;兼并收购的投资收回最迅速、操作便捷,可选择股票交换作为支付形式,可减少收购方的财务压力;股权回购方式作为一种备用手段,其优势在于可将外部股权全部内部化,使风险企业保持充分的独立性;破产清算则是在风险投资失败时减少并停止投资损失的有效办法。

选择合适的退出时机对风险投资成功退出至关重要。风险投资公司通常选择在创业企业处于高速增长的后期退出。

创业板又称二板市场,是专门为中小企业和新兴公司提供融资途径和成长空间的证券交易市场,是风险资本选择 IPO 退出的重要渠道。与中小企业板市场相比,中国创业板市场在功能定位、上市条件和运作模式等方面均呈现出较大的差别。

基本概念

退出方式　退出时机　首次公开发行(IPO)　兼并与并购(M&A)　股权回购　清算　创业板市场　纳斯达克市场　做市商制度　我国创业板市场

复习思考题

1. 结合案例 6-1,回答以下问题:

(1) IDGVC 选择好耶网被分众传媒收购而不选择到美国 NASDAQ 上市的决策依据

是什么?

(2) 根据案例分析,你认为决定选择不同退出方式的核心要素有哪些?

2. 结合案例6-2,请回答以下问题:

(1) 你认为携程网选择在纳斯达克上市而不是A股市场或中国香港市场的原因是什么?

(2) 在携程网的上市过程中,这些国外的风险投资机构分别起到了什么样的作用?请考虑此次上市是中国互联网公司第二轮海外上市的起点。

(3) 查找资料,分析外资风险投资机构的参与和境外上市之间的关系,选择境外上市对外资风投退出有哪些好处?

3. 结合案例6-3,回答以下问题:

(1) 在数码视讯上市过程中,为什么会出现如此多的风险投资机构,分别扮演了什么样的角色?

(2) 跟踪上市后这些风险投资机构的退出决策,分析其在退出方式和退出时机的选择上与市场环境以及风险投资机构风格之间的关系。

扩展阅读文献

1. 投中集团. 2010年中国创业投资及私募股权投资市场统计分析报告.

ChinaVenture投中集团(www.chinaventure.com.cn)是一家专注于中国投资市场的信息咨询机构。ChinaVenture成立于2005年,目标是为中国市场的投资机构、投资银行与企业等客户提供专业的第三方信息产品及研究咨询服务。"CVSource"是ChinaVenture旗下专业的金融数据产品,为投资经理、证券分析师等金融人士提供市场情报、股权交易、企业财务、行业研究成果等各个层面的数据、资讯和分析工具,帮助客户高效准确的研究市场、寻找并评估投资机会。网站上有投资分析与情报记录、项目线索挖掘、战略投资及并购市场分析、VC/PE市场及股权投资基金分析等栏目。其中"投中观点"是非常有特色的栏目,上面提供了丰富的VC/PE行业的各类免费研究报告,对初学者来说是很好的学习途径。

2. 王元,张晓原,梁桂. 中国创业风险投资发展报告(2010). 北京:经济管理出版社,2010.

该报告数据来源于科技部、商务部、国家开发银行等联合开展的第9次全国创业风险投资年度调查(国统制[2008]134号)。报告介绍了创业风险投资机构与创业风险投资资本、创业风险投资的投资分析、退出、绩效、经营管理、投资区域运行状况、外资创业风险投资机构的运作、2009年中国创业风险投资发展环境及在中小板、创业板中的表现等内容,最后列明了国内外风险投资回顾和相关的政策法规。可以帮助初学者在短时间内对上述问题形成较为系统和清晰的认识。

3. Gompers,Paul A,1996,"Grandstanding in the Venture Capital Industry", *Journal of Financial Economics*,42,pp. 133~156.

Paul Gompers,哈佛大学商学院金融系教授,风险投资领域的著名学者。本文是他的代表作之一，在风险投资研究中几乎是必读的经典文章。文中，作者首次提出并证明了"逐名"（grandstanding）假说，认为年轻的风险投资公司为了建立声誉、使得新基金能够成功筹集资本，会采取将持股公司过早推向上市的策略。一个由433家IPO公司组成的样本提供的证据表明，相对于经验丰富的VC支持的公司，年轻VC支持的公司历史更短、在首次公开发行时首日溢价更高。此外，年轻VC进入公司董事会的时间较短、持股较少，并且会为了配合后续基金募集而选择有利的IPO时机。

第七章 私募股权基金

第一节 私募股权基金的概念与业务特征

一、私募股权基金的概念

狭义的私募股权基金也被称为并购基金(buyout fund),是以机构收购或管理层收购为目的而设立的有限合伙形式的基金,在并购过程中私募股权基金不仅使用基金的资金,还会联合目标公司管理层出资,更为重要的是通常运用大量的债务杠杆来为并购融资。按照英国诺丁汉大学管理层收购与私募股权研究中心(CMBOR)的划分,[①]依据收购项目领导者的类型,收购基金还可进一步细分为 4 类:机构投资者主导收购(institutional buyout,IBO)、管理层收购(management buyout,MBO)、外部管理层收购(management buyin,MBI)、机构和员工联合收购(institutional and employee buyout,IEBO)。作为私募股权的并购基金最主要从事的是机构收购(IBO)。机构收购是指以专业的私募股权机构(如 KKR、凯雷等)牵头,并在并购过程中获取目标企业控制性股权,被收购公司管理层没有或只拥有少量股权。相比之下,在管理层收购中,现任或新聘的管理层通常在他们管理的公司中拥有更多的股份。

私募股权基金主导的交易既包括对私人公司(private company)的并购,又包括对公众公司(public company,即 listed company)的并购。对公众公司的并购之所以也被视为私募股权投资的一种,是因为并购(buyout)最基本的一个特征是取得被收购公司的控制权。在许多情况下私募股权基金的收购要约将导致目标企业不再具备上市条件,从而从证券交易所退市的情况,这种交易通常被称为 PTP(public to private)交易。另外,私募基金对上市公司定向增发的投资,在股份锁定期内不可以流通,也可以作为私募股权投资的一种,在西方被称为"对上市股权的私募投资"(private investment in public equity,PIPE)。当然,PIPE 投资的动机与一般的私募股权基金并不完全相同。

私募股权基金是欧美发达国家 PE 市场中的主要构成部分。当私募股权基金投资于私人公司时,通常会筹集银行贷款、商业信贷、垃圾债券以及其他债务资本来作为收购资金的一部分。这些债务就是杠杆收购中所谓的"杠杆"(leverage)。私募股权基金本身投入的资金占总交易金额的比例并不多,在高达数百亿美元的一项大型并购交易中,交易的资金主要由"杠杆"提供,真正由私募股权基金提供的资金只占很小一部分。

---

① CMBOR 研究中心自 2012 年迁入英国伦敦帝国理工学院,网址为:http://www3.imperial.ac.uk/business-school/research/innovationandentrepreneurship/cmbor/.

第七章
私募股权基金

对于关注财经新闻的人来说,并购(merger& acquisition)是很常见的经济现象,很多我们所熟悉的大型跨国公司就是通过不断兼并收购才成就了今天的规模,这类并购是产业并购。产业并购一般是由工商企业发起的,收购对象可以是上市公司或非上市公司,如思科公司曾在一年收购多家潜在的竞争对手,再比如时代华纳和AOL的合并、奔驰汽车和克莱斯勒公司的合并等。而我们这里讨论的是由私募股权基金所主导的收购,属于财务收购(或称金融收购)的一种,与工商企业主导的并购有很大区别:第一,私募股权基金会成立一家新公司(newco),实际上即为收购的平台公司,作为收购主体;第二,并购对价均采用现金交易,因为私募股权基金本身并没有可供交换的股票来作为支付对价;第三,若收购对象是上市公司,私募股权基金往往会将上市公司私有化(privatization)即下市,将上市公司变成非上市公司,也就是上文所称的PTP交易。

图7-1展示了英国私募股权基金市场从1985年到2008年之间的PTP交易数量和价值。从中可以清楚地看到期间发生了3次浪潮:1988—1990年、1998—2002年、2006—2008年。从图中也可以看出,PTP交易的数目很少,最大的交易数目发生在1999年,当年的交易量为46家。但是并购交易的总资金规模在持续上升,这说明并购交易的数量较少,但单个交易的资金规模却在上升。

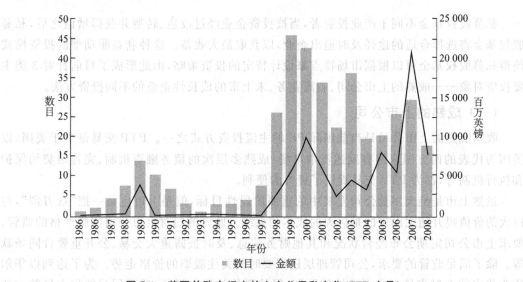

图7-1 英国并购市场中的上市公司私有化(PTP交易)

资料来源:英国诺丁汉大学CMBOR研究中心,英国巴克莱私募股权资本(Barclays Private Equity)。

私募股权基金发起杠杆收购的动因主要是改善那些股权过于分散、拥有较多自由现金流、并有管理效率提升空间的公众公司的治理结构,并通过发挥专家管理优势来增加这些企业的价值,在完成了价值增值过程之后,私募股权基金通过退出的方式来获取价值实现,而原来基金持有的目标企业可能会成为其他产业投资者的企业或者重新成为公众上市公司。

学术界对私募股权基金的作用存在着争议,特别集中于私募股权基金投资企业后所塑造的公司组织形式是否优于现有公司组织形式等方面,争论较多。Jensen(1989)在其经典文章中认为①,杠杆收购后所构建的企业结构[当时他称为杠杆收购协会(LBO association)]将取代传统的企业组织形式成为主流的企业组织形式。但是,由于私募股权基金的最终目标是出售企业获取资本利得,因此其投资无论持有多长时间,最终都将退出。这就决定了杠杆收购后的企业结构只是一个过渡性的形式,而不是一种长期的企业组织形式。因此,反对 Jensen 观点的大有人在,代表性的观点如 Rappaport(1990)认为,杠杆收购后的企业组织结构只是一个短期过渡形式,目的是让低效率、经营较差的公司通过改善公司治理结构和进行财务重组后进入新的发展阶段。不过,Kaplan(1991)的研究显示,杠杆收购之后到重新上市的期间既不会太长也不会太短,基于20世纪80年代美国收购基金样本的退出时间中位数为6.82年,在 Kaplan 和 Strömberg(2009)对全世界1970—2007年期间的1.7万个杠杆收购的样本统计,12%的收购基金退出在交易完成的2年以内,51%的退出发生在交易6年以内,76%的收购退出在10年以内。因此在PE控制下的私有化的企业只是一种临时性的结构安排,并非如 Jensen(1989)所认为的那样,会成为一种企业的长期组织形式。

二、私募股权基金的投资对象

私募股权基金不同于产业投资者,当被投资企业经过改造、转型并获得增值之后,私募股权基金将选择合适的途径及时退出企业,以获取最大收益。这种利益驱动型的投资模式使得私募股权基金可以根据市场特点来设计特定的投资策略,由此形成了目前针对3类主要投资对象——成熟的上市公司、剥离业务、未上市的成长性企业的不同投资方法。

(一) 成熟的上市公司

收购成熟的上市公司是当前国际PE的主流投资方式之一。PTP交易诞生于美国,以美国为代表的西方国家拥有发达资本市场、成熟多层次的债务融资机制、完善的契约保护和执行机制等,都为PTP交易提供了极大的便利。

虽然上市是绝大多数公司发展中的重要阶段性目标,但是上市也是一把"双刃剑",与巨大的价值提升随之而来的是巨大的成本和束缚。监管部门对上市公司实施严格的监管,要求上市公司定期公布经营状况和其他财务信息、及时披露重大交易、公开重要合同条款等。除了满足监管的要求,公司管理层还需要时刻关注股票的价格走势。为了达到以华尔街为代表的金融市场对公司业绩的预期,保持股价的稳定增长,管理层只能将大量精力放在如何使公司下一季度的财务报表更加"漂亮好看",符合资本市场预期,这样的结果可能忽略了公司的长远发展,在经营中表现得过于短视。长此以往,公司的竞争力和行业地位就可能受到较大损害,公司实力的削弱会逐渐反映到股票价格的长期走势中。

私募股权基金对上市公司的收购,一般会使上市公司退市。退市可以使公司免于被监管,既可以节省成本,更能够使得公司管理层在新的激励机制下将精力放到构建公司长远

---

① 参见 Jensen, *The eclipse of the public corporation*(《公众上市公司的垮台》). Harvard Business Review,1989, (5):61-74. 这是批判公众上市公司的一篇檄文,文中赞美了杠杆收购、管理层收购。据称,这篇文章引起的读者来信多于《哈佛商业评论》上其他任何一篇文章。但学术界反对的声音也很大。代表性的可参见 Rappaport(1990), *The staying power of public corporation*(《公众上市公司的持久力量》). Harvard Business Review,1990,(1):96-104. 该文章与 Jensen 的观点针锋相对,提出了公众上市公司仍然有很多优越性,杠杆收购和管理层收购等仅仅是暂时现象。

价值上。当条件成熟时,私募股权基金会将公司重新进行公开发行,以更高的价值再次上市,从而为私募股权基金带来高额回报。表 7-1 是对作为私募股权基金投资组合的公司与作为上市公司的混业企业的各方面比较。

表 7-1 私募股权基金与上市混业公司的比较

私募股权基金持有的投资组合公司	上市混业公司
多样化投资,投资于互不关联的行业;	多样化投资,投资于互不关联的行业;
基金采取有期限的合伙形式,从而迫使基金在一定时期后出售旗下的公司组合;	上市公司定位于长期经营各个部门;
组合内的公司没有财务联系,没有资金转移;	旗下企业存在内部资本市场;
普通合伙人"做成交易",然后监督,债权人亦进行监督;	公司职员逐级评估部门计划和业绩;
经理人的薪酬由公司的退出价值决定。	部门经理的薪酬大多由公司利润决定。

注:两者都是多元化经营,都投资于互不关联的企业组合,但其财务架构却有着本质的区别。

资料来源:G. Baker and C. Montgomery, "*Conglomeratres and LBO associations: A Comparison of Organizational Forms*," Working paper, Harvard Business School, Cambridge, July 1996.

(二)剥离业务

上市公司对自身业务进行剥离,主要有 3 种模式:出售、分立、分拆。

出售(divestiture)是指通过以向买方收取现金、证券或其他资产的方式,将旗下的资产或企业直接出售给买方。大型企业经过多年的发展,不论是通过收购还是自身进行业务拓展,旗下往往会有一系列的业务。但是股票市场并不十分喜欢同时经营不同业务的多元化控股公司,投资者也会怀疑公司是否能够同时经营好多个业务种类。剥离非核心业务,成为提升公司价值的一条重要途径。

比如我们所熟知的一个出售案例就是美国 IBM 公司将其个人电脑业务出售给我国的联想电脑公司。在这个交易中,联想公司总共支付了 12.5 亿美元,包括 6.5 亿美元现金和价值 6 亿美元的香港联交所上市的联想股份(按 2004 年 12 月交易宣布前最后一个交易日的股票收盘价格计算)。

分立(spinoff)指母公司将下属业务作为单独公司直接分离出去,且不从分立中获得任何现金或权益,而是将分立出去的公司的权益按照比例分配给母公司的所有股东。分立出去的公司将成为完全独立的公司,与母公司在股权层面没有任何隶属关系。一般而言,业务分立后,母公司和分立公司的总价值往往会超过原来的母公司,因此母公司的股东会获得收益。

分拆(split)同样会使母公司变成两家独立运营的公司,但是分拆后的母公司仍然拥有分拆出去公司的股权,而不是将新成立公司的权益直接分配给股东。一般母公司会将 20%~50% 的股权转让给其他投资者,使得分拆出去的业务组成一家独立的公司并在市场单独交易,分拆会为母公司带来现金收入。

私募股权基金通常介入多元化公司的资产剥离业务,买断这些非核心业务,经过私募股权基金专家的重组运作,从而获得价值增值。

(三)未上市的成长性企业

私募股权基金在投资未上市的企业时,要求投资项目表现出很强的财务盈利能力,而不是像风险投资(VC)的对象一样,在还未产生盈利的时候就进行投资。私募股权基金希望目标企业能够在短期内上市,往往是通过财务数据和行业发展趋势来选择这类投资对象。业绩稳定快速增长是私募股权基金对这类投资项目的最基本要求。国内活跃的私募股权机构,如鼎晖投资、弘毅投资等,都主要投资于成长性项目。而欧美私募股权机构在这一领域的投资则要少很多,主要原因是成长性企业所需资金规模较小,远小于收购一家成熟的上市公司所需要资金,而私募股权机构所掌握的资金规模一般较大,投资小的项目对他们来说成本过高。

三、私募股权基金的核心业务——杠杆收购

杠杆收购(LBO)可以简单解释为私募股权基金通过借别人的钱给自己买公司,用目标企业运营产生的现金流来偿还并购过程中所产生的债务,并通过再次将目标企业出售获取资本利得。并购的第一步是成立一个新公司,由新公司募集资金并对目标公司实施并购。每个新公司对目标公司的收购资金既包括来自私募股权基金的自有资本,又包括从银行获取的贷款。这些债务就是所谓的"杠杆",杠杆的使用能够增加私募股权投资者从成功投资中获取的收益,但是也为失败投资带来了财务风险。

在20世纪80年代时期,杠杆收购中私募股权基金提供的股本金额一般占总收购成本的5%左右。因为收购业务风险高,融资规模大,为了保证按时还本付息,需要企业在并购后具备产生稳定现金流的能力。因此,融资能力和对企业的运营管理能力成为保证杠杆收购成功的主要因素。

杠杆收购涉及众多参与者,他们之间的主要关系如图7-2所示。

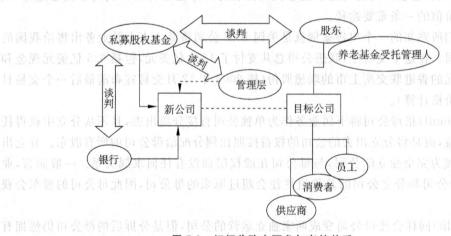

图7-2 杠杆收购主要参与者的关系

在并购中,收购方的关键人物是对交易进行投资的私募股权基金和为交易提供债务资金和相关财务顾问服务的银行。他们之间进行协商达成一个"融资包"(funding package)来支持收购要约。每个并购交易的谈判都有相互对立的两方参与者,他们要么与收购方利益一致,要么与目标公司的股东利益一致。站在目标公司一方的是现股东,他们在出售中寻求价值最大化,通常他们代表的是管理层。如果目标公司现股东中有养老基金,则养老基金的受托人也可能与私募股权基金就当前和未来养老金债务的融资问题进行谈判。

不过,现任企业管理层的角色可能发生变化,在不同并购中所扮演的角色并不完全相

同。他们可能变成收购方的一部分进而与私募股权基金结盟,这通常被称为"内部并购"(insider buyout),更多时候被称为"管理层收购"(management buyout,MBO)。在一些情况下,管理层可能既代表买主又代表卖主。比如在二次并购(secondary buyout)中,目标公司已经被另一个私募股权基金所有,现在旧的 PE 机构要退出,新的 PE 机构要进入,管理层由于拥有公司股份是卖主,同时又可能是新收购方的成员之一。在并购交易中,若当管理层和股东有利益冲突时,股东通常会选独立财务顾问以及非执行独立董事作为其代表。

杠杆收购中另外一个重要参与者是银行。银行愿意为并购提供的贷款金额由银行对目标公司还本付息能力的判断以及面临违约时所能获得的抵押品有关。在传统银行信贷业务模式下,银行若给杠杆收购提供大规模贷款,其巨大风险可能给银行造成重大损失,所以银行为杠杆收购提供的融资规模受到限制。近年来,西方越来越多的银行开始在并购交易中扮演贷款安排者(arranger of loan)的角色,在这种"安排模式"下,银行主要是将杠杆收购中的贷款销售给其他机构,银行不再是杠杆收购交易中的主要债权人,牵头银行或者贷款安排银行自身发放的贷款在并购资金中所占的比例多年来持续下降。

在"安排模式"下,牵头银行的主要收入也不再是贷款利息收入,而是来自安排贷款和缔结共同出资联盟所收取的费用。这种银行业务模式的转变会给杠杆收购市场带来什么影响,目前还处于观察阶段。但从 2007 年和 2008 年情况来看,这种模式显然失效了。这种"安排模式"依赖于银行将贷款销售给其他机构的能力。在 2007 年年底,随着信贷危机和随后全球金融危机的爆发,银行的贷款销售能力几乎彻底冻结,无法联合其他投资者或者销售贷款,使得银行不能为杠杆并购市场提供资金。

作为并购交易中最重要的参与者,私募股权基金的一项重要技能就是在构建一项交易时能将项目的风险与收益匹配。通常用两个指标来衡量财务杠杆率:"利息覆盖率"(interest cover),这是用来度量企业对利息成本的支付能力;"资本负债比例"(capital gearing,也称杠杆比率),用以度量总负债对总股本的比例。在过去的 10 年里,杠杆收购交易中的资本负债比例逐步上升、利息覆盖率则基本维持不变,公司借债规模升高是一个普遍现象,主要原因在于资金成本较低。

第二节 私募股权基金的组织结构

一、私募股权基金的结构

私募股权基金有多种组织结构方式,从经济本质上与许多其他集合投资工具(如证券投资基金等)一样属于集合投资工具[①]。但具体的区别主要体现在:管理模式、税收安排的不同、私募股权基金通常只有 10 年的有限生命期等,这些区别将影响私募股权基金的运营方式。

私募股权基金是一种投资于目标公司组合的集合投资工具,其组织形式的选择一般要

---

① 所谓集合投资工具是一种用其他人的投资资金来参与一系列投资活动的方式,其资金来源于多个投资者,且一般投资者需要让渡资金的所有权,通过委托代理的方式将资金交给集合投资计划专门的管理人进行管理,因而一般投资者不具有日常管理权。

兼顾以下原则、力求实现相对均衡：
(1) 最大化基金投资者（有限合伙人）和管理者（普通合伙人）的税收效率；
(2) 控制管理成本与收益；
(3) 控制基金投资者和管理者的潜在债务；
(4) 维持基金投资者的机密。

西方（特别是英美）大部分私募股权基金采用以下3种组织形式：英格兰式或者苏格兰式的有限合伙形式（English or Scottish limited partnership）、离岸有限合伙形式（offshore limited partnership）、上市的私募股权投资信托（quoted private equity investment trust）等。[①]

这3种合伙形式具有以下组织特征：具有有限的存续期，通常为10年，外加2年左右或有延长期；有一个对合伙组织的债务负无限责任的普通合伙人（普通合伙人可以是自然人、法人或合伙组织）；有多个以投资金额为限承担有限责任的有限合伙人；还有代表所有合伙人利益的投资管理层。

投资管理层是由私募股权基金管理机构全资所有的一个独立机构。通常采取离岸有限责任的合伙制（offshore limited partnership）形式。管理层会向所管理基金的普通合伙人收取费用，作为为基金提供管理服务的回报。普通合伙人实际上是由投资管理层所拥有的公司，对私募股权基金的债务承担无限责任。而个人合伙者（individual partners）则一般会通过恰当的结构为他们将承担的潜在债务设定一个上限。此外，私募股权基金管理层中的个人常常也会在基金中投入自己的资金，所占比例大概为1%~5%。

外部投资者是有限合伙人，对私募股权基金承担有限责任，承担责任的限额为已投资的承诺股权资本（committed equity capital）。有限合伙人可能采取公司制、基金制或者合伙制。有限合伙人和普通合伙人之间签订的协议将二者的利益结合在一起。

二、私募股权基金管理机构的职责

私募股权基金管理机构主要有以下4个任务：
(1) 向投资者募集资金；
(2) 寻找投资机会并进行投资；
(3) 积极管理投资的项目；
(4) 选择退出方式，实现资本利得。

募集资本。私募股权基金一般向国际投资者募集资金，募集对象包括养老基金、保险公司和富有的家庭和个人。这些投资者与私募股权基金管理机构一起通过有限合伙形式投资。迄今为止，私募股权领域最大的投资者是养老基金和保险公司。

寻找投资机会。私募股权基金需要不断寻找交易，通过成功完成交易来赚取利润，为后续基金的募集提供支持。为了寻找投资机会，并与可能提供这些机会的群体保持良好关系，常常需要花费大量的时间、精力与资源。这些群体包括投资银行家、会计师以及行业中的顾问和重要人物。现在，西方私募股权管理机构中越来越多的投资团队主要由经济行业中某一领域的专家组成，投资也主要集中在该领域，而不再是像以前那样，投资经理主要由

[①] 这里对英美私募股权组织形式的分类和介绍，参考了 Gilligan & Wright（2010），第30页。

财务金融专家所组成。

积极管理投资。私募股权基金管理机构亲自参与投资的管理。虽然他们不能参与被投资企业每天的日常管理,但是在制定公司战略和监督战略的执行方面发挥主要作用。由此西方学术界也产生了一些观点,认为私募股权已经成为了一种新的公司治理模式[①]。

退出获利。退出策略是投资者在开始筛选企业时就十分注意的因素,包括上市、出让、股票回购、卖出期权等方式,其中上市是投资回报最高的退出方式,上市的收益来源是企业的盈利和资本利得。

三、基金管理机构的报酬

私募股权基金管理机构的收入主要有基金管理费、以附带收益形式取得的资本利得和其他收入。

(一) 年度管理费

基金管理机构每年会从基金资产中收取年度管理费,管理费金额是基金规模乘以一个固定百分比。随着基金金额的增大,管理费率一般会从3%左右降到1%~1.5%,不过年度管理费总金额总是与基金规模大小成正比。年度管理费主要用于支付给基金管理机构作为运营成本,多出的部分将被基金管理机构留存,也可能分配给基金管理公司的合伙人或者股东。因此,为增加年度管理费收入,即使在投资机会给定的情况下,基金管理机构通常总是有最大化基金规模的动机。与基金规模的增速相比,基金的管理成本增长较慢,因此管理费所带来的基金管理机构的利润会随着基金规模的增长而增加。基金管理费属于一项稳定的收入,与基金的业绩表现无关,在收取管理费问题上,私募股权基金可能会产生合伙人与投资者利益的不一致,因此较高的管理费收入会产生投资者与管理人之间的委托代理问题[②]。

(二) 附带收益

私募股权基金经理的另一部分收入来自基金利润的分成,一般被称为"附带收益"(carried interest)。当投资者取得协议中约定的回报率——业内称为"门槛收益率"(hurdle rate)或者"优先收益率"(primary rate)后,基金经理将参与超过门槛收益率以上剩余收益的分红,分红比例一般为20%,计算的基准为实际投资金额(业界普遍设定的门槛收益率一般为8%左右)。

附带收益一般在基金提取年度管理费之后支付。私募股权基金业界盛行的2/20(即管理费/附带收益为2%/20%)收费模式曾引起许多学者的研究兴趣,但研究结果显示:这只是一个"约定俗成"的行业标准("sticky" industry norm)。似乎存在一些历史证据显示这种收费模式起源于中世纪时期威尼斯船主与商人之间的协议。

在研究PE管理费领域前沿而且经典的文献是Metrick&Yasuda(2010),他们采用

[①] 可参见本书对Jensen教授的观点介绍,本书第一章专栏1-1。
[②] 证券投资基金在管理费问题上存在着更大的道德风险,因为公募的证券投资基金一般均无业绩报酬。基金管理公司为了收取更多管理费,只关于基金的规模(通过营销策略吸引投资者申购),而不重视基金绩效。相对而言,在管理费上,PE行业的道德风险显著小于证券投资基金。

1993—2006年期间的238个私募股权基金的数据,分析了这些PE基金中投资者给予经理人的收益合约。结果发现大约2/3的基金经理的收益来自于固定收益部分(即管理费)。但在风险资本(VC)和收购基金(buyout,他们简称为BO)之间存在显著差异:BO基金经理依据自身的经验不断增加基金规模,远远快于VC经理们,BO基金每个合伙人和经理人能够产生更高的收益,因此BO行业比VC行业更具有规模效应。[①]

(三) 其他费用

除了以上费用之外,基金管理机构还可能向被投资公司收取其他费用。由于监督投资项目需要合伙人投入以及雇用员工等,被投资公司常常需要支付监管费和非执行董事(独立董事)费(Monitoring and/or non-executive director fees)来分担私募股权管理机构的这一部分成本。这些费用可能支付给私募股权基金,也可能支付给私募股权基金管理机构,或者二者按照事先决定的比例分配。在英国PE行业,通常的标准为每个投资项目每年收取5万~20万英镑,当然对于大基金而言,这并不是重要的收入。

私募股权基金进行投资产生的交易成本通常由新设立的公司(Newco.,即新设立的平台公司)支付,而不是由基金支付。由于无法完成投资而产生的失败成本(abort cost)则由基金、基金管理机构抑或二者共同按照事先决定的比例承担。私募股权基金管理机构还可能向被投资公司收取整顿费用(arrangement fee),数额为所投资资金的一个百分比,最大可达到3%。这些费用通常归基金所有,也可以按照协商好的比例与管理机构分享。

PE行业的典型做法是将所有其他费用(监管费、失败成本、整顿费用等)的净值包含在基金管理费用的计算之中,而不再额外增加私募股权基金管理机构的总收入,以避免基金管理人和基金出资者之间的委托代理的利益冲突。所有这些费用的协议都将对基金投资者的回报率产生重要的影响。

四、私募股权基金的投资服务机构

PE市场中还存在一些中介服务机构,主要包括3类:一是为基金投资者(LP)提供中介服务的机构,如会计师事务所、咨询机构等。这类机构的服务主要包括评估市场中各种类型的私募股权基金,为投资者提供投资选择建议。如果投资者愿意采取直接的股权投资,而不是通过私募股权基金投资,中介机构也会直接为投资者提供项目的评估与咨询服务。二是为PE基金及管理机构(GP)提供中介服务的机构,最核心的是基金募集服务。比如律师事务所、专业的理财产品销售机构(如我国的诺亚财富、第一理财网等)。这类中介机构的服务包括为管理机构组建基金提供法律等服务、为基金募集和寻找合适的投资者服务等。三是为发行私募股权的私人企业或上市公司提供中介服务的机构,可称为"卖方服务机构",有代表性的中介机构就是投资银行(证券公司)。这类中介服务包括为企业提供各类证券私募发行方面的建议,寻找PE投资人及证券发行承销服务等。在杠杆收购当中,投资银行等中介机构需要提供的服务还可能包括并购咨询、各类债权性融资安排等方

[①] 在Lan,Wang和Yang(2011)对对冲基金的研究中,也发现收益合约的不同安排,会导致基金经理提高或者降低基金杠杆比率,基金经理和投资人也存在利益不一致的道德风险。可参见Yingcong Lan,Neng Wang,Jinqiang Yang, *The Economics of Hedge Funds*:*Alpha*, *Fees*, *Leverage*, *and Valuation*, NBER Working Paper 16842, http://www.nber.org/papers/w16842.

面的服务。有些情况下,投资银行等不仅为私募股权基金及投资者提供相关的中介服务,也经常成为私募股权基金的重要投资者和基金管理人。

第三节 西方私募股权基金的历史

一、西方私募股权投资的兴起——第一次浪潮

(一) 私募股权基金的兴起

19世纪末20世纪初的美国,摩根和洛克菲勒等商业巨头已经开始频繁进行收购兼并活动,这就是西方并购历史上的"第一次并购浪潮[①]"。第一次并购浪潮中的绝大部分交易属于产业并购,其中很多已经大量使用融资杠杆,因此催生了最早的专门进行私募股权投资业务的公司。

1901年,J.P. 摩根斥资4.8亿美元从安德鲁·卡内基和亨利·菲普斯手中买下卡内基钢铁公司,这应该是美国最早的私募股权并购交易。1907年,亨利·菲普斯拿出这宗买卖中所获收益的一部分建立了家族企业Bessemer Trust,主要从事私募股权投资业务,这可能是美国最早的私募股权投资公司。直到今天,Bessemer Trust公司依然进行着该项业务。

正规私募股权基金的出现要稍晚一些。1929—1933年"大萧条"后,美国加强了对银行等金融机构的监管,从商业银行分离出来的投资银行逐渐建立了专门从事收购业务的部门。此后,并购逐渐成为大型投资银行的主要业务之一。20世纪50年代,一些从事并购业务的投资银行家从"卖方"转到"买方",募集资金创立了专门从事收购业务的投资公司。1959年Draper Gaither & Anderson[②]公司成立了可能是美国最早的有限合伙制基金。由于较好地处理了信息不对称条件下的委托代理和激励机制问题,有限合伙制逐渐发展成为私募股权基金的主导组织形式。

杠杆收购是最典型的私募股权基金业务,杠杆收购的演变历程最能体现私募股权基金的发展历史。20世纪60年代,沃伦·巴菲特(Warren Buffett)的Berkshire Hathaway公司和Victor. Posner的DWG公司等纷纷开始从事杠杆收购业务,也正是Victor Posner创造了"杠杆收购"(Leveraged Buyout, LBO)的名词。

美国历史上第一个系统地、成功大规模地从事杠杆收购业务的私募股权公司是KKR。1964年,当时还在美国投资银行贝尔斯登(Bear Stearns)工作的Herry Kravis和Jerome Kohlberg运用杠杆收购手法购买了Orkin Exterminating Company。此后,KKR(Jerome Kohlberg, Herry Kravis以及后者的堂弟George Roberts三人姓氏的首字母)通过一系列

[①] 迄今为止,西方发达国家企业并购史上发生过6次较为明显的高潮。第一次并购浪潮:横向并购(1897—1904);第二次并购浪潮:纵向合并(1916—1929);第三次并购浪潮:混合多元化并购时代(1954—1965);第四次并购浪潮:杠杆收购时代(1981—1989);第五次并购浪潮:放松管制与跨国并购时代(1992—2000);第六次并购浪潮:私募股权基金主导时代(2002—2007)。有关详细内容请见:李曜. 公司并购与重组导论(第2版). 上海:上海财经大学出版社,2010。

[②] 后改名为Drapter Fisher & Jurveton。直到现在,该公司仍然是美国最成功的私募股权投资公司之一。

杠杆收购案例，创造了一套完整的杠杆收购程序和成熟的杠杆收购技术，形成了杠杆收购的基本模式。但由于并不为贝尔斯登的高层所赏识，加上1974年美国《雇员退休收入保障法案》禁止退休基金参与任何有风险的投资，市场募集资金困难。1976年，三人离开贝尔斯登公司，创建了专门从事杠杆收购业务的私募股权机构——KKR公司。

（二）第一次私募股权投资浪潮发生

第一次私募股权投资的浪潮也就是西方的第四次并购浪潮。回顾历史，可以清楚地看到第四次并购浪潮明显区别于前三次浪潮的显著标志——提升公司治理取代产业发展需要，成为推动这次并购浪潮的深层原因。在这次并购浪潮中，以杠杆收购为主要操作手段的私募股权基金成为浪潮的主要推动力量。

从1979—1989年，交易金额超过2.5亿美元的杠杆收购至少有2 000宗。今天活跃在资本市场上的很多私募股权基金巨头，很多都是那个时代的产儿。CVC资本（CVC Capital Partners）成立于1981年，贝恩资本（Bain Capital）成立于1984年，黑石（Blackstone Group）以及帕米拉（Permira）成立于1985年，凯雷（Carlyle Group）成立于1987年。由于杠杆收购需要大量借债融资，垃圾债券市场应运而生。垃圾债券大王迈克尔·米尔肯（Michael Milken）和他所在的德崇证券公司（Drexel Burnham Lambert, DBL）为杠杆交易者发行了大量的高收益债券（即垃圾债券），使后者可以在短时间内筹集到巨额的收购资金，从而对目标公司发起难以抵挡的收购袭击。

20世纪80年代后期，杠杆收购的繁荣出现过度狂热征兆，垃圾债券市场的膨胀和敌意收购的负面影响，引起了公众和政府的广泛关注。1986年沃特（Walter Industries）、Revco Drug Stores和FEB Trucking，1988年联邦百货（Federated Department Stores）等多宗杠杆收购案流产。1989年KKR敌意收购RJR Nabisco后不久，RJR Nabisco公司就因为过高的财务杠杆陷入了财务困境。1991年，德崇证券公司被法院指控证券欺诈等6项罪名成立，最终公司破产，米尔肯银铛入狱。第一次私募股权投资浪潮的繁荣时代宣告结束。

20世纪80年代的杠杆收购（第一次私募股权投资）浪潮中，最有代表性也最富戏剧性的莫过于KKR发起对RJR Nabisco公司的收购案。下面是对这个案例的分析。

案例7-1　门口的野蛮人——第一次私募股权浪潮中的经典收购[①]

这笔交易以248亿美元的收购价震惊世界，被称为"世纪大收购"，直到现在仍然是历史上规模最大的10宗并购案例之一[②]。

（一）收购背景

1. RJR Nabisco

作为美国最大的食品和烟草生产商，RJR Nabisco公司是由美国老牌食品生产商Standard Brands公司、Nabisco公司与美国两大烟草商之一的RJR公司合并而成。1987年，它成为美国排名第19位的制造业公司，雇员14万人，拥有诸多名牌产品，包括奥利奥、

[①] 本案例参考了Bryan Burroug和John Helyar撰写的《门口的野蛮人（*Barbarians at the Gate: The Fall of RJR Nabisco*）》一书，该书被《福布斯》杂志评选为20世纪美国最具影响力的20本商业书籍之一。

[②] 历史上规模最大的十宗并购案详见本章专栏7-1。

乐芝饼干、云斯顿和骆驼牌香烟、Life Savers糖果等,产品遍及美国每一个零售商店。虽然RJR Nabisco公司的食品业务在合并后得到迅猛的扩张,但烟草业务的丰厚利润仍占主营业务的58%左右。

公司合并后两年内,RJR Nabisco的利润增长了50%,销售业绩良好。但是随着1987年10月19日股票市场的崩盘,公司股票价格从70美元直线下跌。尽管在1988年春天公司曾大量回购股票,但是股价仍然跌到了40美元。当年12月公司的利润增长了25%,食品类的股票也都在上涨,但是RJR Nabisco公司的股票受烟草股的影响还是在底部徘徊。

以Ross Johnson为首的公司管理层认为公司股价被低估了,并认为公司现金流充足且稳定,可以利用高负债形成更为有利的资本结构来节省税收,提高企业价值。公司管理层希望通过MBO将RJR Nabisco变成一家私人企业。

2. KKR(Kohlberg Kravis Roberts & Co.)

1960—1970年期间,在投资银行贝尔斯登负责企业融资部门的Kohlberg与他的同事Kravis、Roberts一起,开创性地完成了一系列重大的杠杆收购交易。但由于得不到贝尔斯登高层的重视,1976年三人最终出走并合伙成立了私募股权投资机构KKR。

KKR在1977年完成了它的首笔收购,目标公司则是制造企业A. J. Industries。到20世纪80年代初期,KKR成为了具统治地位的杠杆收购实践者之一,实际上也是20世纪80年代交易数量最多的一家PE投资公司。在杠杆收购浪潮狂热的1987年,KKR运用一切可能的方法募集资金,为了刺激更多的投资者加盟,公司提出了所有在1990年之前完成交易的项目管理费都可以减免。

(二)收购过程

1988年10月20日,以Ross Johnson为代表的管理层与投行Shearson Lehman Hutton合作一起向RJR Nabisco公司董事局提出管理层收购的建议。管理层提出的收购价格:75美元/股(比当时股票市场价格55.875美元高出34%),总购买价170亿美元。收购后的具体企业运营方案包括:在收购完成后计划出售RJR Nabisco公司的食品业务,而只保留烟草经营。这一战略考虑是基于市场对烟草业巨大现金流的低估,以及食品业务因与烟草混合经营而不被完全认同其价值。重组将消除市场低估的不利因素,进而获取巨额收益。

华尔街上投资银行家们做出的反应是:这一出价太便宜!管理层是在抢劫公司!1988年10月24日,KKR宣布参与投标,提出的收购价格:90美元/股(比管理层团队出价高出20%),总购买价达到207亿美元。与管理层所计划的分拆不同的是,KKR将保留所有的烟草生意及大部分食品业务。

1988年10月26日,KKR邀请管理层团队联手收购,但由于双方不能达成协议,联手收购计划失败。

1988年11月3日,管理层团队宣布其修改后的收购要约:92/股美元(比KKR出价高出2%),总购买价211亿美元。但第三个竞标者出现了:Forstmann Little & Co和First Boston Corp组成的团队也考虑收购RJR。

1988年11月7日,RJR Nabisco董事局的特别委员会宣布一系列竞标规则及程序,并决定所有投标书应于1988年11月18日下午5点前递交。

1988年11月18日,管理层团队的收购要约为100美元/股,KKR的收购要约为94美元/股。然而 First Boston 团队半路杀出来，提出 105～108 美元/股的收购要约。但因为 First Boston 未与公司签订保密协议书，此标书被视为不完整而无效。RJR Nabisco 董事局的特别委员会认为不能忽视第三方的投标，决定将最后期限延长。

1988 年 11 月 29 日，管理层团队的收购要约为 101 美元/股，KKR 的收购要约为 106 美元/股，First Boston 团队的收购要约为 103～115 美元/股，但仅购买 RJR Nabisco 的烟草业务，同时出售 RJR Nabisco 的食品业务。特别委员会评估结果是 First Boston 团队的投标在操作上不实际，并决定开始与 KKR 谈判收购要约条件及收购协议书细节。

1988 年 11 月 30 日，KKR 收购协议书基本完成，于当日下午 1 点前有效；管理层团队致函特别委员会，提出可与公司谈判其收购要约中的全部条件，特别委员会决定给予考虑；管理层团队再修改其收购要约至 112 美元/股；特别委员会旋即向 KKR 提出修改标书的要求，KKR 立刻修改收购要约至 109 美元/股。当天晚上，特别委员会向 RJR Nabisco 董事会推荐 KKR 的收购要约，之所以这样做，主要是因为：

(1) Ross Johnson 管理协议和"金色降落伞计划"（价值近 5 000 万美元的 52.56 万份限制性股票计划，使 Ross Johnson 在这次收购中不管成败如何都将获利）的曝光，激怒了 RJR Nabisco 公司的股东和员工。Ross Johnson 这种贪婪的做法，使管理层彻底失去了民众的支持；

(2) KKR 保证给股东 25% 的新公司股份，管理层只给股东 15% 的新公司股份；

(3) KKR 承诺只卖出食品公司一小部分的业务，而管理层却要卖掉所有食品公司业务；

(4) 管理层团队在员工福利的保障方面做得不到位。

最后，KKR 以每股 109 美元、总金额 248 亿美元的代价，获得了这场华尔街有史以来最大杠杆收购争夺战的胜利。

在 248 亿美元的交易额中，KKR 基金本身的股权资本只有 15 亿美元，其他 233 亿美元全部来自债务融资。给 KKR 提供并购融资支持的既有摩根斯坦利、美林这样的投行，也有垃圾债券大王米尔肯的德崇证券，另外还包括来自美国、日本、加拿大以及欧洲的银行。

KKR 精心设计了整个收购过程：

(1) 在 1989 年 2 月 9 日前募集资金 189 亿美元，完成对 RJR Nabisco 公司 75% 流通股的标价收购。KKR 专门设立了 RJR 控股、RJR 集团、RJR 资本等几个全资控股的壳公司，用于作为筹集收购过桥贷款的平台。除了 KKR 本身提供了 20 亿美元（其中 15 亿美元是股本）、52 亿美元可转债券、8 亿美元新发行债券外，其余 120 多亿美元全部为各种金融机构提供的过桥贷款，这其中很大一部分需要在 1990 年全部还清。

(2) 在 1989 年 4 月份完成后续融资，用以归还过桥贷款。首先是让收购壳公司与 RJR Nabisco 合并，利用后者的真实融资能力以现金和债券的方式融资，然后陆续通过出售部分资产、债务重组等手段偿还过桥贷款和降低融资成本。

事实上，由于后来该项目财务危机的爆发，KKR 不得不追加投资，使得整笔交易的费用高达 311 亿美元。其中各相关机构的费用就是一大笔开支：德崇证券收费 2 亿多美元、美林公司 1 亿多美元、银团的融资费 3 亿多美元，而 KKR 本身的各项收费达 10 亿美元。

（三）财务分析

从财务分析中可以了解这次收购竞价的详情，以及掌握杠杆收购的价值评估体系。各财务分析见表 7-2 至表 7-7。

表 7-2 RJR Nabisco 1982—1987 财务数据摘要

年份	1982	1983	1984	1985	1986	1987
业务状况/百万美元						
营业收入	7 323	7 565	8 200	11 622	15 102	15 766
年增长率/%	—	3.30	8.39	41.73	29.94	4.40
营业利润	1 142	1 205	1 412	1 949	2 340	2 304
利息费用	180	177	166	337	565	489
税前收益	1 012	1 110	1 353	1 663	1 782	1 816
持续经营业务净利润	548	626	747	917	1 025	1 081
非持续经营业务净利润	322	255	463	84	39	128
净利润	870	881	1 210	1 001	1 064	1 209
净利润率/%	11.88	11.65	14.76	8.61	7.05	7.67
股东信息						
每股收益美元	3.13	2.90	4.11	3.60	3.83	4.70
每股收益增长率/%	—	−7.35	41.72	−12.41	6.39	22.72
每股股利美元	1.14	1.22	1.30	1.41	1.51	1.76
派息率/%	36.42	42.07	31.63	39.17	39.43	37.45
年末股票收盘价美元	20.40	24.30	28.80	31.38	49.25	45.00
年末市盈率	6.52	8.38	7.01	8.72	12.86	9.57
年末总股数/百万股	281.5	283.2	258.4	250.6	250.4	247.4
Beta(风险系数)	0.80	0.70	0.74	1.21	1.24	0.67

表 7-3 RJR Nabisco 原计划(收购要约前)的 10 年(1988—1998)现金流预测

单位：百万美元

年份	1988	1989	1990	1991	1992	1993	1994	1995	1996	1997	1998
烟草销售收入	7 061	7 650	8 293	8 983	9 731	10 540	11 418	12 368	13 397	14 514	15 723
增长率/%	—	8.34	8.41	8.32	8.33	8.31	8.33	8.32	8.32	8.34	8.33
食品销售收入	9 889	10 438	11 383	12 090	12 847	13 651	14 507	15 420	16 393	17 428	18 533
增长率/%	—	5.55	9.05	6.23	6.24	6.26	6.27	6.29	6.31	6.31	6.34
收入总额	16 950	18 088	19 676	21 075	22 578	24 191	25 925	27 788	29 790	31 942	34 256
增长率/%	—	6.71	8.78	7.11	7.13	7.14	7.17	7.19	7.20	7.22	7.24
营业利润											
烟草	1 924	2 022	2 360	2 786	3 071	3 386	3 733	4 115	4 534	4 998	5 508
食品	1 079	1 163	1 255	1 348	1 459	1 581	1 713	1 855	2 011	2 178	2 361
管理费用	−350	−287	−279	−296	−314	−333	−353	−374	−396	−420	−445
营业利润总额	2 653	2 898	3 336	3 838	4 216	4 634	5 093	5 596	6 149	6 756	7 424
利润率/%	15.65	16.02	16.95	18.21	18.67	19.16	19.65	20.14	20.64	21.15	21.67
利息费用	551	582	662	693	690	658	594	458	410	259	(21)
净利润	1 360	1 498	1 730	2 023	2 259	2 536	2 858	3 251	3 625	4 096	4 625
净利润率/%	8.02	8.28	8.79	9.60	10.01	10.48	11.02	11.70	12.17	12.82	13.50

续表

年份	1988	1989	1990	1991	1992	1993	1994	1995	1996	1997	1998
折旧、摊销及递延税项	730	807	791	819	849	866	867	867	867	867	861
资本性支出	1 142	1 708	1 462	1 345	930	738	735	735	735	735	735
营运资本增加		80	111	98	105	113	121	130	140	151	162
可用于资本项目支出的现金		517	948	1 399	2 073	2 551	2 869	3 253	3 617	4 075	4 589

上表可以看出,RJR Nabisco 公司的现金流很强且稳定,可以利用更为有利的资本结构(高负债)来节省税收,提高企业价值。

表 7-4 RJR Nabisco 在管理层团队收购战略计划下的 10 年(1989—1998)现金流预测

单位:百万美元

年份	1989	1990	1991	1992	1993	1994	1995	1996	1997	1998
销售收入	7 650	8 293	8 983	9 731	10 540	11 418	12 368	13 397	14 514	15 723
增长率/%		8.41	8.32	8.33	8.31	8.33	8.32	8.32	8.34	8.33
营业利润	1 917	2 385	2 814	3 266	3 589	3 945	4 338	4 768	5 243	5 766
增长率/%		24.41	17.99	16.06	9.89	9.92	9.96	9.91	9.96	9.98
利息费用	2 792	1 353	1 286	1 183	1 037	850	624	351	0	0
摊销	388	388	388	388	388	388	388	388	388	388
净利润	−965	293	621	987	1 297	1 655	2 063	2 527	3 073	3 418
折旧、摊销及递延税项	777	725	726	735	749	754	758	763	769	774
资本性支出	432	381	380	389	396	402	412	422	432	442
营运资本变动	41	45	48	52	57	61	67	72	78	85
资产处置净收入	12 680	0	0	0	0	0	0	0	0	0
可用于资本项(主要指债务本息)支出的现金	12 018	593	919	1 282	1 594	1 946	2 344	2 797	3 332	3 666

表 7-5 RJR Nabisco 在管理层团队收购战略计划下的资本结构及融资还款安排(1989—1998)

单位:百万美元

年份	1989	1990	1991	1992	1993	1994	1995	1996	1997	1998
贷款本金偿付										
原有债务	310	375	721	816	400	728	1 854	0	0	0
银行贷款	11 708	217	198	466	1 194	1 217	0	0	0	0
次级债	0	0	0	0	0	0	490	2 510	0	0
优先股	0	0	0	0	0	0	0	287	3 332	3 327
可转换优先股	0	0	0	0	0	0	0	0	0	339
总计	12 018	593	919	1 282	1 594	1 946	2 344	2 797	3 332	3 666
年终账面价值										
原有债务	4 894	4 519	3 798	2 982	2 582	1 854	0	0	0	0
银行贷款	3 292	3 075	2 877	2 411	1 217	0	0	0	0	0
次级债	3 000	3 000	3 000	3 000	3 000	3 000	2 510	0	0	0
总计	11 186	10 594	9 675	8 393	6 799	4 854	2 510	0	0	0

续表

年份	1989	1990	1991	1992	1993	1994	1995	1996	1997	1998
股权收益										
优先股	1 632	1 938	2 303	2 736	3 250	3 861	4 587	5 162	2 801	0
可转换优先股	1 035	1 229	1 460	1 735	2 061	2 448	2 909	3 455	4 105	4 538
普通股	1 535	1 828	2 449	3 436	4 733	6 388	8 451	10 978	14 051	17 469
总计	4 202	4 995	6 212	7 907	10 044	12 697	15 947	19 595	20 957	22 007

按照管理层收购的方案,最终以股东权益账面值计算:

$$投资回报率(ROE)=\sqrt[10]{17\ 469\div 1\ 535}-1=27.53\%$$

表 7-6 RJR Nabisco 在 KKR 收购战略计划下的 10 年(1989—1998)现金流预测

单位:百万美元

年份	1989	1990	1991	1992	1993	1994	1995	1996	1997	1998
烟草销售收入	7 650	8 293	8 983	9 731	10 540	11 418	12 368	13 397	14 514	15 723
增长率/%		8.41	8.32	8.33	8.31	8.33	8.32	8.32	8.34	8.33
食品销售收入	8 540	6 930	7 485	8 084	8 730	9 428	10 183	10 997	11 877	12 827
增长率/%		−18.85	8.01	8.00	7.99	8.00	8.01	7.99	8.00	8.00
收入总额	16 190	15 223	16 468	17 815	19 270	20 846	22 551	24 394	26 391	28 550
营业利润										
烟草	2 022	2 360	2 786	3 071	3 386	3 733	4 115	4 534	4 998	5 508
食品	1 060	1 026	1 191	1 245	1 307	1 367	1 430	1 494	1 561	1 630
管理费用	−219	−158	−167	−176	−185	−194	−203	−213	−224	−235
营业利润总额	2 863	3 228	3 810	4 140	4 508	4 906	5 342	5 815	6 335	6 903
营业利润率/%	17.68	21.20	23.14	23.24	23.39	23.53	23.69	23.84	24.00	24.18
利息费用	2 754	2 341	1 997	1 888	1 321	1 088	806	487	21	0
摊销	388	388	388	388	388	388	388	388	388	388
净利润	−281	233	845	1 134	1 751	2 168	2 641	3 164	3 814	4 203
折旧、摊销及递延税项	1 159	991	899	907	920	924	928	933	939	945
资本性支出	774	556	555	572	586	598	618	638	658	678
营运资本变动	79	84	87	94	102	110	119	129	140	151
非现金利息费用	206	237	312	366	0	0	0	0	0	0
资产处置净收入	3 500	2 700	0	0	0	0	0	0	0	0
可用于资本项(本息偿还)支出的现金	3 732	3 521	1 414	1 740	1 983	2 383	2 832	3 330	3 956	4 319

表 7-7 RJR Nabisco 在 KKR 收购战略计划下的资本结构及融资还款安排,(1989—1998)

单位:百万美元

年份	1989	1990	1991	1992	1993	1994	1995	1996	1997	1998
贷款本金偿付										
承担原有债务	310	375	721	816	400	400	2 182	0	0	0
银行贷款	3 422	3 146	693	924	1 583	1 983	629	0	0	0
次级债	0	0	0	0	0	0	21	3 330	149	0
优先股	0	0	0	0	0	0	0	0	3 806	4 319
总计	3 732	3 521	1 414	1 740	1 983	2 383	2 832	3 330	3 956	4 319

续表

年份	1989	1990	1991	1992	1993	1994	1995	1996	1997	1998
年终账面价值										
承担原有债务	4 894	4 519	3 798	2 982	2 582	2 182	0	0	0	0
银行贷款	8 958	5 812	5 119	4 195	2 612	629	0	0	0	0
次级债	3 500	3 500	3 500	3 500	3 500	3 500	3 470	149	0	0
可转换优先股	1 580	1 817	2 129	2 495	0	0	0	0	0	0
总计	18 932	15 648	14 546	13 172	8 694	6 311	3 470	149	0	0
优先股	2 896	3 331	3 958	4 702	5 586	6 636	7 883	9 365	7 320	4 377
普通股	1 219	1 452	2 297	3 430	7 676	9 844	12 485	15 648	19 463	23 666
总计	4 115	4 783	6 255	8 132	13 262	16 480	20 368	25 013	26 783	28 043

按照 KKR 的收购方案，最终以股东权益账面值计算：

$$投资回报率(ROE) = \sqrt[10]{23\ 666 \div 1\ 219} - 1 = 34.53\%$$

RJR Nabisco 在 KKR 团队收购战略计划下与管理层团队规划下的最大不同，在于 KKR 希望保留所有的烟草生意及大部分食品业务。KKR 认为它们的规划，能为股东带来更大的权益回报。无论是在 KKR 还是在管理层各自的收购方案下，RJR Nabisco 的价值评估都比企业现在的价值要高得多，主要两方面原因：

(1) 高负债增加了利息支出，从而导致税收节省，增加了企业价值；

(2) 减少资本投资，通过出售资产从而减少资产的同时，力争尽可能减少其对运营现金流的影响，这是企业价值提升的主要原因。

下面我们用权益现金流量(FTE)法计算 3 种经营策略(指公司原计划、管理层收购、KKR 收购)下公司股价的具体估值：

1. 计算有杠杆的权益折现率

$$r_S = r_0 + \frac{B}{S}(1-t)(r_0 - r_B)$$

其中 t 是公司所得税率、B 和 S 分别是资本结构中的债务金额和股东权益、r_B 代表债务的期望成本、r_0 代表资本结构在全股权情形下的股权收益率，r_s 代表有杠杆的权益折现率。

当时的 r_B 约为 0.135，r_0 约为 0.14。因为案例中的资本结构随时间变化，所以 3 种策略下的资本加权平均成本计算如下：

表 7-8 RJR Nabisco 在 3 种收购战略计划下的有杠杆的权益折现率

r_s	1989年	1990年	1991年	1992年	1993年	1994年	1995年	1996年	1997年	1998年
原计划	0.142	0.141	0.141	0.141	0.140	0.140	0.140	0.140	0.140	0.140
管理层	0.149	0.147	0.145	0.144	0.142	0.141	0.141	0.140	0.140	0.140
KKR	0.155	0.151	0.148	0.145	0.142	0.140	0.140	0.140	0.140	0.140

2. 计算1988年年底的公司每股价值

假设1998年之后公司现金流年增长率 $g=6\%$，而且公司的资本结构无杠杆，若 $r_0 = 0.14$，则 $r_s = 0.14$ 保持不变。1998年的公司价值为：

$$PV_{1998} = \frac{\text{Cash}_{1998}(1+g)}{r_s - g}$$

1988年的公司价值为：

$$PV_{1988} = \sum_{T=1989}^{1998} \frac{\text{Cash}_T}{\prod_{t=1989}^{T}(1+r_{st})} + \frac{PV_{1998}}{\prod_{t=1989}^{1998}(1+r_{st})}$$

其中 Cash 即为表 7-2、表 7-3 和表 7-4 中的"可用于资本项(本息偿还)支出的现金"。

表 7-9 RJR Nabisco 在 3 种收购战略计划下的估计每股价值

g=6%	1998年公司价值	1988年公司价值	1988年公司负债	1988年权益价值	1988年普通股/百万股	每股价值/美元
原计划	60 804	27 443	5 000	22 443	229	98.00
管理层	48 574	31 001	5 000	26 001	229	113.54
KKR	57 227	30 047	5 000	25 047	229	109.38

3. KKR 收购计划下不同现金流增长率的敏感性分析

上面的分析中假定 1998 年之后公司现金流年增长率 $g=6\%$，这是一种保守的估计。实际上，从表 7-6 可以看出，即使在 1998 年之后 RJR Nabisco 不再采用杠杆融资，公司的营业利润增长率和可支配现金流增长率都超过了 8%。

表 7-10 RJR Nabisco 在 KKR 收购战略计划下的敏感性分析 单位：百万美元

	1998年公司价值	1988年公司价值	1988年公司负债	1988年权益价值	1988年普通股/百万股	每股价值/美元
$g=5\%$	44 918	26 727	5 000	21 727	229	94.88
$g=5\%$	50 388	28 202	5 000	23 202	229	101.32
$g=6\%$	57 227	30 047	5 000	25 047	229	109.38
$g=7\%$	66 019	32 419	5 000	27 419	229	119.73
$g=8\%$	77 742	35 581	5 000	30 581	229	133.54

（四）收购后的公司重组和运营情形

1. 资本重组

收购后的头两年，RJR 公司的运营状况良好，按期完成了 KKR 的战略重组和优化管理的运营计划。公司运营效率提高，营业利润率显著提高。同时出售资产进展顺利，现金流充足，完成或超额完成计划，及时履行了债务偿还义务。

但从 1990 年开始，垃圾债券市场持续低迷，使 KKR 为收购而发行的 RJR Nabisco 垃圾债券的价格不断走低(1989 年穆迪降低了 RJR Nabisco 的信用评级)。而 KKR 在收购协议中预设了一个垃圾债券重设条款，当初目的是利用 RJR Nabisco 良好的融资信誉获得较低利率、降低融资成本。但是垃圾债券市场的低迷使得 KKR 面临着来自债券持有人要求重新调高债券利率(KKR 预计幅度将达到 50%)的压力。

危机不可避免地到来了，1991 年 2 月到期的一笔负债 12 亿美元的过桥贷款由于公开发行新债券受挫、面临无力偿还的风险。而另一笔高达 70 亿美元的 PIK 债券(一种利息累积债券)必须于 1991 年 4 月 28 日前利率重设，可能使 RJR Nabisco 增加 3.5 亿美元年利息的负担。

1990 年 7 月 16 日，KKR 着手对 RJR Nabisco 债务中的 76 亿美元进行重组。主要措施是增加股本投入和用更加灵活、成本更低的短期贷款替代垃圾债券，包括：增发 17 亿美元普通股给 KKR 基金(定价为原有股价 6.25 美元)；转换 KKR 基金持有的 PIK 债券为利率 11.5% 的可转换累积优先股（2 亿美元）；交换 24 亿美元的 PIK 债券（市值约 18 亿美元）；现金赎回 17 亿美元的可回购 PIK 债券；交换 12 亿美元的 PIK 债券；申请 22.5 亿美元银行信贷额度以偿还 12 亿美元过桥贷款及 10 亿美元的浮息债券等。

1991 年 3 月，KKR 说服所有的 PIK 债券持有人将债券转换成普通股，并宣布普通股未来将重新上市。1991 年 4 月，RJR Nabisco 新增发行了 13 亿美元的普通股（发行价 11.25 美元），并在纽交所重新上市。

资本重组的措施十分有效，这一系列动作将 RJR Nabisco 的长期有效债务利率从 10.4% 降到 8.7%，利息成本从 1990 年的 30 亿美元降低到 1992 年的 14 亿美元。在亏损了 3 年后，公司开始重新盈利。穆迪也将 RJR Nabisco 的信用评级恢复到"投资级"。

2. 业务重整

KKR 以往杠杆收购的一般做法是和目标企业的管理层合作一起收购、一起在收购后创造新价值。但在 RJR Nabisco 收购案中，以 Ross Johnson 为首的管理层成为 KKR 的对手，没有合作的可能。于是 1989 年 3 月，KKR 从美国运通公司请来郭士纳（Lou Gerstner）成为公司收购后新一任的首席执行官。他对原来的公司进行了大刀阔斧的改革，大量出售公司的各种豪华设施和非经营资产。公司报告显示，1989 年公司在偿付了 33.4 亿美元的债务之后净损失 11.5 亿美元，在 1990 年上半年有 3.3 亿美元的亏损。但是，从公司的现金流来看，一切还算正常。

Nabisco 的营业利润在 1989 年的现金流量达到了以前的 3.5 倍，但是 RJR 烟草业务遭到了来自竞争对手和消费者的双重压力。1989 年 3 月 RJR 停止了总理牌香烟的生产，随后公司进行了裁员，雇员人数减少到 2 300 人。但是当用烟草带来的现金清偿垃圾债券时，RJR 的竞争对手菲利普·莫里斯却增加销售营销力度，降低了卷烟价格。RJR 的烟草市场在 1989 年萎缩了 7%～8%。更严重的是，社会上对于烟草的反感情绪在不断上升，来自消费者的损害赔偿诉讼已经成为整个烟草行业的正常支出，这是 KKR 没有预期到的。

在业绩持续下滑后，1995 年年初，KKR 不得不对 RJR Nabisco 进行分立，RJR 烟草控股公司再次成为一家独立公司，而 Nabisco 也成为一家独立的食品生产企业，两家公司又戏剧性地回到了 10 年前的起点。

（五）退出

经过不懈努力的寻找和搜肠刮肚的方案设计，KKR 终于找到了从 RJR Nabisco 中退出的方法——用换股的方式收购另一家陷入财务困境的企业 Borden。Borden 是一家从事易耗消费品业务的公司，由于经营不善正陷入债务危机中。

正是由于 Borden 债务缠身已经不可能采取杠杆收购的方式，KKR 决定进行换股收购。一方面，KKR 通过收购把持有的 RJR Nabisco 股票换成 Borden 的股票，从而退出麻烦缠身的烟草业；另一方面，Borden 可以获得 RJR Nabisco 股票进行融资，缓和并消除债务危机。

1995 年前后，KKR 用共计 3.57 亿股 RJR Nabisco 股票置换获得 Borden 的全部股权。这时，KKR 在 RJR Nabisco 的投资已基本达到了保本点。随着 Borden 逐渐走出困境，KKR 的投资收益开始上升。

（六）总结

作为杠杆收购的经典案例，KKR 收购 RJR Nabisco 是 20 世纪 80 年代私募股权投资

浪潮中的一个代表,从中可以看出以下私募股权机构投资操作中关键的问题:

1. 重视现金流

从决定进行杠杆收购到资本回收,通常是 5~10 年为目标,在这期间要确保被投资企业能够创造出稳定的现金流作为还贷资金。因此 PE 机构要找的项目,就是能够源源不断创造现金流的项目,这也可以解释为什么高成长项目不适合进行杠杆收购。

2. 充分研究收购价格的稳定性

虽然 KKR 在资本运作上长袖善舞,但来自债券市场的行情变化打乱了它的融资规划,"高达 94% 的杠杆大大缩小了计划现金流量和债务偿还之间的变动范围,几乎没有给公司留下任何可以回旋以缓解不利环境的空间"。尽管最后全身而退,但在这笔震惊世界的交易中,KKR 仅仅获得了少得可怜的回报,同时背上了"门口的野蛮人"的骂名。这对所有进行杠杆收购的 PE 机构来说,都是一次深刻的教训。

3. 组成精干的管理层

在收购公司之后,KKR 引进的来自其他行业的领导人均被证明是失败的。无论是郭士纳(Lou Gerstner),还是 1993 年从 ConAgra 请来的查尔斯(Charles Harper),他们都既没有烟草行业的从业经验,而且对这一行业也缺少热情。在面对行业危机时缺乏力挽狂澜的能力,这就使得 PE 机构提升公司价值的能力大打折扣。最终 KKR 还是有些狼狈地退出了烟草行业,或许正应了沃伦·巴菲特的名言:"不熟不买,不懂不做。"

二、西方私募股权投资的复兴——第二次浪潮

21 世纪初互联网泡沫破裂后,风险投资市场迅速萎缩,但私募股权投资市场却异军突起。2002 年 8 月,凯雷联合其他收购基金以 75 亿美元收购了科罗拉多州的电话号码簿经营商 Dex Media 公司,开启了私募股权投资第二次繁荣的序幕。

据汤姆森风险专家数据库的统计,2002—2007 年,全球私募股权基金年度募资额分别为 943 亿美元、978 亿美元、1 470 亿美元、2 923 亿美元、3 856 亿美元、3 946 亿美元。另据道琼斯《私募股权分析师杂志》(*Private Equity Analyst*)公布的数据,2006 年 404 只美国私募股权基金共募集了 2 250 亿美元,2007 年 415 只基金共募集了 3 020 亿美元。与之相应的,单只基金的规模越来越大,出现了百亿美元规模的基金。迄今为止,历史上最大的 15 只私募股权基金都是在 2005—2007 年间募集的。其中 2007 年 4 月封闭的高盛资本 6 号基金的规模达到 200 亿美元,是截至当时全球最大的私募股权基金。2003—2007 年,私募股权基金收购了包括 Metro-Goldwyn-Mayer、SunGard、Hertz Co. 等在内的一大批大型公司。单宗交易金额的纪录不断被刷新,历史上最大的十宗收购交易有八宗发生在这段时间。

相比上一次收购浪潮,第二次私募股权投资浪潮有以下明显的新特征:

(1) 为了改善在公众心目中的形象,"私募股权投资"逐渐取代了"杠杆收购"的称谓。包括 KKR 在内的 PE 投资机构纷纷举起"友好收购"的大旗。

(2) 针对上市公司下市的 PTP 交易大幅度下降,只占全部收购交易价值的 10%,目标企业的平均收购价值也大幅度下降。而针对非上市公司(包括独立企业和大型公司的分支机构)的收购显著增加,成为 PE 基金收购的主体,占到全部交易价值的 80% 和交易数目的 90%。

(3) 收购对象进入了信息技术、传媒、电信、基础设施、金融服务、健康医疗等新行业，而传统的收购对象制造业、零售业的比重显著下降。

(4) 跨国并购行为增加。大型私募股权投资机构加快了全球化的步伐，在中国、印度、巴西、俄罗斯"金砖四国"和其他新兴市场地区，私募股权基金十分活跃。

(5) 二次收购(secondary buyout)成为并购市场的重要现象。二次收购即 PE 基金将其投资的企业出售给其他 PE 基金，从而实现自身的退出。在 2000—2004 年间，二次并购占全部收购交易价值的 20%。

(6) PE 机构公众化。2007 年 6 月，全球最大的 PE 机构黑石集团(代码 BX)在纽约证券交易所挂牌交易；2009 年 10 月，KKR(代码 KKR)也在欧洲证券交易所 Euronext 上市；2012 年 5 月，凯雷在美国纳斯达克全球精选市场上市。素来以神秘著称的 PE 机构开始走向公众化。

案例 7-2　黑石集团的经营之道[①]

2007 年，黑石集团(Blackstone Group)在美国纽约证券交易所上市。根据招股说明书数据显示，它在过去 5 年中的年均利润超过 10 亿美元，2006 年盈利高达 22.7 亿美元，年增长率为 71%。如果以该盈利计算，黑石集团每位员工为公司赚了 295 万美元，是华尔街最能赚钱的公司。

(一) 起源与现状

1985 年黑石在纽约成立，创始人是彼得·彼得森(Peter Peterson)、史蒂夫·施瓦茨曼(Stephen Schwarzman)。黑石之所以如此成功，可以说是两位创始人各自禀赋的完美结合。《财富》杂志曾比喻说，年富力强的施瓦茨曼的坚韧不拔的毅力和充沛的精力，是黑石这部庞大"生财机器"得以顺利运转的"发动机"，老谋深算的彼得森在政界及金融界游刃有余的外交手腕和深厚的人脉资源，则是黑石的"润滑剂"。

1973—1983 年间，彼得森曾任著名投行雷曼兄弟公司的董事长兼 CEO。因为公司内部的权力之争，1983 年，58 岁彼得森和得力部下、31 岁的合伙人施瓦茨曼从公司辞职，以区区 40 万美元创办了黑石。黑石起步十分艰难，两位创始人最初走访了 488 个潜在客户，竟然没有一个愿意投资。幸运的是，彼得森早年在 Sony 公司担任董事期间，与其总裁盛田昭夫结下深深的友谊。凭借此关系，黑石成为了 Sony 公司收购哥伦比亚唱片公司的财务顾问，攫取了第一桶金。1987 年，黑石募集 9.5 亿美元，创立第一只私募股权投资基金，从此走上了高速发展的坦途。

到 2008 年 3 月，黑石集团拥有 52 个合伙人和 750 名雇员，集团管理的资产达 1 135 亿美元左右，其投资并持有的公司价值超过 1 500 多亿美元，是华尔街当之无愧的私募股权基金之王。此外，黑石还有对冲基金、夹层基金、高级债券基金等，另外还提供各种金融咨询服务，包括并购咨询、重组和重建咨询以及基金募集服务等。

在黑石的成功经验中，"友好收购"为其树立了良好的口碑，使之获益匪浅。在盛行敌意收购的 20 世纪 80 年代，彼得森和施瓦茨曼为公司发展定下了一条基本准则：坚持不做敌意收购。他们发现，运用彼得森强大的人脉关系网与他们每一笔收购生意中的相关公司

[①] 关于黑石的发展历史，可参考《资本之王》以及《黑石的起点，我的顶点》等著作。

建立友善关系至关重要。这一条现在已经成为黑石的标志性策略,不仅使其赢得了客户的信任,也使得黑石成为一个连对手都愿意与之打交道的公司。

(二) 经典案例

2007年2月7日,黑石集团以390亿美元的价格收购了美国商业地产信托基金EOP (Equity Office Properties Trust, 即权益写字楼投资信托),这是迄今为止历史上最大的一宗私募股权基金收购案。

EOP既是美国最大的房地产投资信托基金(REITs),也是美国最大的写字楼物业持有和经营者。其公司主席山姆·泽尔(Sam Zell)白手起家并最终成为美国最大的地产商,是房地产投资信托领域的传奇人物。EOP在美国拥有超过1.05亿平方英尺的地产,其中包括曼哈顿的全球广场、芝加哥的城市歌剧大楼以及西雅图最高的建筑物——哥伦比亚中心等。EOP曾被《财富》杂志评选为最受人尊敬的公司,并成为了第一家进入标准普尔500名单的美国房地产公司。

1. 收购EOP的过程

2007年前,写字楼价格持续上涨,整个房地产市场的回报率不断下降,导致房地产投资信托基金越来越难以获得股东期望的收益率。此外,EOP的创始人山姆·泽尔认为在本轮写字楼市场价格上升期结束之前,公司恐怕难以实现好转,这在一定程度上表明写字楼公司经营不善。在这种情况下,泽尔准备出售其公司。

2006年11月,黑石与EOP达成交易,以每股48.50美元达成协议,共以360亿美元成交。然而,2007年1月初,包括塞尔伯吕资本管理公司(CerberusCapital)、喜达屋资本集团(Starwood Capital)和沃尔顿街资本管理公司(Walton Street Capital)在内的世界上著名的几家私募股权基金和地产集团组成竞标联合体,抛出新的竞标价格,使这一交易出现了悬念。10天之后,美国第二大房地产投资信托基金Vornado公司也宣布加入角逐,1月18日发出要约,价格是每股52美元。

2004年前后,黑石曾对私人酒店业展开地毯式收购。后来,那些到手的酒店不断创出收益率的历史新高。由于仍然看好商业地产的前景,施瓦茨曼对EOP志在必得。为了收购EOP,黑石专门成立了黑鹰信托,其资本金约为160亿美元,黑石另借债近200亿美元。此外,由高盛、美国银行等组成的债权融资安排人准备了近300亿美元的融资限额,以备不时之需。

黑石与EOP展开了新一轮的谈判,施瓦茨曼提出,如果EOP将违约金从2亿美元增加到5亿美元,黑石将把他们的价格提高到每股54美元。而Vornado公司也在谋划反攻,一周后开出每股56美元的价格。这当然是个颇具竞争力的报价,但因为部分款项要用股票支付,无疑增加了不确定性,而且依照该方案,合并可能要花好几个月才能完成,而黑石的方案一周之内就能执行。这宗收购在2007年2月9日宣告结束,收购价格为每股55.5美元,连带黑石集团承担的EOP大约165亿美元的债务,黑石收购总成本接近390亿美元,成为有史以来规模最大的一宗杠杆收购交易。

2. 写字楼市场前景扑朔迷离

对于390亿美元的天价,虽然有人还是认为EOP被贱卖了,但更多的人认为价格过高,不知道黑石为什么要花费这么大一笔钱。

2007年前后,很多机构投资者正在抛售美国房地产投资信托基金。从1999—2007年,公开交易的REITs的总回报率已经达到了300%,而且许多REITs的价格已经过高。

黑石财团收购EOP等事件,将推高REITs股价,令REITs回报率更低。美国REITs协会曾表示,现在美国REITs的收益在3.8%左右,而这与国家债券相比已经达到了1985年以来的最低点。

一向以稳健和精明著称的黑石不会不懂得这一点。一般来说,PE公司收购某一公司后,会持有比较长的时间,稳健地将其业绩改善后才会再次出卖,而且只有在被收购的公司被评为具有潜在上升回报的背景下才会进行收购。但在这项交易中,持有EOP并改善它的盈利能力并不是黑石集团的兴趣所在,黑石在将其重组后,很快分拆出售,速度惊人。2月17日,也就是交易结束后一周左右的时间内,黑石已经卖掉了53座大楼,这些资产的交易价格已达146亿美元。

但是随后次贷危机的爆发打乱了黑石的售卖计划,房地产金融市场的崩溃使黑石的投资在账面上损失惨重,它不得不改变策略,将短期炒卖变为长期持有并经营。最终黑石能从EOP身上收获多少要看其今后的运作。

总的来看,由于写字楼物业的管理比较简单,其估值大致来自对物业租金收入的预期和对利率环境的判断,这些都是宏观经济层面的变量。也就是说,美国最大的地产商和美国最大的PE基金较量的是对未来美国经济走势的判断。在第一轮中,黑石似乎赌输了。但伴随着美国经济的复苏,黑石最终能否逆转颓势,时间会告诉我们最终的答案。

(三) 上市

2007年5月21日,在公众眼里一向低调、神秘的黑石集团宣布,公司计划在纽约证券交易所公开发行股票并上市,计划筹资47.5亿美元。黑石上市的是基金管理公司,而非旗下的基金。6月22日,黑石集团正式挂牌交易。以发行价计算,黑石集团的估值约在336亿美元,大约是高盛集团的1/3,也低于美林和摩根斯坦利,但已超过了老牌投行贝尔斯登、雷曼兄弟等公司。

1. 上市的原因

黑石上市主要的原因有以下几种:

(1) 为了在市场繁荣时高位套现,给创始人及其他合伙人的财富提供流动性。人们并未如愿在招股说明书中看到施瓦茨曼、彼得森和其他主要合伙人的股份。这种猜测不能解释为什么其他PE机构在市场非常低迷期仍然愿意上市。如英国的3i资本(3i Capital)在1994年、KKR在2009年的上市等。

(2) 为了着手安排公司的继承人。上市新发行的股份可以留出一部分用以吸引人才,例如,KKR就在上市计划中拟留出16%的股份在将来安排给管理层和团队。

(3) 为了方便融资、改善公众形象、培育自身品牌等形成竞争优势。黑石在招股书中说,将利用上市获得的资金偿还信贷、开展更多投资、打造公司品牌。

(4) 找到了既能上市融资又不泄露关键商业机密的模式。一方面,PE机构对关键的竞争战略和策略从来秘而不宣;另一方面,公众要求增加这些另类投资的透明度。黑石的招股说明书似乎解决了这个难题即只披露有限信息。

2. 与众不同的上市公司

上市可能会给黑石带来一些融资和持续经营等方面的优势,但同时也带来了一系列棘手的问题。首先,PE基金管理和投资的不透明性被视为其获取高回报的重要条件,它们一向受益于较为宽松的监管。一旦成为公众公司,必然被要求遵守严格的监管和信息披露制度,包括业绩和员工薪酬将会公之于众。那么,PE 投资可自由选择投资对象、用高杠杆率信贷、公司治理创新、着眼长期回报的动机等都将大打折扣。此外 PE 投资的利润,只有在所收购公司的股权出售以后才可以实现,而这在时间上是非常不规律的。在这种情况下,公司利润的起伏不定会导致股票交易波动较大。

关于黑石旗下基金的投资人和黑石管理公司的股东的矛盾也是一个问题。实际上,基金投资人和基金管理公司股东之间存在天然的利益冲突:基金投资人希望降低管理费用,而股东追求利益最大化,会要求提高管理费用。黑石在招股书中十分明确地说,满足投资者的需求优先于持黑石股票的股东。但黑石并未提供每季度收益数据,也不发表收入预测,只是反复说明基金投资者的利益高于股东。

关于基金管理人和股东的矛盾。黑石声明上市并不等于拱手让权给股东。董事长兼 CEO 施瓦茨曼仍然强调黑石集团由其普通合伙人——黑石集团资金管理有限责任公司(BlackstoneGroup Management LLC)负责管理,而后者主要受控于公司的高级董事总经理。公司将继续原有的私人企业管理模式,可以决定在合适的时机、合适的价格来买卖权益资产。根据招股说明书中的规定,公司普通股股东只能获得有限的投票权,无权选举普通合伙人或公司董事。

关于长期投资计划和短期市场评价的矛盾。招股书中有一个章节题为"我们将成为一家与众不同的上市公司",里面写道,"我们将继续保留那些使我们成为一家成功的私有企业的企业文化要素"。换句话说,黑石集团将专注长期投资,公司的投资、经营和战略性决策并不会因为成为公众公司而发生改变。

(四)黑石与中国

过去几年里,黑石在中国直接或间接地开展了一系列的投资活动。

2007 年 1 月,黑石聘请曾任香港政府财政司司长的梁锦松出任黑石高级执行董事兼大中华区主席职务。梁锦松上任后,马上开始了拓展中国市场的行动,并最终促成了国家外汇投资公司在黑石公开上市前入股投资。2007 年 5 月,中国国家投资公司宣布斥资 30 亿美元购买部分无投票权的股权单位,每单位的购买价格是黑石集团计划公开发售价格的 95.5%。

2007 年 9 月 7 日,黑石集团与中国化工集团公司、蓝星集团签署了《股份认购协议》。根据协议,黑石出资 6 亿美元购买蓝星集团 20%的股份,中国化工集团持有蓝星集团剩余 80%的股权。蓝星集团从此变更为外商投资的股份有限公司。按照构想,黑石集团的丰富经验将有助于蓝星集团的战略整合以及未来整体上市。

专栏 7-1 国外私募股权基金发展的重要数据

(一)全球最大的 50 家 PE 公司

表 7-11 按 2006—2011 年 4 月募集资本总额排名的全球 50 家最大 PE

排名	公 司 名 称	总 部 地 址	募资额/10 亿美元
1	TPG Capital	美国沃思堡	50.55
2	Goldman Sachs Capital Partners	美国纽约市	47.22
3	The Carlyle Group	美国华盛顿(特区)	40.54

续表

排名	公司名称	总部地址	募资额/10亿美元
4	Kohlberg Kravis Roberts	美国纽约	40.21
5	The Blackstone Group	美国纽约	36.42
6	Apollo Management	美国纽约	33.81
7	Bain Capital	美国波士顿	29.4
8	CVC Capital Partners	英国伦敦	25.07
9	Vestar Capital Partners	美国纽约	19.00
9	First Reserve Corporation	美国格林威治	19.06
10	Hellman & Friedman	美国旧金山	17.20
11	Apax Partners	英国伦敦	16.64
12	General Atlantic	美国格林威治	15.10
13	Warburg Pincus	美国纽约	15.00
14	Cerberus Capital Management	美国纽约	14.90
15	Advent International	美国波士顿	14.52
16	Permira	英国伦敦	13.67
17	Oaktree Capital Management	美国洛杉矶	13.05
18	Terra Firma Capital Partners	英国伦敦	12.25
19	Providence Equity Partners	美国普罗维登斯	12.10
20	Clayton, Dubilier & Rice	美国纽约	11.40
21	Charterhouse Capital Partners	英国伦敦	11.27
22	Teachers' Private Capital	加拿大多伦多	10.76
23	Madison Dearborn Partners	美国芝加哥	10.60
24	TA Associates	美国波士顿	10.55
25	Silver Lake Partners	美国门洛帕克	10.50
26	Lone Star Funds	美国达拉斯	10.41
27	Thomas H. Lee Partners	美国波士顿	10.10
28	Cinven	英国伦敦	15.07
29	Riverstone Holdings	美国纽约	9.67
30	J. C. Flowers & Co.	美国纽约	9.30
31	AXA Private Equity	法国巴黎	9.03
32	AlpInvest Partners	荷兰阿姆斯特丹	8.87
33	3i Group	英国伦敦	8.73
34	Nordic Capital	瑞典斯德哥尔摩	8.73
35	Fortress Investment Group	美国纽约	8.68
36	EnCap Investments	美国休斯顿	8.47
37	Onex	加拿大多伦多	8.34
38	Lindsay Goldberg	美国纽约	7.87
39	Citi Capital Advisors	美国纽约	7.80
40	Ares Management	美国洛杉矶	7.79
41	Summit Partners	美国波士顿	7.75
42	Bridgepoint Capital	英国伦敦	7.72
43	Marfin	希腊雅典	7.31
44	EQT Partners	瑞典斯德哥尔摩	7.20
45	NGP Energy Capital Management	美国达拉斯	7.11

续表

排名	公司名称	总部地址	募资额/10亿美元
46	Energy Capital Partners	美国修特山	6.59
47	Stone Point Capital	美国格林威治	6.40
48	Abraaj Capital	阿联酋迪拜	6.20
49	Golden Gate Capital	美国旧金山	6.11
50	GTCR Golder Rauner	美国芝加哥	6.00

数据来源：Private Equity International.

(二) 历史上排名前十位的 PE 基金收购案例

表 7-12　全球前十位大 PE 基金收购案例（截至 2011 年年底）

排名	交易金额/十亿美元	被收购方	收购方	年份
1	44.37	Energy Future Holdings	KKR, TPG, Goldman Sachs	2007
2	38.9	Equity Office Properties Trust	Blackstone	2007
3	32.7	Hospital Corp. of America	Bain, KKR, Merrill Lynch	2006
4	31.1	RJR Nabisco	KKR	1989
5	29.0	Fist Data	KKR, TPG	2007
6	27.4	Harrah's Entertainment	Apollo, Texas Pacific	2006
7	27.0	Alltel	Goldman Sachs, TPG Capital	2007
8	25.7	Clear Channel Communications	Bain, Thomas H. Lee	2006
9	26.0	Hilton Hotels	Blackstone	2007
10	24.8	Alliance Boots	KKR	2007

数据来源：business insider.

本章小结

　　私募股权基金是以机构收购(IBO)或管理层收购(MBO)等为目的而设立的有限合伙形式的基金，在并购过程中私募股权基金不仅使用自有资金，还会联合目标公司管理层出资，并运用大量的债务杠杆来为并购融资。当私募股权基金投资于私人公司时，通常会筹集银行贷款、商业信贷、垃圾债券以及其他债务资本来作为收购资金的一部分。这些债务就是杠杆收购中所谓的"杠杆"，交易的资金主要由"杠杆"提供。

　　私募股权基金的收购平台通常是一个成立的新公司(newco)，并购对价均采用现金交易，若收购对象是上市公司，私募股权基金往往会将上市公司私有化。私募股权基金在成功收购之后将发挥专家管理优势来增加目标企业的价值，在完成了这一价值增值过程之后，私募股权基金实现退出，而原来的被并购企业可能会成为其他产业投资者的企业或者重新成为公众上市公司。

　　私募股权基金的主要投资对象是：成熟的上市公司、剥离业务、未上市的成长性企业等。私募股权基金的核心业务是杠杆收购。私募股权基金有多种组织构建方式，有限合伙制是主流模式。私募股权基金管理机构主要有 4 个任务：(1)向投资者募集资金；(2)寻找投资机会并进行投资；(3)积极地管理投资的项目；(4)选择退出方式，实现资本利得。私募股权基金管理机构的收入主要有基金管理费、以附带收益形式取得的资本利得和其他收入。

PE市场中还存在3类中介服务机构：为基金投资者提供中介服务的机构、为PE基金及管理机构提供中介服务的机构、为引进私募股权的私人企业或上市公司提供中介服务的机构。

基本概念

并购基金　PTP(public to private)交易　杠杆收购　普通合伙人　有限合伙人　私募股权基金管理机构　年度管理费　附带收益　门槛收益率　管理层收购　外部并购　二次并购

复习思考题

1．私募股权基金可以分为哪几类？不同类型的私募股权基金具有什么特点？

2．请说出私募股权基金有哪些投资对象，私募股权基金对不同投资对象的投资模式有什么区别？

3．私募股权基金可以采用什么组织形式？请分析不同组织形式的差异。

4．私募股权基金管理机构具有哪些职责？私募股权市场中还存在哪些投资服务机构？

5．简要说明杠杆收购的操作流程。请问管理层在杠杆收购中扮演什么角色？他在一项杠杆收购中的立场是什么？

6．银行在杠杆收购中扮演什么角色？它主要的盈利模式是什么？

扩展阅读文献

1．Baker, G. and Wruck, K. "Organizational changes and value creation in leveraged buyouts: The case of O. M. Scott & Sons Co", *Journal of Financial Economics*, 1989, pp. 163～190.

本文报告了杠杆收购后发生在O. M. Scott & Sons公司的组织变更。文章的发现证实：压力沉重的债务负担和管理层持股都能给公司带来业绩的改善。本文的案例研究进一步发现，在O. M. Scott & Sons公司，对于公司业绩改善同样重要的还有：偿还债务的现金如何产生、巨额的奖金计划的实施、进行改组和分散决策以及管理层、杠杆收购发起者、董事会之间的关系。

2．Cotter, J. F. and Peck, S. W. "The structure of debt and active equity investors: the case of the buy-out specialist", *Journal of Financial Economics*, 2001, p. 59, pp. 101～147.

本文考察了收购专家在构建债务用于杠杆收购融资以及监控管理LBO公司中扮演的角色。作者发现，当收购专家控制大部分的LBO公司股本时，杠杆收购交易很可能是采用更少的短期债或高级债,并较少经历财务困境。收购专家在较小的董事会中有更大的控制权,这表明他们积极地监控管理层。对这些交易而言,使用债务紧缩条款并不能显著提高公司业绩。相比之下,在其他所有交易中使用此类债务确实极大地增加了公司的绩效。这些发现表明,在杠杆收购中,收购专家的积极监控作用替代了严格的债务条款监控和管理层激励。

3. Kaplan, S. N. and Schoar, A. "Private equity returns: persistence and capital flows", *Journal of Finance*, 2005, p. 60, pp. 1791~1823.

本文用 Venture Economics 的个体基金回报数据库研究了私募股权合伙人的业绩。在采样周期,尽管基金回报之间存在异质性,但减去费用后的平均基金的净回报大致等于标普 500 指数,回报也随着基金的经验而提高。与表现不佳的基金相比,表现更好的基金更可能筹集后续基金并提高基金规模。这种关系是凹的,因此表现最佳的基金增长的比例不如一般基金。在行业层面,私募股权市场是周期性的,如果基金开始在繁荣时期,则不太可能募集后续基金,即表明这些基金随后表现较差。虽然繁荣之后全行业的回报会较低,但这种效应大多数是因为那些业绩较差的新进入者所导致的,老牌基金的回报较少受到这些行业周期的影响。这里的结果明显不同于共同基金。

第八章 私募股权基金的运作机制

第一节 PE基金的资金来源

私募股权基金的资本来源于许多不同类型的投资者。从发达国家的情况来看,机构投资者是私募股权基金的主要资金来源,包括政府机构、商业银行、投资银行、保险公司、金融控股公司、养老基金、资产管理公司、各类工商企业和投资机构等。来自个人投资者的资本一般仅占其中的10%左右,机构投资者中养老基金是私募股权基金最大的投资者。

另外,"基金的基金"(fund of funds)的投资者一般是养老基金、保险公司和富有个人。通过"基金的基金"集合投资工具,更多的投资者成为私募股权市场的间接投资者。

相对于其他类型的投资工具,私募股权是一种长期投资。私募股权基金的投资者通常需要承受10年左右的投资锁定期,投资者如果想要中途解除出资承诺,可以在私募股权二级市场进行交易。私募股权二级市场指投资者持有的私募股权投资基金份额进行资产交易的市场,在征得私募股权基金管理机构的同意之后,无论是已经投资于基金的份额,还是未来投资的出资许诺,投资者都可以出售转让。现在西方已经存在一些基金专门开展收购私募股权基金份额的业务。早期的二次收购(secondary purchases)对象一般只是实际投资份额,而不是针对未来的出资许诺(future commitment),并且通常是折价出售。现在的二次收购既包括现有已出资份额也包括对未来出资的许诺,既可能溢价也可能折价出售。

私募股权基金与其他基金类型之间的一个关键区别,就是对于投资者而言缺少流动性。投资者对基金的长期投资承诺确保了私募股权基金可以将资产和债务的期限进行匹配。在其他类型的基金来源结构中,比如对冲基金或共同基金,投资者可以要求投资基金定期偿还,如果这些基金持有的可变现资产不足以满足投资者的偿还要求,那么将面临流动性风险。私募股权基金的资金来源和契约设置则可以避免这种风险,使得基金能够投资于中长期非流动性的股权。私募股权之所以被称为长期投资,部分原因就是因为这种资金来源的结构。

随着管理机构自身的不断成长以及旗下投资组合价值和规模的不断提升,某些活跃的私募股权领域基金的出资结构发生了变化,其中财务杠杆的运用明显增多,这可以通过2007年黑石、2009年KKR、2012年凯雷等的上市说明书中看出。

第二节 PE基金的组织形式

私募股权基金可以采取契约型、信托型、公司型、合伙型等多种组织形式。

契约型基金是基于一定的契约原理通过口头协议或书面合同等契约组织起来的基金。

其缺点是契约各方的权利和义务通常缺乏特定的法律来调整,容易产生纠纷和导致契约关系的不稳定。

信托型基金是一种特殊的契约型基金,通常引入专业的信托投资公司作为受托人,受托人代替投资人进行股权投资并行使投资者权利。投资人和受托人的权利和义务关系受《信托法》约束,信托型基金增加了法律约束和保护,但缺点是增加了代理成本。

公司型基金是投资人出资,按照《公司法》组成法人实体进行投资的基金。其缺点是可能会产生昂贵的公司所得税。

合伙型基金是由投资人和管理人共同出资组建的基金。管理人负责基金投资的日常运作;投资人不参与基金的日常运作,仅获取投资收益。在欧美国家,合伙型组织形式目前被大多数私募股权基金所采用,并逐渐发展成目前占主导地位的"有限合伙制"。

与普通合伙制不同的是,有限合伙制运用激励约束机制,严格区分了普通合伙人(General Partner,GP)和有限合伙人(Limited Partner,LP)的权利和义务。有限合伙人(投资人)包括公共和私人养老基金、捐赠基金、基金的基金、保险公司、富有的个人等,负责绝大部分的出资并获得大部分的投资收益,但只对自身投资负有限责任。普通合伙人(管理人)即为私募股权投资机构,一方面需认购至少1%的基金份额并对合伙债务承担无限责任;另一方面在运营过程中享有充分的经营自主权,并且可以根据合伙协议获得大大超过自身投资份额的投资收益。其收益分为以下3类:

(1) 获取年度管理费(Management Fee),为基金资产的一个固定百分比,比如2%,按年度收取。

(2) 获取基金利润回报的一部分,一般为20%,这称为"附带收益"(carried interest)。这是按整个基金的收益来收取的,只有在基金的项目结束、实现利润时才能分享。

(3) 有些普通合伙人还要求被投资企业支付监管费用(monitoring fee),一般这种费用由普通合伙人和有限合伙人对半均分。

一般情况下,有限合伙制私募股权基金的合伙契约(covenants)具有以下4个特征:

(1) 基金必须有一个明确的结束期限。也即基金有一个固定的封闭期,一般为10年,但可以最多延长2~3年。基金管理人一般用5年的时间进行投资,然后用5~8年的时间进行回收投资。

(2) 所有合伙人的出资份额不能转让和买卖。有限合伙人有一个承诺出资总额,按时间分段出资到位。在基金成立的时候,一般出资25%~33%,其余资金按事先约定的时间逐步到位。若有限合伙人违反约定,则会遭受处罚。[①]

(3) 在基金期限到期之前,各方合伙人不得撤出。

(4) 有限合伙人承诺出资后,对普通合伙人的投资管理不过问,只以出资为限承担有限责任。普通合伙人进行基金管理,并承担无限责任。由于有限合伙基金本身并不会主动负债[②],所以普通合伙人的无限责任并没有多少实际意义。

[①] 普遍的惩罚做法是有限合伙人将损失其已出资份额的一半。参见 Sahlman(1990)。

[②] 一般情况下,PE基金在进行并购交易前设立一家新公司(Newco),由这个新公司作为杠杆收购的负债主体。PE基金本身是不会负债的。

第三节　PE基金的投资决策和交易安排

一、尽职调查

尽职调查是一个用来核查股权投资具有多少可行性的步骤。与风险投资一样，私募股权行业的尽职调查过程也十分重要，有人甚至认为正是这些尽职调查过程，使得私募股权行业在争夺公司控制权的市场中获得了重大优势。交易前对目标公司现金流的调查，不仅有助于对公司的估值，而且还可以阻止私募股权基金投资不可行的项目，避免重大失误。

尽职调查的范围覆盖目标公司所有的重要关系、合约和资产，需要借助法律、会计、行业、保险、环境以及其他专业顾问。尽职调查通常会花费至少 3~4 个星期的时间，是私募股权基金在决定首次报价之前的必要条件。

尽职调查步骤产生的结果涉及企业的各个方面，使得私募股权收购方在谈判中能够处于有力地位，声誉卓著的私募股权机构的尽职调查对于最终的定价更为关键，这些机构通过尽职调查往往掌握了一些特别信息，在谈判确定收购价格时可以作为特殊的有利"筹码"。

二、评估目标公司的价值

对目标公司的估值类似我们所熟悉的资本预算问题，只是在某些方面有所差别。通常，目标公司都具有历史现金流的记录，因此可以合理预测公司未来的现金流。但是对于购买公司股权的投资者而言，不可过多依赖预测模型的未来现金流。另外，目标公司股东的心理一般有个保守价值，如果买方的估值更大，那么交易成功的可能性就会提高。

接下来我们先分析客观的评估指标，然后再考虑一些主观的评估方法。

（一）资本市值

在有些情况下，比较客观反映公司价值的指标就是资本市值（capitalization）。由普通股数乘以股价而算得，前提是股票的市价可以观测，股票的流通数量明确。通常收购方都会在流通市值基础上再加上一个溢价，因此普通股的市值相当于为买方的报价提供了一个底线。但当一家公司发行并流通在外的股份只占很小一部分时，卖方有可能接受市价或者稍微低于市价的报价，因为卖方并不能按照股票市价卖出所有的股票，即这时的市场价格没有正确地反映公司的价值。因此，当前的股价必须是处于均衡状态才可以作为收购的底价。通常情况下，从公司现有股东手中收购股份不需要在市价的基础上溢价很多。

（二）乘数法

1. 乘数法的计算

乘数法是定价中常常使用的一种方法。乘数法常常运用于一些使用流量（而非存量）财务指标来计算公司价值，各种估值乘数通常取自可供比较的参考公司。常用的乘数有：

（1）价格-收益乘数（P/E 乘数）。

（2）现金流乘数（EBITDA 乘数或自由现金流乘数）：EBITDA 是息税折旧及摊销前收益；自由现金流是指扣除企业资本投资后的经营现金流。

(3) 运用下期现金流的现金流乘数。

将当期收益乘以当期的 P/E 乘数,就可以获得公司当前的市场价值。计算中不仅仅局限于上期或当期收益,还可以使用下一年的预期收益。实际上,运用预期收益乘以 P/E 乘数的方法常常被用来估算目标企业的价值。相对于作为绝对估值的现金流折现法,乘数法作为相对估值方法更加简便。我们通过以下的步骤来介绍乘数法:

令 $P=$每股的市价;$k=$折现率(股权资本成本);$g=$利润和股息的增长率;$E=$税后利润;$b=$利润的留存比例;$(1-b)E=$派发股息;

因为

$$P = \frac{(1-b)E}{k-g}$$

两边同时除以 E,我们可以得到:

$$P/E = \frac{(1-b)}{k-g}$$

市盈率 P/E 等于分红比例 $1-b$ 除以 $k-g$。股息和利润的增长率 g 越大,P/E 比例也会变得越大。假设可供比较参照公司的 P/E 值为 8,归属于目标公司股东的净利润是 1 000 万美元,那么公司股权的合理价值就是 8 000 万美元。但是这种计算方法存在如下问题:

参照公司真的可供比较吗?预期利润真的是 1 000 万美元吗?或者需要做哪些调整?公司有额外的资产吗?公司有未披露的负债吗?我们有理由预期下期的利润将不再是 1 000 万美元吗?P/E 的平均值 8 对于参照公司来说合理吗?

相对于收益乘数,一些投资银行更喜欢使用现金流乘数来计算公司价值。乘数也同样取自可比公司。假设可比公司的现金流 EBITDA 乘数为 6,目标公司的 EBITDA 现金流为 2 000 万美元,则公司价值的估计值为 1.2 亿美元。如果公司负债 4 000 万美元,最后将得出与前面计算结果一致的股东权益价值 8 000 万美元。用 EBITDA 计算的值是公司价值(负债加权益)而不仅是股东权益的价值。

接下来考虑如下情形,10 家可供比较参照公司的 P/E 值的均值等于 8。并假设其中 9 家公司的 P/E 值为 5,一家的 P/E 值为 35。

$$P/E \text{ 的平均值} = \frac{9(5)+1(35)}{10} = \frac{80}{10} = 8$$

而若计算 10 家可供比较公司的 P/E 值的调和平均数(harmonic average),需要先计算出各家公司 P/E 值的倒数的平均值,最后再取该数值的倒数,并最终算得这 10 家公司 P/E 值的调和平均数为 5.47。

$$\text{倒数的平均值} = \frac{1}{10}\left[\left(\frac{1}{5}\right)9 + \left(\frac{1}{35}\right)1\right] = \frac{6.4}{35}$$

$$\text{倒数} = \frac{35}{6.4} = 5.47$$

那么在估计目标公司价值时,P/E 值的平均数是该取 8 还是取 5.47 呢?

传统的平均数 P/E 值 8 倾向于赋予极值更高的权重。比如,假设有 3 家可供比较公司,其中有 2 家的 P/E 值等于 10,另一家为 100,算出的传统平均数将是 40。而算得的调和平均数则为 14.29。在这个例子中,40 显然是不合理的选择。若将这个例子的第三家公

司的 P/E 值改为 10 000 或许会更直观些。这时 P/E 的平均值为：

$$P/E \text{ 的平均值} = \frac{2(10) + 1(10\,000)}{3} = 3\,340$$

显然，用 3 340 去计算将不可能得到合理的公司价值。而调和平均数则是：

$$\text{倒数的平均值} = \frac{1}{3}\left(\frac{2}{10} + \frac{1}{10\,000}\right) = \frac{2\,001}{30\,000}$$

$$\text{倒数} = \frac{30\,000}{2\,001} = 14.99$$

在这里用 14.99 作为 P/E 乘数去计算公司价值将比 3 340 得到更符合实际的结果。

2. 乘数法的理论基础

根据可比公司计算平均 P/E 乘数时有两个难点：参照公司的选定；平均 P/E 值的计算。另一种备选方案是基于目标公司的经济状况，计算目标公司的理论 P/E 值。我们接下来将考虑 3 种不同的用于计算公司股权价值的乘数。

M_0 运用于税后净利润：$M_0(E)$；M_1 运用于息税前收益：$M_1(\text{EBIT})$；M_2 运用于息税折旧和摊销前收益：$M_2(\text{EBITDA})$。

(1) M_0 的计算

令 P 代表普通股的价值，那么由 M_0 的定义可以得到如下表达式：

$$P = M_0 E$$

或者

$$M_0 = \frac{P}{E}$$

令 $P=$ 股票的价值；$E=$ 每股净利润；$D=$ 每股股息；$k=$ 股权成本；$g=$ 利润和股息分红的增长率；

如果 $P = \dfrac{D}{k-g}$，那么收益乘数的理论值就等于：

$$M_0 = \frac{D}{E(k-g)} = \frac{(1-b)E}{E(k-g)} = \frac{1-b}{k-g}$$

如果事先知道 b、g、k 的值，我们就能够算出乘数(M_0)的值，进而算出股票的价值。

(2) M_1 的计算

M_1 是 EBIT 乘数，如果公司不存在负债，$t=$ 税收比例；则：

$$(1-t)\text{EBIT} = E$$

$$P = \frac{D}{k-g} = \frac{(1-b)E}{k-g} = \frac{(1-b)(1-t)\text{EBIT}}{k-g}$$

由于

$$P = M_1(\text{EBIT})$$

最终得到如下表达式：

$$M_1 = \frac{(1-b)(1-t)}{k-g}$$

(3) M_2 的计算

先将 EBITDA 写成 EBIT 的表达形式，令 $q=$ 折旧和摊销比例：

$$\text{EBITDA} = q(\text{EBIT})$$

因为
$$P = M_2(\text{EBITDA}) = \frac{(1-b)(1-t)(\text{EBIT})}{k-g}$$

并且
$$(\text{EBITDA}) = q(\text{EBIT})$$

可以得到如下表达式：
$$P = \frac{(1-b)(1-t)(\text{EBITDA})}{(k-g)q}$$

$$M_2 = \frac{(1-b)(1-t)}{(k-g)q}$$

这里，需要记住以上的推导过程中均假设目标公司的负债为0。如果有负债，这些公式将变得更加复杂。

虽然以上计算中选用的估值乘数均是关于利润、EBIT 和 EBITDA 等客观的参数，导致计算结果看起来似乎也很客观。但是事实上这些计算公式中仍包含大量的主观因素。尽管如此，上述3种估值乘数形式上的客观性让这些估值方法很受欢迎。

上面所有这些估值乘数方法（相对估值）都隐含有对未来收益的假设，下面我们介绍运用现值（绝对估值）来估算未来收益的方法。

（三）现值法

一般而言，存在6种不同的现值计算形式：
(1) 永续股息的现值；
(2) 自由现金流的现值；
(3) 未来收益的现值减去投资支出的净现值；
(4) 永续净利润的现值加上增长机会的现值；
(5) N 年股息的现值加上在第 N 年年末的公司价值的现值；
(6) 经济收入的现值。

实际上，上述计算内容是一致的，可以归纳为一种方法。

考虑一个公司永续存在的情形，假设公司每年的净利润为65美元，每年每股支付股息39美元，股权成本为12%，利润增长率（在收益留存比例不变的条件下，利润增长率即为股息增长率）为每年2%，可以算出公司的价值为：

$$P = \frac{D}{k-g} = \frac{39}{0.12 - 0.02} = 390$$

将公司的增长机会现值（present value of growth opportunities）定义如下：

$$\text{PVGO} = \frac{E(g-bk)}{k(k-g)} = \frac{65[0.02 - 0.4(0.12)]}{0.12(0.12 - 0.02)} = -151.67$$

那么股票的价值将等于：

$$P = \frac{E}{k} + \text{PVGO} = \frac{65}{0.12} - 151.67 = 390$$

由于公司的收益留存比例为（$b=0.4$）且利润增长率（$g=0.02$），可知追加投资的收益率为 $0.02 \div 0.4 = 0.05$，低于股权的成本（$k=0.12$），故增长机会实际上减少了公司价值。以下我们做一些假设改变：

(1) 再投资收益率大于股权的成本

现将假设中作如下改动:公司追加投资的收益率设为 0.15,增长率设为 0.06($g=6\%$),保持 40% 的收益留存率不变。

$$P = \frac{D}{k-g} = \frac{39}{0.12-0.06} = 650$$

$$PVGO = \frac{E(g-bk)}{k(k-g)} = \frac{65[0.06-0.4(0.12)]}{0.12(0.12-0.06)} = 108.33$$

$$P = \frac{E}{k} + PVGO = \frac{65}{0.12} + 108.33 = 650$$

公司增长机会的现值为 108.33 美元,股权价值 650 美元。

(2) 有限生命模型

假设公司存续期中估算现金流分为三期,之后为剩余价值。预计每期的净现金流如下:

第 1 期 $ 11 000
第 2 期   10 890
第 3 期   10 648
剩余价值   66 550

参照如上现金流,当股权成本为 0.10 时,可计算出公司在 0 期的价值:

$$V_0 = \frac{11\,000}{1.10} + \frac{10\,890}{(1.10)^2} + \frac{77\,198}{(1.10)^3} = 77\,000$$

为简单起见,假设没有税收,财务状况如下所示:

四期资产负债表:

	Time 0	1	2	3(before adjustment)
资产:	100 000	91 000	82 000	73 000
权益:	100 000	91 000	82 000	73 000

三期利润表:

	1	2	3
收入:	11 000	10 890	10 648
折旧:	9 000	9 000	9 000
利息:	10 000	9 100	8 200
经济利润:	−8 000	−7 210	−6 552

$$\text{经济利润的现值} = \frac{-8\,000}{1.10} + \frac{-7\,210}{(1.10)^2} + \frac{-6\,552}{(1.10)^3} = -18\,154$$

$$\text{剩余资产的现值} = \frac{66\,550}{(1.10)^3} = 50\,000$$

$$\text{期末账面价值的现值} = \frac{73\,000}{(1.10)^3} = 54\,846$$

这时公司价值:

$V_0 = $ 账面价值 + 经济利润的现值 + 剩余资产的现值 − 期末账面价值的现值
$= 100\,000 - 18\,154 + 50\,000 - 54\,846 = 77\,000$

(四) 资本结构的改变

如果私募股权机构计划改变目标公司的资本结构,将部分股权替换成负债,那么资本结构的改变可以提升公司的价值。有很多原因可以解释债务的使用,这里主要给出 3 点:第一,债务的名义成本低于股权的成本,使用债务可以增加股东的期望收益。第二,债务具有税盾效应,在计算税收之前可以先将债务的利息从收益中扣除。由于税盾效应,公司的价值将因为使用债务而得到提升。第三,债务能够使得收购方减少出资,使得完成收购更轻松,这点对于私募股权基金尤为重要。

假设公司募集了金额为 B 的债务用以替代股权,传统的定价模型将表达成如下形式:

$$V_L = V_u + tB$$

V_L=使用了债务杠杆的公司的价值;
V_u=用债务替代股权之前的公司的价值;
t=公司适用的所得税率;
B=增加的负债金额。

这里假设了替代股权的债务是永久存在的,并且没有财务困境成本。tB 是债务利息的税盾效应的现值。

用一个简单的例子进行说明。假设一家公司每年的公司税前收入为 153.85 美元,税后收入为 100(t=0.35)美元,公司没有增长,股东的折现率为 8%。

$$V_u = \frac{100}{0.08} = 1\,250$$

不使用杠杆的情况下,公司的价值为 1 250 美元。

现在假设用利息率为 6% 的金额为 1 000 美元的负债代替 1 000 美元的股权,则杠杆公司的价值为:

$$V_L = 1\,250 + 0.35(1\,000) = 1\,600$$

现在公司的资本结构中包含了 1 000 美元的负债,公司的总价值也变为 1 600 美元,股权价值为 600 美元。因为股东将获取 1 000 美元债务所产生的收益,相对于资本结构变化之前,股东财富的增加额 350 美元等于税盾价值。

没有负债的情况下投资者每年可以赚取 100 美元。在上述使用负债的情况下,情况中发生了变化:

债务	0.06(1 000)	$60
股权	(153.85−60)(1−0.35)	61
总共		$121

发行该债务后,债务投资者和股权投资者一共获得 121 美元。

假设股东希望赚取与 100% 持股的情况下一样的投资收益,为了实现这个目标,他们购买了 65% 的债务(1−t 份额的债务)以及 100% 的股权。采用此投资策略的投资者将获得:

债务	0.65(60)	$39
股权		61
总共		$100

投资 100% 持股的公司与按照上述策略投资杠杆公司的债务和股份将获得一样的收

益。事实上,在此策略下,对于给定的任意 EBIT 值,这两种情况下的收益始终相等。

假设没有采用杠杆的公司的普通股税前收益为 X,公司的所得税率为 0.35,则投资者将获得 $0.65X$ 的投资收益。当投资者购买目标公司发行的 65% 债务并持有 100% 股权,收益率将是:

债务	$0.65(60)$	39
股权	$(X-60)(1-t)$	$0.65X-39$
总共		$0.65X$

任意给定 X 的值,这两种投资方式的收益率都将一样。

以上的投资策略是购买 $(1-t)$ 或 65% 的债券。这种投资于杠杆公司的投资策略产生的收益完全等同于投资于无杠杆公司的收益。假设这两种投资方式是等价的,

$$V_u = S + (1-t)B$$

其中 S 代表杠杆公司的股权价值。由定义 $V_L = S + B$ 可知 $V_L = V_u + tB$。

这个关系式可以通过许多方式推出。比如,当债务的利率为 k 时,利息则为 kB。每期可以节省的税收为 tkB,若假设节省的税收可以一直持续存在,且折现率为 k,可以算出节省的税收的现值为 tB。

$$PV = \frac{tkB}{k} = tB$$

恰好等于 V_U 和 V_L 之差。

(五)现值计算法的计算基准选择问题

当我们运用现值计算法对公司进行估值时,第一个要面对的问题就是应该选择哪个指标来作为现值计算的对象,是收益、股息,抑或是现金流?

经过风险调整的股息的现值在理论上等于公司的股权价值,当然前提是股息被定义为公司所支付给股东的所有现金流。但是使用股息也有许多麻烦。首先,股息是一个推导值,来自公司未来现金流或者收益的估计值。其次,在有的情形下公司并不支付现金股息,这将使估算未来的股息不可能。最后,收购者一般更倾向于使用目标公司的收益或者现金流来估算其价值。当目标公司确实存在股息支付时,估计的难点就变成了如何确定股息的持续增长率。由于目标公司在被收购后将进行重组,重组后很可能改变股利政策,因此通过股利计算的公司价值可能具有误导性。

估值是极富技巧的一个步骤,尤其当公司没有长期的收益和现金流历史数据时,这时很难对公司的未来现金流或收益做出准确的估计。即使可能获取公司的收益和现金流等历史数据,我们还必须保证估值方法选择恰当。因为有许多带有主观因素的估值方法可供决策制定者选择,评估者可以为了取得某个预先假定的数值而人为地挑选某种方法。

三、构建交易

对目标公司估值完成后,接下来就是设计收购的资本结构,并将各种证券出售给相应的投资者。

PE 机构在杠杆收购中成立的收购公司,也称为新公司(Newco.),或称收购平台公司(platform),收购公司的资本结构至今已经发生了很大的变化。在 20 世纪 80 年代,PE 机构

可以为收购筹集到高达99%的债务和优先股资金。但是在21世纪,若是PE机构能通过债务筹集到收购资金的50%就已经算是非常幸运了。资金的获取方式包括普通股、债务以及兼具二者特征的混合资金(包括夹层资本mezzanine capital)形式。为了简化表达,我们假设收购公司的资金只来源于债务和普通股。这里首先需要解决两个问题:债务和股权之间的比例分配;交易发起人(sponsor,即私募股权机构)保留的股权比例与分配给其他投资者的股权比例。

通常银行和其他债权人有一个最大的意愿借款金额,这个金额随着时间而改变。收购交易的发起者——PE机构对此有充分的认识。债务融资量可以通过在债券中附加认股权证(一般称为股权调整量,equity kicker)来增加。这类权证可以采用可转换债、股票权证或者基于公司未来现金流或收益给予特别奖金等形式。因此,我们必须认识到通过附带认股股权、特别奖金等方式所筹集的资金不能被完全认为是债务,而应该被认为是债务和股权的混合物,一般称为夹层资本(mezzanine capital)。

分配给其他投资者的股权比例需要为投资者提供一个具有足够吸引力的收益率。这就意味着必须估算公司的未来价值,并在所有投资者之间进行分配,以满足各方的期望收益要求。

假设一家公司的并购价格为7 800万美元,期望套现期(cash-out date)为3年,公司在第3期的价值为16 240万美元。可以算出投资该公司的内部收益率为:

$$78(1+IRR)^3 = 162.4$$
$$IRR = 0.276\ 9$$

假设债务融资金额为6 000万美元,年利息率为18%,则在第3年需要偿还本息9 860万美元。

$$6\ 000(1.18)^3 = 9\ 860(万美元)$$

因为在第3年通过出售公司可以获取16 240万美元,所以股权投资者的收益为6 380万美元。

$$16\ 240 - 9\ 860 = 6\ 380(万美元)$$

可以算出期初投入1 800万美元的股权投资者将获得52.5%的内部收益率。

$$18(1+IRR)^3 = 63.8$$
$$IRR = 52.5\%$$

假如外部的股权投资者投入1 700万美元并要求收益率为35%(另外100万美元由发起人——PE机构投入)。那么他们将在第3期要求4 180万美元的收益。

$$1\ 700(1.35)^3 = 4\ 180(万美元)$$

剩下的2 200万美元归发起人PE机构所有:

$$6\ 380 - 4180 = 2\ 200(万美元)$$

由此可以推算出PE发起人的预期内部收益率将是180%。

$$100(1+IRR)^3 = 2\ 200$$
$$IRR = 180\%$$

因此,在这些假设下,如果投入1 700万美元的股权,投资者希望每年获取35%的收益,那么他们需要被授以65.5%的股权。

$$\frac{41.8}{63.8} = 0.655$$

剩下的 34.5% 的股权则分配给发起人 PE 机构。

现在假设只能以 18% 的利息募集到 3 800 万美元的债务资本(不再是 6 000 万美元)。在第 3 期将需要偿还债务 $3\,800\times(1.18)^3=6\,240$ 万美元,股东将拥有净资产 10 000 万美元。

$$16\,240-6\,240=10\,000(万美元)$$

这比之前计算的 6 380 万美元更大,但是这里的期初股权投资 4 000 万美元也更大。现在如果除发起人之外的外部股权投资者投入 3 900 万美元(另外 100 万美元仍然由发起人 PE 投入),仍然要求每年的收益率为 35%,他们在第 3 期将要求回报为 9 600 万美元。

$$3\,900(1.35)^3=9\,600(万美元)$$

在第 3 年 PE 发起人可以获得 400 万美元的收益。由于 PE 发起人的初始投资金额为 100 万美元,我们可以计算出他们的内部收益率为 58.7%。

$$100(1+IRR)^3=400$$
$$IRR=0.587$$

由上述计算可以看出由于债务融资的减少,发起人的内部收益率从 180% 降到了 58.7%。分配给外部股权投资者的股权比例也变成了 96%,发起人的股权比例则下降到了 4%(原来是 34.5%)。

在上述条件下,利息率为 18% 的负债在新成立的收购公司的资本结构中所占比例越高,发起人 PE 机构获得的收益率也将更高。但是,可以预期的是,当资本结构中越来越多的股权被负债所代替时,债务的融资成本也会随之上升,上述结论不能一概而论。PE 机构必须为不同数目的债务设定相应不同的成本。在不同的债务融资比例和债务成本的条件下,股权融资成本(也即股权收益)也会发生变化,发起人需要设定好收购项目公司的债权股权比例。[①]

为了简化表达,前文分析中我们假设了税率为 0。如果将税收考虑进来,就要考虑利息在每期的税收减免因素,如果这些节省的税收用于再投资,将会改变公司的最终价值。本节展示的模型因为假设了税收为 0,且投资期内不对投资者进行任何支付,才使得公司价值不受资本结构的影响。如果改变这个假设条件,结果将不再成立。

PE 发起人虽然希望尽可能多地持有股份,但是最终持股比例还是会受到公司的前景、债务融资额、外部融资成本等的影响。PE 机构为了吸引投资者出资,一般会在满足外部投资者的要求之后才为自身分配持股比例。还有一个特别需要注意的问题是:PE 机构在收购中需要分配多少股份给新公司的管理层?可以通过以下两条准则来决定:

(1) 管理层可以获取的最大股份等于满足所有 PE 机构投资者的收益要求后所剩余的部分;

(2) 管理层应该获取的最少股份必须能够挽留并激励他们更好地按照 PE 机构既定的商业计划来经营管理公司。

目标公司管理层自己投入的资金一般金额有限,很难对目标企业的股份数额产生重大影响。几乎在所有的收购中,他们都被要求投入一部分被称为"hurt money"的资金,一般

---

① 关于杠杆收购中债权人的收益率数据,相关的研究见 Asquith, P. and T. A. Wizman., "Event Risk, Covenants, and Bond-holder Returns in Leveraged Buyouts", *Journal of Financial Economics*. 1990, 16, pp. 195~214.

占到他们至少一年总收入或者个人净资产1/3的金额。这使得管理层既有足够的动力、也有足够的压力去努力经营收购之后的目标企业。

当PE机构和新公司管理层在收购完成之时无法就股权分配达成一致时,可以设立一个业绩棘轮(performance ratchet)。业绩棘轮是指根据未来是否实现某些预定的目标而设定的一种改变管理层股权份额的机制,评判依据通常是PE基金在退出时所实现的价值或者内部收益率。一般有两种棘轮:正向棘轮(positive ratchet)——当预定目标被实现时,能够增加管理层的股份;负向棘轮(negative ratchet)——当预定目标没有实现时,能够减少管理层的股份。

专栏8-1 PE收购后对企业业绩产生影响的因素

从目前的学术研究看来,在英国和美国的管理层收购交易中,相对于并购中所使用的杠杆,管理层持股比例能够对企业的相对业绩产生更大的影响。私募股权机构对企业的监督和管理同样是提升企业业绩的重要因素。尤其是一些私募股权机构将投资领域专注于某些行业之后,它们对目标企业营业利润的提升具有极大帮助。专注于固定的投资领域有助于私募股权机构更好地积累投资经验,而经验丰富的私募股权机构能帮助企业创造更好的业绩。此外,尽早与目标企业及其员工进行诚实的沟通,让他们了解并购的目标、风险以及收益,对于实现设定的商业计划也具有重要影响。在公司管理层和私募股权投资者之间建立互相信任的牢固关系也是实现企业价值提升的基础。

表8-1 MBO/LBO收购后经营绩效、公司战略、控制等发生诸多变化的动因

作者	国家	交易类型	研究发现
Malone(1989)	美国	小型PE机构支持的LBO	管理层拥有股权是收购后经营绩效、公司战略、控制等发生诸多变化的重要动因
Thompson, Wright & Robbie(1992)	英国	MBO, MBI	管理层团队拥有的股权,比财务杠杆、股权棘轮等对于收购的绩效更为重要
Denis(1994)	美国	LBO和杠杆资本重组	LBO比杠杆资本重组的绩效更好的原因在于LBO交易中的股权所有者结构和积极投资者的作用
Phan & Hill(1995)	美国	PTP	在收购后的第3年和第5年中,管理层股权对财务负债对于企业业绩来说拥有更为重要的作用
Robbie & Wright (1995)	英国	小型的MBI	PE机构较少介入此类交易;债务合同和限制条款对采取正确行动很重要
Cotter & Peck (2001)	美国	LBO	LBO收购专家的积极监督在监督和激励经理层上替代了杠杆收购中的负债压力;收购专家若持有收购后企业的大部分股权,则交易中的负债应用更少;收购专家通过在董事会中拥有较强位置来行使对经理层的密切监督
Cressy, Munari & Malipero(2007)	英国	MBO & MBI	PE支持的收购在收购后的第3年中显著增加了企业的产业专业化水平,增加了企业的经营盈利能力
Acharya, Hahn & Kehoe(2008)	英国	PE机构支持的LBO	PE机构和企业管理层在收购后的第一个100天价值创造计划期内进行密切沟通互动,产生了一个积极的董事会

续表

作者	国家	交易类型	研究发现
Cornelli & Karakas (2008)	英国	PE机构支持的PTP交易（LBO & MBO）	PE机构在董事会中拥有席位并积极参与，这给企业带来PE机构的风格和挑战。在CEO发生变更和需要更长时间退出的交易中，董事会规模下降了，PE机构的席位增加了
Meuleman, Amess, Wright & Scholes (2008)	英国	分支机构、家族企业和二次杠杆收购	在分支机构的收购中，PE机构的经验是企业价值高速增长的显著重要的推动因素
Acharya, Kehoe & Reyner (2009)	英国	大型PE机构收购的企业和一般上市公司	PE收购后的企业董事会关注于价值创造，而一般上市公司董事会关注于公司的治理合规、风险管理等。PE董事会通过和高管的紧密合作引导了战略的形成，而上市公司董事会是高管主导的公司战略的随从者。PE董事会中的执行和非执行董事目标一致，董事通过尽职调查和各种非正式渠道获取信息，并且主要是获取与现金流相关的信息；一般上市公司董事会通过正式方式获得各种分散的信息
Demiroglu & James (2009)	美国	PTP	由高声誉的PE机构支持的收购中，较少运用传统银行信贷、贷款合约的息差较低、拥有较少和较宽松的贷款合约等，更多的是从机构融资市场上以更低的成本融资或有更高的负债率。PE机构声誉对收购定价估值没有直接影响
Leslie & Oyer (2009)	美国	PTP和重新上市的PTP	PE机构拥有的公司对高管给予更强的激励、有显著更高的负债。但并没有证据说明PE机构拥有的企业在盈利能力或运营效率上超越一般上市公司。PE企业和上市公司在薪酬和负债率之间的差异，在PE企业上市后的1~2年内就会消失
Meuleman, Amess, Wright & Scholes (2009)	英国	收购分支结构、家族企业和二次杠杆收购	PE机构的经验对于收购后企业的高速增长很重要，但与盈利能力或经营效率没有关系。PE机构对企业的深度介入提高了企业的盈利能力和增长速度

* "动因"在英文原文中是Drivers，即"驱动因素"。
资料来源：Gilligan & Wright(2010)。

四、流动性管理与评估

并购完成后，目标公司可以通过3种途径产生现金流来偿还债务：增加税后利润、减少营运资本、出售资产。杠杆交易需要充分考虑每种现金流的来源以及它们之间的相互影响。

（一）增加税后利润

增加盈利能力有5种方式，但是其中只有4种会对现金流产生影响。以下是5种可以增加净利润的方式：

(1) 增加毛利率；
(2) 增加销售收入；
(3) 减少一般管理费用；
(4) 减少税收；
(5) 改变会计政策。

前3种方式产生于管理层制定的经营策略，并取决于全体员工努力工作和管理水平，这3方面的能力在很大程度上是管理层和投资者核心竞争力的体现。

关于税收管理，我们必须认识到公司经审计过的会计报表中所报告的利润与为了缴税而报告的利润常常有所区别。下面将介绍一些导致会计利润和应税利润不同的因素。

(1) 折旧和资本免税额：为了不同会计目的，折旧可以有多种算法。通常，相对于在公司会计账簿里的折旧，为了节省公司税收资本投资而采取加速扣除折旧，这就产生了一种正向的税务动机，激励公司对合适的资产（qualifying assets，即可以采取加速折旧的资产）进行投资。这种加速折旧的一般步骤是先将折旧加回再以资本免税额取代，在实务中这是一种非常普遍的操作。利用确认折旧和冲销免税额（writing down allowances）的时间不一致性，来创造递延税项资产/负债。

(2) 应计未付利息：一般而言，利息只要产生于公司的会计账目即可被抵扣，但是针对一些人为故意制造的利息支付和应计时间不一致的现象，有专门的条款来约束。比如，在英国PIK，债务利息的支付发生在应计日期的一年以后，那么该利息将不允许为了税务目的而被减免。

(3) 过低的资本比例（thin capitalization，或称为"资本弱化"）和正常负债检测（the arm's-length test）：在英国的税务术语中，当一家公司相对其正常的（arm's-length）举债能力拥有过多的负债时，就被称为资本比例过低（也即过度负债），这将导致过多的利息抵扣。因此从2005年3月起，英国法律规定：但凡从关联方取得的贷款，如果不是以独立的商业形式（arm's-length commercial terms）①获取，其产生的利息不能在纳税前被抵扣。

有的国家甚至直接严格限制了哪些债务的利息可以在计算税收时被抵扣。英国皇家税务及海关总署通常采用关于债务权益比和利息覆盖率的经验法则。在过去的几年，为了减少绝大多数杠杆收购中的利息抵扣，有关规定已经发生了很大的变化。

(4) 商誉抵扣（goodwill deductibility）：商誉是收购成本超过目标公司净资产公允价值的差额。当收购对象是资产而非股份时，商誉可以部分或者全部在公司税前抵扣。当收购对象是股份时，商誉摊销则不允许在公司税前抵扣，必须被加回以计算应税金额。需要注意到，当公司的商誉发生减值损失时，公司将在该年报告一个与商誉减值相等的损失。因此处于财务困境的企业可能会既报告经营利润的减少，又报告因为一次性商誉减值而导致损失的增加。但是，这种一次性商誉减值损失一般不会对税收产生影响。

(5) 海外利润和双重纳税：对于在海外产生的且已经在海外缴纳过税金的利润，国家之间会制定相应的双边条约以避免同一收入被征两次税。

---

① arm's length 意即保持一定距离；在西方，对公平交易的一个基本要求就是 arm's length principle（ALP），指交易双方具有独立的、地位公平的条件；arm's length transaction 保证了交易双方都最大化自身利益，而不考虑其他压力或其他第三方的干扰。

（二）减少营运资本

营运资本是指企业流动资产总额减去流动负债后的余额。与营运资本有关的现金数量主要由消费者支付现金给企业的速度相对于企业支付给供应商现金的速度的比较所决定。

一般私募股权投资者都非常重视企业的营运资本。许多 PE 投资者都有在并购后明确增加营运资本周转速度的计划，并通过暂缓支付现金给供应商，加快从消费者中回收现金等措施来减少营运资本。从企业的角度来看，这无疑提高了运营效率。

从整个经济层面来看，如果企业的营运资本下降只是导致企业的客户和供应商产生一个等值的反向的营运资本增加，那么将不太可能提升整个供应链的效率。但是，如果减少营运资本的压力通过供应链向上下游企业各方传递（即并购目标企业的上下游企业也提高运营效率），那么将提升整个经济的效率，也就是相对整个社会来说，产品或者服务的生产资本更少了、生产效率提高了。

（三）出售资产

事实上，企业一般都既购买资产又租赁资产。租赁或者购买某项资产的决策主要基于企业对于风险的态度以及拥有该项资产在战略上的重要性。在杠杆收购中，目标企业所有重要资产的所有权都将被重新审视。

没有生产价值的资产通常会被出售。其他资产则需要在提高企业运营效率和提供债务抵押的双重考虑下决定是否应该继续持有。银行一般会要求出售资产的收入优先用于偿还贷款，也有可能会要求取得一部分事先没有约定的出售资产的收入。

如果是不动产类的资产，PE 机构的决策通常是先出售然后再租赁回来。出售资产可能增加总体的经济效率，前提是资产易主之后能够得到更好的利用，尤其是在当前的所有者无法充分发挥资产应有潜力的条件下。

五、持续监控和投资组合分析

（一）估算在投项目价值的步骤

作为向 PE 基金投资者报告的一部分，PE 机构需要定期对其正在进行的投资项目进行估值。因此需要制定一些估算原则，以确保 PE 机构所报告的价值真实地反映了项目的公允价值。估值应遵循的原则如下：

(1) 在报告中出现的价值必须是投资项目在报告日的公允价值。

(2) 在估算金融工具的公允价值时，估值者必须结合该工具的本质、影响因素和环境，以及在整个资产组合中的重要性来选择合适的计算方法，假设条件应该客观、合理。

在私募股权行业，价值的实现一般是通过将企业整体出售或者在公开市场上市，而不是通过转让部分股份。因此，企业价值是估算 PE 基金投资的公允价值的基础。企业价值（enterprise value）的定义是收购目标公司所支付的股权价格加上公司的负债并减去其持有的现金。

(3) 从企业价值推算基金持有的公允价值一般需要经历以下步骤：

① 用相应的定价方法计算出投资项目的企业价值；

② 用潜在(剩余)资产或者额外或有负债以及其他相关因素调整企业价值；

③ 将所有在破产清算中相对于基金处于优先偿还地位的金融工具价值从企业价值中减去,并考虑可能稀释基金投资的其他金融工具的影响,最后算出企业价值；

④ 参照私募股权基金在各种金融工具中持有的份额,计算基金所持有的各类金融工具的公允价值。

(4) 由于公允价值估计的内在不确定性,在做必要的估计和判断时要保持适当的警惕,但是评估者也不宜过度谨慎。

(5) 当公允价值不能被可靠度量时,评估者可以合理地认为上个报告期报告的公允价值仍是当前公允价值的最佳估计值,除非有证据表明投资已经发生了减值损失。

(二) 在投项目的估值方法

选取估值方法要依据投资项目的性质、影响因素,以及该项目在总的投资组合中所处的地位等来决定。此外,企业所处的发展阶段、产生稳定收益或者现金流的能力也是重要的考虑因素。选定估值方法之后,估值者还要基于他们的经验判断,对计算结果进行调整。比如考虑以下影响因素:

(1) 给定行业的特质和当前市场条件下选取的估值方法是否适用；

(2) 用于计算的数据质量和可靠性有多高；

(3) 企业或者交易数据的可比性有多高；

(4) 企业处于哪个发展阶段；

(5) 企业所特有的额外因素是否考虑在内。

在评估一类估值方法是否恰当时,估值者应该偏向于依据客观市场测度值进行计算的方法。如果公允价值的计算全部是基于可观测到的市场数据,获取的结果将拥有更高的可信度。当估值者认为有多种方法适用时,可以考虑计算出所有不同方法的结果,选取其中一种方法的结果,并用其他方法进行交叉检验。

不同时期的估值方法必须一致,除非更换方法能产生更好的公允价值估计值。更换估值方法的情况有可能发生在当一家公司从起步阶段过渡到成长阶段(开始出现稳定的正现金流和利润)。估值方法的变化需要在私募股权基金的定期报告中说明。

下面我们开始介绍最常用的一些估值方法：

1. 最近投资价格法(price of recent investment)

当被估值的投资项目刚成立不久,投资成本是一个反映公允价值的良好指标。只要是最近发生的对企业的投资,都可以为估值提供基础。不过这种估值方法的有效性随时间递减,毕竟投资成本只反映交易发生时的市场状况。在动态的市场环境中,市场条件、投资项目本身以及其他因素都会随时间的变化弱化这种方法的有效性。另外,当运用第三方最近投资于项目公司的成本作为定价基础时,此种情况为参考投资价格,需要仔细研究该投资发生的背景。一般参考投资价格和估值之间的时间间隔以不超过一年为宜。

当相关投资的日期与估值日期之间发生以下情形时,将会改变公司的公允价值,这时最近发生的投资成本将不再适合作为估值的参考:

(1) 项目业绩或者前景远低于当初寄予的期望。预示这类情形的指标包括:无法达到重要的约定绩效指标、无法偿还金融工具或违反贷款契约、预期业绩的恶化；

(2) 企业经营发生了严重的衰退；

(3) 市场条件恶化。企业经营的技术、市场、经济、法律环境等发生了不利于企业的转变；

(4) 企业正在进行的融资将采用与原来的投资完全不同的条件。

2. 乘数法

这种方法与本章前面部分对目标公司估值的乘数法原理一样。

3. 净资产法

这种方法通过计算企业的净资产来评估企业的价值。主要适用于公司价值体现在其资产而非其收益的企业，比如商业地产公司和投资公司。此外，这种计算方法还可以用于评估不能产生足够利润、但是通过破产清算和出售可以实现更大价值的企业。在私募股权领域，这种方法比较适合评估处于亏损状态的企业和获利很少的企业。

4. 企业现金流折现法

现金流折现法具有很强的灵活性，可以运用于任意现金流。但是，如果企业发生了重大改变，比如拯救型的再融资(rescue refinancing)、营业转型(turnaround)、战略调整等，运用现金流折现法估值将面临很大的风险。

现金流折现法的缺点主要体现在需要详细的现金流预测，需要估算企业的预测期终值和适用的折现率。所有这些数据都需要做大量的主观判断，并且计算的现值常常对这些数据的细小变动非常敏感。正是由于这种方法在选择计算数据时的高度主观性，用现金流折现法得到的价值通常用作交叉检验值，为基于其他估值方法所算得的企业价值提供参照。一般不会单独使用现金流折现法估算企业的价值。

5. 投资现金流折现法

这种方法将现金流折现技术运用于投资预计将产生的现金流（也即项目的现金流）。当一项投资很快将完成或者企业即将在公开市场上市，并且相关交易的定价已经达成一致，这时，投资现金流折现法很可能是最合适的估值方法。这种方法可以用于所有的私募股权投资情形。尤其适用于非股权投资，如债务、夹层债务，因为这类投资工具的价值主要归结于其特有的现金流和风险，而不是来源于整个企业。

6. 行业特有基准法

许多行业有特定的行业估值基准，比如每个订购者的价格（例如有线电视企业）、每张床铺的价格（例如养老院）。其他诸如某些以长期合约为主要特征的行业——如金融服务和信息技术等，一般以收入乘数作为估值基准。这些行业特定估值方法的前提是：投资者愿意为市场份额和营业收入买单，并且行业利润率变化不大。行业基准法适用的范围不大，主要是为其他估值方法的结果提供合理性检验。

六、风险管理

当投资前设定的商业计划没有实现预定目标时，私募股权收购后新成立的公司将会陷入困境。企业面临的困境一般分为"财务困境"和"经营困境"两种。

经营困境产生于每日经营现金流在进行外部融资之前即为负数的情形。原因包括出现损失、缺少营运资本或者投资失败。除非做出调整，否则经营困境将导致破产。财务困境是经营困境的一种特殊形式。发生财务困境时，公司尽管产生正的经营现金流，但仍不足以满足债务的现金偿还要求。

破产发生于当企业无法偿还当前需要支付债务的情形下,当企业破产或者可以能被合理地预期将要破产时,董事会负有停止企业经营的法律义务。

(一)困境对股权投资者的影响

财务困境对股权投资者的影响首先反映在对基金投资组合估值的影响。投资组合价值的减少将导致基金费用收入的下降以及基金的预计收益减少。需要注意到,投资价值的下降将导致基金管理人附带收益(carried interest)的期望值减少,或者增加附带收益的风险。当发生损失的投资项目是基金资产组合中重要的组成部分时,将会对留住私募股权机构中的关键人物产生重大影响,尤其是对于那些预计附带收益将遭受损失的合伙人员工。因此任何投资项目发生财务困境时,为了弥补资产的价值,私募股权机构都具有很强的重组意愿。

接下来我们分析财务困境出现的早期信号。在企业内部,困境出现的早期信号有:针对贷款契约回旋余地的减少;违背某些特定的契约等。至于外部信号,我们以与银行签有贷款契约(covenant)的企业为例,分析这些契约的作用——即这些契约如何预警企业可能出现的财务问题。

西方私募股权领域出现了一种独特的"弱化契约的贷款"(weakened covenant loan),这种贷款既包含一般贷款中的契约条款,也包含被称为"股权治疗"的条款。

股权治疗(equity cure)指的是赋予股东在企业出现违背贷款契约时再次注入股本的权利,以此来解决贷款违约问题。例如,传统的"一对一现金契约"确保企业为了偿还当前的债权人,不允许企业在还清现有债务前进行债务融资。如果企业违背了该条款,就必须与银行再次协商以增加贷款,或者与所有资金提供者协商推迟还款。因为违背贷款契约可视为违约(这将允许银行要求企业提前偿还所有贷款或者向企业收取惩罚性利息),银行在协商中占据主导地位。股权治疗条款将使股东在谈判中占得先机,因为他们有权力往企业注资从而避免违背契约的情况发生。所以注入股本可以"医治"贷款违约,避免了银行因为债务违约而可能对企业施加的惩罚。

(二)财务重组

当企业面临财务困境时,为了避免投资失败,私募股权机构需要对企业进行财务重组。财务重组具体是指改变企业资产负债表的资本结构,以改善企业的现金流状况。可供选择的方法有:债务重组、注入新股本、将债务置换成股份、勾销企业的部分贷款金额等。在重组过程中遇到的问题与构建收购方案时一样,诸如,贷款多少为宜、企业需要如何分配股份等。财务重组的差别体现在谈判的动态过程中。重组是一个再谈判过程,参与各方在谈判中所处的地位非常重要。

在重组中,现有的投资者必须在缺少退出途径或者引入新投资者的前提下,决定是否追加投资、如何为已有的投资重新估值等。因此,现有的投资者必须在内部协商,研究新的资本结构,使得企业能够继续执行策略目标,或者放弃重组,接受投资失败的结局。

一般从经济意义上讲,财务重组只有当企业价值为正值、但股权价值为负值(或者出现下降)时才可能发生,此时公司是处于财务困境中而不是不可逆转的经营困境。

一般在财务重组中,银行通常不会追加贷款来帮助企业改善现金状况,它们寄希望于股东的注资来补充经营现金流。但是在破产威胁的压力下,所有投资者一般会同意获取更少的收益(如债权人的利息、股东的分红等)、以共同承担重组成本。这种共同承担重组成本的行为被称为共度危机(英文称为"剪头发",take a hair cut)。

(三) 改造企业

改造企业通常的做法是改变管理团队成员,但也可以用保留现有管理团队但更换企业战略。私募股权基金比较倾向于更换现有管理层的成员,更换的对象包括首席执行官、董事会主席和其他骨干等。重组计划中的重要一环是对新的管理层进行有效激励,并将他们与当前的管理层达成利益联合。同时,私募股权投资者还会咨询外部的顾问和专家,对继续运作公司的价值给出评估。改造企业的方法具体有:

(1) 改变资本结构,注入新的股本。如果企业只是负债过多,简单的解决办法就是注入新的股本。为了吸引注资需要做出以下几点:增加新投资者的股权份额或者减少管理层的股权;增加投资的收益率;退出时要求企业实现更高的价值(提供更优的回购价值等)。

(2) 收购债务:收购债务在当前的金融危机中得到了更多的关注,这反映了以下两点:首先,大型杠杆收购中创造的债务有了更多的市场交易量;其次,银行因金融危机中的困境为债务收购提供了前所未有的机会。企业收购自身的债务也称为债务回购。

相对于直接向企业注资,以私募股权基金的名义购买债务是一种更受欢迎的重组方式,因为私募股权基金通过购买企业优先债的渠道,成为银行辛迪加(银团)的一员,这样它们便能直接影响债务银团的行为。它们同样也能从收购的债务升值中获利,当然只有债务被注销或者重组,企业才能获取收益。无论重组如何进行,目标企业的股权价值都将面临重新定价。

第四节 PE 基金的退出

PE 投资在进入企业时便已经规划甚至安排好了未来的退出方式。在私募股权行业的历史上,最早出现的 3 种退出方式是:

(1) 贸易型出售(trade sale):将企业出售给其他收购公司(产业投资者);

(2) 上市;

(3) 破产重组(receivership)和清算(liquidation)。

随着行业的发展,在过去的 10 年涌现了一些新的退出方式:二次收购(secondary buy-out);再杠杆化(leveraged recapitalization)。其中二次收购包括 PE 机构将资产组合出售给其他金融机构。

由于私募股权基金的合约具有时间期限限制,因此交易的退出对于基金来说是一个重要问题。表 8-2 列出了 PE 投资的退出方式。Kaplan& Strömberg(2009)对全世界从 1970—2007 年中的全部 17 171 个 PE 交易案例进行了研究,这些案例大部分发生在近期,有 54% 的交易在 2007 年年末尚未实现退出。

第八章 私募股权基金的运作机制

表 8-2　1970—2007 年私募股权投资的退出方式及持股时间　　　　%

	1970—1984	1985—1989	1990—1994	1995—1999	2000—2002	2003—2005	2006—2007	全部期间
已实现退出的方式								
破产	7	6	5	8	6	3	3	6
IPO	28	25	23	11	9	11	1	14
出售给战略投资者	31	35	38	40	37	40	35	38
出售给财务投资者	5	13	17	23	31	31	17	24
出售给其他 PE 机构(二次收购)	2	3	3	5	6	7	19	5
出售给管理层	1	1	1	2	2	1	1	1
其他/未知	26	18	12	11	10	7	24	11
在 2007 年中期前尚未退出的比例	3	5	9	27	43	74	98	54
投资到退出的时间								
2 年内	14	12	14	13	9	13		12
5 年内	47	40	53	41	40			42
6 年内	53	48	63	49	49			51
7 年内	61	58	70	56	55			58
10 年内	70	75	82	73				76

数据来源：Capital IQ 数据库，转引自 Kaplan & Strömberg(2009)。

在全部样本中，最常见的退出方式是：将公司出售给战略买家(非财务型投资者)，占全部退出方式的 38%，这即为贸易型出售。第二选择是出售给其他的财务投资者，占 24%。第三选择是通过 IPO 公开上市实现退出，占 14%，但这种退出方式近年来显著减少。

由于 PE 交易的高负债性，多少交易最终会以破产告终呢？在全部统计样本中，6% 的交易最终破产清算。考虑到 2002 年以后的交易尚无足够时间观察，不包括 2002 年以后的交易，破产比例为 7%，若考虑 PE 基金持股企业的平均时间为 6 年，则年度的破产比率为 1.2%，这个数字尚低于穆迪报告给出的 1980—2002 年间美国公司债券发行人年度 1.6% 的破产违约率。但由于 PE 企业信息的非公开性，有 11% 的比例为未知退出方式，因此破产的比例可能会提高。Andrade & Kaplan(1998) 的研究发现，20 世纪 80 年代的大型 PTP 交易中 23% 的案例最终以破产告终。

PE 基金在每一个交易中的平均持有时间存在变化，在全部样本中的中位数为接近 6 年，在 20 世纪 90 年代以前少于 5 年，可以说 PE 持股的时间说明其并非短期投资者。

下面我们具体分析各种主要的退出方式：

一、二次收购

二次收购(secondary buy-outs) 是指：在 PE 机构出售项目的时候，将权益转让给了同行业的其他 PE 机构。PE 行业的发展具有特定的周期性，随着市场的变化而不断波动。随着行业的发展，越来越多的资金涌入这一领域寻求适当的投资项目。而 PE 的合伙人考虑的是如何在 3~5 年时间内将投资变现。这就形成了行业内部对投资项目的需求和供给双方的力量均衡，这是二次收购得以存在和发展的主要推动力。二次收购的规模也在稳步提高，以英国为例，在 2001—2007 年之间大约有 1/3 的大型收购退出采用了二次收购的途径，如图 8-1 所示。

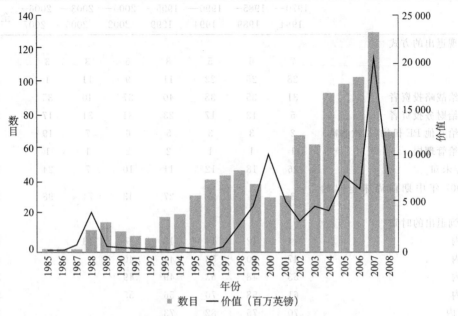

图 8-1　英国私募股权行业的二次收购的数目和价值
数据来源：英国诺丁汉大学 CMBOR 研究中心、英国巴克莱私募股权资本（Barclays Private Equity）。

　　从供给方来看，导致 PE 机构中途退出项目的原因有很多，如基金即将到期、投资策略变化或者其他原因而希望迅速退出；同行业的其他 PE 机构或其他战略投资者与第一轮投入企业的 PE 机构来说没有多大区别等，也方便了原投资机构的退出；二次收购现象的出现反映了这一行业流动性的增强。

　　从需求方来看，吸引 PE 机构从同行业手中接手项目的原因在于之前的 PE 机构进入企业时，已经对各方面的情况和问题进行了彻底的调查和研究，这可以让买家拥有大量翔实的尽职调查资料，对企业管理层有更全面的了解，尤其是对于转手多次的企业。

　　此外，有学者对二次收购的可能负面影响进行了探讨。他们认为当 PE 基金即将到期，却仍然还有投资没有退出时，基金管理机构可能将产生一系列异常动机。如果为了最大化投资项目的价值而延长基金的存续期，基金管理机构可能会因此而遭受处罚。所以，将资产以当前能获得的任意价格出售就能够给管理机构带来比继续运作项目更高的收益（虽然对于基金本身是利益受损的）。这样，在私募股权行业产生了一个反常的现象：基金投资项目的时间越长，PE 机构越有可能出现短期行为。

　　最近几年，由于 PE 行业规模的稳步提高，流动性显著加强，私募股权基金成为了收购市场中最活跃的参与者。一家急于退出投资项目的基金极有可能与同行业的其他私募股权基金发生业务往来。为了减少这类交易可能的道德风险带来的价值损失，处于卖方的私募股权基金管理机构可以让其管理的其他基金与处于买方的其他私募股权基金一起合作，对目标企业进行联合投资。这样既能让老的基金获得退出项目、获得附带收益，也能将资产以第三方购买者（即其他 PE）所提供的合理报价转让给自己管理的新基金。

　　随着市场的发展，对于管理着多只基金的 PE 机构来说，必须注意要在每个基金中都保持利益一致。因为，PE 管理机构可能要求其管理的后期基金向其更早期基金所投资的项目进行投入,而且定价可能会高于前期基金的投入价格,这样早期基金的资本收益得到落实,而 PE 机构便可享受前期基金的收益分成。另外也可能将存在潜在问题的项目延长,给 LP 带来更高的风险。这里显然会存在利益冲突。私募股权领域的投资者(LP)可以根据 PE 机构的声誉来决定是否投资,以规避此类风险。

二、再杠杆化

"再杠杆化"(leveraged recapitalization)是改变资本结构的一种方式——用债务替换股权,例如,通过发行债务募集资金,然后用这些资金去回购公司的股票或者支付股息。与二次收购市场一样,在过去的 10 年里再杠杆化市场的表现也很活跃。再杠杆化包括被私募股权投资的目标公司重新借债扩大债务规模。这些新筹集的资金用于偿还或者重组原来资本结构中的贷款,包括债权和优先股。再杠杆化的原因主要有以下几点:

(1) 重新借回已经偿还的债务;
(2) 因为企业经营改善而增加债务金额;
(3) 银行希望发放更多的贷款而增加债务金额。

由于企业能够以成本更低的优先债取代成本更高的债务,因此这些交易可被视为提高效率的手段,不过我们可以推断出企业的财务风险也会随着再杠杆化债务的数量上升而增加。对私募股权基金业绩的影响则体现在加快了从投资中收回现金的速度(即增加了基金的内部收益率),但必须认识到这种收益率的增加是以增加资产组合中的财务风险为代价的。

综上所述,在再杠杆化中我们需要权衡考虑一系列问题:目标企业保持多少负债比例是合适的? 会对 PE 基金的收益和风险产生什么影响? 以股息的形式取代资本利得会对基金的纳税产生什么影响? 最后,目标企业管理层的处境也需要考虑,因为他们没有从再杠杆化中取得任何好处,但是面对的风险却提高了。这就要求进行任何再杠杆化的交易之前需要细致而又周全的准备。

三、贸易型出售

贸易型出售(trade sale)是将公司的股权出售给产业投资者而非财务型投资者,是当前最流行的一种 PE 退出策略。这种出售也将转让目标公司的控制权,使得 PE 投资者无法利用控制权来获得特别股息或者向企业收取服务费用。贸易型出售显然会限制 PE 投资者后期获利的空间。

为了使交易双方免受外部股票市场波动的干扰,贸易型出售协议通常私下达成。由于企业的贸易型出售对企业的客户、供应商和雇员会带来较大影响,交易双方在整个过程中通常被要求保密。

"拍卖出售"(auction sale)则是贸易型出售中不需要履行保密规则的一个例外。如果出售方企业的声誉很好,运作成功并且在市场中占据重要地位,这时可以通过专门的投资银行来组织拍卖出售。参与竞拍的各方将受到严格的审查和约束,以确保他们之间产生真正的竞争,报价最高者将胜出。这种出售方式的好处体现在有利于出售价格最大化和减少出售所需的时间。

对于 PE 投资机构来说,采用贸易型出售可以实现迅速而又彻底地退出,所以 PE 机构往往倾向于采取贸易型出售。不论在美国还是在欧洲,贸易型出售都要比 IPO 退出所占比例高很多,如 2009 年在英国总共发生的 253 笔 PE 退出交易中,有 60 笔采用了贸易型出售。①

四、公开上市

公开上市(IPO)是将一家私人企业变成一家公众公司,股票在证券交易所挂牌交易,这是投资者最熟悉的 PE 退出方式。但即便在牛市中,上市退出也不是最常使用的方法,主要原因是上市花费的时间以及各种成本最大。

想将企业运作上市,首先要回答以下这些问题:企业规模是否满足了上市所要求的条件?企业所处的行业是否受投资者欢迎?企业是否有漂亮的历史业绩来吸引投资者?企业是否做好了足够的准备面对上市将带来的企业文化和管理变革等。可见,上市对于企业的要求非常高。

此外,选择上市作为 PE 退出途径还要求 PE 机构与公司双方的愿景规划一致,即通过上市使得企业能够在长期来看变得更有活力、可以分享股票市场提供的增长机会。上市不是终点,而是企业长远发展的起点。上市能带来以下好处:为企业的未来增长和收购提供融资便利;能为留住或吸引优秀的员工提供激励机制(如股票期权);提升借贷能力,为企业的利益相关方提供更高的透明度;为财务投资者退出提供便利。但是上市也会给企业带来许多挑战。一旦上市,企业需要定期披露运营状况,也将接受来自媒体和分析师的严格监督。上市产生的成本非常高,大约占募集资金的 10%~12%。上市不仅需要支付筹备期间的费用,还要为每年的信息披露买单。上市后还将时刻面临被收购的风险。

一旦决定选择上市作为退出方式,PE 机构需要详细地做一些长期准备:设立一个清晰的发展方案;雇用优秀的管理团队;引入高效的董事会成员;成立审计委员会;依照上市公司的要求建立会计和财务信息。整个准备过程将花费大量的时间,并且需要拥有一支优秀的中层管理队伍,以便高级管理人员能够全身心地投入上市的准备工作。

最后,由于上市初期原始股东将受到一个禁售期的限制,即在禁售期内不得转让股票,在禁售期结束后方可卖出股票,因此上市的时机选择也是一个需要考虑的问题。

另外,对于私募股权基金来说,PE 收购后企业的再次上市,也是业界关心的问题,并给予一个专门词汇 RLBO(reverse leveraged buy-out,即"反向杠杆收购")。从 20 世纪 90 年代中期开始,学术界便出现了一系列对于 RLBO 的研究。Degeorge 和 Zeckhauser(1993)比较了 RLBO 案例中的运营业绩在上市前一年和后一年的差异,并用这种差异与行业平均水平对比。他们发现 RLBO 项目在上市前一年的运营比同行业要好,而在上市后一年则较差。此外从上市前一年到上市当年,运营业绩增长,但上市后一年业绩的提高没有持续性。从股价的长期表现来看,RLBO 项目在两年内的表现并不比同行业其他公司差。Holthausen 和 Larker(1996)将 RLBO 项目的业绩考察期扩大到从上市前一年到上市后的第四年,他们也发现了关于 RLBO 企业上市后运营业绩下滑的较为微弱的证据,但发现不论在上市前还是上市后的第四年,RLBO 企业都比同行业平均水平好很多。Jelic 等(2005)利用英国的数据进行研究,发现从长期来看,RLBO 并未表现得比一般的 IPO 企业差。Le-

---

① 数据来源:CMBOR,Barclays Private Equity,Ernst & Young。

rner 和 Cao(2006)的研究样本多达 496 个 RLBO 样本,他们发现 RLBO 企业的收益表现持续地高于其他 IPO 项目和同期市场回报,没有证据显示 RLBO 的业绩回报随着时间的推移而有所下降。在 20 世纪八九十年代和 2000 年以后,RLBO 都表现强劲,大部分的高收益来自于大型的 RLBO 项目,并且大的 PE 基金支持的 RLBO 企业容易产生更高的回报。Drathen 和 Faleiro(2007)的研究发现,债务水平不会对股票的表现有大的影响,但 PE 基金在 RLBO 企业中的持股数量、时间和 PE 基金规模是三个影响股票上市表现的因素。PE 基金在上市企业中保留的权益越多,股票回报就越高;基金自身规模越大,相应 IPO 的回报越高;基金在上市之前持有项目的时间越长,股票上市后的表现越好。

本章小结

私募股权基金要经历发起、募集和设立、项目筛选、尽职调查、目标企业价值评估、交易设计、投资经营管理、退出等一系列流程。这些流程环环相扣,其中每一环节的操作水平都会对基金的业绩产生重大影响。

私募股权投资机构通过设立基金的方式来进行融资,通常采取有限合伙制。机构投资者是基金的主要资金来源。私募股权基金投资者通常需要面临 10 年的投资锁定期。投资者对基金的长期投资承诺确保了私募股权基金可以将资产和债务的期限相匹配。

尽职调查是一个用来核查股权投资具有多少可行性的步骤,有助于对公司的估值,还可以阻止私募股权基金投资于不可行的项目,避免重大失误。对目标公司的估值常可以采用以下这些方法:资本市值法、乘数法、现值法。这些方法各有优劣,需要结合其他条件进行恰当选择。

构建交易时最重要的一点是如何合理地安排收购平台公司的资本结构,资金的获取方式包括普通股、债务以及兼具二者特征的混合资金等形式。发起人 PE 机构为了吸引投资者出资,一般会在满足外部投资者的要求之后才向发起人分配持股比例。在并购中,管理层一般也会被要求投入一部分资金。

并购完成后,目标公司可以通过 3 种途径产生现金流来偿还债务:增加税后利润、减少营运资本、出售资产。作为向 PE 基金投资者报告的一部分,PE 机构需要定期对其正在进行的投资项目进行估值。不同时期的估值方法必须一致,除非更换方法能产生更好的公允价值估计值。

私募股权收购成功后,目标公司可能会面临财务困境和经营困境等情形。当企业面临财务困境时,为了避免投资失败,私募股权机构需要企业进行财务重组,具体方式主要有:债务重组、注入新股本、将债务置换成股份、勾销企业的部分贷款金额等。

私募股权基金比较常见的退出方式有:将公司出售给战略买家(非财务型投资者)、二次收购、公开上市 IPO、再杠杆化等。

基本概念

投资锁定期　私募股权二级市场　资本市值　乘数法　现值法　夹层资本

风险投资与私募股权教程

认股权证(equity kicker)　棘轮　最近投资价格法　净资产法　现金流折现法　行业基准法
财务困境　经营困境　财务重组　贸易型出售　二次收购　再杠杆化

复习思考题

1. 通过这一章,我们知道,$P/E=\dfrac{(1-b)}{k-g}$,如果一家公司有更低的利润留存率、更高的增长率,我们可以从这个公式中得到什么？你预计P/E值是更高还是更低？

2. 假设一家公司的价值为$P=\dfrac{D}{k-g}=\dfrac{50}{0.12-0.10}=2\,500$元,并且没有负债,股息支付率为0.40。请你求出这家公司的PVGO值。

3. DeAngelo,DeAngelo & Rice(1984)的文献提出了美国对上市公司进行管理层收购(MBO)必须考虑的8个因素,分别是:(1)对管理层激励的改进;(2)节约信息披露成本;(3)公司秘密得到保护;(4)税收节约;(5)避免被敌意收购;(6)融资困难;(7)股票不具有流动性;(8)因股票不可流动,股东之间存在争议。请阅读该文章,你认为哪一个因素最为重要？这些因素在中国上市公司中是否存在？中国上市公司要进行管理层收购,需要哪些因素？

扩展阅读文献

1. Jensen,M. C.,"Agency Costs of Free Cash Flow, Corporate Finance, and Takeovers," *American Economic Review*. May 1986, pp. 323-329.

本文是公司金融领域最著名的文章之一,Jensen教授在文中首次提出了影响深远的"自由现金流量(FCF)假说",并通过来自财务重组、LBO和PTP交易以及石油产业并购的证据证明了自己的观点:债务在提升组织效率方面能够起到积极作用,即融资结构会通过约束自由现金流量,减少经理人员可用于相机处理的现金流量,降低经理人员的控制权,对企业代理问题产生积极影响,并影响企业的价值。该文的背景是:美国石油行业从20世纪60年代末开始出现繁荣景象,利用积累的大量现金进行了广泛的投资活动,然而由于管理者的自私动机,直接导致了1975—1985年间投资项目的大量失败,股价也持续下跌。Jensen认为,在企业产生大量自由现金流量时,管理者会更倾向于浪费行为和不明智的使用自由现金流量,进而导致投资边际效率降低,因此应该利用负债来降低代理成本。此后,国外很多学者均从不同角度对这一理论进行了大量的实证研究,其结果也都证明了这一理论。

2. Wright,M. 2007,"Private equity and management buy-outs", in Landstrom,H. (ed),*Handbook of Research on Venture Capital*,Cheltenham:Edward Elgar.

Mike Wright是英国著名经济学家,管理层收购(MBO)研究领域的权威学者。本文作为《风险投资研究工具书》收录的一章,简要而系统地介绍了私募股权,尤其是管理层收购方面的文献。文章从收购的定义开始,阐述分析了引导私募股权收购发展的因素;然后从生命周期角度分析了私募股权和收购,包括收购交易的产生及其先决条件、筛选与洽谈、评估、运作、管控与增值、退出以及可持续性;最后总结出收购市场国际化发展的趋势。

3. 托马斯·梅耶尔，皮埃尔·马森内特著．程凤朝等译．超越J曲线——私募股权基金投资组合管理．北京：经济科学出版社，2008．

本书的作者是来自私募股权基金实务界的人士，梅耶尔博士曾在德国安联金融集团（Allianz AG）公司财务部工作，马森内特先生曾在瑞士第一波士顿（CSFB）和普华永道工作，两人现为欧洲投资基金风险管理部的同事，其工作重点为研发价值与风险管理模型以及风险投资基金之基金的投资战略。两位作者充分发挥各自优势，解决了一个长期以来的难题——私募股权投资的模型化。该书不仅介绍了评估私募股权基金公允价值的理论方法，还为投资人建立了一个全面有效的私募股权投资程序。

第九章 私募股权基金的价值增值方法与基金业绩

第一节 PE 对企业价值的影响

一、PE 的价值增值机制

企业价值是一切投资者获益的本源,因此如何实现被投资企业的价值增值,是 PE 机构和 PE 投资能够得以存在的立足之本。私募股权基金会使用多种手段,以提高被投资企业的运营水平并创造经济价值。对于 PE 基金如何实现被投资企业的价值增值问题,学术界早已关注,早期的研究结论主要有:负债和财务杠杆带来的监督效应、对管理层的股权激励效应以及 PE 股东的积极监督效应(如 Jensen,1989;Kaplan,1989a,b 等)。近年来,有学者认为 PE 基金对董事会的改革和 PE 基金对目标公司运营方面的增值能力,也是提升企业价值的重要原因。下面我们介绍西方文献总结的 PE 基金促进企业价值增值的主要 5 种机制。

(一) 股权激励

PE 基金高度关注激励机制。早在 20 世纪 80 年代,股权和期权还未在上市公司中流行时,PE 基金就开始给予被投资企业管理层团队比较大的股票持股或者期权激励。而且,PE 基金要求管理层团队自身必须对企业进行投资,高级管理层被要求投资金额必须达到一定程度,使他们不得不重视这笔钱,这样如果企业经营不善,管理层不但无法得到高额的股权回报,而且其自身投入的资金也会遭受较大的损失。管理层自身投入企业的资金在英语中被称为"hurt money"——即让他们感到痛苦的钱。实践中采取个人一年全部薪酬奖金或者个人净资产 1/3 这两者中的较高者,这个数额足以大到可能影响个人的生活质量,因此能够有效激励管理层尽全力工作(Gilligan & Wright,2010)。这样,管理层团队既有激励——私募股权机构给予的期权和股权激励;也有约束——自身出资购买的股权。而且在 PE 基金持股的阶段,目标公司是非上市的、股权是非流动的,只有当公司上市或 PE 退出的时候,管理层才能实现收益,这种股权的长期非流动性减少了管理层的短视行为。

Kaplan 和 Stromberg(2009)研究了美国 1996—2004 年期间交易价值在 3 亿美元以上的 43 个大型杠杆收购,其中 23 个是 PTP(public-to-private)交易,结果表明,其中 CEO 持有的股票和期权平均占总股本的 5.4%,管理层团队作为一个整体平均持有 16%。Acharya 等(2009)研究了英国 1997—2004 年期间交易价值在 5 亿美元以上的 59 个大型杠杆收购,发现 CEO 个人持有的股票和期权占总股本的 3%,管理层团队作为一个整体持有 15%(均为中位数)。从 20 世纪 90 年代以后,虽然股权激励在上市公司中广泛使用,但在

PE 收购后的企业中,管理层的持股和期权激励的比重仍显著高于普通上市公司。

(二) 财务杠杆

PE 基金往往对被投资企业使用较高的财务杠杆,使企业拥有较高的负债率。高财务杠杆能够在以下方面影响企业经营管理:

首先,高财务杠杆能够减少企业自由现金流。自由现金流表示的是公司经营活动产生的、可以自由支配的现金。由于企业的自由现金流主要由公司管理层支配,当公司存在过高的自由现金流时,管理层可能并不将自由现金流返回给投资者,而是进行过度的无效在职消费,或追求个人控制权的扩大而投资于负收益项目,导致公司价值的降低。高财务杠杆迫使企业必须偿还较高水平的债务利息,从而减少管理层能够控制的自由现金流,减少对于资金的浪费,进而提高公司价值。

其次,高财务杠杆有利于公司避税。由于利息支出在计算公司所得税之前扣除,较高的利息费用意味着较低的公司所得税费用。因此,采用高财务杠杆的企业会产生"税盾"效应,进而提高公司价值。

再次,高财务杠杆能够加强债权人对于公司的监管。当企业的高财务杠杆来源于银行贷款或各种债券时,作为大债权人的银行或其他机构投资者为了保证自身资金的安全,会产生较强的动机监督企业的经营管理,减少管理层的道德风险行为。

最后,高财务杠杆会提高公司的财务困境成本。过高的负债比例使得企业可支配现金过低,经营灵活性不足,对公司价值可能产生不利影响。

(三) 公司治理

不同于公众公司消极无为的董事会,私募股权投资机构通常控制了被投资企业的董事会,或能够对董事会施加重大影响,并积极参与企业治理。多项实证研究发现,PE 基金所投资企业的董事会规模比上市公司更小,会议频率更频繁。

Acharya 等(2008)对曾在上市公司和 PE 基金所投资企业均担任过董事(姑且可称为"两栖董事")的 20 人进行了深度访谈,并对英国被 12 家 PE 基金投资了的 66 个企业董事会进行了详细分析。他们发现:

(1) PE 董事会主导了公司战略的形成,而 PLC(public listed companies,公众上市公司)董事会只是配合管理层制定战略,董事会只是一个"随从角色"。

(2) PE 董事会和 PLC 董事会最显著的区别是绩效管理文化和措施。PE 董事会是"残酷无情地关注价值创造的各个层面",PE 董事们能够识别关键的价值来源,设计关键的业绩考核指标(key performance index,KPI)并主动而密集地监督企业的执行过程和执行进展。而 PLC 董事会业绩管理的中心不是放在基本的价值创造过程,而是放在季度利润指标的完成以及能否实现证券市场对利润的预期。

(3) PE 董事会高度聚焦于企业高层管理者特别是 CEO 和 CFO 的素质,他们会迅速更换业绩较差的高管。在 66 个案例中,39%的 CEO 和 33%的 CFO 在 PE 收购后的第一个 100 天内被更换。

(4) PE 董事会的人数较少,董事成员投入了更多时间,而且花费时间的方式不同,更多时间花费在现场调研、电话以及和管理层举行特别会议等非正式沟通上。因此,PE 董事会扮演了一个完全不同的、更多基于价值增加的角色。

Cornelli 和 Karakas(2008)研究了英国 1998—2003 年间 PE 支持的 88 个 PTP 收购案例,发现:收购后董事会规模减小了;外部董事的数量大幅度下降;公司越困难、越需要外部经验、越需要进行重组等,PE 董事的介入程度就越高;收购后董事会成员和 CEO 的更换率都非常高。他们的结论是:董事会在 PE 收购后扮演着关键作用,变革董事会是收购后 PE 基金进行公司重组的关键渠道。

(四)运营变革

这是当前西方 PE 投资中普遍采用的一个新的价值增值方式,它指的是 PE 投资专家是产业专家和运营管理专家,通过这些专家实施对被投资企业的价值增值。现实中,很多领先的 PE 机构已经按照产业或行业来进行自我定位,即不同的 PE 基金专注于投资不同的行业。当前 PE 机构不仅雇用具有金融财务背景的专家,而更多雇用具有运营和产业背景的专家。例如,郭士纳(Lou Gerstner)——前 RJR 和 IBM 的总裁,现在是凯雷的投资专家,韦尔奇(Jack Welch)——前通用电气的总裁,现在是私募股权机构 Clayton Dubilier & Rice 的专家。大部分的顶级私募股权机构都拥有一批具有运营和产业背景的专家,并且也会与外部专业咨询机构合作,聘请其雇员共同完成项目。私募股权机构运用它们的产业和运营管理知识去识别有利的投资机会,制订并实施具体的价值增值计划,包括削减成本、提高产出和效率、更新和重新定位公司战略、识别有利的收购机会、更换管理层等(Acharya, Kehoe, Reyner, 2008; Gadiesh & MacArthur, 2008)。

(五)上市中的鉴证作用

前面一章已经提出,将被投资企业上市是私募股权机构实现退出的重要途径之一。在上市过程中,PE 机构可以发挥重要的鉴证(certification)作用,从而降低企业的融资成本。Booth and Smith(1986)提出了金融认证中介理论,认为承销商等中介机构具有两种基本功能:一是信息披露,二是鉴证中介,这一理论后来得到广泛认可和发展。Megginson and Weiss(1991)认为,风险资本在企业 IPO 过程中也具有类似的"信息披露"或"鉴证"作用,他们研究发现,VC 持股企业发行抑价显著低于无 VC 持股企业。之后学术界的大量研究表明,好的声誉对于想要在市场上获得正统地位的风险投资家来讲是非常关键的(如 Gompers,1996;Black and Gilson,1998 等)。

风险投资机构的声誉能为创业企业带来积极的影响,譬如吸引顾客、供应商和有才能的管理人员。好的声誉赋予风险投资机构更大的市场权力,即使它们所作的融资安排评估价值稍微低一些,它们提出的建议也会更容易被创业者接受;好的声誉还提供给它们募集新基金的能力,以及让创业企业得到第三方认可的能力(Gompers,1996)。因此失去好声誉的后果相当严重,例如,2001 年科技股泡沫破灭后,许多已经建立起声誉的风险投资家因为过度投资边缘企业而破坏了自身的声誉,导致随后不能再募集新的基金,最终被排挤出生意圈(Lerner 和 Gompers,2001)。

专栏 9-1 私募股权机构在我国创业板企业上市进程中是否发挥了鉴证作用

西方大量文献关注了私募股权资本能否减少信息不对称性,从而减少被投资企业的 IPO 抑价率的问题。自 Megginson and Weiss(1991)的开创性文献之后,Brav and Gompers(1997)认为,风险机构具有甄别企业质量的能力,VC 持股向市场传递了企业质量的信号，降低了抑价程度。Wang et al.(2003)认为，有VC支持的企业新股发行抑价水平较低，但是与没有VC支持的企业相比，此类企业的财务业绩较差。

但也有学者持截然相反的观点，Gompers(1996)提出了"逐名(grandstanding)"假说，认为风险投资家在资本回收和资本增值的双重压力下，有较强的动机把尚未培育成熟的公司过早推向证券市场，导致风险投资基金持股的企业有更高的抑价水平和上市后经营业绩恶化。Neus和Walz(2005)进一步认为成立时间较短、年轻的风险投资机构会更加急于建立声誉，将持股的企业更早上市、表现出更高的IPO抑价。Lee和Wahal(2004)发现，被投资企业较早上市的风投机构确实建立了声誉、获得了更多的后续资金流入，从而支持逐名假说。

国内研究方面，寇祥河等(2009)、谈毅等(2009)、陈工孟等(2011)对深圳中小企业板以及相关市场的比较研究中发现，风险投资的"鉴证功能"在不同市场上有不同的表现，在美国市场上体现出认证功能，在中国内地中小板和中国香港创业板市场上却不具备认证功能。具体到我国创业板市场，一方面，国内的私募股权基金成立时间普遍较短，并没有得到证券市场投资者的认可，因此很难体现"鉴证"作用；另一方面，由于大多数私募股权机构都把所投资企业在创业板上市看成是建立"声誉"的最佳选择，有着将所投资企业尽早上市实现资本退出的激励。因此，引入上市前私募股权资本可能增加企业的IPO抑价等融资成本。

张子炜、李曜(2011)研究了自2009年9月17日至2011年2月28日期间向中国证监会递交了创业板首次公开发行招股申请书的258家公司，包括已经成功上市的183家上市公司。发现在183家成功上市公司中有106家引进了短期PE(IPO前2年进入企业)，31家引进了长期PE(在企业IPO前持股2年以上)，非PE资本持股的公司只有46家。他们发现拥有私募股权资本的创业板企业平均首发抑价率为49.12%，而同期没有引进私募股权的企业平均首发抑价率为37.74%。也就是说，拥有私募股权资本的企业的上市融资损失更为严重，超过了未引入私募的企业。而且，他们进一步发现在上市前引入私募股权资本，没有显著改变企业的财务状况和经营水平，也没能显著改善企业的治理结构。

进而他们认为，关键在于私募股权投资者能够运用专业技能包装企业，使之更容易通过中国证监会的审核，尤其是"有声誉"的私募股权机构持股能够显著提高证监会审核通过率。这就不难解释为什么创业企业在引进上市前私募股权的时候，更愿意引进声誉更好的机构。

从表9-1可以看出，"有声誉"的PE机构一共投资了40家创业板企业，其中36家Pre-IPO项目中34家通过审核，通过率高达94.44%。同期"无声誉"的PE机构投资了145家创业板企业，其中106家Pre-IPO项目的通过率为83.96%。有意思的是，目前国内大多数的长期PE投资项目反而都是"无声誉"的PE机构在做。换句话说，创业板企业在选择上市前引进Pre-IPO，PE投资者是有倾向性的，他们更愿意引进"有声誉"的PE机构，期望通过这些机构能够帮助提高审核通过率。

表9-1　PE持股对上市审核结果影响及对比

	递交申请	审核通过	通过率/%		递交申请	审核通过	通过率/%
有声誉的PE持股	40	37	92.50	无声誉的PE持股	145	122	84.14
其中Pre-IPO PE	36	34	94.44	其中Pre-IPO PE	106	89	83.96
其中Long PE	4	3	75.00	其中Long PE	39	33	84.62

资料来源：张子炜，李曜. 企业创业板上市前为何引入私募股权投资者——基于权衡视角的实证研究.

一方面是较高的发行抑价,并且不能带来显著的价值提升;另一方面是较高的审核通过率,这就是目前我国的私募股权资本给创业企业提出的权衡难题。张子炜、李曜(2011)提出了权衡假说:即创业者在是否引进 PE 机构过程中进行理性权衡,在引进 PE 的成本和收益之间进行抉择。

二、PE 投资后的企业经营业绩

(一) 西方的实证研究

学者们对这个问题进行的实证研究大部分是正面的。第一次杠杆收购浪潮时,Kaplan(1989)研究了 20 世纪 80 年代美国的大型 PTP 交易,发现与收购前一年相比,3 年后扣除行业因素的营业利润率每年提高了 20%,净现金流量年度增加 40%,资本支出比例下降,企业价值大幅度增加。Smith(1990)的研究发现了相似的结果。Lichtenberg 和 Siegel(1990)发现在杠杆收购之后,总要素生产率大幅度增加。

限于数据的可得性,20 世纪 80 年代以后对杠杆收购和 PE 基金的经验研究主要集中于欧洲,大部分的研究结论也认为杠杆收购带来了经营绩效和产出效率的提高。Cumming 等(2007)在总结了相关研究后认为:"不同的时期、不同的研究方法都得出一致性的结论:LBO 特别是 MBO 提高了企业的经营绩效。"

21 世纪以来,随着针对第二次杠杆收购浪潮研究的增加,对于大型 PTP 的一些研究文献发现了不同结果。Guo 等(2007)研究了美国在 1990—2006 年期间的 192 个交易市值在 1 亿美元以上的 PTP 交易,其中 94 个案例拥有收购后的财务数据(因为这些企业最后进行了再次 IPO 或者拥有公开发行的债务等,从而披露了公司处于下市时的财务资料),对这些案例研究后发现,收购下市后经行业调整的营业利润和现金流只是得到了略微提高,远没有 20 世纪 80 年代的数据那么大,净现金流量/销售收入年增长率只有 14.3%。但该文献发现 PE 基金的收益(退出时价值相比收购价格)很高,高收益产生的原因主要来自于 3 个方面:收购后经营业绩的提高、证券市场估值水平的上升、负债带来的税收利益。Acharya 等(2009)、Weir 等(2007)等发现在英国 1998—2004 年期间的 PTP 交易后,企业的经营绩效改善也相对较小。

学者们对被 PE 投资企业历史业绩的研究,虽然发现第二次收购浪潮和第一次收购浪潮对于企业经营绩效的影响可能不同,但较为一致的结论是:两次浪潮中 PE 均促进了企业业绩。这在一定程度上证实了 PE 能够促进企业价值增值,只是不同时期可能由于其他因素的影响而导致价值增值效果存在差异。例如,经济发展周期、证券市场繁荣程度、行业发展阶段等都可能引起价值增值效果的变化。在 PE 收购后对企业经营绩效和生产率的影响这一部分,还需要进一步研究。

西方社会中有一种批评观点认为,PE 基金投资后,企业生产经营的绩效增长是以员工就业减少和工资降低为代价的。Kaplan(1989)研究了美国 20 世纪 80 年代的 PTP 收购交易,发现被投资企业随后的就业水平依然在增长,只是增长速度慢于无 PE 资本企业。Amess 和 Wright(2007)对英国数据的研究也发现了类似结果,被投资企业员工的工资在增加,但增速低于其他企业。Davis 等人(2008)使用 1980—2005 年美国的杠杆收购数据,在细分行业后发现,在杠杆收购之后被收购企业的就业增速低于其他企业,但是这些被收购企业之前的就业增速就低于其他企业,并且就业的差异主要体现在零售行业中,制造业中的就业差异没有显著区别。随后,Davis等人(2008)研究了对新设立职位与已有职位的影响,发现在LBO的企业中,新设职位的增速快于其他企业。从整体来看,历史数据能够表明LBO企业的就业确实在增长,但是增速慢于其他企业。这些实证研究与PE基金靠降低就业来提高企业价值的观点不一致,可以认为被PE投资的企业在成本控制、企业运营等方面更有效率,产生了经济价值。

(二)我国的实证研究

针对我国私募股权作用的研究,目前主要集中于风险投资基金。谈毅、陆海天和高大胜(2009)使用深圳证券交易所的中小板企业数据,从5个方面研究了风险投资资本对企业的影响,发现风险投资在IPO抑价、上市费用、研发投入方面并没有显著积极影响,而在长期运营绩效、超额收益方面,风险投资参与企业都显著差于无风险投资参与企业,因此风险投资没有提高企业内在绩效。赵炎和卢颖(2009)也采用了深圳中小板企业数据,从资产总额、主营业务收入、利润总额等财务指标角度研究了风险资本对企业的影响,也并未发现有无风险资本支持的企业之间存在显著差异。张学勇和廖理(2011)发现相对于非外资背景的风险投资,外资背景的风险投资对持股公司治理结构安排会更加合理,进而公司具有较好的盈利能力。

以上研究说明PE基金对于我国企业内在价值的提升可能并不突出,但为什么还有如此之多的企业愿意引入PE基金呢?张丰(2009)的研究认为,PE基金对于企业提供的增值服务不足,但改善了被投资企业的资本结构。张子炜、李曜(2011)使用手工收集的我国创业板企业数据,发现引入PE基金不能提高企业经营水平、不能改善公司治理、在上市中使企业产生更大的IPO抑价损失,但是PE机构能够显著提升被投资企业向中国证监会申请IPO的审核通过率。①

综合来看,PE基金对于我国企业在内在竞争力上的价值提升不足。从长期来看,通过改变资本结构、实现企业短期价值提升方式的空间有限且无法具有可持续性,内在价值的提升才是企业长久收益的源泉。如何将PE基金利益与我国企业的内在价值提升和长久竞争力的提高结合起来,而非仅仅关注于资本市场的短期收益,这是值得研究的。

三、PE退出后企业业绩是否可持续

这个问题非常关键,涉及如何从长期和根本上看待PE机构及其投资。近年来,针对PE基金的一个集中性的批评意见就是:它们投资时间太短,是短视的投机者。批评者认为,一方面,PE的投资实际上是在进行"快速炒作"(quick flips),而非长期持有公司;另一方面,PE为实现快速退出,收购后公司会减少资本支出,以增加当前的现金流,但这种做法会损害企业未来的现金流和长期竞争力。西方一些财经媒体经常发表评论,认为PE基金是投机分子,在投资企业后不到一年时间即通过将企业上市实现获利退出,而这些企业被证明是绩差、包装乃至伪装上市的公司。一个典型案例是Refco公司,在2004年6月被美

---

① 参见本书专栏9-1。

国著名的私募股权基金 Thomas H. Lee 收购,2005 年 8 月即实现上市,不久私募股权基金退出,但该企业不久宣告破产。随后引发了大规模的法律诉讼,遭受损失的投资者们认为 PE 基金在将企业上市的过程中存在造假等犯罪行为。西方社会的左翼力量和工会组织等甚至在 PE 机构集会时进行示威游行,公开的口号就是:PE 机构是蝗虫(意即像蝗虫一样快速吃完一片农田,然后飞去另外一片农田,蝗虫掠过之后,庄稼颗粒无收)![1]

快速炒作的 PE 基金,往往更加重视企业的外在包装,通过资本运作以及短期内的市场信息不对称性获取收益,而不专注于企业内在价值的提升,因为企业的运营能力、组织效率、研发产品、销售网络等内在能力需要较长的时间才能改善。被快速炒作的 PE 基金投资的企业,更容易获得资本结构改善、提高 IPO 成功概率等短期外在价值提升,而难以获得内在核心竞争力的提升。因此,当 PE 基金在较短的一两年内进入并退出后,目标企业难以实现长久的优秀业绩。

如果我们将投资期限 2 年内认定为炒作,统计数据并不广泛支持 PE 基金的投资是"炒作"。PE 基金的投资期限在 20 世纪 90 年代以后在增加,Kaplan 和 Stromberg(2009)的数据中只有 12% 的交易在 2 年内退出。考虑二次收购近年来迅速增长,将每一个 PE 基金的持股时间进行计算就低估了 PE 基金行业整体的持股时间。考虑二次收购以后,Stromberg(2008)发现杠杆收购后的企业在 PE 基金所有权之下的平均时间为 9 年;与他相比,Kaplan(1991)的研究发现,私募股权机构的平均持股时间为 6.82 年。这说明 20 世纪 80 年代以后 PE 基金的持股时间在增加。

为验证 PE 机构是否属于"快速炒作"的投机者,一些学者研究了以下两个方面的问题:

(1) 反向杠杆收购后的企业业绩。被 PE 收购了的企业重新上市,这个现象被称为"反向杠杆收购"(Reverse Leveraged buyouts,简称 RLBO),RLBO 后的企业与股票市场同行业公司等的财务绩效和股票表现相比如何呢?学者们通过对 RLBO 的研究,来观察 PE 基金退出后的企业是否有持续超额收益。

Holthausen 和 Larcker(1996)研究了 1983—1988 年的 90 个美国大型 PTP 交易后重新上市的案例,发现这些企业上市当年的财务业绩显著优于同行业企业,而且这种财务绩效的优越性持续了 4 年。Cao 和 Lerner(2007)扩大了样本区间,选择了 1981—2003 年期间的 526 个美国 RLBO 案例进行研究,发现在股票上市以后 3 年和 5 年的期限内,经行业调整的股票业绩持续出现正超额收益,RLBO 的公司股票收益超越了同期其他 IPO 企业和证券市场指数收益。因此,学者的结论是:PE 退出后的目标企业的财务绩效能够持续超越同行业,并呈现出持续性,股票也持续具有超越证券市场指数的收益率。因此 PE 给目标企业带来的是持续竞争优势,PE 并非短视投机者。

(2) PE 收购后企业的创新能力。主要是 Lerner,Sorensen,Stromberg(2008)对企业被 PE 收购后从事专利申请的研究。由于企业在专利申请上的投资属于长期投资,对于 PE 基金来说,它是否会牺牲企业的长期利益、减少研究开发支出、减少专利申请,从而获取短

---

[1] 2007 年 2 月,在欧洲私募股权和风险投资高峰会议(European Private Equity and Venture Capital Summit)期间,一些被 PE 收购后企业的雇员举行抗议示威,标语牌上写着"蝗虫的聚会"、"蝗虫瘟疫"等口号。2007 年 8 月,德国一家被美国 PE 收购后的企业员工举行示威,将巨大的蝗虫造型钉在工厂大门的十字架上。

期利益呢？他们研究了在 PE 投资前 3 年和后 5 年的专利申请情况（期间企业必须至少有 1 项专利被注册），总共 495 个企业。他们发现：企业专利申请的规模前后没有显著变化，但是企业的专利被引用次数出现显著增加。在 LBO 前注册的专利在 3 年内被引用的次数平均为 1.99 次，而 LBO 之后注册的专利在 3 年内被引用的次数为 2.49 次。专利被引次数是专利重要性的代表性指标，Lerner 等人的解释是：PE 投资后的企业更为关注核心业务，将其创新活动聚焦于少数核心领域，从而注册专利的质量得到了提高。

专栏 9-2　PE 创造价值的三种策略

PE 投资的这些公司如何在中短期内获得绩效的提升？这与 PE 采取的价值创造战略和方法有关，事实上它们在执行这些战略上是非常坚定的。顶尖的 PE 以整合或分别运用 3 个基本战略来实现预期回报：提升绩效、重组聚焦、购买重建。

一、提升绩效的"百日计划"

PE 对其被投资的组合公司最常运用的战略就是聚焦于提升公司绩效。这就是 PE 在获得所有权转让后实施的著名的"首个一百天计划"。但是，与以往依靠广为人知的金融工程战略（即提高财务杠杆率）不同，当今的绩效提升需要更为广泛的支持，比如主动控制资本和成本底线、销售促进计划等。

通过重组资产与核心资源领域，减少运营资本，企业可以更好地控制现金流，实现良好运转。重组可以在短时间内成功帮助低增长和稳定现金流的企业减少负债，尤其是在形势转好时，成本控制成为预防破产或短期利润下滑的关键。在一些 PE 投资的企业案例中，企业现有的产品和组织结构通常因不能反映市场形势而亟待改变。通过"一百天计划"进行绩效提升的关键点在于：运营效率、薪酬、税收结构、战略、行政管理整合、生产网络最优化和库存控制。

有些时候，改善公司状况可能会对蓝领或白领工人的就业造成负面影响。因为改善公司状况通常意味着采取一些措施，比如说将部分流程转移到海外低成本国家、业务外包给供应商、精简制造流程、共享服务中心等。尽管如此，这些措施都是有理可循的，它们保护了剩下来的那些工作岗位，并且让公司有机会重获竞争优势，为将来的价值增长和就业打下基础。

相反，通过促进销售来寻求组织成长，能切实增加利润和促进就业。销售促进计划主要依靠公司内部努力，需要极少的现金，这对 PE 来说很有吸引力。但是要取得成功，公司必须超越自身的结构，让消费者和业务伙伴积极参与，更深入理解竞争者和市场。组织利润增长不仅可以避免企业被恶性并购，而且能在企业生命周期各个阶段提供价值，创造就业机会。

短期内，PE 机构可以通过打破瓶颈或者进行系统性评估来改善销售状况。例如，在 KKR 收购 MTU（飞机发动机制造商）后仅仅两年，其销售利润率实现了显著增长，息税前利润率在两年内就从收购前的 5% 增加到 30%。中期内公司主要通过优化组织结构来强化市场以及把创新作为首要议程来实现增长。

二、重组和聚焦

重组和聚焦策略目标在于通过减少公司经营的复杂性和关注核心业务来为已有业务

找到新的动力。重组和聚焦策略可以用在各种层面上：在公司层面上，适用于公司分立、剥离或与其他公司联合；在价值链层面上，把没有竞争力的流程外包；在产品层面上，推出优势产品和停止生产劣势产品。

PE支持的公司通常需要重新定义组织战略，比如说：决定是自己做还是外部购买；剥离子公司；精简业务流程；缩减消费者和产品线及产品标准化等。所有这些努力都致力于在中短期内采取行动，改善公司内部运行和管理。

重组聚焦战略的价值在于其能够简化并购交易，因为并购交易通常涉及多元化且高度复杂的组织架构和公司组合。例如，KKR 收购并于 2002—2006 年持有的 Demag（德国机器制造公司），曾是西门子集团的一部分，重组后集中自己的财力和资源，最终成为了建材市场上获利丰厚的领头企业。PE 投资者将被投资企业业务重组集中后再出售的"打包"交易中，Demag 是一个典型。KKR 总计购买了西门子 7 个非核心业务，其中 6 个通过成功重组建立了新的所有权结构。

不幸的是，这个战略可能进一步强化 PE 留给人们的"入侵者形象"——购买、重组、再出售。但是，不管是对公司现在的核心部门来说，还是对将来有增长潜力的部门来说，这个策略都可能防止公司因为失去重心和竞争力而被迫大规模裁员，并且还可能为转移现有的工作岗位提供基础。

三、收购和重建

第三个策略是收购和重建，虽然不如提升绩效计划那么常见，但是近年来也是越来越受到欢迎。收购和重建的目的在于为目标企业识别新的投资机会并增加附加价值。这些附加价值来源于：兼并与收购、合资伙伴关系、产品研发、销售联盟与特许等，也可能是公司内部的产品线扩张和多样化。收购和重建计划对地区或产品市场的巩固和产业重组也有帮助。

私募股权投资机构美国阿波罗（Apollo）公司的投资组合中有很多特殊的化工公司，采取了向外收购的外部增长战略。基金旗下新成立的投资组合公司——Hexion（瀚森）特殊化工有限公司为收购和重建战略提供了一个案例。Hexion 由 Resolution，Borden 化工和 Bakelite（前身为 Rutger，RAG）三者在 2005 年 5 月合并而成，目标是通过上市实现退出。收购与重建战略取得成功的关键是通过改善竞争地位——比如说在产品定价和原材料来源上提高议价能力——来提高边际利润并在内部运营上利用规模效应。其他增值工具包括：发掘交叉销售计划和品牌的潜能；进行地域扩张和开发新产品；合伙和新的商业模式策略；合并后的全面整合计划等。

相对来说，收购和重建涉及更大的风险，但通过仔细规划和项目管理（包括有效的风险控制）可以降低风险。对于平均持有期为 5~7 年的私募股权投资机构来说，进行外部的兼并收购和重建可能并不是一个好的选择，但是当兼并有吸引力的目标且时间与资金都充足的前提成立时，这个策略成效显著。

这个战略在就业方面的积极影响主要是可以增加就业职位。因为更深入地渗透现有市场和进入新的市场或地区会创造新的就业岗位。

四、具体情况具体分析

PE 的价值创造方法并不是普遍适用的。最成功的价值创造计划往往综合了多个战略。如何鉴别合适的策略和正确的组合，取决于每个公司的具体情况和它所面临的市场环境。要想创造价值和改进就业,量体裁衣才是最有效的。

相对传统企业来说,PE支持的公司对于上述3种战略要更仔细地设计,更精确地实施。尽管所有战略都能够为公司带来价值,但是购买、重建能够创造更多的工作机会,其执行过程也是最复杂的。提升绩效的百日计划能够主动改善财务状况如降低运营成本,但在短期内会减少就业,然而几乎在所有情况下,这种措施都能在中期改善就业。

传统企业可以从PE支持的公司及其投资者身上学到很多东西。不管是传统企业还是PE基金,都能够通过持续地制定和实施价值增值战略来创造更多的价值和工作岗位,这些战略包括改善绩效、重组和聚焦、收购和重建以及建立各种杠杆组合,采用中期的投资视角以及发扬企业家精神。在所有企业中,PE投资者都能通过激发管理层的归属感来发掘创业潜能。

资料来源:美国著名管理咨询企业科尔尼公司.PE创造价值的三大战略.互联网周刊,2007.

专栏9-3 MBO创造价值了吗

在私募股权基金主导或参与的并购交易中,相当一部分属于管理层收购(MBO)。MBO是在企业需要处理家族继承问题、重组多元化集团、国有企业私有化、公众企业私有化等情形下经常采用的一种资本运作形式。PE基金的参与不仅能够提供资金为企业实现上述目标,还会提供积极的帮助提升企业的治理水平。与一般的杠杆收购(LBO)相比较,管理层收购也显示出一些不同之处。

在监督方面,Bruining和Wright(2002)的案例研究发现,PE机构可以通过整合专家高级管理层决策制定,影响CEO的领导风格,保持价值增值策略等。在业绩方面,Wright等(1996)的研究表明,与没有进行MBO的公司相比,MBO公司在资本回报方面发生了非常显著的高度增长。另外,因为收购是企业调节战略活动的一种方式,Wright等(1992)和Zahra(1995)发现,MBO会带来新产品开发和公司创新等方面的显著增长。在生产率方面,Wright等(1996),Amess(2003)和Harris等(2005)证明MBO会带来全要素生产率的提高;Harris等(2005)还发现,MBO项目在收购前的生产率较可比企业低大约2%,但是收购后生产率显著提高了大约90%。在投资方面,美国数据表明,LBO因增加企业的杠杆导致了资本投资在并购后快速下降(Kaplan,1989;Smith,1990);但Wright等(1992)用英国的数据发现,MBO的情形完全相反,他们发现MBO项目的资本出售与资本投资相当,尤其是在工厂和设备等固定资产上。在研究开发方面,MBO公司尽管会有整体上的下降,但影响并不显著(Smith,1990;Lichtenberg和Siegel,1990;Long和Ravenscraft,1993)。当然,这可能是因为并购交易一般发生在低研发投入的行业中(现金流稳定的成熟行业)。Zahra(1995)认为,在确实需要研发投入的并购中,这方面的支出使用会更有效。在就业方面,Amess和Wright(2007)研究了英国1999—2004年间1 350个管理层收购,发现在所有权更迭后,MBO项目会带来0.51%的就业增长。

在我国,MBO作为国有经济战略布局调整、提高国有企业效率、改革国有企业经营者激励约束机制的手段,曾经在"国退民进"的国企改革中扮演了重要的角色。李曜(2011)用发生在2001—2003年间的MBO公司作为样本,研究了这些上市公司被收购后的公司治理问题,结果发现:(1)中国式MBO的最大特点在于其对管理层激励机制的改善是以公司所有权结构的重大调整为前提的;(2)中国式 MBO 并没有借助于外部杠杆负债融资,也没有借助外部 PE 机构;(3)中国 MBO 公司的董事会未能充分认识并重视外部董事(包括独立董事)对企业价值提升和增值的作用;(4)中国公司在 MBO 之后,管理层股东对企业起到了"支持"作用,而非"掏空"效应;(5)中国 MBO 公司的盈利能力、销售净利率、资产周转(运营能力)、现金流量等指标显著好于 MBO 之前,但偿债能力减弱、资本投入减少;(6)中国 MBO 公司的企业品牌价值获得了长足发展的保证,体现了人力资本投资的积累;(7)中国 MBO 公司保持了股利政策的稳定性,并未出现通过改变分红政策损害中小股东利益的现象。

资料来源:Mike Wright,2007,"Private equity and management buy-outs",*Handbook of Research on Venture Capital*,pp. 281~313;李曜. 管理收购后的中国上市公司治理问题. 北京:世界图书出版公司,2011.

第二节 PE 基金的业绩

一、PE 基金业绩的主要衡量指标

(一)内部收益率

内部收益率(internal rate of return,IRR),就是令项目资金流入的现值总额与资金流出的现值总额相等、净现值等于零时的折现率。因此,对于投资项目而言,当内部收益率高于期望回报率时,该项目的净现值为正、值得投资;当内部收益率低于期望回报率时,该项目的净现值为负、应放弃投资。内部收益率的数学公式为:

$$\sum_{t=1}^{n} (CI_t - CO_t) \times (1 + IRR)^{-t} = 0$$

其中,CI_t 表示第 t 期的现金流入;CO_t 表示第 t 期的现金流出;IRR 表示内部收益率。

内部收益率是 PE 基金最主要的业绩衡量指标之一。PE 基金通常报告的内部收益率,是指基金从募集初始年份至报告当年的总内部收益率,而非某一年的内部收益率。因此,当内部收益率为正时,PE 基金投资者能够获得收益;当内部收益率为负时,PE 基金投资者承受了损失。

(二)价值倍数

价值倍数,是指投资者支出一块钱能够获得的回报有多少,分别包括总价值倍数(the cumulative total value to paid-in capital,TVPI)与已实现的价值倍数(the distributed total value to paid-in capital,DPI)两种衡量口径。总价值倍数中的回报,包括有限合伙人已经收到的分红累计总额与尚未实现的投资价值。其公式表达为:

总价值倍数=(有限合伙人收到的分红总额+未实现投资的价值)/(已投入资本+管理费)

已实现的价值倍数中的回报,仅包括 PE 基金已经实现的投资收益,即收到的分红总额,其公式表达为:

已实现的价值倍数=有限合伙人收到的分红总额/(已投入资本+管理费)

相对来说,TVPI 强调 PE 基金的总收益情况,DPI 强调 PE 基金已实际获得的收益。

对于新募集不久的 PE 基金,由于多数投资尚未实现收益,项目价值的增加表现为账面收益增加,总价值倍数与已实现的价值倍数会存在较大差异。而当 PE 基金接近到期清算时,基金的账面收益大多变现,总价值倍数与已实现的价值倍数会较为接近,到基金清算时二者相等。

(三) 赢利指数

赢利指数(profitability index,PI),是指 PE 基金的项目现金流入总额现值与现金流出总额现值的比。对于投资项目来说,赢利指数越大,收益越高。其公式表达为:

$$PI = 现金流入现值 / 现金流出现值$$

当基金到期清算后,如果使用市场回报率(比如标准普尔 500 指数的同期收益率)作为现金流的折现率,则赢利指数大于 1,表明 PE 基金的业绩表现好于投资标准普尔 500 指数;赢利指数小于 1,表明 PE 基金的业绩表现低于投资标准普尔 500 指数的收益率。

(四) 现金流

以上指数指标主要用来衡量 PE 基金的收益率,衡量 PE 基金业绩的另一个重要指标是现金流,即一段时期内流入流出 PE 基金的现金流量。

专栏 9-4　PE 基金业绩计算

例如,规模为 2 亿元的 A 基金目前处于存续期的第 7 年。其每年的投资、分红和资产组合价值见表 9-2。

表 9-2　A 基金的现金流分布

	第 1 年	第 2 年	第 3 年	第 4 年	第 5 年	第 6 年	第 7 年
新投资	2 000	3 000	4 000	4 000	3 000	0	0
投资组合价值	2 000	5 600	11 280	18 660	18 810	19 570	20 350
附带权益	0	0	0	0	0	0	0
有限合伙人分红	0	0	0	6 500	3 760	3 910	4 070
有限合伙人分红累计	0	0	0	6 500	10 260	14 180	18 250
投资组合剩余价值	2 000	5 600	11 280	12 160	15 050	15 650	16 280
管理费	400	400	400	400	400	400	400

注:所有数字单位为万元。

问题 1:计算 A 基金第 7 年末的内部收益率。

解答:为了计算内部收益率,我们首先需要用新投资、管理费和有限合伙人分红来计算有限合伙人得到的现金流:

$$有限合伙人收到的现金流 = 有限合伙人分红 - 新投资 - 管理费$$

这些现金流是:第 1 年为 -2 400 万元,第 2 年为 -3 400 万元,第 3 年为 -4 400 万元,第 4 年为 -2 100 万元,第 5 年为 360 万元,第 6 年为 3 510 万元,第 7 年为 3 670 万元。第 7 年年末资产组合的价值为 1.628 亿元。该值作为正现金流进入内部收益率的计算。通过计算可以得到内部收益率为 23.8%。

问题 2:请计算 A 基金第 7 年年末的总价值倍数与已实现的价值倍数。

解答:7 年内有限合伙人收到的分红总计为 1.825 亿元。未实现投资的价值 = 7 年后

风险投资与私募股权教程

投资组合的价值＝1.628亿元。投资资本是7年内新投资的总和＝1.6亿元。7年内的管理费为2 800万元。

因此，总价值倍数计算为：

总价值倍数＝(1.825亿＋1.628亿)/(1.6亿＋0.28亿)＝1.84

已实现的价值倍数＝(1.825亿)/(1.6亿＋0.28亿)＝0.97

问题3：接上例，假设A基金第7年末到期，并且第7年末的投资组合剩余价值全部以红利形式分配给有限合伙人，请以标准普尔500指数折现后计算A基金第7年年末的盈利指数(假设标准普尔500指数每年收益率为5％)。

解答：有限合伙人7年内的现金流入分别为：第1年0，第二年0，第三年0，第四年6 500万元，第五年3 760万元，第六年3 910万元，第七年20 350万元。

7年内的现金流出分别为：第1年2 400万元，第二年3 400万元，第三年4 400万元，第四年4 400万元，第五年3 400万元，第六年400万元，第七年400万元。

PI＝现金流入现值/现金流出现值＝25 673.69/16 037.14＝1.60

上面介绍的内部收益率、赢利指数都是基于现金流的收益率指标，价值倍数是基于会计利润的收益率指标。现金流与会计收益率均为衡量企业业绩的指标，但二者侧重点不同，各有所长。会计收益率体现了根据权责发生制下的企业经营情况，但会计收益率容易出现操纵之嫌。当项目结束时，该项目的所有现金流才是最准确的业绩衡量指标，但当项目还在进行之中时，如果不同期间的现金流差异较大，则现金流指标难以评估尚未实现部分，也不够全面。例如，对于固定资产的成本，权责发生制下每期计提固定资产的折旧，体现了固定资产持续使用中的合理成本，而采取现金流方法则只有初始投资期一期的固定资产购买支出、期间并无现金流出，但这样忽视了固定资产的经济成本。因此，将会计收益率与现金流量情况结合起来，作为衡量PE基金业绩的指标，能够起到相辅相成的作用。

(五) PE基金业绩衡量指标的问题

对于任何投资活动的业绩评价，都包括事前决策、事中管理、事后结束3个阶段，分别是对于投资项目收益的预测、计算和评价，PE投资基金也不例外。只有在项目结束时的事后收益，才是投资者最终会实现的收益，事前和事中的业绩指标往往包含着对于未来企业经营状况的预测。由于现实中存在各种不确定性因素，如技术变化、市场竞争、宏观经济、主观偏好等，预测值与最终实际发生值往往并不完全相等，甚至可能出现大幅差异。

不同类型投资的预测不确定性程度有很大差别，越是期限长、市场交易不活跃的资产，预测的不确定性就越大。对于PE基金的投资者来说，既不存在公开交易的市场，又需要进行较为长期的投资。因此，PE基金在未来现金流的数量与时间上均存在更大程度的不确定性，这就导致了事先与事中的业绩衡量指标的可靠性降低。

我们可以将公开交易的固定利率债券与私募基金的投资做一个比较。固定利率债券的投资者可以事先知道在未来具体日期能够获得利息与本金的回报，结合自身的初始投资额，能够计算出债券的到期收益率。而且由于存在公开交易的市场，投资者即使不打算将债券持有到期,每一时刻投资者都能观察到即时的债券交易价格,进而更容易预测下一期间的收益率。也就是说,对于公开交易的固定利率债券,所有的在当前日期以前产生的信息都已经包含在债券价格中了,不确定性仅部分存在于未来信息中。而对于私募股权投资,并不存在公开交易的价格,实际投资收益只有到基金清算时才能确定,当前日期以前产生的信息并没有一个确定的体现,所以不确定性不仅包括未来信息,也包括已经发生的未转化为现金流的信息。

除现金流的预测存在较大不确定性外,在计算 PE 基金现金流适用的折现率上也存在较大争议。根据资本资产定价理论,资产的折现率由无风险利率与其系统风险的影响程度(β)决定,资产的个别风险会在多样化投资组合中相互抵消,不影响折现率。一方面,PE 基金所拥有的资产为未公开上市企业的股权,不存在公开交易价格,较难准确衡量这些公司受系统性市场风险的影响,而且 PE 基金份额本身也不存在公开交易市场,因此对于 PE 基金的 β 值较难确定。另一方面,私募股权机构并非被动持有未上市企业股份,而是主动参与到企业的经营活动中去,通过多种方式增加企业价值,持有的未上市企业也存在一定的共性(如高成长性、规模较小、行业相关等)。因此,PE 基金的被投资企业的个别风险不能在组合多样化中完全分散掉,这样对于 PE 基金适用的现金流折现率也就应当考虑 PE 基金的特质风险,这就增加了预测的难度。

二、PE 基金的历史业绩

(一) 调整风险后的 PE 基金历史业绩

PE 基金一直被学术界与实务界认为是一种另类投资工具,但这种投资是否能够带来潜在的超额收益,并为机构投资者的资产组合降低风险,却一直存在争论。一些人将 PE 基金形容为赚钱机器;另一些人则认为这只是由于估计方法不准确而高估了 PE 基金的收益。因此,将 PE 基金的原始业绩数据以及经过风险调整的数据进行研究,能够更好评价它的历史表现。

根据资本资产定价理论,投资者的期望收益率与不可分散的市场系统风险呈线性关系,承担的市场系统风险越大,则期望收益越高。在现实中,不同的投资者并不是完全同质的,如果有些投资者能够凭借个人能力、信息优势等因素,获得高于按 CAPM 理论模型计算得到的期望收益,则我们说这些投资者存在正的 α,α 值的大小等于投资者实际收益超过期望收益的部分。下面以 Cendrowski 等(2008)的研究为例,说明不同的估计方法会得到关于 PE 基金历史业绩差异巨大的研究结论。

Cendrowski 等(2008)使用汤姆逊金融服务公司(Thomson Financial)提供的 Venture Xpert 数据库中的 1987—2006 年间的美国风险投资基金和并购基金的季度数据,运用标准的 CAPM 方法计算了私募股权基金(含 VC 基金和并购基金)的 α 和 β。回归方程为:

$$R_{portfolio,t} = \alpha + \beta_t R_{market,t} + \varepsilon$$

结果发现,风险投资基金和私募股权基金的 α 分别等于每季度 2.0% 与 2.3%,而 β 则分别为 0.76 与 0.43。因此,根据这项结果可以认为 PE 基金能够获取较高的超额收益,大约每年为 8%~9%,并且系统风险较低。

但是,由于实际中资产是以成本入账的,而收益则是根据估计的公司价值得到的,因此上面的回归结果可能显著低估了 PE 基金的实际风险,高估了超额收益。这一问题并未得到很好解决。由于 PE 基金的资产没有公开交易的市场,交易频率很低,在一定时间内组合资产的回报率不但与同一时期的市场回报率有关,也与前期的市场回报率有关。因此,为了更合理估计 PE 资产的风险和超额收益,应当考虑市场收益的滞后项,采用多因素回归分析。相应的回归方程如下:[①]

$$R_{portfolio,t} = \alpha + \beta_t R_{market,t} + \beta_{t-1} R_{market,t-1} + \cdots + \beta_{t-N} R_{market,t-N} + \varepsilon$$

回归结果见表 9-3。

表 9-3 PE 资产风险和超额收益的回归结果

	只包含当期市场收益的 CAPM		包含市场收益滞后项的 CAPM	
	风险投资基金	并购基金	风险投资基金	并购基金
每年的 α/%	8.20	9.40	-5.40	3.80
总的 β	0.76	0.43	2.01	0.95

资料来源:转引自 Cendroski 等(2008)。

从表 9-3 中可以看到,使用不同方法得到的两种资产的 α 和 β 差异巨大。当使用只包含当期市场收益的 CAPM 时,VC 基金与 PE 基金的收益波动性小于市场波动($\beta<1$),而使用滞后方法得到的 β 则显示 VC 与 PE 基金的风险是之前结果的 2 倍多,并且 VC 基金的风险远大于市场风险,PE 基金的风险仅略低于市场风险。

PE 基金的超额收益 α 与之前使用只包含当期市场收益的 CAPM 的计算结果也存在巨大差异。之前结果认为 VC 基金与 PE 基金能够获得每年大约 8%~9%的超额收益,这是一个相当高的数字,但加入滞后项后,我们发现 VC 基金不但没能获得正的超额收益,反而遭受了每年 5.4%的超额损失,而 PE 基金虽然保持了每年 3.8%的超额收益,但数值远低于之前计算的结果。

由以上例子我们可以看到,在考虑调整风险因素后 PE 基金的历史业绩评价存在比较大的差异,PE 基金的绩效评价受所使用方法的影响较大,目前并没有完全统一的结论。

(二)未调整风险的 PE 基金历史业绩

以下,我们从直观角度来对比 PE 基金的未经风险调整的收益。图 9-1 是根据汤姆逊金融公司 Venture Xpert 数据库的数据计算的 1985—2007 的年度数据,分别包括风险投资基金(VC)、私募股权基金(Buy-out)的内部收益率数据,以及纽约证券交易所(NYSE)、纳斯达克(NSDAQ)、美国证券交易所(AMEX)的证券市场收益率数据。

从图 9-1 中,我们可以发现:

首先,风险投资基金、私募股权基金与市场收益之间的变化呈现一定的同步性。虽然风险投资基金与私募股权基金的收益率与市场收益率之间存在差异,并且差异的大小在不断变化,基本上可以认为三者之间存在同步变化趋势,这与上一部分使用滞后回归方法得到风险投资基金、私募股权基金较高的 β 值类似。

其次,风险投资基金与私募股权基金都存在高峰与低谷时期。20 世纪 80 年代中期至 80 年代末期,私募股权基金的收益明显高于市场收益率,这与该时期杠杆收购浪潮和垃圾

---

① 由于多数公司价值报告发生在初始交易后一年至两年间,且这里使用的是季度数据,所以选择滞后 6 期,即 $N=6$,详见 Cendrowski 等(2008)。

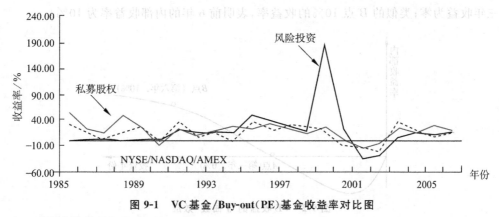

图 9-1 VC 基金/Buy-out(PE)基金收益率对比图

资料来源:转引自 Cendroski(2008).

债券市场的繁荣紧密联系。之后在 20 世纪 90 年代初,随着垃圾债券市场的破灭,私募股权基金收益率大幅度下降,低于市场收益率。随后私募股权基金与证券市场收益差距不大,直到 2004 年以后,私募股权市场出现了再次繁荣,收益率开始高于市场收益。在 1995 年之前风险投资基金一直处于较低的收益水平,并且变动平稳。随着美国网络市场泡沫的兴起,风险投资基金的收益在 20 世纪 90 年代末期出现了巨幅增长,过度的泡沫导致 VC 的收益率在 1999 年飙升到了惊人的 185.7%。之后,科技股网络泡沫破灭,风险投资基金遭受巨额损失,收益率一度低于证券市场水平。

最后,风险投资基金与私募股权基金的平均收益率高于证券市场指数收益率。从 1985—2007 年间,风险投资基金、私募股权基金以及证券市场指数的平均收益率分别为 19.9%、19.7% 和 13.8%,而同一时期三者的标准差分别为 41.6%、16.7% 和 16.3%。因此,风险投资基金与私募股权基金的收益率高于市场收益,但 VC 基金的风险远高于证券市场风险,而 PE 基金的风险则与市场风险较为接近。

对 PE 基金的历史业绩进行实证研究的一篇经典文献是 Kaplan 和 Schoar(2005),他们使用了 1980—2001 年期间的 746 个 PE 基金数据(包括 Buy-out 基金和 VC 基金)。研究发现,PE 基金投资者(有限合伙人)的净收益略低于标准普尔 500 指数收益率,但是若将费用加回,则包含费用的 PE 基金的总收益超过了标准普尔 500 指数收益。关于西方私募股权基金的收益率历史数据,参见本书第一章。

三、PE 基金业绩的特点

(一)基金收益率随时间变化的"J 曲线"效应

私募股权基金在刚刚开始的几年内,收益往往为负值,投资项目只有经过几年的成长,收益才会慢慢体现出来。因此 PE 基金整体内部收益率通常先降低,呈现负值,然后逐渐上升,在基金存续期的后几年开始形成正收益,这样内部收益率随着时间的延长呈现出英文字母 J 的形状,被称为"J 曲线(J-curve)",也被比喻为私募股权收益的"泪之谷(valley of tears)"。

如图 9-2 所示,PE 基金在第三年(A 点)之前内部收益率均为负,在第三年达到盈亏平衡,之后收益率开始增加。(注意:这里 A 点的 0 收益是指前三年的内部收益率为零,而非第三年收益为零;类似的 B 点 10% 的收益率,表明前 6 年的内部收益率为 10%)。

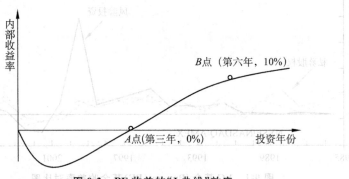

图 9-2　PE 收益的"J 曲线"效应

"J 曲线"产生的原因主要包括以下几点:

首先,基金存在初设成本与管理费用。PE 基金在设立之初即扣除管理费用,并且发生一定的初设成本。特别是 PE 基金在最初几年的实际投资额一般小于基金规模(指承诺资本)。因此,基金的初设成本和管理费用按照基金承诺规模计算得到,而实际投资额相对较小,产生的收益和资产价值较小,使得内部收益率为负。

其次,基金资产的评估方法较为谨慎保守。PE 投资项目周期较长,实际产生现金流入的时间较晚,在前期资产价值更多依靠估计来衡量。根据审慎原则的评估方法较为保守,一旦发现可能存在损失就记录下来,但潜在收益在实现前则往往不进行记录,所以在 PE 投资的前几年,保守的估计方法也会造成基金的内部收益率在一定程度上的主观低估。随着投资项目逐渐接近后期,项目收益开始实现,这时内部收益率开始增加。

最后,基金的收益产生较晚。与资本市场的股票债券等投资不同,PE 投资往往要经过较长的周期,不论是企业经营业绩的改变、资产重组还是最终实现 IPO 等,都要经过较长时间,因此初期投入往往在基金存续期的最后几年里才能得到回报。

(二) 业绩可持续性

证券投资基金很少有业绩持续性,最多只是绩差基金体现出一定的业绩持续性。而在私募股权领域,业绩呈现出不同的规律。Kaplan 和 Schoar(2005)的研究发现,对于管理基金的某一个普通合伙人,其不同时期募集的 PE 基金业绩具有显著的持续性,前一期基金收益每高出 1%,之后募集基金的收益会高出 0.54%～0.77%(这种业绩的持续性在 VC 基金方面尤其显著)。这说明 PE 基金的普通合伙人拥有特殊的技能,确实能够发现和提高企业价值。PE 基金的业绩持续性可以解释——为什么有限合伙人总是努力投资过去业绩表现好的 PE 机构管理的基金。

正是由于 PE 基金业绩具有持续性的特点,而且最优基金与最差基金的业绩通常差异很大,有着良好历史纪录的基金管理公司(普通合伙人)总是存在忠实的拥趸者(有限合伙人)。这些忠实投资者很可能在未来继续向历史业绩优秀并保持良好关系的基金管理人发起的 PE 基金投资,不需要 PE 管理人花费高昂的搜寻成本。因此,PE 机构在设立新的基金时也总是优先选择之前的有限合伙人。对于部分著名的 PE 管理机构,往往在新基金设立初始,先前的忠实投资者就会将它超额认购。忠实投资者信任并持续投资于 PE 管理机构,PE 管理机构给予忠实投资者排他性的优先认购权,在这种不断的合作中双方建立起来的联系越来越紧密。但是,这种基于历史形成的牢固关系,对于新的投资者来说却形成了很高的进入壁垒。私募股权是个封闭的团体,新投资者要获得顶级基金管理人的认可,可能需要十几年的时间来建立声望和关系。但是,如果新投资者具有强大的经济实力,同时能够在目标企业的价值提升方面为 PE 管理人带来新项目、新经验等,PE 管理人也会很乐意接受这样的投资者的资金。

PE 基金业绩的持续性不但对于新进入的有限合伙人是一个进入壁垒,对于新的普通合伙人——PE 管理机构来说更是一个进入壁垒。对于首次成立的 PE 管理团队,潜在投资者无法看到其历史业绩,无法评估新 PE 管理团队的能力。因此,有限合伙人很少会投资于没有任何经验的管理者设立的 PE 基金,大部分有限合伙人甚至从不投资于某普通合伙人首次设立的基金。因此,新的 PE 管理机构缺少优质的忠诚投资者,不得不花费高额成本寻找投资者,并且倾向于收取较低比例的固定管理费。

(三) PE 基金规模与历史业绩

在证券市场上,如果证券投资基金的收益超过了市场指数收益,那么随后将有资金不断流入这只基金,导致基金规模过大。在 PE 领域同样存在业绩与规模的问题。Kaplan 和 Schoar(2005)在研究了 PE 基金业绩的持续性后,对 PE 基金业绩和资本流动进行了分析,发现新设立的 PE 基金规模与其之前基金的业绩正相关,即后续的投资者看重 PE 基金的前期投资业绩,前期成功的基金,会导致同一管理人后期的基金规模增大。由于 PE 机构设立第一只基金和第二只基金的间隔不太长,通常为两三年,很多投资者在这段较短时间内可能不会充分认识到该 PE 管理机构的业绩能力。因此,某只 PE 基金的优秀业绩对于后续基金规模的影响会持续较长时间,即第一只 PE 基金的优秀业绩,不仅会导致第二只基金募集规模的增加,还会导致第三只基金募集规模的增加。

研究结果同时还发现,顶级的 PE 基金规模增长速度低于那些业绩稍微逊色一些的 PE 基金。考虑到顶级 PE 基金都是被超额认购的,因此很有可能是顶级基金的普通合伙人并不希望基金规模过大。这与 PE 基金业绩存在持续性是一致的,当业绩优异的基金规模增速低于市场平均增长水平时,可以避免由于边际收益递减导致的业绩下滑。

有两个原因可以解释顶级 PE 机构的普通合伙人为何要控制基金规模。首先,在需求方面,很可能在特定时刻经济体中优秀的项目资源有限。如果募集的基金规模过大,可能存在资金闲置或者不得不投资于一些低收益项目,进而拉低了基金的整体收益。其次,在供给方面,如果基金规模过大,普通合伙人可能缺少足够的同样优秀的专家人才(合伙人和投资经理)去搜寻、运营、管理大量项目。这两方面的限制,导致了顶级 PE 机构必须在较小基金规模的高收益与较大基金规模的较低收益之间进行权衡。当然综合权衡考虑与基金规模相关的固定管理费和与基金业绩相关的附带收益二者之后,普通合伙人会有一个最优的选择。

(四) 新进入者对 PE 基金业绩的影响

宏观经济存在周期现象,当经济繁荣时,社会总投资水平较高,而经济衰退时则相反,社会总投资水平大幅下降。那么 PE 行业是否也存在整体的周期性变化呢?经济周期是否会影响 PE 行业呢?Kaplan 和 Schoar(2005)对此进行了深入分析。

首先,针对收益的周期性和进入时间。研究发现,前期和当期的证券市场收益与 PE

基金募集的数量和规模均存在正向关系。这意味着在证券市场牛市时期,不但有更多新设立的 PE 基金,而且新基金尤其是首次设立的基金规模也会更大。因此,PE 行业随着证券市场的变化存在着周期性变化。

其次,针对证券市场牛市时设立的 PE 基金的研究发现,如果一个基金是在牛市时设立的,那么它的普通合伙人能够募集下一个基金的概率显著下降。这表明牛市时募集的 PE 基金往往表现不够理想,收益较低,导致普通合伙人难以再募集到下一期的基金。但是,若在普通合伙人募集基金之后,证券市场能够在较长时期内如持续超过 3 年(普通合伙人募集下一期基金一般要间隔 3 年)保持牛市,那么其成功募集下一期基金的概率会显著提高。因此,PE 基金的业绩表现与证券市场的业绩存在紧密联系,由于 PE 基金投资期较长,在牛市时募集的基金往往业绩表现达不到初始预期,进而影响了普通合伙人之后募集新的基金。

最后,针对新的行业进入者的研究发现,新设立基金的业绩表现往往较差,并且新基金会降低整个 PE 行业的期望收益,尤其是会显著降低其他年轻基金的期望收益,但对于现有老基金的影响则不显著。如果区分风险投资基金与并购基金,可以发现 VC 基金受新进入者的影响较小,而并购基金受新进入者的影响较大。我们可以看到,正是由于 PE 普通合伙人存在优秀异质人力资本而使得基金业绩存在持续性,当面对较多新进入者的竞争时,这些拥有优秀异质人力资本且具有声望的普通合伙人依然能够保持较为良好的业绩表现,而缺乏经验的竞争者则被市场淘汰。

四、PE 基金的选择

由于缺少 PE 基金本身的交易市场,基金价值较难考量,目前对于 PE 基金评估和选择的方法很少,以下介绍梅耶尔和马森内特(2008)[①]一书中对 PE 基金选择方法的部分内容。

(一) 采取净资产估值方法的问题

较为常见的对 PE 基金的估值指标是净资产价值(net asset value,NAV)。一般来说,NAV 更多的是关注目前已经发生的信息,而不是未来可能出现的信息。有限合伙制企业计算 NAV 的传统做法,是先计算出每个被投资企业的 NAV,然后按照持有股份比例加总得出整个基金的 NAV。这种方法与证券投资基金净资产值的计算方法类似,将整体资产看作是可分割的许多小资产单元的组合。

使用上述方法计算得到的 PE 基金净资产值,可能并不是一个评估 PE 基金的好指标,因为 PE 基金投资目的是获得被投资企业价值增值后的长期回报,而不是准备在短期内出售所持有的资产。所以,将资产分割开来的自下而上的加总方法,类似于"清仓出售"式的迅速变现,与 PE 投资的长期性并不相符。具体来看,基于以下几方面原因,这种加总的净资产价值不能为有限合伙人提供较准确的对于 PE 基金的评估。

第一,关于后续投资机会。PE 基金的未来收益不但来自目前的净资产,也来自未来进一步的投资机会。在 PE 基金运作的头几年里,基金价值更多来自一般合伙人的项目选择

[①] 梅耶尔,马森内特著. 程凤朝,等译. 超越 J 曲线——私募股权基金投资组合管理. 北京:经济科学出版社,2008.

能力,优秀的项目投资未来能够带来丰厚的回报,但基于当前信息的净资产值却没有考虑未来投资机会。

第二,关于被投资企业价值增值。PE基金与证券投资基金等的重要区别是,PE机构(普通合伙人)拥有的财务、行业、运营能力能够持续提高被投资企业的价值,这种对被投资企业的价值增值能力,也应当体现到对PE基金的评估中来。

第三,关于基金费用。基于净资产值对于PE基金的评估没有考虑到基金费用问题,事实上基金在后续经营中会发生各种基金费用,这会减少普通合伙人最终能够收回的现金流价值。

第四,关于放弃期权。PE基金对于被投资企业的融资往往是通过多期进行的。如果PE基金在对一个项目先期投资后发现更好的投资机会,同时又没有多余的流动资金对新项目进行投资,那么PE基金在权衡之后有可能行使放弃期权,放弃当前的项目,而将资金转投向更加优秀的新项目。

第五,关于PE普通合伙人的无形资产和其他期权。有限合伙人追求的是普通合伙人的经验、技能、资源、专业能力等无形资产,而并不是单纯获得PE基金拥有的资产组合,可以说PE基金的净资产并不等于基金的经济价值。另外,在基金的有限合伙制协议中,一般规定有限合伙人拥有降低进一步提供募集资金能力的条款等。这些协议能够对普通合伙人产生融资约束,提高对有限合伙人的保护,但这些条款的价值并没有反映到净资产中来。所以从有限合伙投资者的角度来看,净资产值并不能作为一种对于PE基金较为准确的评估。

(二)定性基准评价

既然使用净资产估值方法计算基金价值存在问题,下面是梅耶尔和马森内特(2008)给出了对PE基金进行定性基准评价的评估方法。

这种评估方法是基于历史经验而非依据数学模型的评价。基准评价是指通过对比参照物的某些特征来评价基金的绩效。对于某PE基金来说,并不试图单独评价其所投资公司的价值,而是通过与有类似投资情况的PE基金进行对比,来评估这只基金。因为当技术和行业连续变化时,类似投资情况的PE基金结构、管理者和投资策略更有可比性。这些基金特征比基金持有的组合资产更具有可预测性,所以能够更好地运用于PE基金评估。

基准评价的定性评分系统从多个角度评估一只PE基金与当今顶级基金主流特征的一致程度,这是衡量一只基金在特定时刻对于PE行业环境适应性的标准。基于这个观点,可以使用基金偏离主流特征的程度来为PE基金打分评级。如果一只PE基金严重偏离主流特征,其定性评分将会很低,将把它放入低预期表现级别,并给予较低的评价。具体的定性评分方式见表9-4。

市场对于一个理想的明星基金在结构、行业、区域、团队等方面会存在一个共识,这个共识就是主流特征。但是随着外部环境和自身行业发展,PE基金的主流特征是不断变化的。有些特立独行的创新做法能够取得成功,并引导未来主流特征的变革方向,但是对于当前的投资者来说,特立独行的基金风险过高,之后能够取得成功的毕竟是少数,而符合当时的主流特征是较稳妥的。

表 9-4 定性评分

评分	描述
1	基金特征与主流特征表现出明显的偏离,被认为是很大的弱势。除非在其他方面有很强的优势,否则很难找到投资者。
2	基金特征和主流特征有偏离,被视为是一种弱势。如果在其他方面有太多弱势,它将很难找到投资者。
3	基金特征符合主流特征。
4	基金特征符合主流特征,并被认为是一种优势。

资料来源:梅耶尔,马森内特(2008).

虽然这种方法并没有长期数据支持,但是从经验出发,根据定性基准评价一只 PE 基金与主流特征的重合度,为基金的评价、定位以及寻找投资人等均能起到重要的指导作用。

(三)评分维度

一般来说,大部分基金投资人都会非常重视基金管理团队,并给予较高权重,对任何投资方案来说管理团队都是核心要素。根据经验,梅耶尔和马森内特(2008)选择了团队管理技能、稳定性、动机、基金战略、基金结构、外部认同和整体适配度等作为评分维度,每个维度的权重同样来自经验。具体权重分配如表 9-5 所示。

表 9-5 定性评分——维度权重

序号	维度	权重/%
1	管理团队技能	30
2	管理团队稳定性	10
3	管理团队动机	10
4	基金战略	15
5	基金结构	10
6	外部认同	10
7	整体适配度	15

资料来源:梅耶尔,马森内特(2008).

1. 管理团队技能

对 PE 基金的管理团队技能评估,主要包括对历史经验和资质能力的评估。投资者希望能够找到一个拥有广泛技能的团队,新组建的 PE 基金可能没有完整、成熟的管理团队,这样的基金可能需要从外部寻求帮助,例如聘用外部顾问等。投资者必须对基金管理团队情况进行尽可能全面的尽职调查,以确保这个管理团队能够让基金生存下去。对于管理团队技能,可以从以下子维度进行评估,包括 PE 行业经验、营运经验、行业经验、国家或地区经验、团队规模、平衡性和覆盖面等。

(1) 私募股权经验。俗话说:"隔行如隔山。"其他行业的经验与 PE 行业存在较大差异。PE 团队必须能够从不同渠道获取优质项目,必须能够设计交易条款,必须能够在谈判中获得最佳价格。多数情况下,基金公司难以独立支持和管理被投资公司的发展,如果 PE 团队拥有提高公司价值的能力,将大大提高其投资成功的概率。财务能力也是 PE 团队的必需技能,这方面技能可能来自以下经历:在投资银行从事 PE 融资业务、并购和 IPO 业务或在某些企业担任 CEO 或 CFO。一般来说,做过两个项目的员工能够对 PE 业务流程较为熟悉,但要掌握行业方方面面的细节,要获得成熟的行业技能并拥有广泛的客户网络,则需要很多年的积累。

(2) 营运经验。营运经验主要指的是 PE 团队拥有运营一般企业的经验,尤其是与被投资企业类似公司的经验。因为许多被投资企业的内部运营状况并不太好,尤其是处在发展初期的公司,其创始人团队可能不具备充分运营经验,这就更需要 PE 团队来协助被投资企业提高运营效率。PE 基金往往派人在被投资企业董事会中任职,提供运营建议或推荐管理人员,他们与公司员工一起工作,并成为公司团队非常重要的一部分。

(3) 行业经验。风险投资通常投资于起步阶段的高风险高增长行业,而并购交易通常与成熟行业相关,但不论哪种情况,PE 团队对于目标行业的熟悉程度都非常重要。由于存在信息不对称,多数人不愿意涉足自己完全不熟悉的行业,PE 基金也不例外。好的行业背景也往往意味着较强的行业人脉关系,这会提高 PE 团队对于目标项目的调查能力,也会在后续经营中促进被投资企业所在行业的发展。

(4) 国家或地区经验。不同国家或地区的文化、制度、偏好等均存在差异,拥有该国家或地区经验,意味着 PE 团队有更丰富的人脉资源,对于顺利进入市场、获得项目资源、设计交易结构、提升企业营运等很多方面都会带来不小的帮助。

(5) 团队规模、平衡性和覆盖面。根据行业经验,一个投资专家最多能同时管理 5 家被投资企业。如果 PE 团队的主要技能集中在一个人身上,那么这个人离职会对 PE 基金造成灾难性后果。PE 基金投资人希望管理团队能够技能平衡,并且更希望管理团队的技能、背景、个性和观念能够多元化。由清一色投资银行家组成的管理团队,可能存在一些缺陷。多元化能够使管理团队的讨论内容、讨论角度更加丰富,从而做出较为全面的论证。同时,在多元化的基础上,如果 PE 管理团队成员拥有相互补充的技能,团队综合能力会较强。

2. 管理团队稳定性

管理团队的稳定非常重要,缺少稳定性的团队难以将自身拥有的技能施展出来。即使是优秀的管理团队,也会面临成员离职风险,尤其当 PE 基金经历了 3~4 年时,管理团队往往面临巨大压力。对于管理团队稳定性的评估,不但要从团队整体进行考量,也要评估其核心成员。我们主要从以下子维度进行分析:团队凝聚力、历史稳定性、团队利益分配与财务稳定性。

(1) 团队凝聚力。容易达成共识、角色清晰、责任明确的团队往往具有较高的凝聚力。与传统行业相比,PE 属于人力资本异常重要的行业,具有凝聚力、能够激发个人潜力、行动决策高度有效的团队更能够提高成功的概率,而团队成员不和往往是失败的首要因素。

(2) 历史稳定性。历史不代表未来,但却是一个重要的参考依据。管理团队以往的离职情况,团队成员曾经一起工作的时间等都能够度量团队的稳定性。而团队成员的离开,往往是一个负面信号,应当进行调查。

(3) 团队利益分配机制。合理的分配机制才能够保留住团队成员,利益分配额的大小应当能够反映团队成员的贡献价值。在管理团队中,对于分配机制的不满经常来自地位相对较低的人员。由于地位相对较低成员不能控制分配机制,随着 PE 基金的发展,他们更可能产生不满甚至脱离团队,设立自己的新 PE 基金。

(4) 财务稳定性。财务稳定性关系到基金管理公司的正常运营,因此应当进行合理的预算,预留足够的营运资金,防止由于财务问题而引起管理团队不稳定。

3. 管理团队动机

在 PE 基金的生命周期内，投资者的收益完全依赖于管理团队，投资者必须保证管理团队的利益与自身利益具有一致性，这样才能激励管理团队努力工作。评估管理团队动机的主要子维度包括激励结构、声誉、团队独立性、外部活动、利益冲突与管理团队自身投资。

（1）激励结构。管理费用应当以成本结构为依据，激励收入应当以业绩为依据。如果管理费用太高，使得 PE 管理团队单靠管理费用就能得到高额回报，那么其努力提升基金业绩的动力就会大打折扣。

（2）声誉。声誉在 PE 行业异常重要，但并不意味着拥有声誉即等于拥有成功。一个渴望迅速建立声誉的团队，会非常努力并重视业绩表现，但也可能更加激进，期望一鸣惊人，从而加大风险。拥有很好声誉但准备退休的人，也可能会过度自信，或者在退休前最后豪赌一次。

（3）团队独立性。团队独立性是指 PE 管理团队是否受到股东或者母公司（如 CVC 或者附属于金融机构的风险投资基金）的影响，影响程度越高，独立性越低。独立性主要体现在决策程序与改变规则的能力上。由于独立的管理团队能够更加独立客观地做出决策，不需要考虑与股东或母公司的利益冲突，投资者与管理团队利益更加一致。因此，投资者通常喜欢更独立的 PE 基金。

（4）外部活动。外部活动包括参与其他非投资对象公司的董事会、管理其他基金等。由于管理 PE 基金既复杂又费时，管理团队可能会有较多外部活动。有时，过多的外部活动会给管理团队带来不利于投资者的动机，因为管理团队从这些活动获得的收益可能高于来自基金本身的收益。

（5）利益冲突。投资者必须密切关注那些可能会产生利益不一致性的事件。例如，PE 管理团队将上一期基金的投资卖给本期基金，很可能意味着为了保证上期基金收益，而损害本期基金投资者的利益。

（6）管理团队的自身投资。团队成员将大量个人财富投入基金，是最直接有效的提高利益一致性的方式，而且能够说明管理团队对于项目的信心。

4. 基金战略

单靠优秀的管理技能，不一定能给投资者带来丰厚的回报。投资者投资 PE 基金时，不但购买了管理技能，也购买了投资战略。对于投资战略的评估，可以从项目来源、价值增值方法、投资重点、基金规模与退出战略等子维度进行评估。

（1）项目来源

任何管理团队都希望排他地拥有项目交易权，而不是类似拍卖的多方竞争情况。提高 PE 基金项目来源优势，可以从以下几方面着手：获取大学和大型企业的联系清单；在企业的第一轮融资中成为有优势地位的投资者；通过良好声誉来吸引项目；管理团队的企业增值能力强等。

（2）价值增值方法。价值增值方法主要体现在 PE 基金投资与管理的具体实施方式上，以下具体如：在被投资公司拥有董事会席位；为被投资公司制定战略；招聘核心员工等提供帮助；在融资活动中处于主导地位；拥有本地的办公室等。

（3）投资重点。PE 基金投资人通常担心普通合伙人投资重点过窄，减少了可选择机会，难以达到多元化的要求。但是，太过宽泛的投资定位虽然会增加潜在交易机会，但是不确定因素很大,而且对于管理团队的行业背景也要求更高。因此,基金的战略必须适应于其投资重点。

(4) 基金规模。基金管理人往往会受到扩大基金规模的诱惑,但就像小公司增长过快会带来一系列问题一样,规模增长过快会对投资质量和收益产生影响。顶级 PE 基金规模的增速就慢于市场平均水平。在分析基金规模时,必须保证基金规模与投资阶段重点、区域重点、行业重点相匹配,例如,晚期阶段的项目或高科技项目需要更多资金。

(5) 退出战略。管理团队的内部盈利能力很重要,但是具有清晰退出战略、善于以最佳方式退出的团队能够保证之前的盈利落到实处,所以在对 PE 基金进行尽职调查时,也应搜集团队是否对于未来收益的实现具有清晰远景。好的退出战略包括:投资决策明确并评估过各种可能的退出方式,在投资项目的日常管理中关注潜在购买者。

5. 基金结构

投资者希望看到合理并且成本不高的基金结构。基金结构决定了基金内部框架,可以从标准条款、结构成本、公司治理等子维度进行评估。

(1) 标准条款。为了保证各方利益的一致性,投资者通常会为大部分交易设定标准条款。标准条款的设定是投资者与管理团队博弈的结果,但在某些情况下,标准条款不一定最优,此时需要有备选方案作为补充。

(2) 结构成本。结构成本指基金的设立成本、管理费用、要求最低回报率和收益提成比例等。根据这些结构成本,可以计算出投资者盈亏平衡时的基金最低收益率。这个盈亏平衡的内部收益率可以看作是对于主要结构成本的度量。

(3) 公司治理。公司治理对于任何企业都非常重要,PE 基金也不例外。根据市场惯例,PE 基金的公司治理主要包括:披露对投资者的要求;与投资者关系;透明度、独立性;投资人年度会议;管理层与监督者(如董事会、监事会、投资人委员会、审计委员会等)的分离等。PE 基金治理中的组织与程序完善程度,往往能够显示出管理团队的品质与专业程度。

6. 外部认同

除管理团队的外部声望外,投资者还应当考察基金的历史业绩、可比基金业绩、其他投资者质量等。

(1) 基金历史业绩。管理团队过去的成功并不意味着未来也会成功,但过去的失败更容易导致未来的失败。分析历史业绩,应把重点放在分析导致 PE 基金过去成功的因素上,分析这些因素是否能够持续,是否有利于基金未来的成功。

(2) 可比基金业绩。对于缺少历史业绩的管理团队,投资者可以选择相近的可比基金业绩进行对比。但是由于 PE 行业没有公开交易市场,没有标准化产品,在 PE 行业内找能较适合的可比基金并不容易。

(3) 其他投资者质量。其他投资者包括某一只 PE 基金的其他共同投资者以及 PE 机构以往的经常投资者。了解其他投资者的 PE 投资经验、技能、动机、财务能力、投资方式等方面,对于潜在的投资者来说很有意义。例如,某些潜在投资者可能是出于拥有共同投资机会的目的而非经济收益加入 PE 基金,某些投资者的行业背景可能有利于 PE 基金的价值提升能力等。如果大量优秀的投资者聚集在某一只 PE 基金中,那么这只基金的管理团队很可能比较出色。

7. 整体适配度

以上评分主要是从不同维度分解进行的分析,投资者还必须从整体来回顾整个投资方案,分析所有维度在一起的整体适配度,尤其是团队和基金战略的适配度,以及基金结构和基金战略的适配度。投资者在尽职调查中如果缺少某些维度的信息,会对整体定性分析造成很大的影响。

本章小结

私募股权基金在股权激励、财务杠杆、公司治理、运营变革、上市鉴证等方面,能够对被投资企业产生价值增值效果。国外历史数据发现 PE 基金确实提升了企业价值,数据发现 PE 基金并非短视投机者,被投资企业在 PE 退出后依然能够保持持续竞争优势。但在我国,PE 基金的作用主要体现在提供融资、改善资本结构、提高 IPO 通过率等外在方面,而对企业内在竞争力的提升不足。

内部收益率(IRR)是最主要的 PE 基金业绩衡量指标,其他业绩衡量指标还包括价值倍数(TVPI、DPI)、赢利指数(PI)、现金流量等。调整风险后的 PE 基金历史业绩评价,受使用方法的影响较大,并没有统一结论。单纯使用收益率来评价 PE 基金的历史业绩,会发现风险投资基金与并购基金收益率高于市场收益率,但风险投资基金收益率波动更大,而并购基金收益率的波动与市场相近。

PE 基金业绩存在先降低后增长的"J 曲线"效应,并且能够表现出持续性,这与证券市场投资基金的不可持续性不同。PE 基金的历史业绩非常重要,后续募集新基金的能力与之前表现正相关,而顶级 PE 基金会控制基金规模。面对大量的新进入者竞争时,老基金的表现较稳定,而新基金则受冲击较显著。

使用净资产价值(NAV)评价 PE 基金存在较多问题。使用定性基准评价评估 PE 基金,可以从以下几个维度进行:管理团队技能、管理团队稳定性、管理团队动机、基金战略、基金结构、外部认同、整体适配度。

基本概念

中小板 创业板 财务杠杆 自由现金流 反向杠杆收购(RLBO) 内部收益率(IRR) 价值倍数(TVPI、DPI) 赢利指数(PI) J 曲线效应 净资产价值(NAV) 基准评价

复习思考题

1. 请从西方历史经验和文献中进行总结,PE 能够在哪些方面提升企业价值?
2. 目前我国企业引入 PE 投资的主要目的可能在哪些方面?请尝试给予案例说明。
3. 使用净资产价值(NAV)评价 PE 基金可能产生的问题。

4. 某甲基金(PE)于 2002 年以 700 万元获得 A 公司 20% 股权,2004 年 A 公司价值为 3 000 万元。2007 年甲公司 IPO 成功,甲基金以 1 500 万元售出所持 A 公司股份,试分别计算 2004 年时与 2007 年时,甲基金投资于 A 公司的内部收益率。

5. B 公司股票价值为 604 万元,计算公式为:

$$P = \frac{(1-t)D}{k-g} = \frac{(1-0.396)100}{0.12-0.02} = 604 \text{ (万元)}$$

其中 $t=39.6\%$ 为投资者被征收的所得税率,$D=100$ 万元为当年发放股利数,$k=12\%$ 为资本成本,$g=2\%$ 为股利增长率。资本增值税率为 20%。现有甲(PE)基金,计划收购 B 公司股票,使之退出股市并不再发放股利,则 B 公司每年能够增加 125 万元的资本留存。资本留存的每年可获得 15% 的收益。甲基金预计持有 B 公司股票 10 年后退出投资,之后 B 公司会再次上市。因此,资本留存可以使公司未来价值(只考虑 10 年)增加 2 538 万元。

公司未来价值 $= 125 \cdot B(10, 0.15) \cdot (1.15)^{10} = 2\,538$(万元)

其中 125 为每年资本留存,$B(10, 0.15)$ 为年金现值系数,$(1.15)^{10}$ 为复利终值系数。

(1) 假设 10 年后,增值的 2 538 万元被分配后 B 公司价值仍为 604 万元,试计算 B 公司的当前价值(对比上面的 604 万元计算公式)。

(2) 计算甲 PE 基金以 604 万元收购 B 公司股票的内部收益率。

6. 存续期 10 年、规模 6 亿元的 X 基金已经到期。其年度投资、费用、分红和投资组合价值见表 9-6。

(1) 计算每年的总价值倍数、已实现的价值倍数和内部收益率。

(2) 这些收益符合 J 曲线吗?

表 9-6 X 基金现金流   单位:万元

	第 1 年	第 2 年	第 3 年	第 4 年	第 5 年	第 6 年	第 7 年	第 8 年	第 9 年	第 10 年
投资额	5 000	10 000	10 000	15 000	10 000	0	0	0	0	0
投资组合价值	5 000	16 750	32 610	38 780	35 350	38 180	41 230	44 530	48 090	51 940
附带权益	0	0	0	0	0	1 590	1 780	1 920	10 390	
有限合伙人分红	0	0	15 000	20 000	7 070	7 640	6 660	7 120	7 690	41 550
有限合伙人分红总计	0	0	150	350	42 070	49 710	56 360	63 490	71 180	112 730
投资组合剩余价值	5 000	16 750	17 610	18 780	28 280	30 540	32 980	35 620	38 470	0
管理费	1 000	1 000	1 000	1 000	1 000	1 000	1 000	1 000	1 000	1 000

扩展阅读文献

1. 对于 PE 基金如何促进企业价值增值,可参考阅读:

Kaplan 和 Strömberg(2009)的 *Leveraged Buyouts and Private Equity*。

2. 对于 PE 基金历史业绩的介绍,可参考阅读:

(1) Cendroski 等人(2008)在 *Private Equity:History, Governance, and Operation* 一书第二章中,介绍了美国 PE 基金的历史投资规模、区域分布以及投资收益。

(2) **Kaplan 和 Scholar(2005)** 在 *Private Equity Returns: Persistence and Capital Flows* 一文中,研究了 PE 基金的收益大小与募集规模,发现不同 PE 基金收益差距很大,前期的优秀业绩意味着更大的后续募集规模。

(3) 钱萍和张帏(2007)在《我国创业投资的回报率及其影响因素》中,根据 1999—2003 年间我国 56 个本土创业投资退出项目的数据,分析了是否国有产权、资金规模、所在地区等因素对投资回报率的影响。

第十章 中国风险投资与私募股权的现状与未来

第一节 中国风险投资与私募股权的发展历史

我国的风险投资和私募股权市场经历了一个从无到有、从小到大的发展过程。

一、历史源头：中国晋商的组织制度

中国近代历史上，晋商是明清十大商帮之首。他们在中国工商业历史上称雄了400多年，一度被称为是"海内最富"、"汇通天下"。晋商这一成就很重要的原因是他们采用了一种新型的生产关系，即"东伙合作制"和"顶身股制度"。

"东伙合作制"是中国最早的一种将所有权与经营权相分离的组织模式。在这种制度模式下，东家作为商号的出资人，职责只有两项：一是出资；二是选大掌柜。而所有具体经营活动一概不过问。东家能做的就是等待年终算账：届时如果赚了就可以分红，亏了则只能认赔。大掌柜作为商号经营管理的最高领导，具有独立的经营权，可以全权处理号内外事务，他既有决策权，又有执行权：包括内部制度的制定、人员的选用、分号的设立与管理、资金的调度与运作等商务决策。

"顶身股制度"，就是打工者用"身股"来顶替银股，不用交银子即可享有和东家同等的分红权利，这种"身股"是商号为激励掌柜和业绩优异的伙计而采取的一种手段。一般商号的大掌柜，其"身股"的价值往往可以顶到"1股"，这是一个很大的股权比例，当时一般商号的总股数并不大，如著名的"旧升昌"，其总股本也只有20股，多数股东只占有"几厘"甚至更小的股，足见"身股"在当时的含金量非常高。

不难看出，晋商票号的"东伙合作制"和私募股权基金采用的"有限合伙制"，在制度设计上有异曲同工之处——它们都提供了一种制度保证，使得企业的资金始终由有能力、有经验的管理人（掌柜）所掌控，投资人（东家）只负责资本投入。"顶身股制度"又让掌柜实现了"管理层持股"，可以把掌柜的个人利益与票号的股东利益紧密结合在一起。

当然，这两种企业制度模式也存在着不同的地方。比如票号中的东家需要对票号的债务承担无限连带责任，而掌柜却只享受分红而不承担债务。相反，PE基金中有限合伙人只需对企业负有限责任，普通合伙人则要担负无限责任。

历史上的晋商早已湮灭在岁月长河中，而晋商的票号管理模式却可以看作是我国私募股权投资组织制度的历史源头。

二、外资风险投资机构尝试进入中国

20世纪90年代初期,深圳和上海两家证券交易所双双挂牌,标志着中国资本市场的正式诞生。从那时起,第一批国外的VC和PE基金开始到中国探路,大部分都采取了观望的态度,因为当时中国甚至找不到懂得基金管理的人。

1991年,熊晓鸽以IDG(International Digital Group,国际数据集团)董事长亚洲业务开发助理的身份回国考察。1992年,IDG在波士顿组建太平洋中国基金。在最初5年中投资的企业很少,投资金额也很小,但也成功运作了像金蝶、搜狐这样的案例。随后华登国际、汉鼎亚太、中国创业投资有限公司、美商中经合等外资风险投资陆续进入了中国。

1995年中国政府通过了《设立境外中国产业投资基金管理办法》,鼓励国外风险投资公司来华投资。趁着互联网热潮,大批外资VC纷纷进入中国。红杉资本(Sequoia)等选择设立中国投资基金,德丰杰(Dragon Fund China,DFJ)则采取了合资基金的模式。很多外资风险资本在中国内地雇人建立联络办公室,比如NEA,DCM,Redpoint等;还有一些基金的基金通过作为有限合伙人间接投资了中国市场,如DCM,3I,Sierra,LightSpeed,Mayfield等著名外资风险资本分别投资了联想投资、鼎晖投资、戈壁资本、德同基金等。

除了机构风险投资之外,一些大型科技、金融机构的直接投资部门也开始孵化出专注于中国的投资基金。它们最初是大公司的附属部门,但慢慢地通过管理层收购等方式从集团中独立出来,成立了合伙制的投资基金。比如赛富资本(SAIF Partners)就是脱胎于软银亚洲,由于此前母公司大多都有中国业务,逐渐地母公司也把一部分人民币基金交给赛富来做投资。这些内部转型而来的合伙制PE机构,往往都有美元、人民币两种币种的投资基金。

三、外资私募股权基金正式进入中国

以2004年4月我国《信托法》的颁布为契机,私募股权基金和信托公司合作推出诸多信托合作计划,标志着中国私募股权基金正式开始阳光化的运作[①]。此后,PE基金继VC之后成为国内私募股权投资行业的主流。

美国最大PE基金之一的华平投资(Warburg Pincus)是最早进入中国的PE机构,主要是和其他VC一起投资创业阶段的高科技企业和成长型企业。华平基金在中国的第一单投资,就是和中创、富达基金共同持有亚信公司30%的股权。近些年,它先后投资了广州富力地产、亚商在线、哈尔滨药业、国美电器、鄂武商等企业。

中国大陆第一起典型的外资PE收购案例,是2004年6月美国著名的得州太平洋集团(Texas Pacific Group,TPG)旗下的新桥资本(Newbridge Capital)以12.53亿元人民币,从深圳市政府手中收购了深圳发展银行的17.89%的控股股权。从此开始,很多类似的PE收购案例接踵而来,PE投资市场渐趋活跃。

2004年年末,美国华平投资等机构联手收购了哈药集团55%的股权,创下第一宗国际并购基金收购大型国企案例。进入2005年后,国际著名PE机构开始介入国内金融机构的

---

① 曹和平,等.中国私募股权市场发展报告(2010).北京:社会科学文献出版社,2010.

改制重组,它们分别参与了中国银行、中国建设银行、中国工商银行等商业银行的引资工作。2005年9月9日,凯雷投资集团对太平洋人寿公司注资4亿美元获得24.975%的股权。这也是当时为止中国最大的私募股权投资交易。另外,2005年凯雷集团收购徐工机械、2006年高盛收购双汇发展等案例,无论最终是否成功,都在国内形成了很大影响。如今全球最大的4家PE基金,黑石(Black Stone)、凯雷(Carlyle)、KKR以及得州太平洋集团(TPG)都设立了针对中国市场的办公室。目前在国内活跃的外资PE一般有如下几种类型:

(1) 专门的独立投资基金。如凯雷、黑石、华平、新桥、红杉资本等。

(2) 大型的多元化金融机构下设的直接投资部。如摩根斯坦利亚洲(Morgan Stanley Dean Witter Private Equity Asia Ltd.)、JP摩根亚洲(CCMP Capital Asia)、高盛亚洲(Goldman Sachs Asia)、汇丰亚洲直接投资(HSBC Private Equity Asia)等。

(3) 大型企业的投资基金。服务于其集团的发展战略和投资组合,如通用资本(GE Capital)、英特尔投资(Intel Capital)、IBM风险投资部等。

(4) 政府背景的投资基金。如新加坡淡马锡(Temasek)公司及管理着新加坡外汇储备的新加坡政府投资公司(Government of Singapore Investment Corp., GIC)等。

四、国内私募股权基金的发展壮大

2007年6月1日我国颁布实施《合伙企业法》,真正推动了国内私募股权基金正规化、规模化、国际化的进程。根据清科研究中心的统计,仅2007年一年,就有12只本土私募股权基金成立,募集资金37.30亿美元,分别占到亚洲当年新成立私募股权基金总数的18.8%,募集资金总量的10.5%。到2009年,人民币基金首次在基金数量和募资总额上全面超越外币基金,开始占据市场主导地位。

近年来,随着国内经济快速发展、创业投资的政策环境逐步完善,国内创业板开闸等众多积极因素的推动,人民币基金崛起的势头十分明显,本土创业投资的优势日益体现,迎来了行业发展的春天。从最初的合资经营PE,到如今私募股权投资市场上各种不同背景的机构,中国的PE走过了一条与众不同的发展道路。目前国内活跃的私募股权投资主体主要有以下几种力量。

1. 合资 VC/PE

在中国的PE市场上,合资基金是继外资基金之后的第二大生力军。

1995—1996年的时候,外资PE慢慢找到了离岸控股公司一类的投资模式。该种模式就是外资基金以境外控股公司作为投资标的,而这个境外控股公司在境内设立的独资企业(Wholly Owned Foreign Enterprise, WOFE)则是真正的业务经营实体。

2002年,中外合资组建股权投资基金的数量和规模出现历史新高,共有13家合资PE成立,合资基金成立背后的一个重要原因是因为很多行业对外资仍有限制。例如,橡子园(Acorn Campus)与上海市政府合资,中外方各筹集一只基金,然后将它们统一管理,对一个项目同时投入美元和人民币;新加坡大华银行和深圳创新投资集团的合资模式颇为相似,只是在海外控股项目由美元投资,境内项目则用人民币投资;台湾和通投资有限公司则把美元换成人民币汇入境内与广东省风险投资集团合作,双方建立了合资的基金管理公司。

2005年,软银赛富和天津创业投资有限公司合资成立赛富成长(天津)创业投资管理有限公司。2007年又一轮合资基金潮起,很多外资PE机构建立了非法人制的外商投资创业投资企业,如美国博乐公司与泰达科技风险投资公司合资成立了博乐(中国)生命技术创业投资基金等。

2. 产业投资基金

2006年12月30日,拟募集规模200亿元的渤海产业投资基金在天津挂牌,它是在国内"产业投资基金管理办法"等相关法律法规尚未出台的前提下获得国务院特批的产业基金。之后,国家又陆续批准筹建广东核电新能源基金、上海金融产业基金、山西能源基金、四川绵阳高科技基金以及中新高科产业投资基金等。每只基金的融资规模约在百亿元规模以上,目的是为各地的能源、创新制造业和高科技产业提供金融支持。

3. 国家开发银行主导的基金

长期以来,国家开发银行主要对"两基一支"(基础设施、基础产业和支柱产业)等领域的大企业、大客户发放中长期开发贷款。从1998年开始,国开行以更加直接的方式介入并推动了中国股权投资的发展。国家开发银行分别参与成立了1998年的中瑞合作基金、2004年的东盟—中国投资基金和中国—比利时直接股权投资基金、2007年的中意曼达林基金和中非发展基金等。

4. 主权财富基金

主权财富基金(sovereign wealth fund, SWF)是以一国外汇储备或国家财政资金集中的基金,为国家特定战略目的进行长期投资。目前我国的主权财富基金主要是国务院批准设立的中国投资有限责任公司(以下简称"中投公司")和国家外汇管理局在香港的全资子公司中国华安投资有限公司。其中引人注目的是2007年9月29日成立的中投公司,成立伊始就以30亿美元认购黑石部分股权、50亿美元入股摩根斯坦利等案例,都形成了很大影响。

5. 券商直投VC/PE

早在2006年,证监会就要求创新类券商上报直投业务方案。最近几年来,中信证券、中国国际金融公司等众多券商取得了直接股权投资的试点资格。

专栏10-1 券商直接股权投资在国内的发展

2011年7月8日,证监会下发《证券公司直接投资业务监管指引》(下称《指引》)。该文件一方面对既有试点券商直接投资机构(以下简称"直投")做出了进一步规范,尤其对此前强调不足的内部控制、风险控制以及信息披露制度提出了更为明确、严格的要求。另一方面也放开了券商直投公司设立直投基金业务并明确了要求。未来一段时间里,我国现有券商直投机构从事股权投资的资金规模将进一步扩大。

清科研究中心数据显示,截至2011年6月,中国大陆共有券商直投机构33家,注册资本共计216.10亿元人民币。按照《指引》规定,证券公司投资到直投子公司、直投基金、产业基金及基金管理机构的金额合计不超过公司净资本的15%。对上述33家直投机构所属证券公司2010年净资本情况进行统计,以15%的比例推算,具有直投业务资格的证券公司可用于股权投资的资金量约为461.16亿人民币。由此可见,现阶段券商直投仍有逾200亿元可用资金尚未入场,若考虑券商直投子公司发起设立股权投资基金,则券商直投公司自有以及其管理的私募股权基金规模的扩容潜力巨大。我国证券公司开展直接投资业务情况见表10-1。

第十章 中国风险投资与私募股权的现状与未来

表 10-1 我国证券公司开展直接投资业务情况

证券公司	直投子公司	注册资本/亿元	证券公司2010年底净资本/亿元	可用于直接投资资本量/亿元
中信证券	金石投资有限公司	46	410.5	61.57
海通证券	海通开元投资有限公司	30	324.6	48.69
光大证券	光大资本投资有限公司	20	176.47	26.47
广发证券	广发信德投资管理有限公司	13	119.63	17.94
银河证券	银河创新资本管理有限公司	10	108.87	16.33
平安证券	平安财智投资管理有限公司	6	46.02	6.9
齐鲁证券	鲁证投资管理有限公司	6	75.46	11.32
华泰证券	华泰紫金投资有限责任公司	5	216.58	32.49
国元证券	国元股权投资有限公司	5	117.71	17.66
招商证券	招商资本投资有限公司	5	140.63	21.09
申银万国	申银万国投资有限公司	5	120.84	18.13
国泰君安	国泰君安创新投资有限公司	5	124.9	18.74
长江证券	长江成长资本投资有限公司	5	73.37	11.01
建银投资	瑞石投资管理有限责任公司	5	58.83	8.82
中金公司	中金佳成投资管理有限公司	4.1	47.29	7.09
西南证券	西证股权投资有限公司	4	91.21	13.68
东方证券	东方证券资本投资有限公司	3	86.79	13.02
安信证券	安信乾宏投资有限公司	3	65.64	9.85
中银国际	中银国际投资有限责任公司	3	30.83	4.62
东海证券	东海投资有限公司	3	33.47	5.02
东吴证券	东吴投资有限公司	3	30.14	4.52
兴业证券	兴业创新资本管理有限公司	2	65.36	9.8
宏源证券	宏源创新投资有限公司	2	50.71	7.61
第一创业	第一创业投资管理有限公司	2	19.3	2.9
方正证券	方正和生投资有限责任公司	2	62.86	9.43
国联证券	国联通宝资本投资有限责任公司	2	20.15	3.02
渤海证券	博正资本投资有限公司	1.5	19.97	2.99
中信建投	中信建投资本管理有限公司	1.5	75.65	11.35
东莞证券	东证锦信投资管理有限公司	1	20.8	3.12
华西证券	华西金智投资有限责任公司	1	32.33	4.85
东北证券	东证融通投资管理有限公司	1	34.59	5.19
山西证券	龙华启富投资有限公司	1	48.02	7.2
合计		216.1	3 074.40	461.16

资料来源:清科研究中心按照证券公司年报及证券业协会数据整理截至2011年7月。可用于直接投资资本量是按2010年券商净资本的15%计算。

在2007年中国证监会颁布的《证券公司直接投资业务试点指引》中,对证券公司申请直投试点资格提出了明确要求,其中3项具体要求包括:(1)公司分类评级需为B类B级以上;(2)最近12个月净资本不低于15亿元;(3)最近3个会计年度担任股票及可转债主承销的项目在5个以上或股票、可转债主承销金额在100亿元。根据证监会2011年7月14日发布的2011年证券公司分类评级结果、2010年净资本以及公司过往3年承销业绩,以下证券公司已满足上述3点要求,可以预见的是,券商直投机构数量将在未来再度增加。我国潜在具备设立直投机构资格证券公司的情况见表10-2。

表10-2 潜在具设立直投机构资格证券公司情况

证券公司	成立时间	注册资本/亿元	2011年证监会评级等级	2010年净资本/亿元
国都证券	2001年12月	26.23	A	52.78
长城证券	1995年11月	20.67	A	45.96
中原证券	2002年11月	20.34	BBB	33.44
南京证券	1990年10月	17.71	BB	31.03
红塔证券	2002年1月	13.87	BB	30.99
浙商证券	2009年12月	29.15	A	29.57
北京高华	2004年	10.72	A	28.78
国金证券	1990年12月	10	BBB	27.79
信达证券	2007年9月	25.69	B	25.33
西部证券	2001年1月	10	BB	25.04
华融证券	2007年9月	15.1	A	21.7
广州证券	1988年	14.34	BB	20.87
国海证券	1988年	8	B	20.64
瑞银证券	2006年12月	14.9	B	19.84
太平洋证券	2004年1月	15.03	BB	17.76
中航证券	2002年10月	13.26	BB	16.61
华鑫证券	2007年11月	16	B	16.26
财富证券	2002年8月	21.36	BB	16.12

资料来源：清科研究中心按照证券公司年报及证券业协会数据整理，截至2011年7月。

6. 大型国有企业出资设立的VC/PE

一贯以来，国有企业都在积极介入股权投资。国内多家基金管理机构已经或正在面向国企募集资金。一些大型国企出于发展产业链和整合上下游资源的考虑，也都在设立集团内部的PE基金，只是这些投资主要集中在相关行业内，所以不那么引人关注。

国企PE基金的一个代表模式是招商局富鑫基金。该基金由中国香港招商局集团旗下的招商局科技集团与中国台湾富鑫创业投资集团合资成立，利用招商局集团及招商局科技集团的资金和人脉优势进行投资，目前该基金已经投资了分众传媒、中芯国际、展讯通信、久游等项目。最近两年，上海国际集团接连募集了数只规模庞大的产业投资基金，从2009年7月的200亿元规模、主要投资金融产业的上海金融发展投资基金，到2011年2月底发起成立规模为50亿元的上海国和现代服务业股权投资基金；再到2011年12月成立的规模为70亿元的上海新兴产业投资基金等。上海国际集团旗下的PE基金逐渐摸索出一套市场化运作的道路。

7. 民营企业出资设立的VC/PE

2008年6月底，深圳市南海成长创业投资有限合伙企业正式运作，成为国内首家有限合伙制创投机构。首期募集的1.62亿元全部来自民营企业，50%以上的资金将重点投资深圳市"创新型企业成长路线图计划"中的拟上市企业。2008年7月，由8家温州当地民营企业出资作为LP与北京杰斯汉能资产管理有限公司组建的"温州东海创业投资合伙企业"挂牌。

8. 政府背景的 VC/PE

1986年9月,经国务院批准,国家科委(持股40%)、财政部(持股23%)共同出资成立中国新技术创业投资公司,该公司是我国第一个股份制的创业投资企业。成立时资金只有约1 000万美元,成立最初目的是配合"火炬计划"①的实施。中创公司在中国香港与渣打银行、亚洲开发银行、获多利公司等合资成立的中国置业基金于1991年以"中国基金"名义在香港上市,这是中国境内第一只在海外上市的创投基金。另外,类似的具有政府背景的投资公司还有上海联合投资有限公司、深圳市创新科技投资有限公司、天津创业投资有限公司、广州科技风险投资有限公司等。

21世纪以来,以各地方政府、保险公司、券商、国有企业等带有"国"字号背景的 LP 出资者,成为本土 VC/PE 中最引人注意的群体。继投资渤海产业投资基金之后,全国社保基金理事会提出"社保基金要加大对 PE 的投资比例";保险资金也早已进入 VC/PE 领域,包括中国人寿在内的保险业巨头都在积极筹建直接股权投资部门或团队。2006年12月,中国人寿以财务投资人的身份收购南方电网 192亿股股份,成为南方电网第二大股东,这是中国人寿在金融领域之外的首例股权投资。2010年9月,《保险资金投资股权暂行办法》出台,保监会正式放开保险资金参与 PE 投资。在短短两年内,中国人寿及平安集团各投资了两只具有政府背景的产业基金;2012年年初,中国人寿又出资16亿元投资弘毅旗下的二期人民币基金。

第二节 当前我国风险投资与私募股权的特征

总结我国 VC/PE 投资产业的现状,有以下几个突出的特点。

一、市场规模增长迅速

风险投资活动显著地影响着全球经济,它是一种催化剂,可以创造就业机会、促进创新和技术进步、增强国际竞争力和增加税收。根据美国风险投资协会(NVCA)的研究,2010年美国 VC/PE 基金所投资的公司创造了超过3.1万亿美元的收入和1 187万个职位,对应着美国21%的 GDP 和11%的私营部门就业职位。

国内的 VC/PE 市场增长较快、初具规模,但与中国经济总量尚不相称。根据清科集团的统计,即使是在 VC/PE 投资浪潮的顶峰2010年,VC/PE 机构在中国内地整体募资规模达到216亿美元,而当年中国国内生产总值为39.8万亿元人民币,约合6.12万亿美元,VC/PE 募资规模仅相当于 GDP 的0.35%左右。这个比例远低于同期美国的1.25%,表明中国 VC/PE 基金尚处在初级阶段,同时也预示着其具有广阔的发展空间。

(一) 募资情况

从图10-1可以看到,在经历了2008—2009年金融危机的短暂影响之后,风险投资市场迅速回暖。2010年,VC 基金募资只数和总量创历史新高;新募 PE 基金数量超过2007

---

① "火炬计划"是一项发展中国高新技术产业的指导性计划,于1988年8月经中国政府批准,由科学技术部(原国家科委)组织实施。

年的高点，募资金额相比 2009 年翻倍增长。2011 年募资规模更是呈现飞跃式上升，中外创投机构于中国大陆市场共成立新募基金 382 只，为 2010 年的 2.42 倍；基金募集资本总量 282.02 亿美元，为 2010 年募资总量的 2.53 倍。

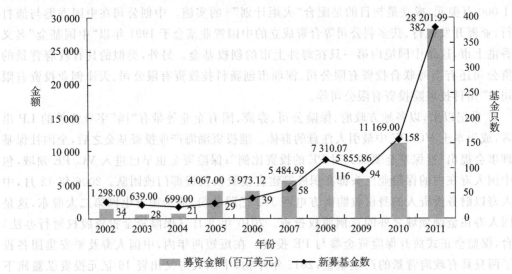

图 10-1 2002—2011 年我国创业投资机构（VC）募集基金数量和金额情况

资料来源：清科研究中心 2012.01 www.zdbchina.com.

如图 10-2 所示，在经历 2009 年的低点后，私募股权市场逐渐回暖，虽然募集资金总量还未赶上 2008 年的峰值水平，但新募基金数量已迭创新高。2011 年，完成募集的可投资于中国内地地区的私募股权基金共有 235 只，为 2010 年的 2.87 倍；其中披露募集金额的 221 只基金共计募集 388.58 亿美元，较 2010 年涨幅达 40.7%。

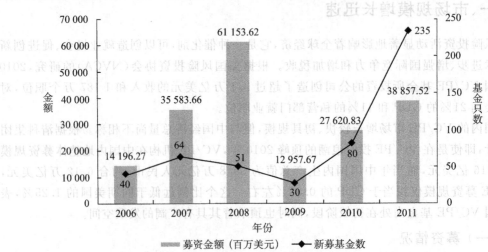

图 10-2 我国私募股权基金（PE）募集基金数量和金额情况

资料来源：清科研究中心 2011.12 www.zdbchina.com.

（二）投资情况

如图 10-3 所示，和募资情况相对应的，2011 年我国风险投资市场的投资交易数和金额激增,共发生投资案例数 1 503 起,其中披露金额的 1 452 起投资涉及投资金额共计 127.65 亿美元,投资案例数和金额分别达到 2010 年的 1.84 倍和 2.37 倍。回首 10 年的发展历程,2002—2011 年投资案例数年复合增长率达 23.4%,投资金额的年复合增长率更是达到 46.2%。

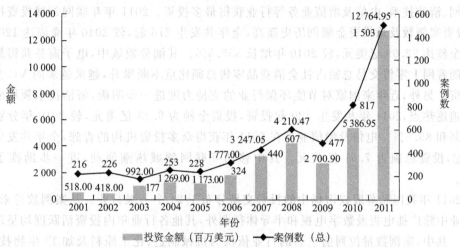

图 10-3　我国创业投资机构(VC)投资情况年度统计

资料来源:清科研究中心 2012.01　www.zdbchina.com.

如图 10-4 所示,2011 年我国私募股权市场中的投资活动也急速升温,共计发生投资交易 695 起,其中披露金额的 643 起案例共计投资 275.97 亿美元,案例数量和金额同比分别增长 91.5% 和 165.9%。从投资规模来看,年内大额投资案例数量及金额较 2010 年显著增长,金额超过 2 亿美元的案例共有 22 起,同比增长 83.3%,投资总额 129.27 亿美元,为 2010 年的 3.21 倍,同时单笔交易投资规模也较 2010 年小幅回升。

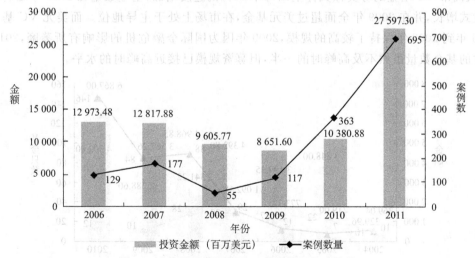

图 10-4　我国私募股权(PE)投资情况年度统计

资料来源:清科研究中心.

(三) 投资的行业分布

从 VC/PE 基金投资案例的行业分布情况来看,经过 10 年轮回后,互联网投资再次成为 VC 基金关注的热点,其次清洁技术、生物技术和医疗健康行业、电信及增值业务等也倍受青睐。

2011 年,我国风险投资市场所发生的 1 503 起投资共分布在 23 个一级行业中。其中,互联网、清洁技术、电信及增值业务等行业获得最多投资。2011 年互联网领域投资持续火热,投资案例数及总投资金额创历史新高,全年共发生 276 起,较 2010 年涨幅达 120.8%;投资金额达 32.99 亿美元,较 2010 年增长 359.5%。其细分领域中,电子商务获得最多投资。随着网上零售交易总额占社会消费品零售总额比重不断攀升,越来越多的 VC 参与电商投资。另外,近年来国家对节能环保行业的支持力度进一步明确,清洁技术领域成为投资者追逐热点,2011 年共发生 129 起投资,投资金额为 9.43 亿美元,较 2010 年分别增长 53.6% 和 85.6%。电信及增值业务在 2011 年获得众多投资机构的青睐,全年共发生投资 107 起,投资总额为 7.51 亿美元。其中移动互联网领域热潮涌动,进一步助推了行业发展。

2011 年我国私募股权市场中的投资交易分布于 24 个一级行业。从案例数量来看,24 个行业中除广播电视及数字电视和半导体行业外,其他各行业年内投资活跃度均呈现显著增长。其中,案例数量位列前三名的行业依次为机械制造、化工原料及加工、生物技术/医疗健康。当年机械制造行业完成投资 61 起,为上年同期的 2.10 倍,行业投资总额为 11.02 亿美元,同比下滑 6.9%。年内本土机构对机械制造行业投资赶超外资机构,但小额投资案例较多,因此投资规模不及上一年。

二、人民币基金崛起

图 10-5 给出了人民币 VC 基金与美元 VC 基金募资情况对比,可以看出,2004 年以来,人民币 VC 基金的募资额大体上以每年 50% 的速度增加,基金数量在 2007 年之后呈现爆发式增长,并在 2009 年全面超过美元基金,在市场上处于主导地位。而美元 VC 基金从 2005 年到 2008 年保持了较高的规模,2009 年因为国际金融危机的影响有所萎靡,2010 年成立的基金数量虽然不及高峰时的一半,但募资规模已接近高峰时的水平。

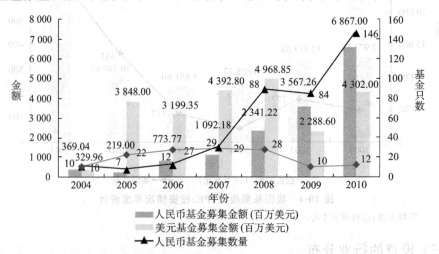

图 10-5 人民币 VC 基金与美元 VC 基金募资情况年度统计

图 10-6 给出了人民币 PE 基金与美元 PE 基金募资情况对比,可以看出,2006 年以来,尽管人民币 PE 基金的募资额在 2007 年达到高潮后有所降低,但基金数量一直保持了增长态势,并在 2010 年呈现出爆发式增长。美元基金的数量和融资额分别在 2007 年和 2008 年达到顶峰,2009 年因为国际金融危机的影响有所减少,但 2010 年迅速恢复,就基金募资规模而言,目前和人民币基金相比仍占主导地位。

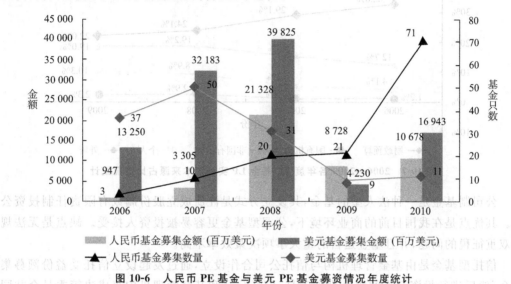

图 10-6　人民币 PE 基金与美元 PE 基金募资情况年度统计

三、行业发展具有显著的政府推动特征

我国的 VC/PE 行业是在政府推动下发展起来的,具有较强的政府扶持色彩。

发达市场经济国家的 VC/PE 投资产生于市场本身,而中国的 VC/PE 产业在很大程度上是由政府自上而下推动的。从理论上说,政府参与能够纠正市场失灵,在立法和税收等诸多政策方面支持 VC/PE 产业的发展,但长期来看会带来严重的委托代理问题,政府与个人博弈破坏市场的公平公正,甚至意识形态上的因素也会影响资源的有效配置。

从资金来源上看,国外 VC/PE 基金的资金来源主要是富有的个人、基金的基金(Fund of funds)、养老基金、大学基金、保险公司等。而国内 PE 基金的资金来源除了民营资本的部分外,国有产业资本、国有金融资本等的介入都是非常普遍的现象,如图 10-7 所示。

四、组织结构差异

目前,国内 VC/PE 基金采用的组织形式和国外不同,这是我国的法律制度和市场条件的结果。

合伙制基金是国外主流模式,它以特殊的规则使得投资人和管理人价值共同化。理论上说,如果国内私募股权基金采取合伙制,目前法律环境和市场条件已基本成熟[①],但在实践中,国内私募股权基金采用公司制或信托制的还较多。

---

① 相关法律制度发展建设情况见本章第三节。

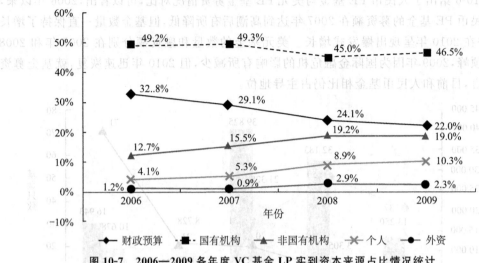

图 10-7　2006—2009 各年度 VC 基金 LP 实到资本来源占比情况统计

公司制基金是一种法人型的基金,其设立方式是注册成立股份制或有限责任制投资公司。其优点是在我国目前的商业环境下,公司型基金更容易被投资人接受。缺点是无法规避双重征税的问题,并且基金运营的重大事项决策效率不高。

信托型基金是由基金管理机构与信托公司合作设立,通过发起设立信托受益份额募集资金,然后进行投资运作的集合投资工具;信托公司和基金管理机构组成决策委员会共同进行决策;在内部分工上,信托公司主要负责信托财产保管清算与风险隔离,基金管理机构主要负责信托财产的管理运用和变现退出。

案例 10-1　信托制 PE——渤海产业投资基金

渤海产业投资基金于 2006 年 9 月正式成立,是中国第一只在境内发行、以人民币募集设立的产业投资基金,基金以契约制形式设立,存续期 15 年。获批总规模为 200 亿元人民币,首期基金规模为 60 亿元人民币。由全国社保基金理事会、中银国际、泰达控股、邮政储蓄银行、中国人寿保险公司以及天津津能投资控股有限公司等机构各出资 10 亿元发起设立。

渤海产业投资基金管理公司受托管理渤海产业投资基金;基金管理公司投资委员会由 5 名专业人士组成,没有股东代表参加,以此来使董事会和投资决策分开。作为基金投资人的中银国际以大股东身份组建渤海产业投资基金管理公司;其他几家投资机构也各自以 5% 的比例参股基金管理公司。

五、投资阶段相对集中、投资策略单一

目前国内 VC 基金的投资阶段主要集中在企业的扩张期,尤其是上市前期参股项目(Pre-IPO 项目)始终是投资机构竞相追逐的目标。而前期风险投资项目较少,反映出我国风险投资市场发展结构的不平衡以及实体经济中创新性企业不足的现状。另一方面,收购

基金规模很小、债券市场不够发达,导致 PE 基金的杠杆收购操作案例至今还没有,反映出我国私募股权市场尚处在起步阶段。

从私募股权基金的投资策略来看,如图 10-8 所示反映的 2011 年数据显示,投资交易仍以成长资本类投资为主,570 起案例共计投资 162.76 亿美元,但同时 PIPE(投资于上市公司非流通股权)投资涨势迅猛。当年共发生 PIPE 类投资案例 94 起,涉资 68.77 亿美元,分别为 2010 年的 4.95 倍和 3.16 倍。相比之下,2011 年并购投资案例数量比 2010 年有所减少,当年发生此类投资 3 起,同比减少 40.0%,但 3 起案例投资总额为 25.02 亿美元,为上年水平的 8.31 倍。此外,年内共计发生房地产类投资 28 起,投资总额为 19.42 亿美元。

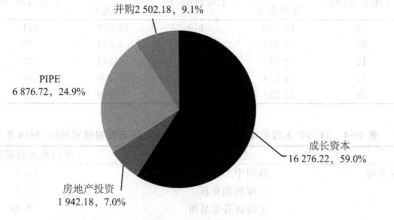

图 10-8　2011 年 PE 基金投资策略的分布统计(比例图)
资料来源:清科研究中心 . www.zdbchina.com.
注:图中例示数据前为投资金额(百万美元),后为百分比例。

六、配套制度建设不健全

中国私募股权市场刚刚建立,法律体系、诚信体系、市场估值体系都存在着严重限制行业发展的问题。各种配套建设不完全的集中表现之一,就是私募股权投资中"管理层回购"和"对赌协议"普遍应用。这种现象一方面反映了融资方的资金饥渴和投资方的相对强势;一方面也反映了投资机构监管手段的匮乏,即中国市场缺乏透明度,财务数据等关键信息都不规范,导致投资机构尽职调查能力的不足,对市场前景缺乏信心。

在中国已经进行的 VC/PE 投资交易中,"管理层回购"和"对赌协议"条款应用十分普遍。据媒体报道,内地的企业中已经有蒙牛乳业、永乐电器、亚信股份、徐工集团、济南山水集团、江苏雨润集团、港湾网络等众多企业曾与 PE 投资者签订过"对赌协议",这已经成为中国 VC/PE 市场一个特色问题。尽管 VC/PE 机构通过控制投资风险会对目标企业形成一定压力和激励。但两者都是双刃剑:管理层回购可能使越需要钱的企业越被迫回购;"对赌协议"可能使创业者或企业家丧失企业控制权,最后出现双输的局面[①]。

---

① 关于对赌协议,请参见本书专栏 5-4。

七、退出渠道单一

目前我国 VC/PE 投资的退出方式以 IPO 为主,场外交易市场不活跃。据清科集团的统计,2010 年 VC 和 PE 投资的退出案例中,IPO 退出的比例分别为 86% 和 96%。这反映了国内资本市场结构层次单一,并存在着严重的制度性障碍。股权的场外交易市场目前还比较分散、混乱、不活跃,场外交易市场的现状亟待改善。详见表 10-3 和表 10-4。

表 10-3　VC/PE 入股的中国企业首次发行上市融资情况年度统计

年份	海外上市		国内上市		总计	
	上市数量/只	融资额/百万美元	上市数量/只	融资额/百万美元	上市数量/只	融资额/百万美元
2010	72	12 860	149	26 652	221	39 512
2009	30	10 813	47	4 811	77	15 625
2008	12	2 078	23	1 341	35	3 419
2007	61	14 954	33	19 100	94	34 053
2006	29	31 225	10	299	39	31 524

表 10-4　VC/PE 入股的中国企业首次发行上市账面回报情况统计(2010 年)

	上市地点	平均账面投资回报
境内市场	深圳中小企业板	10.9
	深圳创业板	10.9
	上海证券交易所	7.88
	平均	10.67
境外市场	纽约证券交易所	10.38
	新加坡主板	9.88
	NASDAQ	4.1
	香港主板	3.27
	法兰克福交易所	1.81
	平均	6.17
总平均		9.27

专栏 10-2　PE 投资管理机构眼中的中国私募股权市场

2007 年,清科研究中心对涉足国内私募股权市场的 30 家国内外 PE 机构进行了问卷调查,调研的内容是它们对中国私募股权市场的看法,每个问题按照其重要性排序。以下是该调研问卷的结果:

1. PE 投资中国的驱动力(导致 PE 机构投资中国信心增强的因素):

(1) 相对于发达国家,中国经济增长迅猛;

(2) 可信赖的数据、公司历程及个人经历;

(2′) 投资法规制定和执行中更多的透明性(并列);

(4) 能在中国本土交易所上市退出;

(5) 人民币可兑换及资金可汇出;

(6) 改善的公司治理;
(7) 对知识产权保护执行力度加大;
(8) 其他。

2. 在投资后的管理中遇到的最大挑战:
(1) 获得公司运营和财务方面的关键信息;
(2) 指导和培养职业经理;
(3) 能就实施企业的关键政策和经营程序达成一致意见;
(4) 持续的管理承诺引导未来的企业发展方向;
(5) 用于监督和管理所投入的时间;
(6) 保护企业的知识产权;
(6′) 其他(并列)。

3. 未来几年推动中国私募股权投资需求的主要因素:
(1) 对于企业重组或增强运营能力的放松管制和资本的需求;
(1′) 民营企业的水平提高(并列);
(3) 中国企业全球化;
(4) 给民营企业创始人提供退出机会;
(5) 国有企业私有化;
(6) 对于灵活快速地获得资金的需求;
(7) 企业对财务投资者的偏好增长而不是与跨国企业成立合资企业;
(8) 希望引进私募股权机构专业的管理能力及公司治理能力;
(9) 其他。

4. 未来几年对中国的外资 PE 基金发展的主要障碍:
(1) 对于调整企业组织结构和股东权益的不确定性;
(2) 政府反对并购国有企业或有重大限制;
(2′) 很难通过上市或股权转让退出(并列);
(4) 可供投资的企业不多;
(5) 中国的会计制度和税收制度;
(6) 对于接受外资的文化禁忌;
(7) 知识产权保护困难;
(8) 其他。

第三节 我国关于风险投资与私募股权的法律政策

一、风险投资与私募股权相关法律发展历程

由于风险投资和私募股权最初都是由国外传入的概念,因此我国早期的法律文件都只在针对外商投资的相关法规中有涉及。近年来,随着本土 VC/PE 机构的活跃,一些配套的法规才丰富起来。但总体来看,我国关于 VC/PE 基金相关的法律一直是滞后于实务界的

发展,例如,关键性法律文件《产业投资基金管理暂行办法》和《私募股权基金管理办法》经历了旷日持久的审核,至今仍没有正式颁布实施。国内 VC/PE 基金相关的法律、法规简表见表 10-5。

表 10-5 国内 VC/PE 基金相关的法律、法规简表

法律、法规	颁布部门	制定实施情况
《设立境外中国产业投资基金管理办法》	中国人民银行	1995 年 9 月 6 日颁布实施
《信托法》	全国人民代表大会常务委员会	2011 年 10 月 1 日起实施
《外商投资创业投资企业管理规定》	对外贸易经济合作部(现商务部)、科学技术部、国家工商行政管理总局、国家税务总局和外汇管理局	2003 年 3 月 1 日起施行
《创业投资企业管理暂行办法》	国家发展和改革委员会、科技部、财政部、商务部、中国人民银行、国家税务总局、工商行政管理总局、银监会、证监会、国家外汇管理局等十部委	2006 年 3 月 1 日正式实施
《公司法》	全国人民代表大会常务委员会	2006 年 1 月 1 日施行
《外国投资者对上市公司战略投资管理办法》	商务部、中国证监会、国家税务总局、国家工商总局、国家外汇局	2006 年 1 月 30 日施行
《关于外国投资者并购境内企业的规定》	商务部	2006 年 9 月 8 日正式施行
《合伙企业法》	全国人民代表大会常务委员会	2007 年 6 月 1 日起正式施行
《信托公司集合资金信托计划管理办法》	中国银行业监督管理委员会	2007 年 3 月 1 日起施行
《首次公开发行股票并在创业板上市管理暂行办法》	中国证券业监督管理委员会	2009 年 5 月 1 日起实施
《证券公司直接投资业务监管指引》	中国证券业监督管理委员会	2011 年 7 月 8 日正式施行
《产业投资基金试点管理办法(征求意见稿)》	国家发展和改革委员会	2006 年开始制定,至今未正式实施
《外商投资创业投资企业管理办法(征求意见稿)》	商务部	2006 年 7 月开始制定,至今未正式实施
《私募股权基金管理办法(草案)》	国家发展和改革委员会等	2008 年年底制定完成,至今未正式实施

资料来源:国家发改委网站等。

二、风险投资与私募股权相关重要政策文件解读

(一)产业投资基金试点管理办法(征求意见稿)

产业投资基金试点管理办法(下简称《办法》)征求意见稿首次对我国产业投资基金给出了明确、完整的定义。《办法》草稿规定,在境内以产业投资基金名义,通过私募形式主要

向特定机构投资者筹集资金设立的产业投资基金,由基金管理人管理,在境内主要从事未上市企业股权投资活动,适用本办法。其中"特定机构投资者"包括国有企业、国家控股的商业银行、保险公司、信托投资公司、证券公司等金融机构,以及全国社保基金理事会等机构投资者。

《办法》草稿规定,产业投资基金的组织形式可以分为公司制、有限合伙企业或信托 3 种形式;国家发改委负责产业投资基金的设立和投资运作的监督管理。

中比直接股权投资基金是我国正式审批的第一家规范意义上的中外合资产业投资基金;总规模达 200 亿元的渤海产业投资基金,是我国第一只在境内发行以人民币募集设立的产业投资基金。

(二) 创业投资企业管理暂行办法

2005 年 11 月 15 日,国家发展改革委、科技部、财政部、商务部、中国人民银行、国家税务总局、国家工商行政管理总局、中国银监会、中国证监会、国家外汇管理局联合发布了《创业投资企业管理暂行办法》(下称《暂行办法》),对创业投资企业的定义、组织形式、监管方式、投资运作、优惠政策等问题做出规定。《暂行办法》成为我国目前为止唯一的、专门针对创业投资企业进行界定、规范的法律,也是私募股权投资领域最为全面、效力最高的一部法律规范。

1. 明确创业投资企业定位

《暂行办法》对创业投资企业进行了明确定位,明确了创业投资企业系指在中华人民共和国境内注册设立的主要从事创业投资的企业组织。前款所称创业投资,系指向创业企业进行股权投资,以期所投资创业企业发育成熟或相对成熟后主要通过股权转让获得资本增值收益的投资方式。

《暂行办法》肯定创业投资企业的合法存在,并同时明确了创业投资企业的投资方式和业务领域。创业投资企业的业务类型是创业投资,而非实业生产研发;投资方式是股权投资;股权投资的对象是处于成长期的非上市企业。这意味着法律正式肯定了专门致力于股权投资的这类企业的存在。

2. 创业投资企业的组织形式

《暂行办法》第六条规定:"创业投资企业可以以有限责任公司、股份有限公司或法律规定的其他企业组织形式设立。"创业投资企业的组织形式包括公司,也包括我国法律规定的其他非公司制企业,主要系指有限合伙制。但是,在公司制和有限合伙之外,国际私募投资行业还有第三种组织形式——契约制,其典型代表是信托制 PE。由于信托型投资基金的本质特点是基金财产的所有权必须转移到受托人,由受托人以自己的名义行使基金财产所有权并对基金承担责任,较难适应创业投资通常要求投资主体对所投资企业行使股东权益并承担股东责任的特点,所以信托方式较难适用于创业投资基金。

3. 创业投资企业设立的条件

《暂行办法》第九条规定:创业投资企业向管理部门备案应当具备下列条件:

(1) 已在工商行政管理部门办理注册登记。

(2) 经营范围符合本办法第十二条规定(注:创业投资企业的经营范围限于:创业投资业务;代理其他创业投资企业等机构或个人的创业投资业务;创业投资咨询业务;为创业企

业提供创业管理服务业务；参与设立创业投资企业与创业投资管理顾问机构。"

（3）实收资本不低于3 000万元人民币，或者首期实收资本不低于1 000万元人民币且全体投资者承诺在注册后的5年内补足不低于3 000万元人民币实收资本。

（4）投资者不得超过200人。其中，以有限责任公司形式设立创业投资企业的，投资者人数不得超过50人。单个投资者对创业投资企业的投资不得低于100万元人民币。所有投资者应当以货币形式出资。

（5）有至少3名具备2年以上创业投资或相关业务经验的高级管理人员（系指担任副经理及以上职务或相当职务的管理人员）承担投资管理责任。委托其他创业投资企业、创业投资管理顾问企业作为管理顾问机构负责其投资管理业务的，管理顾问机构必须有至少3名具备2年以上创业投资或相关业务经验的高级管理人员对其承担投资管理责任。

4. 对创业投资企业资金使用进行监管

虽然确定了事后备案监管的整体思路，但是《暂行办法》仍有对创业投资企业运作进行适度监管的条文，第十三、十四、十六条便明确了对创业投资企业资金运用方向、比例限制："创业投资企业不得从事担保业务和房地产业务，但是购买自用房地产除外……其他资金只能存放银行、购买国债或其他固定收益类的证券。创业投资企业对单个企业的投资不得超过创业投资企业总资产的20%。"

5. 投资对象限定为成长性企业

《暂行办法》还对创业投资企业的投资对象做出了限定，第十四条明确规定："创业投资企业可以以全额资产对外投资。其中，对企业的投资，仅限于未上市企业。但是所投资的未上市企业上市后，创业投资企业所持股份的未转让部分及其配售部分不在此限。"

6. 允许多种投资工具并用

《暂行办法》第十五条规定："经与被投资企业签订投资协议，创业投资企业可以以股权和优先股、可转换优先股等准股权方式对未上市企业进行投资。"《公司法》只为公司发行普通股提供法律保护，对公司发行普通股以外的其他种类的股票仅仅指出可以由国务院另行规定。为此，《暂行办法》作为经国务院批准的特别规定，特别允许创业投资基金所投资的创业公司可以向创业投资基金发行优先股、可转换优先股等特别股权凭证。

7. 允许创投企业通过债权融资提高投资能力

在国外，普遍允许创业投资企业通过适度负债提高投资能力。美国甚至通过政府担保"小企业投资公司"公开发行10年期企业债券的方式，来扶持创业投资业的发展。但是在我国，由于《贷款通则》规定贷款资金不得用做对企业的股权投资，因而使得创业投资公司即使向银行借到了贷款，也无法用做创业投资。为此，《暂行办法》依据《贷款通则》中的"国家另有规定的除外"条款，做出了例外规定，《暂行办法》第二十条规定"创业投资企业可以在法律规定的范围内通过债权融资方式增强投资能力"，此规定增加了创业投资企业的资金来源，增强了其投资能力。

8. 优惠政策

《暂行办法》在设定各项概念体系、监管制度的同时，也建立了对创业投资企业进行扶持的三大政策。

《暂行办法》第二十二条规定："国家与地方政府可以设立创业投资引导基金，通过参股和提供融资担保等方式扶持创业投资企业的设立与发展。具体管理办法另行制定。"此即通过创业引导基金的扶持,解决创业投资企业的资金募集难题,也有利于创投企业的投资规模扩大。

第二十三条规定:"国家运用税收优惠政策扶持创业投资企业发展并引导其增加对中小企业特别是中小高新技术企业的投资。具体办法由国务院财税部门会同有关部门另行制定。"此即明确了对备案的创业投资企业进行税收扶持,有利于创投企业提高投资利润,会鼓励现有的创业投资企业更加积极地投入到资本市场的运作中。

第二十四条规定:"创业投资企业可以通过股权上市转让、股权协议转让、被投资企业回购等途径,实现投资退出。国家有关部门应当积极推进多层次资本市场体系建设,完善创业投资企业的投资退出机制。"丰富投资退出渠道,建立多层次、多样化的投资退出平台,解决了退出的顾虑,有利于鼓励更多的资本进入创业投资和私募股权投资领域。

(三) 公司法

(1) 根据 2006 年修订后的《公司法》,注册资本中仅 30% 必须以现金形式投入,这就意味着高达 70% 的注册资本可以知识产权形式(工业、知识产权和其他技术形式投资入股)投入。

(2) 投资者有权查阅公司的会计账目和其他书面记录。主管、监管者和高级管理层都有忠实的义务。

(3) 允许债权人就股东滥用公司有限责任地位的情况提起诉讼。因此,投资者的个人资产也将置于风险之中,不能假定其最大的风险仅限于损失其在这家公司的投资[①]。

(4) 派息和投票权可以不再和股东所有者权益挂钩。因此,公司将可以发行不同类别的股票,使其具有更灵活的股本和融资结构。

(四) 合伙企业法

旧《合伙企业法》是 1997 年 2 月通过的,新《合伙企业法》同旧法相比肯定了合伙协议的效力,有以下 4 个主要特点:

(1) 旧法规定合伙人只能是自然人,也就是说法人或其他组织不能成为合伙人;新法增加了允许法人或其他组织作为合伙人的规定。

(2) 旧法规定了只有一种合伙形式,即普通合伙,这意味着所有的合伙人都必须对合伙企业的债务承担无限的连带责任;新法增加了"有限合伙企业"的规定。

(3) 旧法对合伙人的出资方式限制较多,新法对合伙企业的出资方式有了较大的扩充。

(4) 旧法规定合伙企业应当依法履行纳税义务,但没有明确合伙制企业税收的征收原则;新法明确了合伙企业所得税的征收原则。

(五) 外商投资创业投资企业管理办法

2006 年 7 月 14 日,商务部在其网站上发布《外商投资创业投资企业管理办法》(以下简称《管理办法》)并公开征求意见。与 2003 年 3 月 1 日起施行的《外商投资创业投资企业管理规定》(以下简称《管理规定》)相比,《管理办法》在外商投资创业投资企业的设立和登记、出资及相关变更以及经营管理的规定方面作了较大改动,对外资创投企业的管理更加符合国际惯例,可操作性更强。

[①] 此即法学上所称的"刺破公司面纱原则",又称"公司法人格否认"。

1. 外资创投企业设立与登记

《管理办法》将外资创投企业的投资者分为普通投资者和必备投资者。必备投资者是以创业投资为主营业务的投资者,设立外资创投企业应至少有一个必备投资者。与《管理规定》相比,《管理办法》通过减少对必备投资者的资金要求而降低了外资创投企业的设立门槛。同时,还通过提高政府审批的效率加快了外资创投企业的审批速度。

《管理办法》同时允许在外资创投企业股东均为自然人时,可以缺少必备投资者。但要求外方投资者为大股东时申请前一年的总资产不低于3 000万美元,中方投资者不得低于3 000万人民币,并对送审报送的材料作了具体要求。

《管理办法》首次允许非法人制外资创投企业以"创业投资基金"的名称注册。创业投资基金是主要投资于未上市企业股权或准股权并参与经营管理的契约型基金,在国外被广泛采用。以基金形式设立创业投资企业,有利于规避对公司制创投企业的双重征税,降低管理费用。

2. 外资创投企业经营管理

与《管理规定》相比,《管理办法》允许外资创投企业经营4项新业务,大大扩充了外资创投企业的经营范围。今后,外资创投企业可以采用更多的投资方式在中国开展业务。

值得关注的是,《管理办法》还首次允许创投企业以债权方式进行融资。债权融资方式是一种收购方以被收购企业资产为抵押物,进行贷款或发行债券来筹集收购资金的融资方式,常被国际收购基金所采用。为降低风险,《管理办法》同时对创投企业以债权方式进行融资的资金额度进行了限制。规定创投企业认缴出资额不低于1 000万美元的债务融资额度不得超过已缴付注册资本的4倍;认缴出资额不低于3 000万美元的债务融资额度,不得超过已缴付注册资本的5倍。

3. 外资创投企业外汇管理

《管理办法》对外资创投企业的外汇登记和备案制度,外资创投企业以外汇在境内投资、结汇等外汇业务办理,以及退出时的购付汇办理都制定了具体的操作规定。加强了对外资创投企业的外汇监管,也增强了外汇管理机构在管理上的可操作性。

随着今后《管理办法》的出台,外资创投企业在中国的发展有了法律上的保障,依照新办法设立的外资创投企业还可享受国家扶持创投企业的税收优惠以及其他相关政策扶持。新的管理制度将促进外商在中国设立外资创投企业并直接从事创业投资,同时也有助于中国的创业投资事业尽快与国际接轨。

(六)外国投资者对上市公司战略投资管理办法

外国投资者对上市公司战略投资管理办法的主要内容可归纳为以下5点:

(1)外资投资对象:已完成股改和股改后新上市的A股;

(2)外资买股方式:以协议转让、上市公司定向发行新股方式;在二级市场上只能卖出不能买进A股;

(3)最低投资额度:取得股份不低于上市公司已发行股份的10%;

(4)最低投资期限:取得的上市公司A股股份3年内不得转让。

(5)外资资产资格:境外实有资产总额不低于1亿美元或管理的境外实有资产总额不低于5亿美元。

（七）首次公开发行股票并在创业板上市管理暂行办法[①]

1.《首次公开发行股票并在创业板上市管理办法》的背景

该法规于2008年3月份向社会公开征求意见，各界意见主要集中在发行条件、投资者准入及创业板发行审核体制等方面。综合考虑创业板的定位及各方面情况，中国证监会维持了征求意见稿中有关持续增长和具有持续盈利能力的要求。结合其他建设性意见，对《管理办法》进行了修改完善。修改后的《首次公开发行股票并在创业板上市管理暂行办法》共六章58条。

（1）为强化风险控制，保护投资者合法权益，借鉴境外成熟市场针对不同投资者提供差异化的市场、产品和服务的通行做法，在《管理办法》总则中增加一条"创业板市场应当建立与投资者风险承受能力相适应的投资者准入制度，向投资者充分提示投资风险"。

（2）为明确创业板的股票发行审核及监管体制，根据《证券法》有关规定，增加了"中国证券监督管理委员会依法核准发行人的首次公开发行股票申请，对发行人股票发行进行监督管理。证券交易所依法制定业务规则，创造公开、公平、公正的市场环境，保障创业板市场的正常运行"的表述。

（3）本着从严要求创业板发行人公司治理的原则，分别在第二十六条、第四十一条增加对发行人控股股东、实际控制人的监管要求。第二十六条规定："发行人及其控股股东、实际控制人最近3年内不存在损害投资者合法权益和社会公共利益的重大违法行为。发行人及其控股股东、实际控制人最近3年内不存在未经法定机关核准，擅自公开或者变相公开发行证券，或者有关违法行为虽然发生在3年前，但目前仍处于持续状态的情形。"第四十一条规定："发行人的控股股东、实际控制人应当对招股说明书出具确认意见，并签名、盖章。"

（4）为强化市场的优胜劣汰机制，增加对创业板公司退市约束的原则性规定，在"信息披露"与"监督管理和法律责任"等章节中，规定了有关退市风险提示和交易所制定相关退市规则的要求。

2. 创业板市场主要服务的类型企业以及上市条件

创业板作为多层次资本市场体系的重要组成部分，主要目的是促进自主创新企业及其他成长型创业企业的发展，是落实自主创新国家战略及支持处于成长期的创业企业的重要平台。具体讲，创业板公司应是具备一定的盈利基础，拥有一定的资产规模，且需存续一定期限，具有较高的成长性的企业。首次公开发行股票并在创业板上市主要应符合如下条件：

（1）发行人应当具备一定的盈利能力。为适应不同类型企业的融资需要，创业板对发行人设置了两项定量业绩指标，以便发行申请人选择：第一项指标要求发行人最近两年连续盈利，最近两年净利润累计不少于1 000万元，且持续增长；第二项指标要求最近一年盈利，且净利润不少于500万元，最近一年营业收入不少于5 000万元，最近两年营业收入增长率均不低于30%。《证券法》第十三条规定公司公开发行新股应当"具有持续盈利能力"。《首次公开发行股票并在创业板上市管理暂行办法》规定了发行人不得有影响持续盈

[①] 根据2009年4月20日中国证监会新闻发言人就发布《首次公开发行股票并在创业板上市管理暂行办法》答记者问的有关内容整理。

利能力的若干种情形。

(2) 发行人应当具有一定规模和存续时间。根据《证券法》第五十条关于申请股票上市的公司股本总额应不少于3 000万元的规定,《管理办法》要求发行人具备一定的资产规模,具体规定最近一期末净资产不少于2 000万元,发行后股本不少于3 000万元。规定发行人具备一定的净资产和股本规模,有利于控制市场风险。《管理办法》规定发行人应具有一定的持续经营记录,具体要求发行人应当是依法设立且持续经营3年以上的股份有限公司,有限责任公司按原账面净资产值折股整体变更为股份有限公司的,持续经营时间可以从有限责任公司成立之日起计算。

(3) 发行人应当主营业务突出。创业企业规模小,且处于成长发展阶段,如果业务范围分散,缺乏核心业务,既不利于有效控制风险,也不利于形成核心竞争力。因此,《管理办法》要求发行人集中有限的资源主要经营一种业务,并强调符合国家产业政策和环境保护政策。同时,要求募集资金只能用于发展主营业务。

(4) 对发行人公司治理提出从严要求。根据创业板公司特点,在公司治理方面参照主板上市公司从严要求,要求董事会下设审计委员会,强化独立董事职责,并明确控股股东责任。发行人应当保持业务、管理层和实际控制人的持续稳定,规定发行人最近两年内主营业务和董事、高级管理人员均没有发生重大变化,实际控制人没有发生变更。发行人应当资产完整,业务及人员、财务、机构独立,具有完整的业务体系和直接面向市场独立经营的能力。发行人与控股股东、实际控制人及其控制的其他企业间不存在同业竞争,以及严重影响公司独立性或者显失公允的关联交易。发行人及其控股股东、实际控制人最近3年内不存在损害投资者合法权益和社会公共利益的重大违法行为。发行人及其控股股东、实际控制人最近3年内不存在未经法定机关核准,擅自公开或者变相公开发行证券,或者有关违法行为虽然发生在3年前,但目前仍处于持续状态的情形。

3. 创业板保荐制度和发行审核的安排以及主板的差异

创业板充分体现市场化原则,进一步发挥中介机构作用,加大市场约束。如强化保荐人的尽职调查和审慎推荐作用,要求保荐人出具发行人成长性专项意见,发行人为自主创新企业的,还应当说明发行人的自主创新能力;在持续督导方面,要求保荐人督促企业合规运作,真实、准确、完整、及时地披露信息,督导发行人持续履行各项承诺,并要求保荐人对发行人发布的定期公告撰写跟踪报告。对于创业板公司的保荐期限,相对于主板做了适当延长。相关要求将体现在修订后的《证券发行上市保荐业务管理办法》及交易所对创业板保荐人的相关管理规则中。

考虑到创业企业规模小、风险大、创新特点强,在发行审核委员会设置上,专门设置创业板发行审核委员会,在证监会相关职能部门初审的基础上审核发行人公开发行股票的申请。创业板发审委人数较主板发审委适当增加,并加大行业专家委员的比例,委员与主板发审委员、并购重组委委员不互相兼任。相关内容将在修订后的《中国证券监督管理委员会发行审核委员会办法》中得到体现。

4. 创业板股票发行监管的配套规则

创业板在发行监管方面的配套规则,主要包括:

(1)《公开发行证券的公司信息披露内容与格式准则——首次公开发行股票并在创业板上市申请文件》。创业板申请文件准则本着简化有效的原则,建立更负责任的发行申报制度,督促相关各方各司其职,各负其责。

(2)《公开发行证券的公司信息披露内容与格式准则——创业板公司招股说明书》。创业板招股说明书准则在内容上突出创业企业的特点,强化成长性和自主创新相关内容。

(3) 修改《证券发行上市保荐业务管理办法》。在现有保荐制度框架下,针对创业板特点强化保荐人在尽职调查等方面的专业责任,实行持续督导制度,建立适合创业板的发行上市保荐制度。相关内容在修订后的《证券发行上市保荐业务管理办法》及交易所对创业板保荐人的相关管理规则中予以明确。

(4) 修改《中国证券监督管理委员会发行审核委员会办法》。在发行审核方面,充分借鉴目前行之有效的发审委制度,根据创业板的特点,修改《发行审核委员会办法》,对创业板发审委的组建、委员构成等做出规定。

此外,深圳证券交易所还将颁布《创业板股票上市规则》、《创业板股票交易特别规定》等相关业务规则。

(八)《证券公司直接投资业务监管指引》

《证券公司直接投资业务监管指引》(以下简称《指引》)主要包含了以下3个内容:

(1)《指引》进一步明确了证监会对于"券商直投"严格监管的态度。依据该行业自身发展规律以及海外成熟 VC/PE 市场运作模式及特点,只有严格遵循 VC/PE 投资运作流程规范、合理控制投资风险的创投暨私募股权投资机构才能成为市场的"常青树"。

(2)《指引》在证券公司和旗下直投子公司之间设立了"防火墙",对于直投子公司从业人员资质、投资决策流程、经营管理等重要方面进行了明确规定,一定程度上防范了证券公司与直投子公司发生利益冲突、利益输送风险等问题的发生。同时,《指引》规定担任拟上市企业的辅导机构、财务顾问、保荐机构或者主承销商的,自签订有关协议或者实质开展相关业务之日起,公司的直投子公司、直投基金、产业基金及基金管理机构不得再对该拟上市企业进行投资。就此直投晚于保荐的"保荐+直投"模式正式被叫停。

(3) 对于直投子公司设立直投基金,监管层对直投基金的合格投资者进一步进行了规范,明确指出筹集对象限于机构投资者且不得超过50人。与之前券商直投仅能以自有资金进行投资相比,一定程度上解决了券商直投机构面临的资金不足的问题。

证券公司依据《指引》开展直接投资相关业务在实际操作层面仍然存在一些不明确的部分。例如《指引》中规定,"证券公司及直投子公司不得对直投基金或者基金出资人提供担保,或者承担无限连带责任",意味着证券公司及其直投子公司不得直接在有限合伙制直投基金中担任普通合伙人,或需另设公司隔离其中风险,实行管理公司与普通合伙人分立。同时,券商直投机构获准设立直投基金、产业基金及基金管理公司。

第四节 中国风险投资与私募股权经典投资案例

虽然中国的风险投资和私募股权基金起步较晚,但是经过不断学习和摸索,目前已经涌现出诸如鼎晖投资、弘毅投资、深圳创新投、达晨创投等一批国际化的本土机构[①],它们和

---

① 国内著名的 PE/VC 机构列表参考专栏 10-3。

凯雷、华平、红杉资本、IDG 等老牌外资机构一起活跃在中国的 VC/PE 市场上,并以其出色的业绩得到了业界和投资人的认可。本节将列举一些国内著名的 VC/PE 投资案例。

一、中国风险投资经典案例

表 10-6　2007—2010 年中国大陆著名风险投资机构与案例[①]

	2007 年	2008 年	2009 年	2010 年
最佳创业投资机构	软银赛富投资顾问有限公司	深圳市创新投资集团有限公司	深圳市创新投资集团有限公司	深圳市创新投资集团有限公司
投资最活跃创业投资机构	IDG 技术创业投资基金/深圳市创新投资集团有限公司	深圳市创新投资集团有限公司/红杉资本中国基金	深圳市创新投资集团有限公司/IDG 资本	深圳市创新投资集团有限公司
最佳募资创业投资机构	软银赛富投资顾问有限公司	IDG 创业投资基金	深圳市创新投资集团有限公司	赛富亚洲投资基金
最佳退出创业投资机构	软银赛富投资顾问有限公司	深圳市创新投资集团有限公司	深圳达晨创业投资有限公司/赛富亚洲投资基金	深圳市创新投资集团有限公司
最佳创业投资案例	从缺	从缺	福建匹克集团有限公司	凡客诚品(北京)科技有限公司
最佳创业投资退出案例	阿里巴巴	九阳股份/人和商业	福建圣农发展股份有限公司	搜房控股有限公司

(一)软银投资阿里巴巴

具体内容参见本书第二章案例 2-2。

(二)九阳股份

2008 年 5 月 15 日,国内豆浆机行业的最大企业九阳股份有限公司(002242.SZ,以下称"九阳股份")公布了 22.54 元/股的发行价,计划募集 15 亿元,正式登陆深交所的中小企业板。引人关注的是,在九阳股份的董事名单中,鼎晖投资总裁的焦树阁也现身其中。从公开信息看,鼎晖投资于 2007 年 6 月 22 日向该公司注资 8 451 万元,换得 6.86% 股权。以发行价计算,鼎晖此笔投资增值了 266%。

1. 九阳股份

1999 年,30 岁的济南人王旭宁获得了智能型家用全自动豆浆机的国家发明专利,次年他又获得豆浆制备方法及自动豆浆机的国家发明专利。这位毕业于北方交通大学的高级工程师,曾在济南铁路成人中专学校当教师,后来获中欧国际工商学院工商管理硕士学位。与他一起合作从事豆浆机业务的还有朱宏韬、黄淑玲、朱泽春 3 人。其中,朱宏韬主要从事豆浆机软件开发,而黄淑玲、朱泽春分别是山东省轻工业学院和济南铁路机械学校的教师。2002 年 5 月,为更好地从事豆浆机等厨房小家电业务,王旭宁、黄淑玲、朱泽春(同时代朱宏韬持股)、许发刚 4 人决定,共同投资 1 000 万元成立山东九阳小家电有限公司,4 人的持

[①] 清科集团-中国创业投资年度排名体系选择管理资本量、新募集基金资本量、投资案例的个数、投资资本量、退出案例个数、退出金额和回报水平等作为重要的参考指标,从投资、管理、融资、退出等各方面进行全面考察。

股比例依次为49%、2%、29.4%和19.6%。

不起眼的小家电却蕴藏着大市场。2005—2007年,国内豆浆机的销量分别达到180万台、300万台和550万台,九阳占了其中约八成份额。九阳2005年、2006年和2007年的营业收入分别达到7.5亿元、9.3亿元和19.4亿元,这3年的净利润分别为3 813万元、4 334万元和3.6亿元。截至2007年年底,九阳的股东权益增至4.6亿元,整整比创业时增长了45倍。

我国现有1 000多家小家电企业,主要有3种经营模式:品牌运营商、原始设计制造商(ODM)与原始设备制造商(OEM)。虽然2001—2005年中国平均每年有83%的小家电出口国外,但是,九阳还是选择了第一种模式,自己研发、生产和销售拥有自主品牌的产品,并主攻国内市场。凭借品牌优势、技术优势,九阳逐渐建立起自己的营销优势。它筛选出450名一级经销商,并以他们为中心,在全国270多个地级城市、2 000个县级城市,建立起8 000多个零售终端,从而形成公司、一级经销商和销售终端3个层次的营销体系。此外,它与沃尔玛、家乐福、国美、苏宁等超市及家电连锁巨头建立全面合作关系,在一线市场建立起高端的销售平台。同时,九阳还有管理团队优势。以王旭宁为首的管理团队有多年的行业经验。而中高级管理人员和研发、销售的骨干均通过"上海力鸿"或"上海鼎亦"间接持有公司股权,保持了核心员工的稳定性和持久激励。

2. 鼎晖入股

投资九阳股份是鼎晖历史上一个具有里程碑意义的项目,因为九阳是鼎晖在2002年之后第一家推到A股上市的公司。负责该案例的是鼎晖投资的执行董事陈文江。

"九阳不是因为缺钱来找我们的,它是在寻找一个长期的合作伙伴,"陈文江说,"具体到九阳这个项目,我觉得它有很多特点是挺独特的。第一是九阳的团队,这帮创始人10多年来都在一起,一直专注去做中国的豆浆消费文化、健康消费文化的产品,一点点地辛勤培育市场。在他们慢慢成长起来的时候,市场上可能有各种各样的诱惑,他们有了一定的资金规模也可以做别的,但是他们还是只专注做厨房小家电。这个团队的执著、专注让我们非常看好。还有一些其他东西我们也很看重,比如,九阳几乎没有赊账,都是现金回款,款到才发货,公司的现金流非常良性。还有九阳自建的扁平渠道及独特的现场演示互动营销等。"

对于九阳面临的一些潜在风险或者潜在的竞争,譬如2007年时九阳豆浆机的市场占有率超过80%,一定会有更多的人跳进来做这件事情。鼎辉也很早意识到这些,所以和公司一起探讨应对的措施,如迅速提升品牌和实力,应对可能潜在的竞争对手,向上下游延伸,提升自己的竞争壁垒等其他应对商业风险的方式。

3. 退出

除了资本之外,在九阳的股份改制及A股上市整个过程中,鼎晖作为专业的投资公司,提供了很多专业化的服务和帮助。因为企业家大部分专注于它的行业和公司的运营,但对于上市这样的资本运作一切都是新的,什么都得从头开始,包括跟会计师、律师、券商、投行沟通的时候,彼此的语言都不在一个范畴,很多都是学习的过程。所以鼎晖在里面帮助它熟悉上市的各个环节,并和资本市场对接,加快了它的上市进程。

至于为什么当时把九阳的上市目标定在A股,而不是中国香港或纳斯达克等其他市场。鼎辉认为,第一,九阳是国内消费品品牌,面对的主要是内地市场,它的主打产品九阳豆浆机具有中国文化特色,如果在 A 股上市,对其品牌提升、消费者认知度的提高和市场销售推广都有很大的帮助;第二,A 股市场股权分置改革后股份全流通了,对 PE 投资人来说,A 股也成为了一个值得探索的退出途径。本土企业在本土资本市场上更容易被投资人认同,应该是一个很好的平台。

4. 案例总结

"鼎晖的投资从来就不是一个短期行为,"陈文江说,"鼎晖有一个传统,不投陌生或我们完全搞不懂的行业。无论哪个行业,是相对成熟的或是新兴行业,我们一定先把它都尽量摸透了,才会去投资。我们不会追逐时下热点,如果我们不懂,也不是我们擅长的,我们不会做。"对于什么样的企业是一个值得投资的好企业,陈文江认为,风投遇到项目失败是很常见的,特别是运作一些相对早期的项目,因为投相对早期的项目是基于对产业、对技术发展趋势的判断,但是市场变化太快,有太多不确定的因素,有些不是公司能够把握的。更多的时候是外在环境的变化、行业的变化导致的失败,遇到这种情况很正常。所以团队很重要。特别是投资初创企业,很少有初创公司会按照商业计划书里的东西一字不差地往下做,一定是边走边调,能够及时地根据市场的变化应对、调整,如果这时候出现了一些很重大的变化,失败也好、挑战也好,投资机构一定要跟企业家共同去应对。

(三) 圣农发展

1. 福建圣农

福建圣农发展股份有限公司(002299.SZ,以下称"福建圣农"),成立于 2006 年 10 月,法定代表人傅光明。在福建,傅光明有"中国鸡王"之称,前后 20 多年从事养鸡业。他于 1986 年成立光泽种鸡场,1992 年耗资近 300 万元人民币从丹麦进口了一条鸡肉加工生产线,1994 年正式成为百胜餐饮肯德基中国公司的冻鸡供应商,1999 年更名为福建圣农集团。

福建圣农公司在福建光泽县山区,厂房都建在山区的山坳里面,几乎与外界隔绝。资料显示,福建光泽县是一个面积 2 350 平方公里、人口仅 14.6 万人的小县,但全县森林覆盖率高达 76%,这里空气清新、水质优良,加上地处偏僻,基本没有工业污染源,在福建生态省建设规划中被确定为福建省"可持续发展的特色产业生态示范区"。

福建圣农集团 2006 年年底总资产 12 亿元,占地 6 000 余亩,目前公司年肉鸡饲养能力 5 000 万羽,年肉鸡加工能力 1.2 亿羽。2007 年实现产值 78 亿元人民币,净利润超过 1.5 亿。2007 年福建圣农集团荣获"中国最具投资价值企业 50 强"第 16 位,同时也成为福建省光泽县的一张名片。

2. 达晨创投

1999 年 3 月,证监会第一次明确提出"可以考虑在沪深证券交易所内设立高科技企业板块"。达晨控股股东湖南电广传媒公司高瞻远瞩,提出了进行创业投资的构想。一番考察论证后,时任电广传媒总经理助理的刘昼带着 1 亿元踏上了创投之路,并于 2000 年 4 月 19 日注册成立了深圳市达晨创业投资有限公司。

达晨创投成立后不久,资本市场陷入低迷,融资功能基本丧失。达晨创投的业绩逐年下滑,经过一番惨淡经营,坚定的信念让达晨等到了收获的季节。2005 年股改后迎来了全流通时代,同洲电子 2006 年 6 月上市,给达晨带来近 30 倍收益,成为达晨的"第一桶金";拓维信息 2008 年 7 月上市,给达晨带来超过 60 倍收益;2009 年 IPO 重启和创业板启动,达晨所投中小企业"批量上市",智慧和耐性让达晨收获了成功。截至 2010 年年底,达晨共投资了 70 多家优秀的中小企业,其中已有 12 个项目成功上市,它们是:同洲电子、拓维信息、中汇医药、圣农发展、亿纬锂能、爱尔眼科、网宿科技、蓝色光标、数码视讯、和而泰、金凰珠宝(NASDAQ 上市)和西安达刚。按照发行价估计,这 12 个项目的投资收益平均超过 15 倍。

3. 入股与上市

2006 年 12 月,以每股 1.355 元的价格,深圳市达晨创业投资有限公司出资 2 100 万元认购福建圣农 1 549.8 万股,占增资扩股后总股本的 4.2%;深圳市达晨财信创业投资管理有限公司出资 900 万元认购 664.2 万股,占 1.8%。2007 年 10 月 18 日,达晨财信以 1 600 万元受让 738 万股(占 2%)。

2009 年 10 月 21 日,圣农发展在中小板挂牌上市,发行价为 19.75 元,按照达晨创投入股时 1.355 元的成本,在发行后持股市值将是初始投资的近 15 倍。

(四)搜房控股有限公司

2010 年 9 月 17 日,中国房地产门户网站搜房控股有限公司(以下简称"搜房网")在纽约证券交易所正式挂牌交易,交易代码为"SFUN"。在此前的首次公开募股(IPO)中,该公司成功融资 1.247 亿美元。搜房网最终以 73.5 美元报收,较发行价上涨 73%。这也是 2008 年以来在美国资本市场 IPO 上市首日表现最佳的中国公司。IDG、高盛、澳大利亚电讯等投资者获益颇丰。

1. 借助天使投资生存

1999 年,莫天全正式创立搜房网,致力于用"房地产+互联网+资讯"模式来打造一个权威的信息平台。成立之初,网站仅有的是概念,缺人更缺钱。在那个时代,互联网的创业成本远比现在高得多,网络基础设施性能落后,费用却又相当昂贵,而且人才奇缺。市场也对"互联网+房地产"的业务组合感到有些陌生,网站的数据库、信息和报告并不怎么受市场欢迎。苛刻的生存环境下,搜房网每天都需要资金输血。

在互联网风光的年代,也许是因为搜房网的概念确实诱人,著名风险投资 IDG 资本给莫天全支付了 100 万美元的天使资金,换取了搜房网 20% 的股份。IDG 的支持使得搜房得以度过了互联网泡沫崩溃的艰难岁月。实际上,在合作过程中,IDG 提供的不仅是资本,在搜房网的发展战略和融资等方面,IDG 都给了不少战略性的意见。在创业初期,有一个能够满足各方面战略需求的投资人,会给企业带来难以量化的财富。

事实证明,这是一个双赢的合作。2006 年 6 月,澳洲电讯注资搜房网时,IDG 向澳洲电讯转让了搜房网超过 10% 的股份,套现 4 500 万美元。剩余约 9% 的股份,IDG 一直持有至上市。按照搜房网发行价的市值估算,这部分股权大约价值 1.5 亿美元。再加上每年的股权分红,粗略计算 IDG 已在搜房网身上获利 2 亿美元,资本增值约 200 倍。

2. 借助高盛扩张

房地产的地域性比较强,以房产信息为主营业务的搜房网注定要向各地城市扩张布局。抢在同行之前抢占一些重点城市,占领制高点,既可以压制对手的生存空间,同时又能通过规模效应来提升业绩。莫天全圈出北京、上海、深圳、重庆等大城市,计划在这些城市进行一轮扩张。但是 IDG 投入的 100 万美元只能让搜房启动北京的业务,再融资势在必行。

最初,关联产业的上市公司是莫天全的首选融资对象,因为上市公司通常都急需好的项目来做大业绩。怀揣搜房网的发展规划图,莫天全走访了许多上市公司。但是这张标注详细的地图没有起到效果,在香港转了一圈,莫天全没有拿到一分钱。

这时候,IDG建议让莫天全去寻找专业的投资机构。大环境不好的情况下,产业资本只会更为小心谨慎,而专业的投资机构却乐于在退潮的时候寻找最漂亮的贝壳。此番建议激发了莫天全的商业能量,他把目标从上市公司转向了知名的投资机构:高盛、美林、摩根斯坦利……拿着地图讲故事,描述尚未实现的远景,这种手段既然不易得到投资,那么如果地图标注的都是既成事实,搜房网已经是个全国布局的房地产网站,再去找投资商还有什么心虚呢?于是莫天全飞赴各地,用3个月内资金到账的承诺,企图收购一些知名的房地产网站。3个月之后如果资金不能到账,网站仍归对方,莫天全还要做出赔偿。这对收购对象来讲,只要自己想卖,那就是稳赚不赔的生意。

于是国内几家较大的地产网站都到了搜房的名下,搜房成了理所当然的行业第一。转头再找到投资机构,将公司的规模与实力一一展示,再加上对搜房的全国远景描述,投行们的胃口顿时被吊了起来。一个月之后,高盛注资搜房500万美元,收购了30%的股份。

搜房网随即启动了第一轮扩张,北京、上海、深圳、重庆、香港、天津等地的分公司相继成立,网站已经具备了大型地产门户的雏形。高盛的投资让搜房的商业模式逐渐清晰,并且在一线大城市当中站稳了脚跟。2002年,高盛全球战略收缩,撤出了对阿里巴巴、搜房网、硅谷动力的投资,莫天全与其他股东回购了搜房的股份。此次投资,高盛的获利情况并没有对外透露。除了此次套现之外,高盛还是搜房网2010年IPO的承销商,这两项收益加起来绝不会是个小数目。高盛的注资对搜房的最大意义不是"雪中送炭",而是"高盛把搜房网带进了投行的圈子",各大投资机构都已经注意到了莫天全和搜房网,这为搜房网的日后融资提供了诸多便利。

3. 聪明人的对赌

2005年,房价在国家政策的调控下不降反升,房地产业正在激发着中国经济的一轮牛市。这一年搜房斥巨资买下网易地产频道的经营权。此举既是借门户网站之力提高自己的影响力,又是顺便减少竞争对手,甚至将合作方的地产业务实力大幅削弱的有效措施。只是地域和传播渠道的扩张又给搜房网带来了资本压力。

此时,着眼于全国布局的莫天全头脑很清晰,搜房网此时的需求不只是资金,而且需要与规模扩张相伴随的人才资源,更需要与扩张相匹配的战略合作伙伴。能够带来商业理念和战略支持的投资方是莫天全的搜寻目标。

"和优秀的人一起共事"是莫天全的习惯。物以类聚,人以群分,他很自然地被介绍到了一个聪明人的饭局上:约翰·麦克贝恩(John Mcbain),全球最大的分众广告传媒企业Trader Classified Media的老板。在莫天全眼里,麦克贝恩是世界上最聪明的企业家之一:"我和John在很多问题上的看法是一致的,思维方式也相似,但是我们在做事的风格上却是互补的,我更喜欢专注踏实地做一件事,而麦克贝恩想法多,行动力强,是一个很有速度的人。"两人脾气相投,一见如故。两人见面的第一天,就像莫天全以前画图给IDG一样,麦克贝恩也在餐桌上画起图来,而且画的是一张很大的饼——搜房网全球架构图:"我可以把20多个国家的房地产业务全部并入到搜房,把搜房做成全球性公司,然后拿到纳斯达克上市,搜房的价值一定会剧增。"乍听此言,正在考虑规模扩张的莫天全一下子就兴奋起来,按照麦克贝恩的设想,搜房网似乎一下子就可以实现全球化。

领导人的脾胃相投,企业间的战略协作空间巨大,两家企业走到一起做"搜房全球"似乎是水到渠成的事情。但是,仔细想一下,这张饼画得太大了。搜房网在国内都没有完全做好,哪有精力再去管理国外的项目?在人才与资金的匮乏的情况下,规模的过度扩张不会给搜房网带来任何好处。莫天全拒绝了这种合作方式,但是处在关键成长期的搜房网需要一个能提供公司治理、长远发展和规划建议的合作伙伴。像 Trader 这种具备全球传媒视野的企业能够为搜房网提供战略、技术还有资金的支持,一旦错过了就十分可惜。更何况头脑灵活富于创新的麦克贝恩更是深深吸引着莫天全。他并不知道麦克贝恩和Trader 以后会给搜房网带来什么,但他有一种商人的直觉:"和优秀的人,优秀的公司合作,总会有好处。"

在合并和拒绝之间有没有一条中间路径? 2005 年 7 月,Trader 公司以 2 250 万美元获得搜房网 15% 的股权,外加一纸有利于己方的"对赌协议",麦克贝恩本人进入董事会。双方约定如果搜房网在未来 18 个月内没有上市,允许 Trader 在两年内再投资 1.7 亿美元,增持搜房网股份至 100%。如果搜房网在此期间上市,Trader 将以同样价格得到 45% 的股份。做了这么大的让步是为了让麦克贝恩能够为搜房网倾力投入,出更大的力气,莫天全这次押了一宝。当时有人认为莫天全可能有了将搜房网上市套现走人的打算。

牺牲个人权益也好,套现走人也罢,无论怎样,莫天全此举都让搜房网的成长有了质的飞跃。Trader 的注资让搜房网启动了第 4 轮扩张,郑州、合肥、厦门等地的分公司相继成立。搜房网在全国各地的大城市都渐渐成长为主流的地产信息平台。

不过在签订协议后的 18 月内,搜房网并没有上市,搜房网的股份也没有完全被 Trader 收购,一场规模更为巨大的融资将这次对赌化于无形。

4. 没有控制权的大股东

2006 年年初,搜房网已经在 40 多个城市设立全资分公司。这一年,搜房网正在执行"百城战略":2008 年之前,在国内 100 个城市覆盖到位,而且不是简单的网站覆盖到位,还包括地面信息搜集、运营管理以及客户服务等团队的完善。

专注新房、二手房信息、市场数据的同时,搜房网又进入了家居建材领域,围绕房产进行多元化经营。一张遍布全国大中城市的网,一条纵向的房产信息产业链正织就着搜房网的未来格局。此时的麦克贝恩却萌生去意。也许是他感觉到自己对中国市场难以驾驭,也许是如莫天全所说,麦克贝恩已决定从商业抽身,全力投入非洲的公益事业。总之,麦克贝恩在对赌未完成之时就已经提前离场——这次三方共赢的收购让他满意而去。

麦克贝恩有意为搜房网引入一个新的投资方澳洲电讯——澳大利亚最大的电讯公司和唯一的国有企业。当时,澳洲电讯亦打算在中国投资一批垂直门户网站,但是要求对搜房网进行绝对控股,以便将其纳入自己的全球商业体系,进而谋划在中国的整体布局;聪明人麦克贝恩则是想把自己的股份全部卖给澳洲电讯,自己抽身退出,专心致力于慈善事业;莫天全却是想引入澳洲电讯的资金、技术以及战略扶持,顺便摆脱掉与麦克贝恩的"对赌协议"。澳洲电讯提供了一个很难让莫天全拒绝的报价:2.54 亿美元,即使按照搜房网当时的业绩规模来上市,搜房网也不容易拿到如此数额的资金。

一番协调后,最终的结果是,澳洲电讯用 2.54 亿美元收购了搜房网 51% 的股份,取得绝对控股地位;麦克贝恩将手中的股份卖给澳洲电讯,套现9 000万美元,获4倍收益,同时"对赌协议"作废;莫天全出让部分股权,但在董事会手握两票,带领中方团队掌握公司的控制权。

在这笔交易中,莫天全对未来做了布局。虽然失去了控股地位,但当初对赌输给麦克贝恩,结局也不过如此。通过新股东的引入,则借机重新敲定了大股东的注资条件,做出确保控制权和单独上市的约定。前者是为了避免资本挟持的被动局面,后者则是给包括澳洲电讯在内的投资方一个退出的机制,为4年后精彩的IPO运作留下了一个伏笔。

在大股东的资金、技术支持下,搜房网的扩张势如破竹。2006年开始,中国的地产行业渐渐步入了一个高潮期,搜房网紧接着进行了第5和第6轮的全国扩张,已经在全国近百个城市开设了分公司,成为国内第一大地产信息平台。

5. 退出:一次成功的MBO

"它可能是最最成功的MBO(管理层收购)",知名风险投资人熊晓鸽这样评价搜房网的IPO。

澳洲电讯和莫天全对搜房网的发展计划发生了矛盾,双方在静静地等待着分手的催化剂。2010年,国美、阿里巴巴、智联招聘等几家企业与资方的争执,也给莫天全心里投下了一丝阴影:"我们基本上没什么分歧,但总像是一个定时炸弹"。同时,澳洲电讯也被政府强制拆分,对全球业务的部署开始有所调整,充满着不稳定因素。莫天全还是希望给自己的控制权加个保险,最好的结果莫过于通过IPO引进新的投资人,削弱澳洲电讯的影响力,重新夺回控股权;而澳洲电讯全球业务被打乱后,在中国的多项投资也不见起色,开始逐渐萌生退意,通过上市IPO在高位退出,是它的最佳选择。

2010年9月17日,搜房网于美国纽交所成功上市,发行价42.50美元,上市首日开盘价67美元,收盘价73.50美元,较发行价上涨72.9%。

搜房网的IPO包含了3个过程,一个是IPO,一个是MBO,还有一个是引入新的私募股权投资机构的谈判。澳洲电讯和泛大西洋资本、安佰深基金及莫天全达成协议,澳洲电讯分别出售给前两者各15 347 720股A级股票,以及向莫天全出售888 888股A级股票,转让将在IPO中生效。

在IPO之后,莫天全持股比例约为30%,泛大西洋资本和安佰深基金则各以20%的持股比例并列第二。澳洲电讯账面套现4.387亿美元,净赚1.847亿美元。简而言之,整个MBO的过程就是,搜房网管理层通过IPO的综合资本安排,以近5亿美元的价格,收购了澳洲电讯在搜房网的股份,成功地实现了MBO。

莫天全不仅让自己重新回到了大股东的地位,而且让各投资方顺利套现退出,各方面各取所需。熊晓鸽评价说:"这是能写到教科书里的成功MBO案例,没有造成社会负面影响的MBO案例。"

6. 与PE投资者的共赢

从前期股权投资的4家投资机构,到IPO的承销商瑞士银行、摩根大通、美林和德意志银行,再到后期的机构股东泛大西洋资本、安佰深基金,搜房网与大多数世界知名投资机构都有过深度合作。在合作的过程当中,搜房网让出过控股地位,也搞过有惊无险的"对赌协议",既能借资本之力强势崛起,又能在与"野蛮人"合作中进退自如。这与莫天全个人智慧不无关系。

第十章 中国风险投资与私募股权的现状与未来

一切合作都要在既定的游戏规则下展开。当澳洲电讯成为搜房网大股东的时候，莫天全与其事先约定，自己在董事会中要手握两票。如此一来，莫天全和其他中方代表在董事会实力占优，公司的控制权和管理权仍旧由搜房网原有的团队掌握。这就保证了投资方不会随便按照自己的意志来驾驭公司。此外，搜房网日后单独上市的约定，也为双方的好聚好散铺就了基础，规避了澳洲电讯直接将公司吞掉的风险。

"要跟投资方的决策人保持畅通的联系。"要跟决策者打交道，通过中间人的方式来沟通会带来诸多不便，沟通效率低下，而且沟通内容容易被曲解。从 IDG 的周全，到 Trader 的麦克贝恩，再到澳洲电讯的前后两任 CEO，莫天全都与他们保持良好的私人关系，重要的事情往往都是一对一坐下来直接沟通。双方的专业水准都在同一高度，彼此一讲大家都会明白，省去了许多不必要的麻烦。投资方也能够很快明白对企业什么时候该出手援助，什么地方却绝对不能插手干涉。

"要耐得住煎熬，要学会忍耐和等待"，莫天全给搜房网做了如此总结。搜房网在壮大的过程中，在 2004 年、2006 年、2008 年都有机会上市，但是因为种种原因都放弃了。与澳洲电讯相处的 4 年中，观念的分歧终究难免，但莫天全 4 年来一直在和他们谈判，谈 IPO 的价格，谈 MBO 的方式。等 IPO 的时机到了，也就熬到头了。"我们是熬出来的，也是等出来的，这个熬加上等，等于我们和平发展"，莫天全如此概括搜房网 11 年的发展历程。

最根本的是要把公司的业绩做好，给投资方利益。在搜房网的分红面前，投资方没有一点脾气，和搜房网合作的投资方都赚了。IDG 获得 200 倍的收益，Trader 的 2 250 万美元翻了 4 倍，澳洲电讯分红加套现，获利超过 2 亿美元。

尽管是搜房网的创始人，莫天全却只把自己放在经理人的位置。为股东的利润着想，把搜房网做成别人的企业是他的一套理论。莫天全常拿 GE 举例子，在纽交所上市的 GE 属于谁很难说清楚，但是这并不影响 GE 成长为一家伟大的企业。"我一直在努力让搜房网变成别人的，这个过程挺不容易。搜房网现在正处于成为别人公司的过程中，绝大部分已经变成别人的了。有一天我会突然发觉自己已经把这家公司交给别人了，开始给别人打工了，那也没什么不好。"

以一种包容的心态，一种积极利用各方面资源推动企业发展，让各方实现共赢的心态，绝对是搜房网所需。莫天全所在乎的只是搜房网这个企业的前途与方向，MBO 也只是他实现对公司控制权掌控的一种方式，他也可以选择其他的掌控方式。但在所有权方面，已上市的搜房网已经成为了公众企业。

二、中国私募股权经典案例

2007—2010 年中国大陆著名私募股权机构与案例详见表 10-7。

表 10-7　2007—2010 年中国大陆著名私募股权机构与案例

	2007	2008	2009	2010
最佳私募股权投资机构	鼎晖投资	弘毅投资	鼎晖投资	建银国际（控股）有限公司
投资最活跃私募股权投资机构	美林/贝恩投资有限公司	鼎晖投资	中信产业投资基金管理有限公司/厚朴投资	昆吾九鼎投资管理有限公司

续表

	2007	2008	2009	2010
最佳募资私募股权投资机构	鼎晖投资	弘毅投资	中信产业投资基金管理有限公司	黑石集团
最佳退出私募股权机构	鼎晖投资	凯雷投资集团	美国华平投资集团	海富产业投资基金管理有限公司
最佳私募股权投资案例	从缺	从缺	从缺	从缺
最佳私募股权退出案例	航美传媒	山水集团	乐普（北京）医疗器械股份有限公司	深圳市海普瑞药业股份有限公司

资料来源：清科公司.

以下我们选取表10-7中的一些案例进行简要介绍。

（一）航美传媒

1. 鼎晖入股航美传媒

航美传媒（AirMedia，NASDAQ，简称 AMCN）掌门人郭曼1999年投身航空传媒业，在创建航美传媒之前，郭曼有过5年的军旅生涯以及3年的民航总局工作经验。2005年8月，郭曼整合国内3家航空电视媒体公司，并成立了航美传媒。同年11月，获得鼎晖基金的1 000万美元风险投资，这是继分众传媒后，国内第二家获国际风险基金投资的传媒公司。

对于鼎晖基金为何青睐航美传媒，业内人士分析，2005年我国航空旅客量已达2.8亿人次，3年后将增加1倍，高速增长的航空人群形成了一个巨大的媒体市场，航美传媒抓住了机遇并迅速发展成为国内最大的航空电视媒体龙头。特别在2005年获鼎晖基金投资后，短短的2年时间里，郭曼成功打造"中国航空电视联合网"体系，业务已覆盖国内95%航空人群。目前航美传媒的覆盖面迅速扩大，已经成为全国52家机场和国航、东航、南航等多家航空公司的近2 000多条航线、20 000多块屏幕的电视节目编辑制作与广告经营机构。在国内130多家机场中，最具商业价值的中心城市机场已经基本被航美传媒覆盖。

2. 第二轮募资

2007年3月份，航美进行第二轮私募融资，Och-Ziff 基金（Daniel Och 与亿万富豪 Ziff 家族于1994年建立，是一只有150亿美元资本的对冲基金）和 SIG（总部设于美国的大型金融服务公司，拥有超过10亿美元的自有投资资金）两家共投资4 000万美元。

令航美自己也没料到的是，这次本来只想要3 000万美元，但是各个投资商报上来的出资意愿总值超过6亿美元。全球最大的一些私募股权基金都冲上来了，包括 Capital Group、摩根斯坦利、GA 等国际知名投资机构，这样一来，PE 之间形成了非常激烈的竞争，条件不断放宽，反而最大限度地保护了航美的利益。最后 PE 报出来的价格几乎相当于 IPO 的价格，等于让航美提前做了一轮小的上市。最后航美选择了两家 PE 共计4 000万美元的投资，只稀释了公司4%的股份。这件事情在中国的投资界也引起了不小的轰动。有了国际资本市场的资金优势，将使国内航空媒体占有率达90%的航美传媒展开新一轮规模扩张，也标志着国内航空广告市场将迎来新一轮的竞争。

3. 上市融资

2007年11月8日，航美传媒登陆纳斯达克。当天美国股市整体下滑，但航美的股票依然维持了40%的涨幅,也因此成为中国第一家在纳斯达克上市的航空数字媒体网络运营商。在航美传媒上佳表现的背后,离不开风险投资基金的支持。鼎晖的投资回报是丰厚的,按照航美传媒的招股说明书,在上市之后,第二大股东鼎晖投资仍持有近20%的股份,市值3亿美元,加上IPO过程中减持股份所得,鼎晖总计获得3.6亿美元的回报。按照航美传媒IPO的发行价格15美元,鼎晖已经获得了30倍的回报。

(二) 山水集团

1. 山水集团

山东山水水泥集团的前身——济南山水集团原是一家国有独资公司,1997年由济南市建材局整体改制而成。自2001年起,山水集团组建了由管理层和职工集资成立的济南创新投资管理有限公司(简称"创新投资")。此后,济南以外地区投资收购的水泥厂,都是通过创新投资来进行的。至2004年,通过创新投资的分红以及集资,管理层及职工又设立了两家公司——立新投资及建新投资,由这两家公司出面收购了山水集团的其余国有主业资产。然后,创新、立新和建新3家公司通过资产重组,设立了新的山水集团——山东山水水泥集团有限公司,使集团公司由国有制转为职工持股的民营企业。到2005年,山水集团下属17个水泥子公司,5个非水泥子公司,水泥生产能力为2 500万吨,已经成为山东省最大、全国第二大的水泥生产厂家。

2. PE基金入股

2005年6月,摩根斯坦利携手鼎晖投资,与世界银行旗下的国际金融公司(IFC)一起入股山水集团。其中,摩根斯坦利、鼎晖投资一起投资3 587万美元,占30%股权;IFC投资550万美元,占4.6%股权。2006年5月,国际金融公司向山水集团提供5 000万美元贷款,用于其债务重组和节能技术的采用。由此,山水集团改制工作基本完成,成为职工法人控股、外资参股的股份制企业。

那么摩根斯坦利等投行看中山水集团什么呢?山水集团与摩根斯坦利的接触,跨越了3个年头,时间约为两整年。在此之前,摩根斯坦利先是看好这个行业,然后再开始选择行业内具有投资价值的企业。在与山水接触之前,他们找过很多家水泥企业,包括行业老大安徽海螺,还有浙江三狮等。安徽海螺水泥本身就是上市公司,是国内行业第一,摩根斯坦利与之谈判余地较小,所以才选择了行业的老二山水集团。而在分析师看来,摩根斯坦利选择山水集团,是"基于山水的管理水平"。山水集团的根据地在山东省,水泥行业"企业数量最多、规模最大、竞争最激烈、价格最低",但奇怪的是,山东反而是全国水泥行业盈利状况最好的地区。2005年煤电涨价后,全国水泥行业普遍萧条,31个省份中有11个省份已出现了亏损。而盈利状况最好的是山东,山水集团又是山东水泥行业第一,投资者认为这主要是管理水平的体现。

3. 上市

2008年7月4日,山水水泥(0691.HK)在香港联交所正式挂牌交易。山水水泥以每股2.80港元定价,为招股价2.70~3.65港元的下限范围。本次上市共出售6.508 4亿股,占其扩大后总股本的25%。其中1/10的股份在香港发售,剩余部分为国际发售。成功IPO也给PE投资者带来了丰厚回报,按照发行价计算,摩根斯坦利和鼎晖的投资回报率在45倍左右。

（三）乐普医疗器械股份有限公司

1. 乐普医疗

公司创始人蒲忠杰为乐普医疗的董事、总经理和技术总监。他生于20世纪60年代，曾就读于西安交通大学，1993—1998年赴美求学期间一直从事生物材料和介入医疗器械的研制开发工作，共申请了15项国家专利。

1999年，蒲忠杰回国后创办乐普医疗，任公司技术总监，持有公司16.55%的股份。持有公司8.49%股份的美国WP公司唯一股东张月娥与蒲忠杰为夫妻关系。在乐普医疗上市之后，美国WP公司与蒲忠杰为一致行动人，双方持股比例合计为22.52%。

2. PE入股

事实上，乐普医疗的创办离不开由中国船舶重工集团公司第七二五研究所的出资。2004年3月，中国船舶（600150.SH）旗下的风投机构中船投资入股乐普医疗。2006年11月，美国华平投资集团旗下的Brook公司以8 689万元对北京乐普进行增资，取得10%的股权；2007年2月，Brook公司再次以1 955万元的价格和6 733.89万元的价格，分别从乐普医疗原股东七二五所和中船投资处购了2.25%和8.6%股权。

关于入股的原因，美国华平投资认为虽然这个行业目前市场规模不大，但这是一个极具增长性的细分市场，每年的增长率达到15%，乐普医疗在业内排第二位，发展前景很好。

3. 上市

2009年10月30日，乐普医疗（300003.SZ）通过证监会审核，成为首批在创业板上市的28家企业之一。按当日收盘价计算，进驻乐普医疗5年时间，中船投资的投资回报率高达151倍，华平投资集团也获利丰厚。

（四）深圳市海普瑞药业股份有限公司

1. 海普瑞公司的成立

公司创始人李锂出生于1964年，1987年7月毕业于四川大学化学系。1998年4月创立海普瑞实业，公司位于深圳市高新技术产业园区，是一家高速成长的、国家重点高新技术现代化生物制药企业，致力于生物医药产品的研发、生产和销售，目前产品全部出口。

2. PE入股

早在2000年创业板曾有过的第一次动议之时，海普瑞即开始引入PE投资者。最先进入的是深圳源政投资，2007年6月，源政投资将其持有的海普瑞22.93%的股权分别转让给多普乐实业公司和公司实际控制人李锂。

两个月后，李锂将4%股权转让给应时信息，应时信息的控制人彭长虹支付1 019万元。随后的2007年9月3日，经海普瑞股东会审议通过，海普瑞接受高盛旗下PE基金GS Pharma增资491.76万美元，折合人民币3 694.83万元。完成增资后，GS Pharma获得海普瑞1 125万股股份，占12.5%的股权比例。2009年，海普瑞股本总额由9 000万股增至36 000万股，GS Pharma持有公司的外资股本也因此上调为4 500万股。

高盛入股的原因可能是看好海普瑞的特许权资格。海普瑞在招股书中称："肝素原料药生产企业若希望产品以原料药进入欧美市场，必须取得美国的FDA认证或欧盟的CEP认证。发行人是从事肝素钠原料药研究、生产及销售的高新技术企业，是目前国内肝素原料药行业唯一通过美国FDA认证的企业，并且通过了欧盟CEP认证……公司于2005年7

月取得美国 FDA 认证,本公司在我国肝素产业出口金额排名中列第一位。"

3. 上市

2010 年 5 月 6 日,海普瑞(002399.SZ)上市。上市首日股价即冲至 188 元,市值超过 750 亿元,这超过了云南白药(000538.SZ)和同仁堂(600085.SH)的市值之和。尽管上市之后,海普瑞饱受质疑,主要针对其"财务造假"、"FDA 认证虚假陈述"、"高盛操纵"等诸多质疑,但公司在很短时间内均给予了回应和说明。当年 6 月,公司还预告上半年净利润同比将增长 100%~150%。到 2011 年 5 月 6 日,高盛持有的海普瑞限售股解禁,按照海普瑞上当日收盘价计算,GS Pharma 所持海普瑞股份的账面价值已达 32.598 亿元,较 GS Pharma 当初的投资成本已经增长了近 90 倍。

专栏 10-3 中国内地活跃的私募股权和风险投资机构

中国内地活跃的私募股权和风险投资机构详见表 10-8 和表 10-9。

表 10-8 2007—2010 年中国内地创业投资机构 20 强

排名	2007 年	2008 年	2009 年	2010 年
1	软银赛富投资顾问有限公司	深圳市创新投资集团有限公司	深圳市创新投资集团有限公司	深圳市创新投资集团有限公司
2	IDG 技术创业投资基金	IDG	深圳达晨创业投资有限公司	红杉资本中国基金
3	深圳市创新投资集团有限公司	红杉资本中国基金	红杉资本中国基金	IDG 资本
4	红杉资本中国基金	软银赛富投资顾问有限公司	IDG 资本	赛富亚洲投资基金
5	上海联创投资管理有限公司	联想投资有限公司	江苏高科技投资集团	深圳达晨创业投资有限公司
6	凯鹏华盈中国基金	鼎晖创业投资	赛富亚洲投资基金	江苏高科技投资集团
7	海纳亚洲创投基金	兰馨亚洲投资集团	联想投资有限公司	上海永宣创业投资管理有限公司
8	鼎晖创业投资	深圳达晨创业投资有限公司	上海永宣创业投资管理有限公司	深圳市中科招商创业投资管理有限公司
9	联想投资有限公司	凯鹏华盈中国基金	招商局科技集团有限公司	深圳市同创伟业创业投资有限公司
10	北极光创业投资基金	德同资本管理有限公司	鼎晖创业投资	联想投资有限公司
11	软银中国创业投资有限公司	苏州创业投资集团有限公司	软银中国创业投资有限公司	深圳市松禾资本管理有限公司
12	华威科创投资管理顾问有限公司	软银中国创业投资有限公司	浙江天堂硅谷创业集团有限公司	鼎晖创业投资
13	恩颐投资(NEA)	经纬创投中国基金	深圳市松禾资本管理有限公司	深圳市东方富海投资管理有限公司
14	德同资本管理有限公司	江苏高科技投资集团有限公司	兰馨亚洲投资集团	纪源资本
15	永威投资有限公司	北极光风险投资	纪源资本	海纳亚洲创投基金

续表

排名	2007年	2008年	2009年	2010年
16	启明创投	上海永宣创业投资管理有限公司	蓝驰创投	英特尔投资
17	盈富泰克创业投资有限公司	启明创投	德同中国投资基金	软银中国创业投资有限公司
18	KTB投资集团	智基创投	北京金沙江创业投资管理有限公司	凯鹏华盈创投基金
19	苏州创业投资集团有限公司	纪源资本	北极光风险投资	德同资本管理有限公司
20	金沙江创业投资基金	青云创投	启明维创投资咨询(上海)有限公司	华登国际

表10-9 2007—2010年中国内地私募股权投资机构10强

排名	2007年	2008年	2009年	2010年
1	鼎晖投资	弘毅投资	鼎晖投资	建银国际(控股)有限公司
2	摩根斯坦利	鼎晖投资	中信产业投资基金管理有限公司	凯雷投资集团
3	贝恩投资有限公司	凯雷投资集团	美国华平投资集团	鼎晖投资
4	高盛集团	高盛集团有限公司	霸菱亚洲投资有限公司	昆吾九鼎投资管理有限公司
5	淡马锡控股	摩根斯坦利	新天域资本	新天域资本
6	华平创业投资有限公司	新天域资本	厚朴投资	高盛集团直接投资部
7	国际金融公司	中信资本控股有限公司	凯雷投资集团	海富产业投资基金管理有限公司
8	美林	华平创业投资有限公司	建银国际	中信产业投资基金管理有限公司
9	弘毅投资	英联投资	九鼎投资	弘毅投资(北京)有限公司
10	霸菱亚洲投资基金	厚朴投资	弘毅投资	厚朴投资

 本章小结

中国的风险投资和私募股权市场经历了一个从无到有、从小到大的发展过程。自20世纪90年代开始,国外的风险投资首先试探进入中国内地;2004年《信托法》的颁布促使国外私募股权基金逐渐进入中国大陆进行投资;2007年《合伙企业法》的颁布推动了国内私募股权基金正规化、规模化、国际化的进程。

中国风险投资和私募股权投资产业的现状和特点主要有:市场规模增长迅速、人民币基金迅速崛起、行业发展具有显著的政府推动特征、普遍采用和国外不同的组织形式、投资阶段相对集中、投资策略单一、配套制度建设不健全、退出渠道单一等。究其原因,主要是因为我国风险投资和私募股权尚处于起步阶段,关于VC/PE基金相关的法律一直是滞后于实务的发展,这种制度建设的缺陷会阻碍产业的长远发展。

第十章 中国风险投资与私募股权的现状与未来

经过不断学习和摸索,目前中国的风险投资和私募股权基金已经涌现出诸如鼎晖投资、弘毅投资、深圳创新投、达晨创投等一批国际化的本土机构,它们和凯雷、华平、红杉资本、IDG等外资机构一起活跃在中国的 VC/PE 市场上,创造了一些私募期权投资的成功案例。

基本概念

东伙合伙制　顶身股　产业投资基金　政府引导创业投资基金　主权财富基金　券商直接股权投资

复习思考题

1. 请阅读清科公司网站(http://pe.pedaily.cn)上最新的我国创业投资与私募股权行业的定期报告,结合本书的内容,思考并总结国内私募股权投资行业的变化趋势。

2. 在本章提到的山水集团、圣农发展、九阳豆浆机等传统行业以及海普瑞药业、乐普医疗、航美传媒等新兴行业,它们引入风险投资和私募股权基金有什么差异?不同的私募股权基金是否存在行业的偏好和不同竞争力?

3. 当前,大量公共资金特别是地方政府财政资金以"产业投资基金"或"政府引导基金"的形式进入 PE 行业。请研究这些产业投资基金或政府引导基金:(1)是否有真正按照市场化运作的意愿,比如不限定投资地域?(2)投资哪些领域?(3)如何保证政府资金的操作者有足够的激励约束,真正选择与优秀的管理团队进行合作?

4. 增值服务能力是各个 PE 在特定市场的核心竞争力所在,不管是在国外还是国内。请你结合本章提供的风险投资和私募股权机构名录和案例,试举几个例子说明它们对各自投资对象的增值服务内容。

5. 对于试图实施海外上市的中国企业,可以在境外私募股权基金的帮助下,通过"红筹模式、盛大模式和境外期权模式"等方法规避政府管制,结果我国政府的产业和行业投资管制和资本项目管制并没有我们想象中的那么有效……请阅读张明(2008),并讨论我国对外资私募股权基金的监管政策。

扩展阅读文献

1. 曹和平,等. 中国私募股权市场发展报告(2010). 北京:社会科学文献出版社,2010.

该报告是由北京大学经济学院曹和平教授带领的"北京大学中国产权与 PE 市场研究机构"、北京大学国家发展研究院与经济学院平新乔教授、国务院发展研究中心金融研究所副所长巴曙松牵头,与国家相关部门、高校研究机构和私募股权投资界合作,共同编撰的私募市场蓝皮书,为深入研究私募市场和政策分析提供框架性前提。报告提供了比较权威的概念与定义以及大量翔实的数据资料,通过该报告,读者可以全面了解目前国内私募股权投资市场的发展情况。

2. 房四海,等.风险投资与创业板.北京:机械工业出版社,2010.

针对我国风险投资行业所遭遇的现实问题进行实践操作指导,其特色是专栏与案例分析丰富,融合"理论、实践、政策",详细阐述了创业机会识别、创业企业估价、风险契约选择、创业企业组合构建、交易结构设计及退出机制设计等实践前沿与策略指导。该书全面论述了创业板市场的运行及设计机制,并融入了相关政策法规解析以及对如"非法融资认定"、"有限合伙实务"等现实问题的剖析。

3. 清科集团网站,http://www.zero2ipogroup.com/.

清科集团成立于1999年,是中国领先的创业投资与私募股权投资领域综合服务及投资机构,主要业务涉及:领域内的信息资讯、研究咨询、会议论坛、投资银行服务、直接投资及母基金管理。清科研究中心于2001年创立,"研究咨询"栏目是其特色,研究报告中的"VC/PE名录"收集了上千家私募股权机构的注册资料,"VC/PE报告"及时跟踪了这些机构的投资动态;"VC/PE排名"在业内的影响也比较大,值得读者浏览查看。

4. 张明.境外私募股权基金是如何规避中国政府管制的.世界经济,2008(3).

本文运用案例分析的方法,对境外私募股权基金如何突破中国政府对外资投资于特定行业的限制及资本项目管制进行了剖析。对于试图实施海外上市的中国企业,可以在私募股权基金的帮助下,通过红筹模式、盛大模式和境外期权模式等方法规避政府管制;对于试图投资于A股上市企业的境外私募股权基金,可以通过借道外资银行或地下钱庄、股东借款、第三方持股、"假股权真债权"、收购内资投资公司等方法规避政府管制。作者认为,行业管制和资本项目管制并没有我们想象中的那么有效,中国政府应该解除对某些国有垄断行业的进入管制,加强对真正意义上的战略性行业的进入管制,特别是不要轻易放松对资本流出的管制。

教学支持说明

尊敬的老师:

您好!为方便教学,我们为采用本书作为教材的老师提供教学辅助资源。鉴于部分资源仅提供给授课教师使用,请您填写如下信息,发电子邮件或传真给我们,我们将会及时提供给您教学资源或使用说明。

(本表电子版下载地址:http://www.tup.com.cn/sub_press/3/)

课程信息

书　　名			
作　　者		书号(ISBN)	
课程名称		学生人数	
学生类型	□本科　□研究生　□MBA/EMBA　□在职培训		
本书作为	□主要教材　□参考教材		

您的信息

学　　校			
学　　院		系/专业	
姓　　名		职称/职务	
电　　话		电子邮件	
通信地址		邮　　编	
对本教材建议			
有何出版计划			

_____年___月___日

 清华大学出版社

E-mail: tupfuwu@163.com　　　　　　　网址: http://www.tup.com.cn/
电话: 8610-62770175-4903　　　　　　　传真: 8610-62775511
地址: 北京市海淀区双清路学研大厦 B 座 506 室　　邮编: 100084

教学支持说明

尊敬的老师：

您好！为方便教学，我们为采用本书作为教材的老师提供教学辅助资源，恳请配合完成下列表格，烦请加盖院系公章后传真给我们。授课期间，如您提出合理的教辅资源使用要求，我们将会及时提供相应的教学资源或使用说明。

（本表电子版下载地址：http://www.tup.com.cn/sub_press3/）

课程信息

书　名	
作　者	书号 (ISBN)
课程名称	学生人数
学生类型	□本科　□研究生　□MBA/EMBA　□在职研究生 □工程硕士　□参考教材
本书作为	

您的信息

姓　名	
学　院	系/专业
职　务	职称/职务
电　话	电子邮件
通信地址	邮　编
以本教材出版	
何时出版书目	

　　　年　　　月　　　日

清华大学出版社

E-mail: tupfuwu@163.com　　　　　　　　　　　　网址: http://www.tup.com.cn
电话: 8610-62770175-4903　　　　　　　　　　　传真: 8610-62772551
地址: 北京市海淀区双清路学研大厦B座506室　　　邮编: 100084